轨道交通工程建设
BIM应用实践探索与研究

深圳市地铁集团有限公司　编

中国铁道出版社有限公司

2021年·北　京

内 容 简 介

在“双区”驱动和“双区”叠加的重大历史背景下，根据深圳市关于新型智慧城市建设的统筹部署，深圳地铁正积极推动数字化转型。近年来，为加快“智慧建造、智慧运维”体系建设，深圳地铁大力推进轨道交通全生命周期 BIM 应用。本书系统总结了深圳地铁近年来的 BIM 应用实践，包括标准体系、管理制度、技术应用、平台研发等方面，可为城市轨道交通 BIM 信息化建设与管理提供参考。

图书在版编目（CIP）数据

轨道交通工程建设 BIM 应用实践探索与研究/深圳市地铁集团有限公司编. —北京：中国铁道出版社有限公司，2021.11
ISBN 978-7-113-28488-6

Ⅰ.①轨… Ⅱ.①深… Ⅲ.①城市铁路-轨道交通-计算机辅助设计-应用软件-研究 Ⅳ.①U239.5-39

中国版本图书馆 CIP 数据核字(2021)第 218901 号

书　　名：轨道交通工程建设 BIM 应用实践探索与研究
作　　者：深圳市地铁集团有限公司

策　　划：陈小刚
责任编辑：陈小刚　　　　**编辑部电话：**（010）51870265
封面设计：郑春鹏
责任校对：苗　丹
责任印制：樊启鹏

出版发行：中国铁道出版社有限公司（100054，北京市西城区右安门西街 8 号）
网　　址：http://www.tdpress.com
印　　刷：北京联兴盛业印刷股份有限公司
版　　次：2021 年 11 月第 1 版　2021 年 11 月第 1 次印刷
开　　本：787 mm×1 092 mm 1/16　**印张：**16.75　**字数：**369 千
书　　号：ISBN 978-7-113-28488-6
定　　价：108.00 元

编　委　会

序

改革开放40多年来，深圳取得了举世瞩目的成就。从粤港澳大湾区、中国特色社会主义先行示范区等国家战略部署来看，深圳的建设和发展具有引领示范作用。轨道交通系统作为实现深圳城市总体规划和城市地下空间综合开发的重要部分，对于推动粤港澳大湾区基础设施联动升级具有重要的战略意义。

轨道交通建设项目规模大、周期长、成本高，而且项目环境复杂、涉及专业多、参与单位多，协同工作复杂，资产管理难度大，工程建设和管理面临极大的挑战。信息化是当今世界经济社会发展的必然趋势，已经成为推动人类社会高速发展的强大动力。BIM技术作为建筑领域的信息化技术，已广泛应用在工程建设行业，为轨道交通工程建设和管理提供了新的手段。

现阶段，国内各城市都在积极推动BIM技术在轨道交通建设各阶段的应用。深圳地铁从早期的BIM试点到目前在建设全过程多个业务板块中广泛应用，从总体规划顶层设计到应用体系全面建立，从项目某阶段BIM应用到设计施工一体化BIM发展，从BIM技术应用到“BIM+”新模式拓展，为轨道交通领域全产业链条的BIM应用进行了有益的探索和实践。在“双区”驱动的背景下，深圳地铁正积极推动数字化转型，实现数智赋能，提升业务管理水平。深圳地铁联合相关各方积累数字资产，打造“数字孪生地铁”，打造共建、共享的轨道交通产业BIM应用生态圈，持续推进轨道交通工程全生命周期BIM技术应用和推广，更好地建设地铁、服务城市。

深圳地铁发挥勇于担当、敢为人先的精神，构建了轨道交通工程建设BIM应用标准体系，自主研发了一系列基于BIM技术的软件和管理平台，并在轨道交通工程全生命周期业务中全面推广应用。《轨道交通工程建设BIM应用实践探索与研究》一书，系统总结了深圳地铁近年来的BIM应用实践与经验，包括标准体系、管理制度、技术应用、平台研发等各方面，体现了对BIM在轨道交通工程建设应用的深入思考，其中不乏理念先进、价值突出、内涵丰富的项目应用范例。本书内容对了解轨道交通工程建设 BIM 应用，促进 BIM 技术在工程建设行业推广具有较高的参考价值和借鉴作用。

中国工程院院士 丁烈云

2021 年 8 月

前　言

城市轨道交通工程是城市发展中必不可少的市政基础设施，是支撑智慧城市建设、拉大城市骨架、联系各区域公共交通的重要纽带。截至2020年底，深圳市地铁运营线路里程达到422.4 km（含有轨电车），计划至2035年实现里程1 335 km的轨道网络。面对如此庞大的建设工程量与建设压力，深圳地铁积极探索新技术新方法以提升管理效能和建设品质，实现数智化转型发展。

近几年来，国家发展改革委、住房和城乡建设部、交通运输部等纷纷出台相关的BIM技术应用政策，作为重要市政基础设施的城市轨道交通工程BIM应用也被多次着重强调，并发布出台《城市轨道交通工程BIM应用指南》等文件，规范国内各城市轨道交通工程BIM应用。为贯彻落实国家信息化发展战略要求，在深圳市“双区”驱动和“双区”叠加的重大历史机遇下，深圳地铁以打造全球智慧城轨标杆为愿景，顶层设计数智化转型发展蓝图，并大力推进轨道交通工程全面开展BIM技术应用工作。

在全国各城市轨道交通BIM应用的对标调研基础上，从最初的三期工程试点BIM应用开始，到四期和四期调整工程、城际铁路等工程的全面应用，深圳地铁逐步实现经验积累、团队培养、技术掌握等目标，形成了轨道交通工程全要素的BIM数字资产，打造了深圳地铁BIM应用模式，推动轨道交通工程全生命周期BIM技术的深入应用。

本书总结了近几年来深圳地铁建设BIM应用的实践探索与研究。第1章介绍BIM技术的价值及其在国内外以及深圳地区的发展和应用概况。第2章明确深圳地铁BIM技术应用的顶层设计，以及相关制度的规划，为轨道交通各参与方BIM协同应用打造统一生态。第3、4、5章分别从勘察、设计、施工的维度论述轨道交通工程BIM应用实践和技术研究。第6章介绍深圳地铁BIM应用过程中各参与方自主研发的工具、软件、平台等，提升了勘察、设计、施工各阶段的BIM应用质量和效率。第7、8章分别从设计、施工阶段介绍深圳市城市轨交、城际铁路工程的 BIM 应用案例（本书封底提供了深圳地铁 BIM 应用项目介绍视频的二维码，可扫码观看）。第 9 章总结目前实践过程中仍存在的问题，为下一步工作提供依据，并展望轨道交通工程 BIM 应用的未来发展方向，以发挥 BIM 技术应用更大的价值。

本书是深圳地铁建设 BIM 应用的总结，是所有参建单位的智慧结晶，各参建单位为本书的编写提供了相关素材，在此表示感谢。本书在编写过程中，引用了相关的参考文献，在此向原作者单位和个人表示感谢。

本书依托深圳市轨道交通工程建设 BIM 应用项目，面向轨道交通领域的建设单位、运营单位、设计单位、施工单位等，可为城市轨道交通项目全生命周期的 BIM 信息化建设与管理提供参考。

由于作者水平有限，本书编著的纰漏与不足之处在所难免，敬请广大读者批评指正。

编写组

2021 年 8 月

目　　录

第1章 概　　况

BIM(Building Information Modeling，建筑信息模型)技术作为建筑行业新兴信息化技术，已广泛应用于轨道交通行业，将 BIM 等技术高效运用到轨道交通的建设开发、规划设计、工程施工、项目运维等过程中，实现轨道交通工程数字化、网络化、精益化和智能化的发展，已成为轨道交通信息化发展的必然趋势。为加快轨道交通的数字化转型升级，深圳地铁在设计、施工、运营全生命周期中探索并应用 BIM 技术，为数字地铁、智慧地铁赋能。

1.1 引　　言

根据中国城市轨道交通协会发布的《城市轨道交通 2020 年度统计和分析报告》(以下涉及全国数据不含港澳台)，截至 2020 年底，中国共有 45 个城市开通城市轨道交通运营线路 244 条，运营线路总长度 7 969.7 km。截至 2020 年底，共有 65 个城市的轨道交通线网规划获批，其中在实施的建设规划线路总长 7 085.5 km(不含已开通运营线路)。近几年来，我国政府提出加快建设交通强国，完善综合交通枢纽，加快城市群和都市圈轨道交通网络化。轨道交通作为城市建设和管理的重要基础设施，将得到更大规模、更快速的发展。轨道交通项目具有前期任务重、参建单位多、建设资源紧、安全风险高、涉及范围广、运营周期长、社会影响大等特征。传统建筑业生产方式仍然比较粗放，在一定程度上制约轨道交通行业的高质量发展。伴随着轨道交通建设的快速发展，轨道交通行业迎来了前所未有的发展挑战和机遇。

近年来，随着云计算、大数据、物联网(IoT)、5G、AI、区块链等新兴信息技术发展，正快速推动数字化转型与变革。加快数字化发展已成为全球共识，世界各国都在加速推进工业自动化与数字化发展，集中优势资源突破数字科技关键技术，加快构建自主可控的产业生态体系，重塑全球经济和产业格局。

《中华人民共和国国民经济和社会发展第十四个五年规划和 2035 年远景目标纲要》明确提出“加快数字化发展　建设数字中国”，要求“建设现代化综合交通运输体系，推进各种运输方式一体化融合发展，提高网络效应和运营效率”。轨道交通作为城市发展的重要交通基础设施，推进轨道交通数字化转型是未来发展的必然趋势，有利于促进智慧城市的建设和管理。

BIM 技术作为建设行业信息化技术，已广泛推广应用在工程项目的全生命周期，为城市建设和发展赋能。国家发展改革委在 2019 年修订发布的《产业结构调整指导目录(2019 年本)》中，已将“建筑信息模型(BIM)相关技术开发与应用”纳入“鼓励类产业”。住房和城乡建设部2021年发布的《城市信息模型(CIM)基础平台技术导则》(修订版)指明BIM技术已是CIM(City Information Modeling,城市信息模型)的重要技术基础之一,推动城市转型和高质量发展。

从2015年住房和城乡建设部发布《关于推进建筑信息模型应用的指导意见》(建质函〔2015〕159号)开始,到中共中央、国务院印发《国家标准化发展纲要》,国家、各省市陆续发布了推动BIM技术应用和发展的相关政策和要求。附录A整理了部分BIM技术应用政策。在上述政策中,轨道交通行业BIM应用发展被多次着重强调。在此背景下,住房和城乡建设部组织国内各城市轨道交通行业上下游单位研究并发布《城市轨道交通工程BIM应用指南》,以规范全国城市轨道交通工程BIM技术的行为、应用和交付等。现阶段,BIM技术已成为轨道交通工程数字化转型的重要抓手,各城市也在大力推动BIM技术在轨道交通工程全生命周期中的应用,为智慧城市建设和发展赋能。

2019年2月,中共中央、国务院印发《粤港澳大湾区发展规划纲要》,以香港、澳门、广州、深圳四大中心城市作为区域发展的核心引擎,要求"加快基础设施互联互通",提出"编制粤港澳大湾区城际(铁路)建设规划,完善大湾区铁路骨干网络,加快城际铁路建设,有序规划珠三角主要城市的城市轨道交通项目"。该规划纲要对大湾区内的轨道交通建设和管理提出了更高的要求。

深圳是改革开放的先行地区和前沿阵地,作为大湾区的四个中心城市之一,在现代化建设各领域均大力推动应用现代信息技术。尤其在建设中国特色社会主义先行示范区的背景下,深圳将努力成为高质量发展高地、法治城市示范、城市文明典范、民生幸福标杆和可持续发展先锋,形成更多可复制、可推广的经验和制度,发挥对周边地区乃至全国的示范引领作用。鉴于此,在2021年1月,深圳市人民政府发布关于加快智慧城市和数字政府建设的若干意见,提出:打造数字政府、数字经济和数字市民三位一体的数字深圳,助力城市治理体系和治理能力现代化,更高水平满足人民对美好生活的向往。意见要求"融合人工智能(AI)、5G、云计算、大数据等新一代信息技术,建设城市数字底座,打造城市智能中枢,推进业务一体化融合"。进一步地,深圳市人民政府于2021年6月成立深圳市智慧城市和数字政府建设领导小组,负责顶层设计,统筹指挥建设工作,助力数字化转型发展。

轨道交通工程是城市发展中必不可少的市政基础设施,与人民群众生活息息相关。在深圳市"双区"驱动和"双区"叠加的重大历史机遇下,根据市委市政府的统筹部署,到2035年,深圳地铁将建设完成33条线路、总里程1 335 km的轨道网络,同时还将建设运营超过1 000 km的城际铁路,如图1-1所示。深圳地铁的建设和运营迎来前所未有的压力。

在轨道交通全生命周期,深化BIM技术与大数据、云计算、AI、5G、物联网等技术的融合,开展全过程数字化、信息化、智慧化应用,不仅有助于加快深圳地铁在设计、施工、运营、公共服务等全领域的"智慧建造、智慧运维"体系的高质量建设,也将促进粤港澳大湾区各城市之间轨道交通数据的互联互通,打造城际轨交信息化网络,助力粤港澳大湾区建设。另外，作为一项投资巨大、影响范围广泛的社会工程，轨道交通建设和运营过程对市政地下管线、地质地形、周边建(构)筑物、地下空间等具有重要影响。在深圳市轨道交通网络总体规划的背景下，以轨道交通工程全生命周期 BIM 应用为载体，全面积累数字资产，可为 CIM 建设提供全方位、标准化的数据基础，扩展智慧城市应用场景，为深圳建设和管理可视化城市空间数字化平台提供支撑。

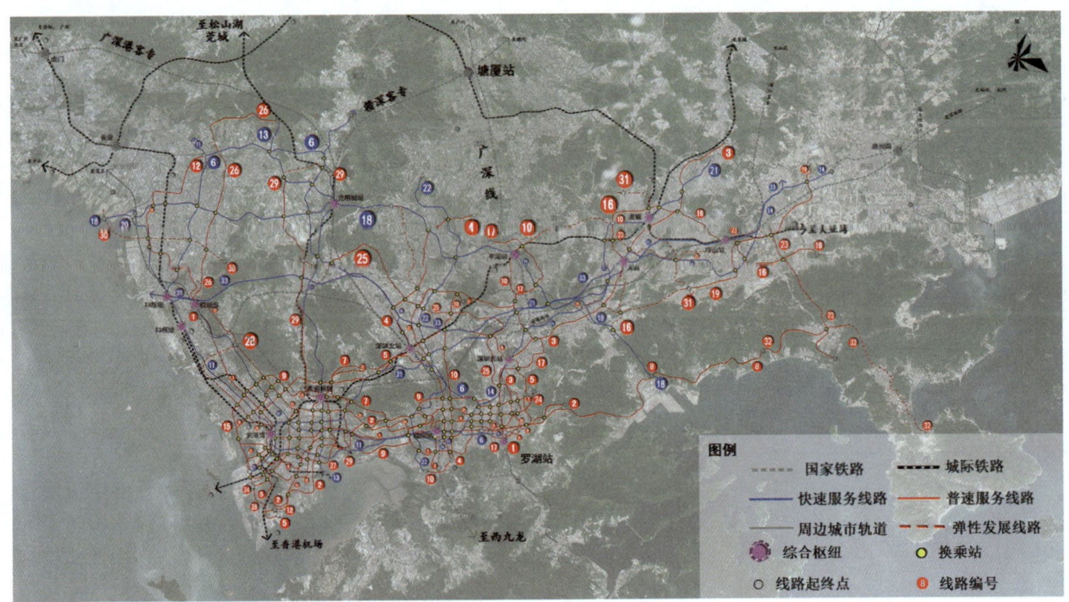

图 1-1 深圳市轨道交通线网规划(2016—2035)

1.2 BIM 概述

为促进建筑项目全生命周期过程中的数据交互，BIM 技术在建筑领域中衍生并发展。该概念的提出可追溯至 Eastman 等在 1974 年提出的“Building Description System(建筑描述系统)”；在 1982 年，Graphisoft 提出 VBM(Virtual Building Model，虚拟建筑模型)概念，并在两年后研发了适合建筑师使用的建筑设计三维软件 ArchiCAD；Laiserin 在 2002 年采用 Building Information Modeling 进行报道，该理念开始被广泛推广和应用。

BIM 一词最早的翻译为 Building Information Modeling，主要侧重于创建三维模型过程。随着 BIM 技术不断发展，在第三版本的美国国家 BIM 标准中，将 BIM 进行重新定义，其中的“M”分三个层次，即 Modeling、Model、Management。可以看到，BIM 技术被赋予了更多的内容，不仅涉及全生命周期全过程的理念，也包括模型资源和模型数据，以及多方协同管理和信息共享等。关于 BIM 的定义，不同组织和机构对 BIM 的定义各有不同，表 1-1 展示了部分 BIM 的定义。总结而言，BIM 采用面向对象的方法表达建筑构件的几何、属性及关系等信息，可存储建筑项目信息进行共享与交换，促进建筑项目全生命周期过程中各方的协同管理，具有三维化、信息化、协同性、全过程等特征。

表 1-1　不同地区或机构关于 BIM 的定义

标准规范	来源	时间	BIM 定义
ISO 29481-1	ISO	2016	建筑构件中物理和功能特征的一种可分享的数字化表达，为决策提供可靠的基础
NBIMS	美国	2015	划分为三个独立且互相关联的层次： Modeling：一种产生并促进建筑项目全生命周期数据的业务流程； Model：建设项目物理和功能特性的数字化表达； Management：组织和控制业务流程，促进建筑项目全生命周期的信息共享
AEC (UK) BIM Protocol	英国	2012	在项目设计和施工阶段中，协调、内部一致且可计算的信息创建和应用
Singapore BIM Guide	新加坡	2012	集成模型应用、工作流程和建模方法，可实现特定的、可重复的和可靠的信息结果
BIM Handbook	Eastman 等	2011	一种建模技术，以及用于产生、沟通和分析建筑模型的相关流程。建筑信息模型不仅包括可计算的图形和属性，也包括实现功能分析的数据，各信息在各模型视图中保持一致和协调
建筑信息模型应用统一标准(GB/T 51212—2016)	中国	2016	在建设工程及设施全生命期内，对其物理和功能特性进行数字化表达，并依此设计、施工、运营的过程和结果的总称，简称模型

越来越多的软件支持 BIM 技术，BIM 技术及其相关方法已被广泛应用在 AEC/FM (Architecture，Engineering，Construction and Facilities Management，建筑、工程、施工和设施管理)领域。随着建筑项目的开展，建筑信息模型积累了大量的建筑数据，项目各方利用这些数据可进行各阶段的业务应用，例如场地分析、方案比选、能耗分析、管线综合、施工方案模拟、进度模拟、算量计价、空间管理、应急模拟等，以提高工程项目建设和管理的信息化水平，促进数据之间的交互和共享。

1.3　价值分析

轨道交通系统作为服务城市公共交通的重要基础设施，是实现城市规划管理和地下空间综合开发的重要支撑。在深圳市“双区”驱动的重大历史机遇下，深圳地铁在建设、运营、公共服务等全领域深化应用 BIM 技术，推动轨道交通信息化、智慧化转型，可为深圳市智慧城市建设和管理提供数据来源，并延伸智慧城市智慧应用场景；进一步地，有助于增强深圳在粤港澳大湾区的核心引擎功能，促进大湾区基础设施联动升级。

1.3.1 支撑轨道交通大规模建设的需要

截至2020年底，深圳地铁运营总里程已达422.4 km(含有轨电车)，城市轨道交通线网密度(城市在运营的轨道交通里程与城市行政面积的比值)为0.21 km/km^2。截至2021年7月，在建地铁项目20个(含枢纽)，包括17条(含延长线)总里程达235 km的地铁线路(152座车站)，以及3个综合交通枢纽。按照深圳市轨道交通线网规划(2016—2035)，将建设完成33条线路、总里程1 335 km的轨道网络，业务将覆盖地铁建设、地铁运营、地铁商业、地铁物业、地铁置业等多种领域。综述，深圳地铁在未来的建设和运营压力将急剧增大。

这是挑战也是机遇。要求深圳地铁各参与方，包括建设、设计、施工、监理、供应商等，真正改变当前依靠堆人力、投资的传统建设管理模式，采用信息化技术，提升生产和管理的自动化、智能化水平。在此背景下，非常有必要在深圳轨道交通全生命周期各阶段应用BIM等信息技术，统筹深圳地铁数字化转型发展，以有效支撑深圳市轨道交通线网的大规模建设和管理。

1.3.2 为轨道交通行业数字化转型发展提供解决思路

轨道交通领域BIM技术仍处于发展阶段，国内各城市正加快、加深BIM技术在轨道交通全过程的应用。伴随轨道交通线路密集成网，深圳地铁换乘车站、公路铁路城轨联运的枢纽建设，上盖物业开发，商业开发的规模急剧增长，工程建设的复杂度也急速提高。如何平衡多业态下不同需求对工程规划设计的产品要求，如何协调管理交通节点与枢纽的工程建设，如何统筹多业态综合的运维管理，不仅对深圳地铁各业态管理部门的专业能力，也对生产协调的技术手段、管理模式与管理工具提出了更高的要求。

在深圳市轨道交通大规模建设的背景下，深圳地铁正大力推进轨道交通工程BIM应用，顶层设计并逐步落实轨道交通工程BIM应用发展总体规划，加快智慧地铁建设。通过深圳地铁的BIM应用探索与实践，建立相应的标准规范体系、应用管理体系、业务平台体系等，探索出适合轨道交通工程建设的BIM技术应用模式，以期打造轨道交通BIM创新模式，树立轨道交通BIM示范标杆，为行业数字化转型发展提供新的解决思路。

1.3.3 助力新型智慧城市建设发展

《深圳市国民经济和社会发展第十四个五年规划和二〇三五年远景目标纲要》提出“打造全球数字先锋城市”，其中，“建设数字政府、智慧城市、数字生态，促进数字化转型，引领数字新生活”作为重要的组成部分，要求“构建可视化城市空间数字平台，探索构建数字孪生城市，实现全要素数字化、城市运行可视化、城市管理决策协同化和智能化”。加快基础设施数字化转型升级，构建宽带、泛在、融合、安全的智慧城市基础设施，有利于打造低碳绿色环境友好的宜居城市，助推智慧城市建设达到国际先进水平。

运用 BIM 等信息技术推进轨道交通及关联业态的数字化发展和智慧化管理，有利于打造深圳市的科技地铁、智慧地铁。而轨道交通作为重要的城市基础设施，也是积累智慧城市底层数据资源的重要部分。通过深化推进深圳地铁全生命周期 BIM 应用，积累基础数据、扩展多业态场景，将助推深圳市新型智慧城市建设过程中时空信息的完整统一、集约高效、互联互通，并解决城市级基础数据和面向具体应用的“最后一公里”问题。进一步地，促进智慧城市基础设施精细化管理和提高城市公共服务能力，实现以信息化推进城市治理能力和治理体系现代化，打造更“聪明”的新型智慧城市。

1.4 国外概况

国内外城市都在开展地铁建设和运营的数字化、信息化和智慧化实践，以期实现对轨道交通工程建设过程的安全风险及隐患、进度、投资、质量、环境等有效管控，提升轨道交通运营管理和服务水平，助力智慧地铁发展。

在国外，特别是欧美发达国家，BIM 等信息化技术正逐步成为轨道交通工程领域内一项必备的技术手段，逐渐应用于协同设计、施工管理、物资信息管理、运营服务等各方面。

英国在 2009 年就启动 Crossrail 项目（现更名为“伊丽莎白线”，Elizabeth Line）。Crossrail 项目是欧洲最大的单体工程项目，总投资 148 亿英镑。项目要求在全生命周期全过程开展 BIM 技术应用。在 Crossrail 项目中，设计均以 3D 形式完成，采用 BIM 技术集成所有的 2D/3D 模型，通过中心化数据库集群系统高效存储和处理海量数据。各参建方在全过程分享并管理统一的模型，最终移交至运营管理单位。施工完成后，工程师在现场进行激光扫描，把扫描结果与 3D 模型进行对比，更新模型，为运营管理提供准确有效的数据。Crossrail 工程在交付时的数据量达 150 TB。

德国联邦铁路公司（Deutsche Bahn）提供在德国境内和连接欧洲其他国家的铁路客货运输和物流服务、铁路相关基础设施建设、运营和维护服务。在数字化进程背景下，实施了一系列数字化举措来推进铁路运输和运营、铁路基础设施的数字化发展。2014 年，德国铁路开始采用 iTWO 5D BIM 平台实施数字化战略，对铁路基础设施建设进行 5D BIM 虚拟规划与管控。在 2015—2016 年期间，德国铁路在公司内 50 000 多个项目中应用 iTWO 系统进行 BIM 数字化管理，如 Rastatter 隧道（联邦 BIM 试点项目）、慕尼黑中央车站、科隆 ICE 列车工厂等，开展的 BIM 应用包括 3D 模拟施工、3D 规划、数字化库存清点、质量检测、基于 BIM 的标准化报告系统等，严格把控项目成本和质量，提升项目规划和管理水平，获得了德国公众的认可和支持。

美国在新建地铁项目中也大力推广应用 BIM 技术。例如：洛杉矶 Westside 地铁延长线工程，长 9 英里，新建 7 个地铁站，总投资 51 亿美元，工程采用设计—建造（DB）交付模式，业主将 BIM 技术应用条款写入了承包方合约中，要求以 BIM 为核心规划整个建造过程的信息化管理。凤凰城轻轨项目共 26 个站点，全长 30 多公里，投资 14 亿美元。该项目采用

Bentley 系列软件,利用可视化的三维 BIM 模型,对整个项目的 5 条线进行系统的规划与设计,在紧张的工期内,保质保量完成工程任务。

此外,加拿大多伦多 Spadina 地铁、法国 TGV、荷兰 Arcadis Infra、瑞典 Hallandsås 铁路项目等针对设计、施工、运营不同阶段的业务应用开展数字化、信息化管理。从国外轨道交通工程 BIM 应用中可以看到,BIM 技术已经从三维模型的可视化、单点应用等基础功能,进一步扩展到全过程之间的数据打通、业务深度应用,可为轨道交通运营提供完整、准确、有效的 BIM 数据,注重项目 BIM 的实际应用价值和可持续性。

1.5 国内概况

国内的 BIM 技术应用发展较国外的晚,但近几年在轨道交通行业的发展非常迅速。港台地区的地铁建设和管理较早应用 BIM 技术,大陆地区的城市轨道交通工程也已经开展智慧地铁的实践应用,如北京、上海、广州、深圳、杭州、厦门、成都、绍兴等城市利用 BIM 技术积极开展地铁智慧建设和管理的试点和推广。

在 2010 年,香港地铁在 82 座地铁车站中已经实现了二十多座车站的 BIM 模型化,并基于 BIM 模型实现耗能、采光、客流、可视化碰撞检测等分析应用,并逐渐发展形成开发商、设计、承包商的 3D 协调管理机制,规范各业务应用中各方的协同管理。台北捷运的万大线工程已全面引入 BIM 技术,基于统一的 BIM 模型,开展 3D 协同设计、施工优化和 4D 进度检测、设施资源管理、防灾与逃生分析等应用,充分挖掘 BIM 模型数据价值。

北京轨道交通从 9 号线丰台科技园站的单点 BIM 设计应用实施开始,不断拓宽深化 BIM 技术应用。在 2015 年,提出由北京市轨道交通建设管理有限公司主导,北京市轨道交通设计研究院作为 BIM 设计总体与管理方,设计、施工等各参与方实施的模式,在北京地铁 19 号线、7 号线东延及后续新线中运用 BIM 技术。通过搭建 BIM 技术协同平台和制定 BIM 实施标准,统一协调各方 BIM 应用。其远期规划是以生命周期管理为目标,以 BIM、GIS(Geographic Information System)技术为核心、云计算为平台架构、感知技术为基础、移动互联为传输结构、建设项目为载体,建立以三维数据库为核心的云平台,为建设管理和运营维护提供数据服务。

上海申通地铁在 2012 年开始在项目建设上引进 BIM 技术,如 9 号线三期、11 号线迪士尼段、12 号线、13 号线等,总里程约 97 km,采用 BIM 技术辅助项目的设计及施工,提升了项目整体建设水平和质量,大大减少了项目变更。经过不断探索与研究,在新线项目,如 5 号线南延、8 号线三期、10 号线二期、14 号线、15 号线、17 号线、18 号线等项目建设的全过程,要求采用 BIM 技术来辅助项目的设计及施工,项目 BIM 应用价值点已覆盖到项目的规划、设计及施工阶段,并开发基于 BIM+GIS 的可视化建设管理平台、基于 BIM 的企业级数据管理平台、智慧运维管理平台等智能化系统。上海地铁 BIM 应用模式是以业主单位牵头,BIM 总体单位总体负责,相关方(设计、施工、监理、咨询、运营等)共同参与。

广州地铁 BIM 应用包括总公司的企业级 BIM 体系和建设事业总部的面向施工阶段的

精细化管理平台的打造。企业级BIM体系的主要内容包括企业级BIM能力调研，企业BIM战略制定，BIM应用后的流程再造，建模标准、交付标准，编码体系，软硬件及网络选择，招投标文件及合同范本，实施风险分析，试点项目实施等，以全面规划广州地铁BIM应用发展。在施工管理方面，基于新线建设的施工管理和数字化移交需求，开发轨道交通信息模型管理系统，可实现基于二维码的机电设备过程信息管理、基于3D模型的“按图钉”质量安全管理以及以派工单为核心的进度管理。

国内轨道交通的BIM技术应用和研究正处于快速发展的阶段，随着BIM理念和技术的不断发展，已经从点式的BIM应用突破，开始探索全过程BIM应用，并融合GIS、云计算、大数据、物联网等技术，研发设计、施工、运维的智能化管理平台，以实现全生命周期数据产业链条的打通。

1.6 深铁应用

1.6.1 深圳地铁数字化转型概况

深圳市作为粤港澳大湾区的重要组成部分，肩负起打造未来世界级枢纽城市和建设中国特色社会主义先行示范区的使命。城市发展，交通先行。面对未来33条线路的建设和管理，在当前及未来高强度的轨道交通建设运维任务下，传统的信息收集、存储、分析、利用方式，难以满足业务管控的需要，也无法实现数字资产的积累和增值。随着科学技术不断发展，人工智能、大数据、5G等新技术快速发展，深圳地铁在技术浪潮的机遇下，主动转型升级，积极参与和引领深圳智慧交通、智慧城市的建设。在稳步推进集团技术自主化发展，逐步完善技术创新体系的基础上，提出全面实施科技驱动发展战略，深入开展企业数字化转型发展，全面启动创新驱动发展，实践深圳地铁智慧建设和智慧地铁运营。

为全面贯彻“双需求导向、双价值驱动、数智赋能、公司治理现代化”的战略方针，深圳地铁联合华为研究编制《深圳地铁集团数字化转型规划》，该规划涵盖轨道建设、轨道运营、经营业务、集团管理四大领域，立足于城轨行业数字化发展过程中存在的关键问题，从业务解决方案、企业架构、治理体系三个维度针对深圳地铁数字化发展蓝图进行顶层设计。根据深圳地铁关键业务发展需求，基于统一的数字化架构与治理体系构建39个数字化解决方案，通过数字化转型实现流程再造，使业务与技术深度融合，提升企业管理能力和业务管理水平，以支撑深圳地铁数字化、智能化、智慧化转型发展。而在实施规划方面，通过采用BIM、大数据、云计算、IoT、AI、5G等现代信息技术与城轨业务融合，用数字化赋能业务，打造基于BIM的“数字孪生地铁”，构建地铁数字生态体系。

1.6.2 深圳地铁BIM应用概况

深圳地铁积极探索“BIM+新技术”在地铁各业务场景的应用，以推进轨道交通项目在规划、勘察、设计、施工、运营全过程的数字化、智慧化应用。从2014年起，深圳地铁三期工程开始试点应用 BIM 技术，包括 7 号线、9 号线、11 号线、3 号线南延等多个站点工区。在 2015 年，要求在四期第一批线路工程中全面开展 BIM 技术应用工作，以建设方主导、设计方及施工方配合的管理模式开展。

为搭建满足轨道交通全生命周期的 BIM 应用模式，创新 BIM 技术应用，深圳地铁从 2016 年起组织全国各城市的考察调研，包括北京、上海、广州、天津、厦门、杭州、福州、绍兴等城市，并筹划 BIM 总体实施方案。经过几年的积累，为进一步统一 BIM 数据资源、扩大 BIM 应用范围、深化 BIM 应用行为、规范 BIM 数据成果，2018 年，深圳地铁组织筹划深圳市城市轨道交通工程 BIM 总体管理与技术应用研究服务项目，并于 2019 年正式启动城市轨道交通工程 BIM 总体管理项目，由深圳地铁下属子公司深圳市市政设计研究院有限公司作为 BIM 总体单位。通过全面系统研究轨道交通工程全生命周期 BIM 管理与技术应用体系，研究 BIM＋大数据、物联网、云计算、GIS 等模式，多维度推进轨道交通工程数字化转型升级，实现全链条、全参与、全要素的数字化发展。

根据分步实施的原则，深圳市轨道交通工程 BIM 总体项目（近期）内容主要包括 BIM 标准编制、BIM 管理与应用、BIM 平台研发等。以 BIM 标准体系和 BIM 管理制度作为基础，以 1 个工程数据中心＋*N* 个业务平台的设计理念打造 BIM 技术应用综合平台，为轨道交通工程全生命周期 BIM 应用赋能。

1. 轨道交通工程 BIM 技术标准体系

以运营需求为导向，深圳地铁建立一整套涵盖设计、应用、交付、审核和运维全过程的 BIM 技术标准体系，并配套具体业务的技术指南，如正向设计、工艺工法、无人机应用等，以指导和规范勘察、设计、施工、采购、运维等各参与方的 BIM 技术应用。

2. 轨道交通工程 BIM 应用管理与服务

轨道交通工程涉及多参与方，包括建设、运营、设计、施工、监理、供应商等。各方之间的界面错综复杂，针对全过程 BIM 应用，提出“建设单位主导＋BIM 专家顾问把关指导＋BIM 总体管理＋BIM 监理监管咨询＋参建各方共同落实”的 BIM 管理组织模式，通过划分各参建方 BIM 相关工作界面，明确建设、运营、设计、施工、监理、供应商等 BIM 工作职责。同时，制定各参建方 BIM 应用管理制度，实施全过程的指导、督促、检查和审查管理。

为提升深圳市地铁集团和各参建方 BIM 认知水平和技术应用能力，统一各方 BIM 应用共识，制定多层级、系统化的 BIM 培训机制，由行业专家、BIM 开发人员、BIM 应用人员等向各参与方进行 BIM 技术理论、BIM 标准体系、BIM 软件操作、BIM 技术应用等方面培训。

针对全生命周期 BIM 应用过程的痛点，组织相关参与方进行专题研究，重点突破，服务并推广至深圳地铁全过程 BIM 应用。其中，以 BIM 技术应用与创新发展为主题，由深圳地铁牵头，定期在规划、勘察设计、建设、运营等工程建设全生命周期的参建方之间开展 BIM 技术应用交流会，邀请业内专家和优秀项目应用团队，分享 BIM 技术应用和创新经验，促进深圳地铁 BIM 技术研究与应用人才培养，推广先进理念和有益措施。

3. 轨道交通工程 BIM 技术应用综合平台

根据轨道交通工程大场景多源异构数据应用的需要，深圳地铁以“1＋*N*”为设计理念，打造包含 1 个工程数据中心＋N 个业务平台的 BIM 技术应用综合平台。1 个工程数据中心作为 BIM 平台所有模块共用的数据库，实现轨道交通项目实景、周边建(构)筑物、地质、市政地下管线、车站与区间等不同类型项目的多源异构数据的集成，并保证数据存储和传输的安全性。N 个业务平台主要针对不同业务定制化研发管理应用模块，覆盖轨道交通工程全生命周期各阶段，实现基于 BIM 模型的三维可视化、全要素数据化、多方协同化和管理智慧化。

深圳地铁从实施 BIM 应用至今，积累了丰富的、规范的数字资产，覆盖轨道交通工程全要素，为“数字孪生地铁”的打造奠定坚实的基础。图 1-2 展示了截至 2021 年 8 月的数字资产积累情况。

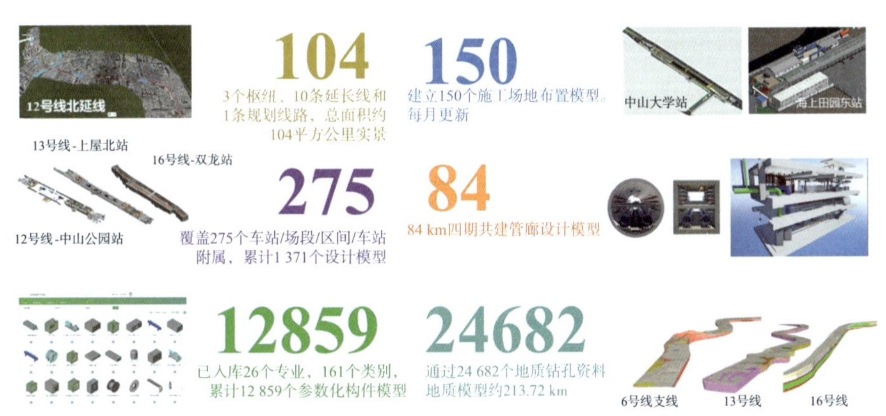

图 1-2 深圳地铁数字资产概况(截至 2021 年 8 月)

通过 BIM 技术在轨道交通工程全生命周期各阶段、各专业、各参与方的深入应用，有效解决了数据统一与流转、多方协同与应用、数字化管理等问题：

- 以 BIM 标准和相关指南为准则，各参建方建立规范化 BIM 模型，并依此为载体，全面积累了轨道交通工程全生命周期的海量数据，形成标准化的数字资产，解决多源异构数据集成问题。
- 运用三维化、结构化、标准化的 BIM 模型，设计、施工参建方可基于统一的 BIM 模型进行方案设计与沟通、分析计算、专业协调、工艺模拟、算量计价等多维度 BIM 应用，提高轨道交通工程质量，有利于数据在各阶段之间的流转，可解决多方基于传统二维方案进行沟通、分析、实施时的效率低等问题。
- 建设单位各相关业务部门，如设计管理、施工管理、质量安全管理、机电管理、成本管理等，可通过基于 BIM 技术的轨道交通工程信息化平台进行可视化、数字化的业务管理，BIM 模型承载的各类信息可为工程项目的沟通、监控、决策等提供数据基础和应用支撑，解决建设管理全过程中可能出现的信息不及时、不完整、不准确等问题，实现业务和技术融合，提升管理能力。
- 轨道交通工程 BIM 模型从规划设计阶段开始积累数据，到施工安装，直至交付运营，不仅打造了形象化的三维模型，也形成了全过程数据库。结合云计算、大数据、物联网、AI

等技术，有利于提升轨道交通运营的综合管控水平，同时，三维空间模型可面向市民提供可交互的形象化窗口，提升地铁服务水平。

随着 BIM 技术在全过程的深入、广泛应用，将进一步推动深圳地铁数智化转型升级，实现数字赋能，更好服务城市、服务市民。

第2章 BIM总体策划

BIM技术已广泛应用在轨道交通工程各阶段，但城市包含多条线路的轨道交通工程，各参建单位的BIM应用均不相同。为了明确全线网BIM实施目标，统一多方的BIM应用行为和交付成果，宜根据城市建设需求和轨道交通发展定位，开展轨道交通工程全生命周期BIM应用和管理的总体策划。

为深入挖掘数字化价值，加快"智慧地铁"建设，深圳地铁近年来大力推进BIM技术在轨道交通工程中的应用。2019年，深圳地铁制定《BIM应用发展总体规划》，明确BIM技术应用的顶层设计与战略规划，以"打造轨道交通BIM深圳模式，树立轨道交通BIM示范标杆"为目标。在该规划的统筹下，深圳地铁组织各参建方开展BIM技术策划，包括标准体系、技术手册、团队架构、管理制度等方面，夯实基础，为轨道交通各参与方BIM协同应用打造统一生态。

2.1 规划设计

为保证BIM技术应用的先进性、可实施性、统一性，深圳地铁成立由院士与知名专家组成的BIM技术顾问专家组，并由深圳地铁牵头，各设计、施工、监理等参建单位共同参与，成立《深圳地铁BIM应用发展总体规划》(以下简称《BIM总体规划》)编制组，从顶层着手，研究并设计深圳地铁BIM技术应用和未来战略发展路线。针对轨道交通工程全过程各参与单位的业务需求，编制组对建设单位、运营单位、设计总包单位、施工总承建单位、监理单位、设备供应商、第三方咨询单位等进行全面的需求调研，包括BIM应用实践、BIM标准实施、BIM平台研发、BIM管理流程、软硬件配置、组织架构等方面，保障BIM技术在深圳地铁应用的可实施性。

《BIM总体规划》，首先分析信息化方面的政策和技术背景，然后详细分析轨道交通的建设、运营、物业开发、商业等各业务应用需求，提出深圳地铁BIM应用的总体目标与实施路线，进一步地，针对BIM标准体系、BIM应用与管理体系、BIM平台体系等进行规划与研究，并针对未来发展可能遇到的风险与挑战进行了剖析与保障措施分析。

深圳地铁以创新轨道交通建设运维管理模式、树立轨道交通BIM应用示范标杆为总体目标，建设1套BIM技术标准体系、1套BIM应用与管理体系，开发1套基于BIM技术的工程数据中心+N个业务管理平台的"1+N"BIM管理平台体系，如图2-1所示。借助BIM、物联网、云计算、GIS、机器人、5G通信等先进技术构建首个全生命周期、全业态覆盖的城市轨道交通企业级别BIM技术应用综合体系。

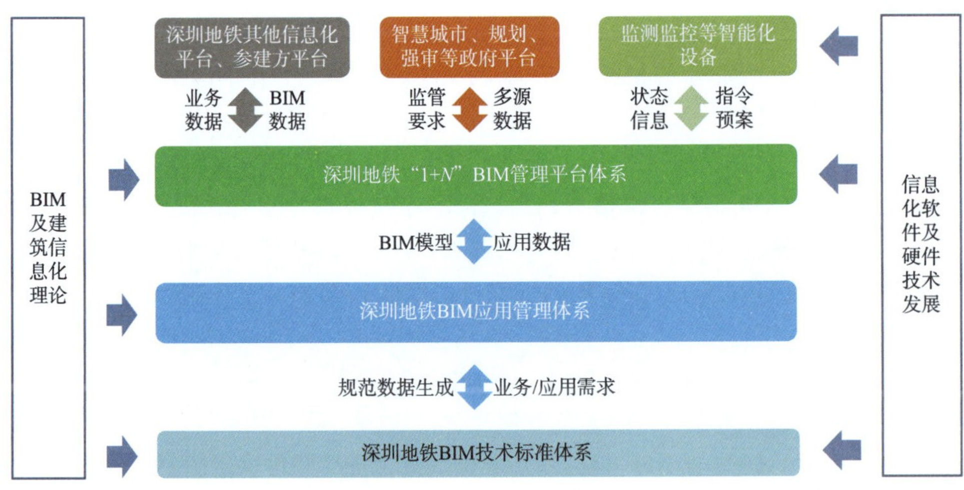

图 2-1　深圳地铁 BIM 应用发展总体路线

按照“总体规划、分期实施”的建设原则，深圳地铁分近、中、远期发展轨道交通 BIM 应用业态。

《BIM 总体规划》的近期规划，也是目前深圳地铁 BIM 应用阶段。依托四期工程、四期调整工程及同步实施枢纽、地下空间等工程开展 BIM 总体管理和应用实施，建立深圳城市轨道交通工程 BIM 标准体系，并推动正向设计和 BIM 智慧工地应用的试点和普及，同步积累数字化资产。结合工程项目进度，完成基于 BIM 的工程数据中心，以及 BIM 设计管理、建设管理、运维管理等业务平台的开发，如图 2-2 所示。

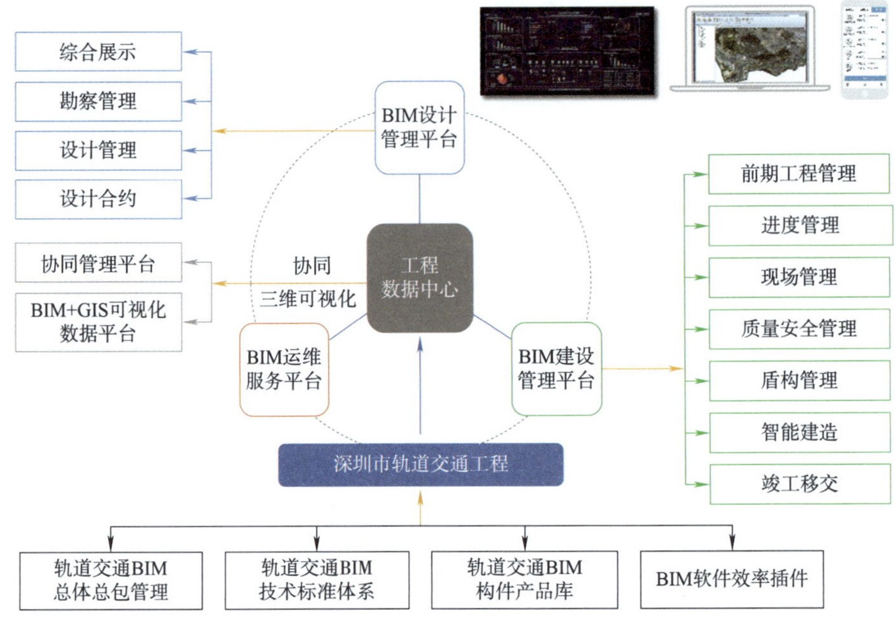

图 2-2　深圳地铁 BIM 应用架构图(近期)

《BIM总体规划》的中远期规划目标是发挥信息化的引领和支撑作用，在BIM技术的深化应用基础上，结合AI、大数据、智能机器人、智能感知设备、5G等技术的应用，建立全要素、全过程、全场景的"数字孪生地铁"，创新BIM+技术应用和商业运营模式，促进深圳地铁向数字地铁、智慧地铁、科技地铁的高质量发展，以期为智慧城市建设与管理提供全方位数据。

《BIM总体规划》对BIM标准体系、管理体系、平台体系等方面进行了详细的分析与规划。同时，为保障深圳地铁BIM应用的顺利开展，针对内部外部的各种风险因素制定风险管控措施，以及相应BIM应用保障措施，以全方位助推BIM技术的全过程应用。

2.2 管理制度

依据《BIM总体规划》的发展目标，深圳地铁高度重视并积极推进轨道交通工程BIM应用，要求在四期工程、四期调整工程、城际铁路等新建工程中全面推进BIM技术应用。

1. 规范管理，形象汇报

深圳地铁在建项目汇集了上百家参建单位，各单位的BIM应用行为、管理流程均不同。为规范管理各单位BIM应用，结合深圳地铁各参建方的组织管理架构，在与各单位充分调研的基础上，组织各方研究并编制城市轨道交通工程全过程BIM管理办法，明确各方工作界面、内容与流程，明晰各参与方的BIM工作职责，并提出各参与方BIM应用深度和移交机制。在管理办法中，规定了会议制度、周月报管理、总体管理、信息管理、考核办法、巡检制度等多项制度和办法，全面保障深圳地铁BIM应用的实施。

轨道交通工程涉及多种专业，各设备管线错综复杂，通过发挥BIM三维模型清晰直观、多方协同、数据全面等优势，可提高轨道交通工程建设全过程质量和效率。自2021年9月1日起，要求四期调整工程及同步建设(代建)工程全面采用BIM技术进行技术委员会汇报审查，包括方案调整和变更、方案汇报、专题技术方案、安保区项目审查等。如图2-3所示，利用BIM技术，集成车站周围建筑与环境信息，通过三维可视化的方式准确展示工程项目与周围环境的关系，充分展示设计方案意图，促进各方沟通协调，提高设计方案质量，保障工程后期施工的可实施性和安全性。

(a)大沙河南侧方案

(b)大沙河北侧方案

图2-3 车站线站位比选

通过在技术方案汇报中全面应用BIM技术等手段，一方面鼓励并督促了各参与方在日常工作中深入应用BIM技术,挖掘BIM应用价值;另一方面,各参与方基于三维化、数字化、可交互的统一模型进行沟通协调,有利于提高项目质量,为管理者针对项目方案的决策提供可靠依据。

2. 全员培训,提升技能

BIM技术给建筑业带来的不仅仅是一种工具的革新,也是管理理念、技术手段、管理流程等方面的升级。因此,针对轨道交通工程多参与方、多专业等特点,组织开展全覆盖的BIM培训,从参建单位到管理主体,从理论知识到上机实操,从设计应用到施工应用,从专业软件到管理平台。

针对BIM技术解决方案、标准实施、流程管理以及平台应用等方面,深圳地铁制定多层次的BIM培训服务计划与方案,包括BIM理论培训、BIM正向设计培训、场景化BIM专业应用培训、BIM项目管理培训等。由于轨道交通工程BIM应用涉及勘察、土建、机电等不同专业,根据专业特点设置不同的BIM培训方案,且考虑车站和区间的工程差异,也增设区间这类线性工程的BIM培训方案。详细的BIM培训方案见表2-1。

表2-1 深圳地铁BIM培训计划

序号	类型	课程名称	面向人员
1	理论培训	BIM理论培训	全体人员
2	专家讲座	专家专题报告	全体人员
3	软件培训	BIM模型浏览	全体人员
4		BIM勘察专业培训	专业人员
5		BIM土建专业(Autodesk)	专业人员
6		BIM机电专业(Autodesk)	专业人员
7		BIM土建专业(Autodesk)提升	专业人员
8		BIM机电专业(Autodesk)提升	专业人员
9		BIM管线改迁(Autodesk)	专业人员
10		BIM管线改迁(Bentley)	专业人员
11		BIM交通疏解(Autodesk)	专业人员
12		BIM交通疏解(Bentley)	专业人员
13		BIM区间隧道(Bentley)	专业人员
14		BIM区间隧道(Autodesk)	专业人员
15		BIM区间桥梁(Bentley)	专业人员
16		BIM精装修培训	专业人员
17	应用培训	BIM正向设计培训	专业人员
18		BIM设计阶段应用培训	专业人员
19		BIM施工阶段应用培训	专业人员
20	平台培训	BIM技术应用综合平台培训	全体人员

BIM 培训方案不仅仅针对设计、施工参建方，也结合深圳地铁建设单位、运营单位等部门的业务场景制定专门的培训计划。通过 BIM 培训，规范了设计、施工等各参建方的 BIM 应用行为、管理流程，使得各方在统一的准则下开展 BIM 应用，交付符合标准规范的 BIM 模型成果，有利于推进 BIM 模型的管理和应用。对于建设、运营等管理人员，结合相关管理业务需求，制定 BIM 模型管理、BIM 平台应用等培训方案，将 BIM 技术融入管理人员的日常业务管理工作中，利用 BIM 三维可视化、项目数据化等优势提升管理效率。图 2-4 展示了部分培训的现场情况。截至 2021 年 8 月，已组织开展 88 场次、总共 768 学时、3 300 多人次的 BIM 培训。通过全员 BIM 培训，统一共识，全面提升深圳地铁各参与方 BIM 技术应用能力，打造轨道交通全产业链条的 BIM 人才团队，调动产业链上下游单位的实施积极性。

图 2-4　深圳地铁 BIM 培训

3. 全面考核，定量评价

轨道交通工程涉及众多参与方，各参与方的 BIM 应用水平各异，为保证深圳地铁各方 BIM 应用质量，深圳地铁组织相关部门和单位对各勘察设计总承包单位、施工总承建单位进行阶段性的考核。通过考核评价，激励各单位人员真正使用 BIM 技术的工作积极性，达到“表彰优秀、学习典范、督促整改、提升水平”的目的。

目前，在建筑工程领域还缺乏关于 BIM 应用的考核评价体系，结合轨道交通工程全过程 BIM 应用特点，深圳地铁采用标准规范指导先行、定期与不定期考评相结合、定量定性综合打分等方式全方位全过程推进各方 BIM 应用。

在全国各城市轨道交通工程 BIM 应用的实地调研基础上，深圳地铁组织各参与单位研究并编制 BIM 技术标准体系，为配套 BIM 标准落地，支撑 BIM 软件实施，同步编制了基于 BIM 软件的技术指南（标准体系和技术指南的详细概况请见第 2.3～2.4 节），将标准体系和技术指南作为考核依据，规范各方的 BIM 应用行为、成果等，实现考核评价的有依有据。

结合轨道交通工程各阶段 BIM 应用实施的时序，考核办法分为月度考核、季度考核、巡检管理等类型，通过定期与不定期的考核管理办法，跟踪各方 BIM 应用实施全过程。深圳地铁定期组织相关部门，以及 BIM 总体单位、BIM 监理单位等对各设计、施工单位进行月度考核和季度考核。为保证考核的公平公正，考核内容设置资源投入、计划管理、成果质量、履约配合等类型，从人员投入、软硬件投入、进度计划制定、进度计划实施、BIM 模型质量、BIM 模型应用质量、BIM 构件质量、指令落实、服务态度、响应速度等各方面给各方 BIM 应用打分，并制定每项打分项的评分标准（表 2-2），将定量和定性相结合，全方位评估各方 BIM 应用质量。

表 2-2　深圳地铁工程项目各设计、施工单位 BIM 应用考核内容整理

序　号	考核项目	考 核 内 容	分　值	备　　注
1	资源投入	人员投入	5	巡检、月报
		软硬件投入	5	巡检、月报
2	计划管理	计划制定	5	
		计划落实	10	
3	成果质量	BIM 模型质量	30	当月审核表综合评分
		BIM 模型应用质量	20	当月审核表综合评分
4	履约配合	会议纪律	5	会议签到、纪要
		成果提交	10	收文台账
		服务态度	10	收文台账、平台日志

季度考核是在月度考核的基础进行汇总分析，巡检制度是对各设计、施工单位进行不定期的现场检查。经业主单位审批同意后，BIM 总体单位组织有经验的 BIM 管理及专业人员参加现场巡检，除常规的考核项目外，重点考核现场的软硬件配置、BIM 人员的技术能力等，同时对设计、施工单位在日常应用过程中遇到的问题进行现场解决，提供技术服务，全面保障各参与单位 BIM 应用的实施。

2.3　标准制定

2.3.1　标准现状

工程项目参与方众多，专业各不相同，使用的软件差异较大，导致出现管理不清晰、流程不规范、成果不统一等问题。为规范各参与方的 BIM 应用与管理，应制定统一标准。

1. 国外概况

为规范建设项目的数据存储、交互与管理过程，前身为 IAI（International Alliance for Interoperability）的 bSI（buildingSMART International）研究并发布建筑领域的一系列标准，如 IFC（Industry Foundation Classes）、IDM（Information Delivery Manual）、MVD（Model View Definition）、BCF（BIM Collaboration Format）等。其中，部分标准已经成为 ISO 标准，如 Industry Foundation Classes（IFC）for data sharing in the construction and facility management industries-Part 1：Data schema（ISO 16739-1：2018）、Building information models-Information delivery manual-Part 1：Methodology and format（ISO 29481-1：2016）等。

各个国家或地区根据自身工程项目特点，也研究并发布了相关的 BIM 技术应用标准。

例如，美国 NBIMS 项目委员会在 2007、2012 和 2015 年分别推出美国国家 BIM 标准 NBIMS-US 的第 1 版、第 2 版和第 3 版。NBIMS 可总结为两部分：BIM 技术标准和 BIM 实施向导。其中，BIM 技术标准主要包括数据存储标准、信息语义标准和信息交换标准；而 BIM 实施向导主要面向工程实施人员，为项目 BIM 应用提供技术依据，包括基础 BIM 实施规划指南、BIM 实施计划内容、MEP 空间协调与交付要求、业主 BIM 规划指南等。表 2-3 展示了部分国家的 BIM 标准和指南。

表 2-3 国外相关 BIM 标准概况(部分)

国 家	标准和指南	发 布 机 构	备 注
美国	National BIM Guide for Owners	美国建筑科学研究院 NIBS	BIM 业主指南
	GSA BIM Guide	总务管理署 GSA	BIM 指南
	The Contractor's Guide to BIM	美国总承包商协会 AGC	承包商 BIM 指南
英国	AEC(UK) BIM Protocol for Autodesk Revit (V2.0)	AEC(UK) Initiative	Revit 的 BIM
	Briefing for design and construction-Part 1: Code of practice for facilities management (BS 8536-1:2015)	政府机构和相关学会	设计与施工：设施管理实务守则
德国	User Handbook Data Exchange BIM/IFC	德国智能建筑联盟 Building Smart GS	数据交互用户手册
	Building information modeling-Qualifications-Fundamental knowledge (VDI/BS 2552 BLATT 8.1-2017)	德国工程师协会 VDI	BIM 基础知识
法国	Plan for the digital transition in the building industry	相关部委下设机构	建筑业数字化转型规划
挪威	Statsbygg BIM Manual	挪威公共建筑机构 Statsbygg	BIM 手册
芬兰	BIM Requirements	资产管理公司 Senate Properties	BIM 需求
日本	JIA BIM Guideline	日本建筑学会	BIM 指导
	Guideline for BIM Application in Public Building Projects	日本国土交通省 MLIT	公共建设项目 BIM 应用指南
新加坡	Singapore BIM Guide	建设局 BCA	BIM 指南
澳大利亚	NATSPEC National BIM Guide	澳大利亚国家建设规程协会 NATSPEC	国家 BIM 指南
新西兰	The NZ BIM Handbook	BIM 加速委员会 BIM Acceleration Committee	BIM 手册

2. 国内概况

为了促进 BIM 技术在国内可持续的应用和发展，我国从 2012 年开始启动 BIM 标准的研究和编制工作。现阶段，国家或行业已发布多项国家级 BIM 标准或指导手册，从数据结构、模型交付、技术应用等层面规范国内 BIM 应用，详见表 2-4。

表 2-4 国内相关 BIM 标准概况(部分)

发布时间	标　　准	发 布 机 构	备　　注
2007/04/07	建筑对象数字化定义(JG/T 198—2007)	建设部	行业标准
2010/12/01	工业基础类平台规范(GB/T 25507—2010/ISO/PAS 16739：2005)	国家质量监督检验检疫总局、国家标准化管理委员会	国家标准
2016/12/02	建筑信息模型应用统一标准(GB/T 51212—2016)	住房和城乡建设部、国家质量监督检验检疫总局	国家标准
2017/05/04	建筑信息模型施工应用标准(GB/T 51235—2017)	住房和城乡建设部、国家质量监督检验检疫总局	国家标准
2017/10/25	建筑信息模型分类和编码标准(GB/T 51269—2017)	住房和城乡建设部、国家质量监督检验检疫总局	国家标准
2018/05/30	城市轨道交通工程 BIM 应用指南	住房和城乡建设部	应用指南
2018/12/26	建筑信息模型设计交付标准(GB/T 51301—2018)	住房和城乡建设部、国家市场监督管理总局	国家标准
2018/12/06	建筑工程设计信息模型制图标准(JGJ/T 448—2018)	住房和城乡建设部	行业标准
2019/05/24	制造工业工程设计信息模型应用标准(GB/T 51362—2019)	住房和城乡建设部、国家市场监督管理总局	国家标准
2019/10/26	水运工程信息模型应用统一标准(JTS/T 198-1—2019)	交通运输部	行业标准
2020/02/03	民用运输机场建筑信息模型应用统一标准(MH/T 5042—2020)	中国民用航空局	行业标准
2021/02/26	公路工程信息模型应用统一标准(JTG/T 2420—2021)	交通运输部	行业标准
2021/02/26	公路工程设计信息模型应用标准(JTG/T 2421—2021)	交通运输部	行业标准
2021/02/26	公路工程施工信息模型应用标准(JTG/T 2422—2021)	交通运输部	行业标准
2021/03/10	铁路工程信息模型统一标准(TB/T 10183—2021)	国家铁路局	行业标准

从表 2-4 中可以看到，国内 BIM 标准早期主要聚焦建筑工程，随着 BIM 技术的不断发展，开始向公路工程、水运工程、铁路工程等市政基础工程延伸，但目前针对轨道交通领域的 BIM 标准还相对缺乏，亟须制定相关 BIM 标准，以规范 BIM 技术在模型创建、协同管理、成果交付等方面的应用。

现阶段，国内相关省市针对本地轨道交通特点，研究并发布相关的 BIM 标准和导则，如上海、天津、广东、广西等。表 2-5 整理了国内部分的与轨道交通相关的 BIM 标准情况。

表 2-5　国内轨道交通工程 BIM 相关标准(部分)

发布时间	区　域	标 准 名 称	备　注
2016/05/10	上海	城市轨道交通信息模型技术标准(DG/TJ 08-2202—2016)	
2016/05/10		城市轨道交通信息模型交付标准(DG/TJ 08-2203—2016)	
2016/12/21	广西	城市轨道交通建筑信息模型(BIM)建模与交付标准(DBJ/T 45-033—2016)	
2019/01/09	山东	山东省城市轨道交通 BIM 技术应用导则	应用导则
2019/08/05	广东	城市轨道交通建筑信息模型(BIM)建模与交付标准(DBJ/T 15-160—2019)	
2019/08/05		城市轨道交通基于建筑信息模型(BIM)的设备设施管理编码规范(DBJ/T 15-161—2019)	
2021/09/01		城市轨道交通工程信息模型表达及交付标准(SJG 101—2021)	
2021/09/01		城市轨道交通工程信息模型分类和编码标准(SJG 102—2021)	
2019/09/12	天津	城市轨道交通管线综合 BIM 设计标准(DB/T 29-268—2019)	
2020/05/14	山西	城市轨道交通建筑信息模型全生命期应用标准(DBJ04/T 403—2020)	
2020/07/16		城市轨道交通建筑信息模型建模标准(DBJ04/T 412—2020)	
2020/07/16		城市轨道交通建筑信息模型数字化交付标准(DBJ04/T 413—2020)	
2020/09/10	河南	城市轨道交通信息模型应用标准(DBJ41/T 235—2020)	

深圳市轨道交通工程除具有规模大、方案复杂、参与方多、专业多、周期长、投资大、城市影响大等一般特点外，还具有自身发展的特点。深圳地铁的建设与管理具有轨道＋物业、地下空间综合利用等特点，且确立国铁、城际、地铁“三铁合一”的发展模式。因此，需根据以上特点，制定符合深圳地铁发展的 BIM 技术标准系列。

2.3.2 体系架构

在总结现有 BIM 标准和技术研究成果的基础上，深圳地铁提出轨道交通工程 BIM 标准体系的架构。参考美国国家 BIM 标准 NBIMS 和国内相关 BIM 标准体系理论，深圳地铁提出基础标准、工作指导标准、数据与平台标准三个层次十项标准的 BIM 系列标准架构，如图 2-5 所示。

- 基础标准主要规定轨道交通工程 BIM 数据的相关要求，包括分类编码、构件库资源、协同管理环境等。
- 工作指导标准主要规定轨道交通工程 BIM 模型从创建、应用、交付等全过程。其中，为保障 BIM 模型及相关成果合规性，研究并编制审核标准。
- BIM 数据应用与软件平台息息相关，考虑到轨道交通数据安全的特殊性，数据与平台标准从数据移交过程中的数据结构、数据安全以及企业管理流程方面制定相关规范要求。

图 2-5 深圳市城市轨道交通工程 BIM 技术标准系列

2.3.3 编制概况

结合轨道交通工程 BIM 实践经验，建立深圳地铁 BIM 技术标准体系，覆盖轨道交通全生命周期各阶段，包含分类编码、模型创建、协同工作、应用实施、交付审核、信息安全等各方面，界定各方职责，形成规范流程，统一交付成果。全面支撑深圳地铁 BIM 应用，为轨道交通数字资产提供基础规范。BIM 技术系列标准主要内容见表 2-6。

表 2-6　BIM 技术系列标准主要内容

	标　准	主 要 内 容	数　量
1	轨道交通工程信息模型分类和编码标准	对象分类和编码表	15 个
		分类编码条目	1 万多条
2	轨道交通工程 BIM 构件模型创建与入库标准	BIM 构件库角色权限类别	10 个
		BIM 构件模型属性信息模板	近 300 个
3	轨道交通工程 BIM 应用协同管理标准	管理角色类型	6 类
		用户权限	7 类
		目录文件夹层级	7 级
4	轨道交通工程 BIM 模型建模标准	模型信息属性组	36 种
		各阶段模型成果建模范围和深度等级参考表	37 个
		模型几何表达精度参考表	18 个
		颜色表达类别	35 类
5	轨道交通工程 BIM 模型交付标准	模型单元属性值数据来源	13 类
		BIM 模型交付物类别	9 类
		BIM 模型与应用成果常用交付格式	21 种
6	轨道交通工程 BIM 模型应用指引	各阶段 BIM 应用	35 项
7	轨道交通工程 BIM 模型审核标准	技术审核内容	6 项
		BIM 审核内容	12 项
8	轨道交通工程 BIM 数据移交标准	移交数据类型	8 类
9	轨道交通工程信息模型数据保密与安全规范	数据安全措施	8 类
10	企业 BIM 管理标准与流程	BIM 管理应用场景	20 多个

1. 轨道交通工程信息模型分类和编码标准

《轨道交通工程信息模型分类和编码标准》(以下简称《分类编码标准》)的分类方法与国家标准《建筑信息模型分类和编码标准》(GB/T 51269—2017)保持一致，首先采用面分法划分轨道交通工程各类信息表，然后对每类信息进行细分。对于一般性的对象信息，引用国家标准《建筑信息模型分类和编码标准》(GB/T 51269—2017)；对于城市轨道交通工程专有的对象信息，则在国家标准的基础上进行扩展。

《分类编码标准》主要规定深圳市城市轨道交通工程的位置管理编码和对象分类编码。位置管理编码包括车站、区间、车辆段、停车场、主变电所等编码，主要根据深圳地铁在建和运营的实际站点情况进行编制。各类对象分类编码在国家标准《建筑信息模型分类和编码标准》(GB/T 51269—2017)的四级结构基础上扩展到六级，结构为“表代码-大类代码。中类代码．小类代码．细类代码．微类代码．子类代码”。通过对象分类编码和位置管理编码的结合使用，可唯一识别某一工程对象在轨道交通工程项目中的具体位置，实现实例化，为后期“数字孪生地铁”的管理提供数据基础。

2. 轨道交通工程BIM构件模型创建与入库标准

《轨道交通工程BIM构件模型创建与入库标准》（以下简称《构件库标准》）规定轨道交通工程各专业构件的类型、属性信息、模型深度等基本要求，并规定规范化的创建方法，包括基点设置、颜色规定、命名方式等，统一轨道交通工程各专业构件的数字化表达。《构件库标准》的构件分类主要依据《分类编码标准》，以保证BIM标准体系之间的一致性。

针对每个专业的构件在全生命周期应用过程中对信息的要求，提出通用属性和专项属性。属性的分类、分组和代号规定依据《建筑信息模型设计交付标准》（GB/T 51301—2018）和《建筑工程设计信息模型制图标准》（JGJ/T 448—2018）等标准进行扩展定义，包括身份信息、定位信息、生产信息、维护信息、时间信息等。通用属性是每个构件具有的基本信息，而专项属性是规定每个构件特有的参数，表2-7展示了站台门设备的部分专项属性情况。

表2-7 站台门专项属性信息（部分示例）

属性名称					属性值		
属性分类	分类代号	属性组	属性组代号	宜包含的属性信息	类型	计量单位	数据来源
技术信息	TC	构造尺寸	TC-100	宽度	数值	mm	设计
				高度	数值	mm	设计
				厚度	数值	mm	设计
		设计参数	TC-300	材质	文本		供应商
				材质参数	文本		供应商
				开启方向	文本		供应商
				通过宽度	数值	m	供应商
				通过高度	数值	m	供应商
				开启速度	数值	m/s	供应商
				关闭速度	数值	m/s	供应商
				站台密封状态	文本		供应商
				…	…	…	…
		技术要求	TC-400	工作环境	文本		供应商
				防护措施	文本		供应商
				施工要求	文本		施工
				…	…	…	…

另外为规范构件模型的管理,《构件库标准》也规定构件模型上传至 BIM 构件库的管理和使用的流程和相应要求,如构件模型的上传、审核、发布等。

3. 轨道交通工程 BIM 应用协同管理标准

《轨道交通工程 BIM 应用协同管理标准》(以下简称《协同标准》)规定轨道交通工程项目协同管理形式,并对各参与方开展协同作业提出权限设置、成果提交、数据保密等基本要求,以保障协同管理环境的安全性。

《协同标准》规定轨道交通工程参与方相关人员的角色与职责。针对轨道交通项目 BIM 协同管理过程中所涉及的资源、行为、成果等内容,《协同标准》从文件目录划分、文件命名、文件管理、用户权限等方面进行统一规定。图 2-6 展示了相关用户权限的要求。

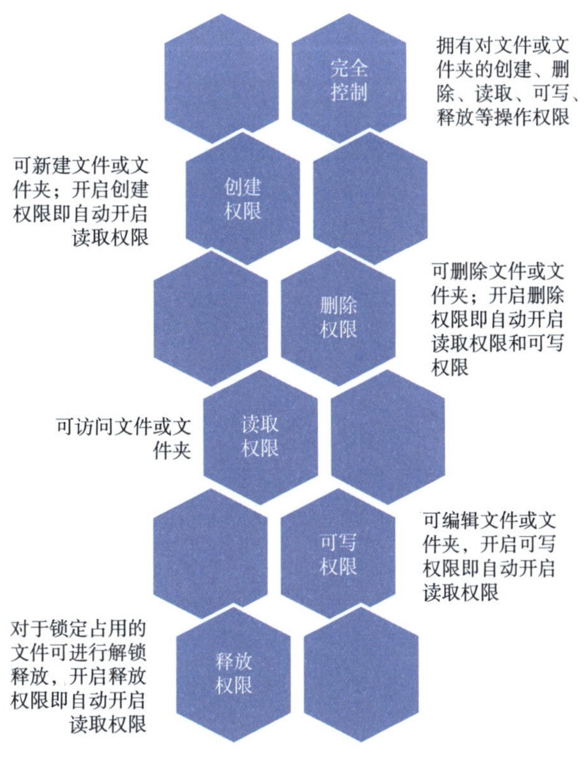

图 2-6　协同管理中用户权限的相关要求

4. 轨道交通工程 BIM 模型建模标准

轨道交通工程除自身工程项目外,如车站、区间、主变电所、车辆基地等,还涉及地质、市政地下管线、周边建(构)筑物等。与单体项目不同,需统一管理城市内所有线路的轨道交通工程信息模型数据,因此须建立统一的模型数据要求。《轨道交通工程 BIM 模型建模标准》(以下简称《建模标准》)首先规定城市轨道交通工程信息模型的建模环境,包括坐标定位、高程系统、单位度量等。

结合轨道交通工程各专业特点,制定各专业模型划分原则,规定各专业工程对象在不同阶段的建模深度要求，并规定 BIM 模型中各构件的命名规则。其中，BIM 模型可承载大量的信息，对于各专业工程对象的属性信息要求，其属性信息模板参照《构件库标准》，而《建模标准》规定属性信息在不同阶段的填写要求，逐渐积累 BIM 模型信息。同时，为保证 BIM 模型表达的统一性，《建模标准》规定各专业 BIM 模型的图层、颜色、材质、线型、线宽等要求。表 2-8 给出了部分专业的颜色 RGB 定义。

表 2-8　轨道交通工程部分专业类别的颜色设置

专　业	类　别	R	G	B	颜色示例
土建	墙/梁/板/柱	232	233	231	
	基础	107	105	95	
通风、空调与供暖	大系统—空调送风	214	250	0	
	小系统—通风排风管	160	160	255	
给水与排水	消火栓系统	255	0	0	
	污水系统	255	255	0	
机电	供电桥架	127	0	255	
	综合监控系统	191	127	255	

另外针对轨道交通工程项目涉及的地质、市政地下管线、周边建(构)筑物等，《建模标准》规定了创建的基本要求，以实现轨道交通工程本身项目与上述模型的数据对接，保证各类型 BIM 模型数据的兼容，如图 2-7 所示。

图 2-7　轨道交通项目各类工程模型集成(渲染效果)

5. 轨道交通工程 BIM 模型交付标准

《轨道交通工程 BIM 模型交付标准》(以下简称《交付标准》)主要规定轨道交通工程各阶段交付的 BIM 模型及相关 BIM 应用成果的要求。《交付标准》规定设计向施工、施工向运维的交付 BIM 模型要求,为设计、施工、运维之间的打通奠定基础。对 BIM 应用成果的规定,主要包括属性信息表、工程图纸、项目需求书、BIM 执行计划、轨道交通工程指标表、模型工程量清单、交付说明书、动画视频等。为统一交付管理过程,对各交付物的格式、命名、版本等基本要求进行规定。

6. 轨道交通工程 BIM 模型应用指引

《轨道交通工程 BIM 模型应用指引》(以下简称《应用指引》)主要规定轨道交通全生命周期各阶段的 BIM 应用。为保证 BIM 应用的有序实施,对 BIM 应用过程的组织管理、模型创建、应用规划等作出统一规定。其中,通过建立 BIM 管理组织,明确各参建方主要职责;规定 BIM 模型创建要求,以满足不同 BIM 应用的模型需求;针对不同项目各阶段应用需求,提出全生命周期各阶段 BIM 应用的统筹组织,以及各参建方在不同 BIM 应用中的角色定位。

《应用指引》规定轨道交通工程在设计、施工、运维等阶段的 BIM 应用点,共 35 项,如图 2-8 所示。

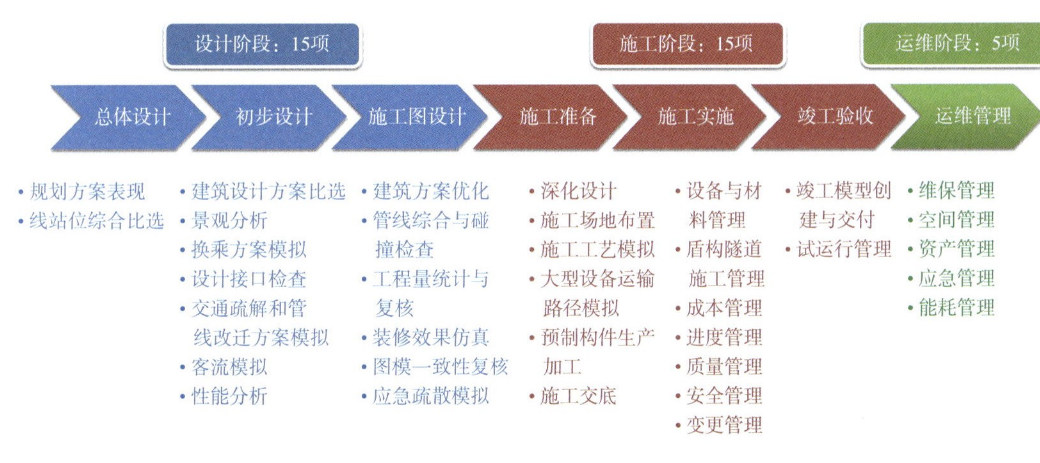

图 2-8　轨道交通工程全生命周期 BIM 应用

为规范各应用点的实施组织,参考 IDM 标准模式,通过数据准备、软件功能要求、应用流程、成果要求等方面对各阶段的 BIM 应用进行统一规定,以制定规范的 BIM 应用模式。图 2-9 以装修效果仿真为例展示 BIM 应用流程。

7. 轨道交通工程 BIM 模型审核标准

《轨道交通工程 BIM 模型审核标准》(以下简称《审核标准》)规定轨道交通工程 BIM 模型审核流程各环节的基本要求,包括审核策划、审核流程、成果归档、版本固化等,保障模型审核管理的效率以及成果的质量。

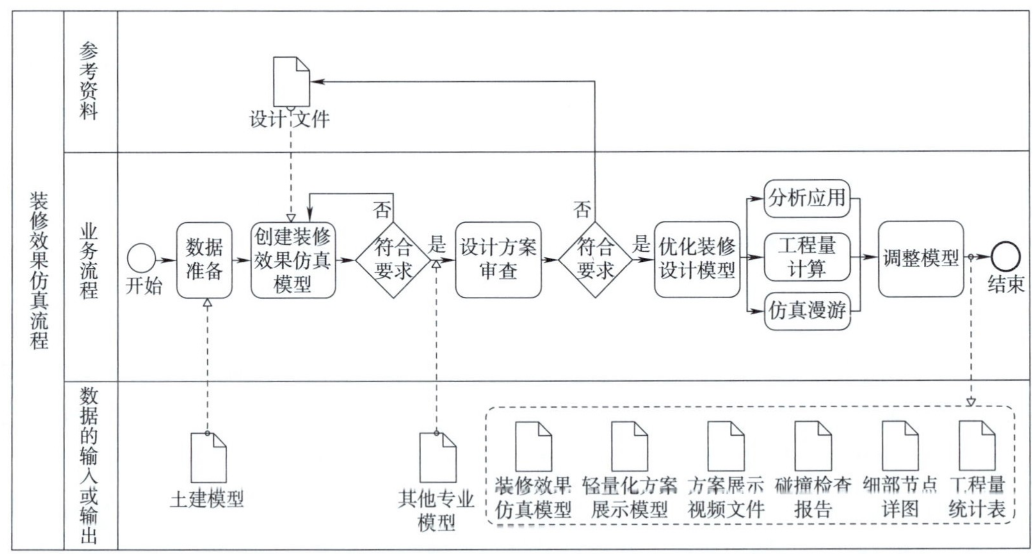

图 2-9 装修效果仿真 BIM 应用流程

《审核标准》从专业技术、BIM 技术层面分别规定 BIM 模型审核内容，并明确考核评分的具体要求。专业技术层面的审核内容主要包括工程项目的可实施性、规范符合性等方面；BIM 技术层面的审核内容主要以深圳地铁 BIM 技术系列标准为依据，涉及 BIM 模型的建模范围、构件属性、构件命名、构件表达等方面，以保障 BIM 模型数据的统一性。

8. 轨道交通工程 BIM 数据移交标准

《轨道交通工程 BIM 数据移交标准》(以下简称《数据移交标准》)针对轨道交通项目数据移交过程中所涉及的前提条件、移交参与方、移交成果等基本因素，提出轨道交通工程信息模型数据移交方案，包括移交策略、移交需求、移交计划、移交实施方案等要求。

《数据移交标准》也规定轨道交通工程各专业构件 BIM 数据的结构化表达要求，如数据名称、数据类型、数据格式、值域、约束条件等，形成各类数据的标准模板。

9. 轨道交通工程信息模型数据保密与安全规范

轨道交通工程包含大量的敏感数据，BIM 模型数据以及相应 BIM 成果除应符合企业的数据安全要求，考虑到轨道交通工程数据的重要性，还应该根据 BIM 数据特点，建立数据安全制度。《轨道交通工程信息模型数据保密与安全规范》(以下简称《数据安全规范》)主要从基础设施环境、软硬件、模型数据等多个方面对轨道交通工程 BIM 数据保密与安全保护提出指导性意见。

《数据安全规范》规定轨道交通项目 BIM 应用所涉及基础设施的安全保护要求，包括机房、服务器、网络等，从物理实体、物理空间等维度保障 BIM 数据安全。同时，轨道交通项目全过程使用到不同类型的 BIM 软件，在相应的操作系统、应用软件中承载大量 BIM 数据，对操作系统、软件、输入控制、输出控制等方面的安全性要求作出统一规定。

10. 企业 BIM 管理标准与流程

《企业 BIM 管理标准与流程》(以下简称《企业管理标准》)主要根据轨道交通各业务板

块的应用需求,制定 BIM 实施办法,对 BIM 应用的管理目标、管理原则、组织架构提出相关要求。

《企业管理标准》对轨道交通项目各业务部门的管理职责进行统一要求,包括建设单位、运营单位、BIM 总体管理单位、设计单位、施工单位、监理单位、供应商等。结合各业务板块需求,《企业管理标准》明确 BIM 管理目标、管理介入时间、数据准备内容、管理内容、成果审查要求及最终形成的管理成果等。

2.3.4 标准升级

上述相关标准已发布成为深圳地铁的企业 BIM 标准,指导并规范轨道交通工程全生命周期 BIM 技术应用。进一步地,经实践应用和经验积累,有两项标准申请立项为深圳市工程建设标准,包括《城市轨道交通工程信息模型表达及交付标准》(SJG 101—2021)和《城市轨道交通工程信息模型分类和编码标准》(SJG 102—2021)。该两项标准是在深圳地铁企业 BIM 技术标准系列和实践应用的基础上总结凝练而成。

1. 城市轨道交通工程信息模型表达及交付标准

参考《建筑信息模型设计交付标准》(GB/T 51301—2018)和《建筑工程设计信息模型制图标准》(JGJ/T 448—2018),该标准提出城市轨道交通在各阶段的模型建模和交付要求,分别采用G1-G4、N1-N4 详细定义 BIM 模型的几何表达和属性信息,并根据各专业特点制定各专业设施设备的属性信息模板,填补并丰富城市轨道交通工程信息模型在不同阶段的深度定义。进一步地,通过建立规范、准确的轨道交通工程 BIM 模型,不仅有利于保证 BIM 模型的合规性,也有利于实现与周边环境、既有工程项目的模型数据对接,打造智慧城市建设和管理的数据底座。该标准通过建立统一的模型要求,促进 BIM 从设计向施工的应用延伸,施工向运营的信息交付。

2. 城市轨道交通工程信息模型分类和编码标准

在《建筑信息模型分类和编码标准》(GB/T 51269—2017)的分类方法和编码规则下,该标准详细规定城市轨道交通全生命周期各方面信息(如工作成果、专业、元素等),并扩展细化轨道交通领域的分类编码,分类结构划分至六级。同时,结合深圳地铁建设和运营的位置管理情况,制定位置管理编码规则,有助于实现轨道交通工程项目位置的实例化表达。通过城市轨道交通工程信息模型分类和编码的统一规定,与建筑工程、道路桥梁等市政工程在 BIM 分类编码上保持兼容,有助于智慧城市基础数据的积累和管理。该标准为轨道交通领域 BIM 分类和编码的扩展完善提供基础。

2.4 技术指南

深圳市轨道交通工程 BIM 技术标准系列主要规定全过程 BIM 应用的通用性要求,如建模环境、管理流程、组织权责、交付成果、数据安全等,以保证 BIM 资源的标准性、流程的规范性、成果的统一性。进一步针对具体的 BIM 应用实操,为各参建方提供统一的指导,深圳地铁组织各方研究轨道交通工程全过程 BIM 应用难点，如实景建模、区间建模、地质建模等，组织各参建方编制多项 BIM 技术手册(表 2-9)，配套标准同步实施，作为标准在实际操作过程的延伸。

表 2-9　深圳市城市轨道交通工程 BIM 技术手册概况(部分)

序号	技术手册	说明
1	城市轨道交通工程无人机使用及实景建模要求	统一规定倾斜摄影和实景建模要求，并整理深圳无人机航空管理相关法规合集与空域申请流程等资料，以供各勘察设计总承包单位查阅使用
2	城市轨道交通 BIM 正向设计指导手册	从建模要求、出图范围、协同组织规定、通用设置等方面对正向设计内容进行规定，明确建筑、结构、给排水、通风空调、强电、弱电等专业出图要求
3	城市轨道交通工程施工场地布置 BIM 技术应用要求	规定场地布置模型建模内容，保证各单位模型内容表达统一，该文档主要包括施工场地布置 BIM 模型要求、模型项目信息、模型地理信息等内容
4	城市轨道交通工程三维地质模型建模技术指引	介绍主流软件(Bentley MicroStation)的地质建模方法，详细说明地质模型创建完成后如何在平台中实现交付要求。并结合深圳地质情况，制定地质建模规范，包括地层命名、地质参数、显示颜色等
5	城市轨道交通区间 BIM 建模手册——Bentley 软件解决方案	规范和指导区间隧道建模要求，包括线路、区间结构、轨道以及相关设备专业表达规范，并提供各专业建模方法的详细操作说明
6	城市轨道交通工程工艺工法库施工模拟动画制作指导手册	针对轨道交通工程不同施工方案，规定基于 BIM 模型的工艺工法模拟视频的制作要求，主要包括方案深度、流程、材料与设备、质量、安全、环保，以及视频文件、格式等要求
7	城市轨道交通工程工程量统计 BIM 技术指导手册	明确了项目工程量统计内容、统计方法，充分考虑正向设计模型显示规则与工程量统计扣减规则的协调性，确保正向设计模型少修改即可准确出量
8	城市轨道交通工程站后工程 BIM 作业指导手册	规定轨道交通站后机电安装工程 BIM 模型深化、管线综合优化、预制加工与安装等应用要求，包括建模环境、模型要求、管理流程、BIM 应用、验收交付等内容

2.5　团队建设

1. 项目管理模式分析

现阶段，BIM 项目管理模式主要可分为以业主主导、设计主导、施工主导、咨询方辅助管理等模式，表 2-10 总结了上述管理模式在各项指标下的对比分析情况。

表 2-10 工程项目 BIM 管理模式对比分析

BIM 项目管理模式	业主主导管理模式	设计主导管理模式	施工主导管理模式	咨询方辅助管理模式
初始成本	高	低	低	中
协调难度	大	一般	一般	小
应用丰富性	最丰富的	一般	一般	丰富
应用阶段	全过程	设计	施工	全过程
运营支持程度	高	低	低	较高
预期效益	最大	小	小	大
应用现状	较少	较多	较多	较多
信息安全性	高	低	低	中

业主主导管理模式：由业主组建专门的 BIM 团队负责工程项目全生命周期 BIM 实施管理，协调设计、施工各参建单位的 BIM 应用实施。该模式对业主方 BIM 团队的技术、管理及软硬件设备要求较高，特别是对 BIM 团队人员的沟通协调能力、软件操作能力有较高的要求，且团队组建成本较大、适应时间周期较长、实施推进难度较大。

设计主导管理模式：由业主委托一家设计单位，一般以合同的方式约定组建项目所需的 BIM 应用和管理团队，由设计单位负责具体的 BIM 实施和管理，如建立 BIM 设计模型，并在项目实施过程中提供 BIM 技术指导及模型信息数据的更新与维护，但在施工、运营阶段，设计方的管理约束力降低，对施工和运营的 BIM 应用考虑较少，在一定程度上，增加了业主在设计后期的 BIM 实施管理压力和成本。

施工主导管理模式：应用方通常为大型施工单位，除了负责自身施工阶段的 BIM 应用，如施工方案模拟与分析、形象进度管理、质量安全管理、成本管理等，还需要做好与设计单位和后期运营单位的衔接，做好 BIM 模型和相关成果的传递。与设计主导管理模式类似，施工主导管理模式对后期运营的管理约束力较低，可能导致运营 BIM 应用难以实施开展，降低全生命周期 BIM 应用价值。

咨询方辅助管理模式：鉴于业主主导管理模式对 BIM 团队的挑战，业主可寻找第三方咨询单位，管理工程项目 BIM 实施，由第三方咨询单位管理并协调设计、施工各参建单位的 BIM 应用，辅助业主串联各参建单位 BIM 模型的创建、应用、交付等。同时，咨询单位还需对业主方后期项目运营管理提供必要的培训和指导，以确保项目运营阶段内的 BIM 效益最大化。

2. 创新项目管理模式探索

为保证轨道交通工程全要素、全过程、全参与的 BIM 应用，充分协调从建设单位、设计总体单位、施工总承建单位，到工点工区单位、设备供应商等不同角色的 BIM 实施，深圳地铁积极探索符合轨道交通工程特点的项目管理模式，在前期组织了全国各城市轨道交通 BIM 管理模式的调研。

轨道交通工程具有规模大、周期长、专业多、参与方多、信息安全性高等特点，传统的项目管理模式不能充分满足轨道交通工程全生命周期 BIM 应用实施的要求。在此背景下，北京、上海、天津、南通、福州、绍兴等城市轨道交通工程采用 BIM 总体管理模式，由业主牵头，设立一家技术能力强的单位为总体管理单位，各参建单位共同实施。例如，上海申通地铁集团有限公司确定其下属设计企业上海隧道工程轨道交通设计研究院作为 BIM 总体咨询与平台建设单位，总体负责上海地铁 BIM 应用工作的推进。

为保证轨道交通工程全生命周期 BIM 应用的技术先进性、可实施性、全面性，深圳地铁发挥先行先试的精神，在国内首次引入 BIM 总体单位＋BIM 监理单位的模式推进轨道交通工程全生命周期 BIM 应用，采用"建设单位主导＋BIM 专家顾问把关指导＋BIM 总体管理＋BIM 监理监管咨询＋参建各方共同落实"的组织管理模式（图 2-10），搭建了全方位的项目团队管理架构，深入落实 BIM 应用。

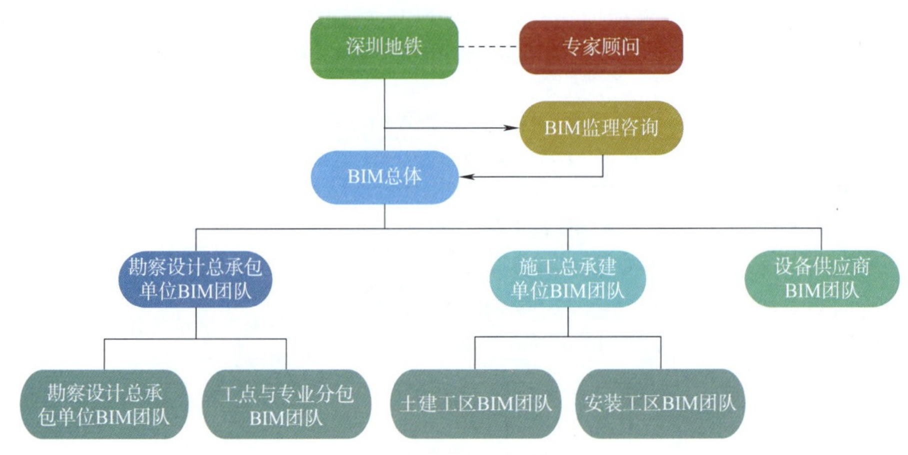

图 2-10　深圳地铁 BIM 应用组织管理架构

（1）建设单位主要提出 BIM 应用需求和负责审核审批等，下属工程管理部、安全质量部、设计管理部、征拆管理部、设备管理部、建设分公司等牵头协调各参建单位的 BIM 应用相关工作。

（2）专家顾问组由院士、国务院特殊津贴专家等业内知名专家组成，涉及科研、设计、施工、业主、咨询、软件等领域，以全方位指导深圳地铁 BIM 应用的总体规划与发展。

（3）BIM 总体单位在建设单位指导下，研究编制 BIM 标准系列、研发 BIM 管理平台，并对各参建单位 BIM 应用进行技术服务和管理，为各参与方提供全方位的 BIM 应用培训。通过专业的 BIM 技术咨询服务团队，有利于协助业主方统筹管理轨道交通各线路的设计、施工参建单位 BIM 应用，有利于减轻业主方的管理，深入落实企业 BIM 实施策略。

（4）BIM 监理咨询单位应根据既有的技术积累和应用经验，为轨道交通工程全生命周期 BIM 应用提供技术指导和咨询，并依据相关标准规范要求，审核 BIM 总体单位制定的轨道交通工程 BIM 方案，并督促方案落实。BIM 技术在轨道交通工程全生命周期应用过程中，仍存在很多技术难点。因此，通过引入BIM监理咨询单位，一方面发挥对各单位BIM应用落实情况的监理监管作用，另一方面结合既有实施经验，可针对具体BIM难题提供专业化的技术支持和建议，最大化地发挥BIM技术价值。

(5)各设计、施工参建单位需根据各自单位的管理模式与BIM应用需求，组建BIM团队，并配置BIM应用的项目负责人、技术负责人、各专业负责人和IT支持人员，以保证各阶段BIM应用的实施。

为保证BIM技术在深圳地铁建设全过程的深入应用，对设计方、施工方、设备供应商等参建单位的BIM团队提出严格规定，要求一线实施人员掌握BIM技术，并熟练使用BIM软件开展相关业务应用，而非通过第三方机构交付BIM模型成果。因此，深圳地铁对各参建单位的BIM团队进行严格要求(表2-11)。应说明的是，在BIM技术应用过程中，不仅设计师和工程师需要应用BIM技术开展相关的业务管理和应用，建设过程中的信息化平台系统也需要针对BIM技术的需求进行研发、更新、维护等。因此，在各参建单位的BIM团队中，还增加关于IT技术人员的相关要求，以期全方位保障深圳地铁全生命周期BIM应用实施。进一步地，相关要求通过合同协议的方式在各参建单位中落实，提高BIM应用实施的约束力。

表2-11　轨道交通工程各参建单位BIM实施相关人员要求

序号	单　位	人员要求	说　明
1	勘察设计总承包单位BIM团队	组长和副组长各1名	具有3年以上BIM项目管理经验，具有高级工程师或以上职称
2		建筑、结构、综合管线、装修导向标志等专业BIM应用人员5名以上	具有BIM软件使用能力，有BIM技术应用相关证书，具有助理工程师或以上职称
3		IT技术人员2名以上	3年以上开发经验，具有助理工程师或以上职称
4	施工总承建单位BIM团队	组长和副组长各1名	具有3年以上BIM项目管理经验，具有高级工程师或以上职称
5		土建、安装等专业工程人员5名以上	具有BIM软件使用能力，有BIM技术应用相关证书，具有助理工程师或以上职称
6		IT技术人员2名以上	3年以上开发经验，具有助理工程师或以上职称
7	设备供应商BIM团队	BIM技术团队负责人1名	具有工程师或以上职称
8		设备相关专业BIM建模工程师2名以上	具有BIM软件使用能力，具有助理工程师或以上职称
9	设备监理单位BIM团队	BIM技术团队负责人1名	具有3年以上BIM项目管理经验，具有工程师或以上职称
10		设备相关专业BIM建模工程师2名以上	具有BIM软件使用能力，具有助理工程师或以上职称

2.6 咨询交流

深圳地铁在 BIM 技术推广应用过程中,已初步积累 BIM 成果,形成 BIM 应用模式。进一步地,为把握 BIM 应用战略发展方向、重点突破关键技术、深化推广应用效果,深圳地铁积极发挥专家智囊团的作用,通过技术交流、专家咨询等多种方式,充分保证 BIM 技术应用的可行性、先进性和引领性。

在推广应用 BIM 技术的初期,为学习其他地方 BIM 应用项目的优秀经验,深圳地铁针对关键技术问题组织专题研究,如轻量化、BIM+GIS 融合、正向设计、工程量计算等,邀请其他单位的专家或 BIM 团队进行技术交流,提升 BIM 技术应用能力。同时,每年组织集团各部门、各设计施工参建单位开展 BIM 技术应用总结和交流大会。图 2-11 展示了 2019 年举行的 BIM 技术应用交流大会。会上各位专家对各项目 BIM 应用进行点评,指出存在问题和努力的方向,并分享优秀项目的实施经验和先进技术,为深圳地铁 BIM 技术应用的发展提供技术指导。为总结各项目 BIM 应用,推动 BIM 技术的实施落地,深圳于 2020 年组织各设计施工单位举办第一届 BIM 应用大赛,同场竞技、创先争优。

图 2-11 深圳地铁 BIM 技术交流会(2019.12.19)

为加快推动深圳地铁 BIM 技术应用,成立以丁烈云院士为组长的 BIM 技术顾问专家组,提供全过程技术咨询指导,为深圳地铁 BIM 应用发展出谋划策。在初期,专家顾问组评审通过《深圳地铁 BIM 应用发展总体规划》[图 2-12(a)],从顶层规划考虑,明确未来 BIM 应用的战略布局、技术路线、发展方向等。经过一年多的发展实践,于 2020 年 12 月组织召开以丁烈云院士为组长的专家咨询会[图 2-12(b)],总结深圳地铁 BIM 应用阶段性工作,并对下一步工作指明方向。

经专家咨询与指导,明确了轨道交通工程全生命周期 BIM 应用的发展方向,将继续深入推进 BIM 实施和管理,打通勘察设计、施工、运营全链条,以点带面,发挥资源优势,拉长产业链条,实现 BIM 价值的最大化。同时,考虑轨道交通数据的安全性和保密性等特点,以及国产软件产业高质量发展的要求,将积极运用和自主研发国产软件平台,先行先试,为国内 BIM 软件平台的自主研发和推广应用提供解决方案。

(a)总体规划(2019.11.24)

(b)专家咨询(2020.12.30)

图 2-12 深圳地铁 BIM 专家组的指导与咨询

2.7 技术攻关

轨道交通工程全生命周期的 BIM 技术应用仍处于发展阶段,在全过程应用中仍面临诸多技术难题需要攻关解决。随着 BIM 技术的深入推进,为进一步深化各业务运用 BIM 技术,深圳地铁结合 BIM 应用全过程中的痛点问题和技术难题,联合相关参与方,设立相关研究专题,按照技术攻关、试点应用、推广实施的路线,逐步研究形成 BIM 应用关键技术,并推广应用至深圳地铁相关项目中,提升工程项目 BIM 应用效益。

现阶段,深圳地铁联合各参建单位申报并获批住房和城乡建设部科研开发项目"城市轨道交通全生命周期 BIM 管理与技术创新应用体系研究"(项目编号:2020-K-136)、深圳市十大 5G 政务应用重点项目"基于 BIM 的城市轨道交通建设全生命周期信息技术应用"等课题研究项目。

在"城市轨道交通全生命周期 BIM 管理与技术创新应用体系研究"课题中,深圳地铁以轨道交通工程全生命周期为产业链条,从标准体系、管理模式、综合平台等维度出发,研究解决产业链条的重难点。目前,已开展的专题研究或关键技术攻关,包括 BIM 正向设计、BIM+GIS 数据融合、多源异构数据集成与转换、基于 WBS 的 BIM 模型拆分、BIM 三维图册、基于 BIM 的二维码管理、装配式车站构件管理等,相关研究已取得阶段性成果,在深圳地铁各工程项目中推广应用,如多源异构数据融合、正向设计推进、BIM 构件产品库打造等,相关阶段性研究成果将在本书的相关章节中详细介绍。

在"基于 BIM 的城市轨道交通建设全生命周期信息技术应用"课题中,重点研究并探索轨道交通领域 BIM+5G 的应用模式。利用 5G 技术在高速通信、低时延、万物互联等方面的优势,可从智能设备使用、覆盖范围、响应速度、数据传输容量等方面拓宽数字地铁的应用场景。如图 2-13 所示,轨道交通工程 BIM 模型集成海量数据,形成数字地铁,通过物联网等设备,以及 5G 技术传输通道,实现虚拟地铁与物理地铁的有效连接,打造"数字孪生地铁"。

图 2-13　轨道交通工程基于 BIM+5G 模式的应用框架

通过专题研究，有助于解决轨道交通工程 BIM 应用的“卡脖子”问题，为深圳地铁各参与方提供技术支撑和服务，保证 BIM 技术应用的先进性、可行性和可实施性。

第3章 基于BIM的勘察测绘

轨道交通工程是一项庞大而复杂的线状工程、系统工程，具有线路长且途经不同的地质地貌区，沿途涉及用地类型繁多，权属管理繁琐，征地拆迁、交通疏解、管线改迁因素复杂，线路周边环境极为复杂等特点。在初步勘察和详细勘察阶段的测量、物探、勘探以及补探等工作难度较大。设计、施工中涉及的专业种类繁多、各专业协同工作复杂，管理难度大。针对大量的勘察、测绘资料，用传统的图表不能直观表达勘察和测绘信息的空间分布，尤其是岩层和结构面间的位置关系。建立轨道交通工程项目范围内的三维勘察、测绘信息模型，有利于解决上述问题，为轨道交通工程前期勘察工作提供技术支撑。通过勘察、测绘 BIM 应用，有利于分析研究工程地质现象和发现掌握岩土体结构规律，对庞大的地质数据进行高效管理，实现快速查询分析，还可避免不必要的重复勘察工作，提高轨道交通新建工程的勘察效率。同时，通过层次分明的三维地质模型，有利于提高建设、设计、施工等各方的沟通协调效率，为轨道交通工程安全施工提供依据。根据轨道交通工程勘察、测绘的内容，可将勘察模型创建分为地物建模、地质建模、地下建(构)筑物建模。

3.1 地物模型

3.1.1 模型创建

作为城市建设的重要基础设施，轨道交通项目分布在城市各个区域，其建设过程与城市既有环境和建筑息息相关。勘察测绘工作的本质内容是全方位反映项目现场情况，随着 BIM 技术的应用与推广，尚需为其他工作提供 BIM 应用的基础环境。综合利用 BIM+GIS 技术创建地物模型，以保障轨道交通工程项目在复杂城市环境下有序、安全地建设。现阶段，无人机技术已广泛应用于轨道交通工程项目，开展地物模型的创建工作。深圳地铁广泛采用无人机倾斜摄影测量技术辅助建设和运营管理，并详细总结了技术应用经验。

实景三维模型可用于工程勘察、工程规划、设计和审查各阶段，有利于全面了解施工地区及周边的环境；在施工期间，无人机可以针对性地对面积、土石方体积、植被覆盖度、工程外观等进行勘察和测量，为环保部门判断环境评价结论和环境保护措施的合理性提供依据，为城乡规划提供准确、可靠的信息，获取更加全面的地物纹理细节，便于更加准确地进行设计与施工，有效避免重建工作，减少建设时间。向外交付时，可提供智慧城市的数据基础。

倾斜摄影测量技术通过传统摄影测量的飞行方式，增加向前、后、左、右四个方向的传感器镜头，同时拍摄一组正摄和四个倾斜五个不同角度的相片，并记录航高、航速、航向重叠、旁向重叠、坐标等参数，然后对倾斜影像进行分析和整理，基于影像构建高分辨的、带有逼真纹理贴图和具有真实地理坐标的三维实景模型，如图 3-1 所示。

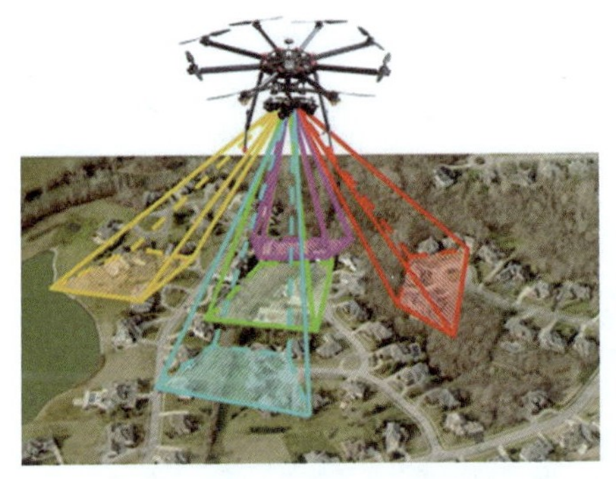

图 3-1　基于无人机倾斜摄影技术的地物模型创建

模型效果逼真，要素全面，而且测量精度高，可真实还原城市轨道规划线路及周边的地形、地貌，可清晰展示轨道交通规划线路及周边地形、地貌和房屋特征等情况，提供更为直观、准确的勘测数据信息支持，解决前期传统勘察周期长、工作难度大、效率低的痛点，弥补传统二维线划图专业性、符号化的缺陷。图 3-2 展示了深圳地铁 6 号线支线沿线的实景模型。

图 3-2　深圳地铁 6 号线支线工程实景模型

3.1.2　线路选线规划

线路的经济性是规划轨道交通线路时需要重点考虑的问题，需要“早规划、早控制”，对轨道交通所需的建设用地进行预留，从源头上缓解用地矛盾。线路三维规划设计需要更加真实、准确和完整的城市三维实景环境，而现有的建模方法在精度、速度和真实度上已无法满足这种要求。倾斜摄影技术可实现城市三维实景环境快速建立和模型单体化的建模方法，通过建立具有全要素并带有高精度地理信息的城市三维实景环境，满足轨道交通线路三维规划设计要求，实现三维场景融合和三维实景环境下的线路规划设计，为城市轨道交通线路的三维规划设计提供新的解决方案。图 3-3 展示了深大城际在深莞增城际、地铁 13 号线、地铁 25 号线，以及周边环境实景模型背景下的线站位规划分析情况。各方基于三维化的实景模型，有利于理解线站位的规划意图，以及对周边建(构)筑物和环境的影响，提高项目规划质量。

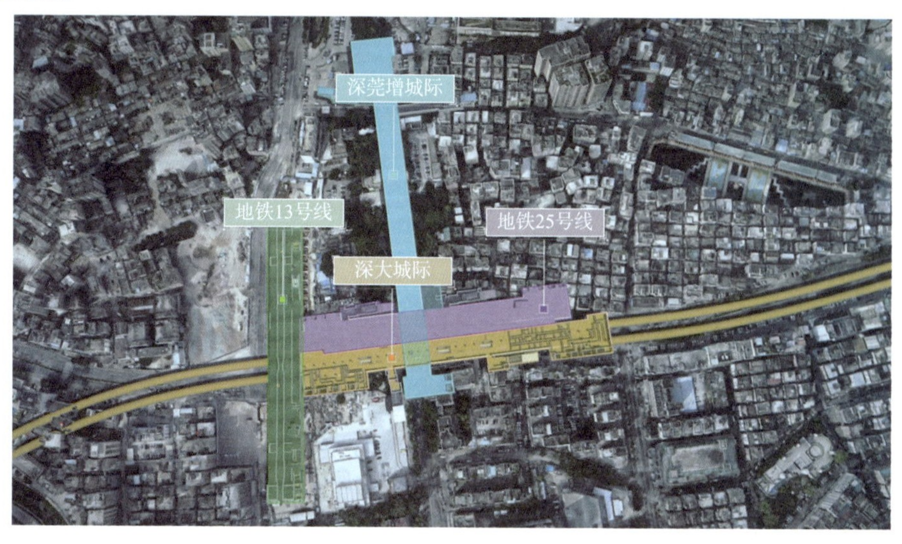

图 3-3 深大城际的线站位分析

3.1.3 征拆分析应用

征拆方案的结果与线路选线的走向是密切相关的。通过无人机对现场场地环境进行分析，包括周边建(构)筑物、道路、环境等，形成实景模型。通过对模型的测量可获得包含沿线每一幢现有建筑的面积、高度，结合 GIS 成果可获得名称、用途等信息，为线路规划设计提供有关拆迁分析、算量、计价的基础。充分考虑线路与周边建设的协调性，减少拆迁，降低建造成本，提高线路的经济性。征拆管理部门运用相关平台，可对轨道交通沿线一定缓冲区范围内的建筑数量和建筑面积进行统计，以此分析出拆迁量，以及商业与住宅的占比，若进一步挂接经济属性，可计算拆迁成本，进而提高后期征拆管理效率。

在征拆分析应用中，由于地铁沿线建(构)筑物的模型深度要求不高，可创建精度较低的体量模型(图 3-4)。当轨道交通工程 BIM 模型融合在周边建(构)筑物模型中，使得轨道交通项目沿线所涉及征地、拆迁与旧路改造情况与方案融合匹配。结合沿线片区居住社区、企业单位对外交通的需求，快速验证线站位设计方案的可行性及对周边环境的影响，为轨道交通工程的规划提供强有力的支撑。

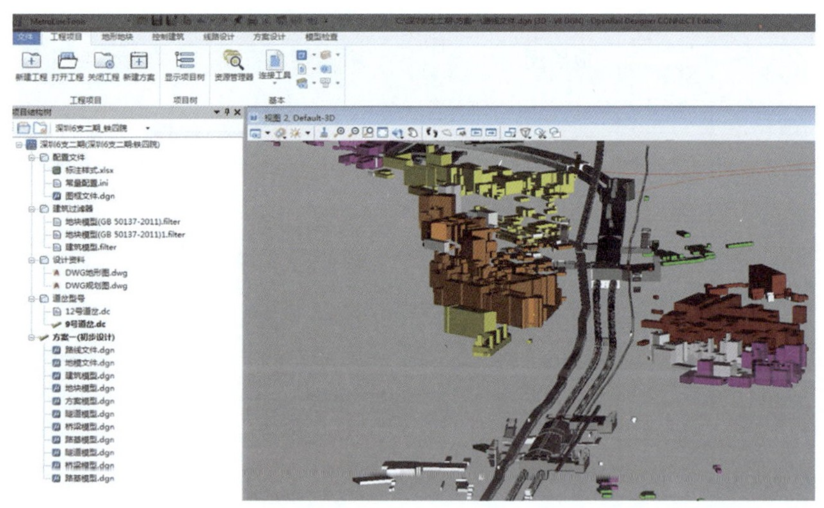

图 3-4　线路沿线周边建(构)筑物实体模型(深圳地铁 6 号线支线)

3.2　地质模型

3.2.1　数据规范

地质建模主要指地下的各地层创建。基于三维地质模型的岩土工程数字化应用,是岩土工程领域的主要发展方向。岩土工程的三维地质建模和可视化分析研究,有利于提高岩土工程的信息化管理水平,在岩土工程领域具有一定的应用价值。通过创建三维地质模型可直观展现天然或不可见客观对象的空间关系,辅助工程勘察成果的优化。

现阶段地质模型的创建软件主要有秉睦、GeoStation、Catia、EVS、AglosGeo 等,涉及的插值方法有克里金插值、DSI 插值等。地层信息复杂、不确定性大,且信息来源不一,各参建方关于地层划分方法不一,导致城市内不同项目的三维地质模型标准不统一,影响整个轨道交通线网地质的规范化管理。

为避免多方地质成果的不统一,深圳地铁组织各勘察设计单位基于深圳市岩土数字化标准,研究并编制《深圳地铁地质勘察编号与命名及建模用色方案》,细化地层编号规则,实现地层编号与命名的一一对应,并统一各地层颜色显示,统一深圳轨道交通沿线地质表达。目前,已将上述标准应用于深圳地铁各线路的地质勘察工作,为轨道交通沿线勘察大数据积累提供基础。表 3-1 展示了三叠系、石炭系地层的各项规定要求,表中示例的颜色为基色,不同风化程度按照一定规律在基色的基础上进行变化。

表 3-1　地质勘察编号与命名及建模用色方案（三叠系、石炭系）

年代地层			岩石地层单位	地层代号		地层序号	代表性岩石	岩性组合	颜色示例
系	统	阶							
三叠系	上统	—	小坪组	T_{3x}		27	1 粉砂岩、2 泥岩、3 炭质页岩	上部为紫红色粉砂岩、粉砂质泥岩夹炭质页岩薄层及煤线，下部为灰白、浅灰色中厚层状砂砾岩、含砾砂岩、中细粒石英砂岩、长石石英砂岩，底部为砂砾岩	237,202,186
石炭系	上统	—	壶天组	C_{2h}		28	1 白云质灰岩、2 灰岩	灰白、浅灰至灰色，局部浅紫红色白云质灰岩、结晶灰岩，靠下部夹角砾状灰岩	239,239,240
石炭系	下统	大塘阶	测水组	C_{1c}	C_{1c}^{2}	29	1 石英砂岩、2 页岩	石英砂岩为主夹少量泥质页岩	218,220,221
					C_{1c}^{1}	30	1 粉砂岩、2 页岩、3 炭质粉砂岩	灰、深灰色砂泥质页岩，粉砂岩夹炭质粉砂岩及含砾砂岩或薄煤层，底部夹灰岩透镜体	207,208,210
			石磴子组	C_{1s}		31	1 白云岩、2 灰岩、3 大理岩	深灰色白云岩、含生物碎屑白云岩、白云质灰岩、白云质大理岩、大理岩	196,205,210
		岩关阶	大湖组	C_{1d}		32	1 粉砂岩、2 石英砂岩、3 泥岩、4 页岩	黄褐色中厚层含砾石英细砂岩、石英砂岩夹泥质粉砂岩、砂质页岩	224,209,47

依据深圳地铁地质勘察标准，各设计单位采用专业软件和 BIM 建模软件创建规范的地铁沿线地质模型（图 3-5），为轨道交通工程的施工提供准确、有效的依据。轨道交通线网覆盖全市范围，通过不断积累，有利于形成深圳地铁丰富的地质数字资产，可为后期的轨道交通工程建设提供依据，解决地质勘察资料缺失、失真等问题，降低地质勘察成本。进一步地，轨道交通丰富的地质数据可为城市建设和管理提供基础数据，助力城市建设。

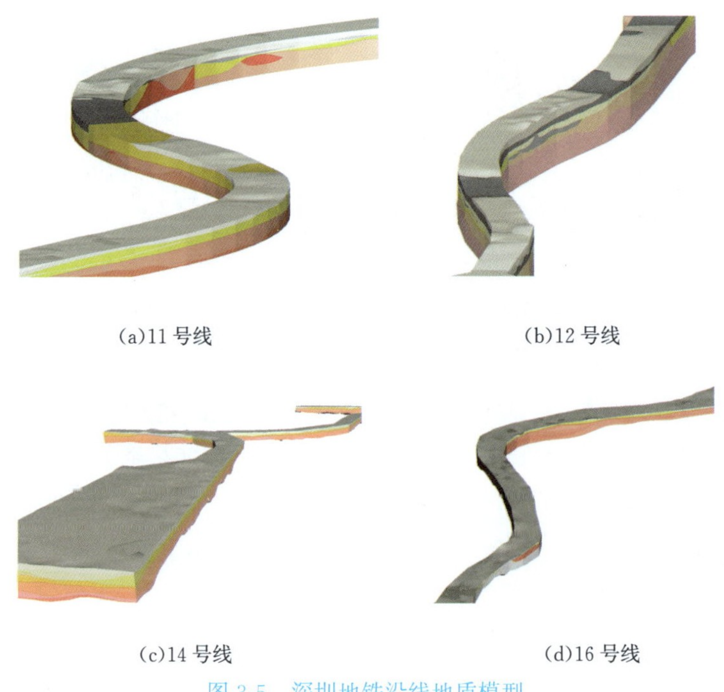

(a)11 号线　　(b)12 号线

(c)14 号线　　(d)16 号线

图 3-5　深圳地铁沿线地质模型

3.2.2　三维展示

岩土工程勘察报告一般仅提供工程建设场地内岩土层的分布描述、二维的工程地质剖面图和柱状图，以及不同深度的原位测试和室内岩土试验参数综合指标。在描述空间地质构造的起伏变化方面，勘察报告直观性较差，往往不能充分揭示其空间变化规律，难以使参建方直接、完整、准确地理解具体的地质情况。建立项目范围内的地质三维可视化成果可有效解决上述问题，为地质工作者分析研究工程地质现象和发现掌握岩土体结构规律，提供一种新的研究手段和方法，对庞大的地质数据进行高效管理，实现快速查询分析，避免不必要的重复勘察工作。

众多新型勘探手段的应用带来的数据成果也更为丰富，包括地质图件数据、测试数据、历史数据、推测数据、集成数据等，多种勘察手段实际上针对的是一个短期相对不变且唯一的对象，地质工作者需要采用新手段综合利用这些信息。当地勘成果出现矛盾时，BIM 技术应用有助于反映传统图纸或数据成果难以表达的空间关系，进而修正错误。建模过程本身也是一个既有勘察成果的核实过程，对勘察成果的核查过程渗透在建模数据处理、模型创建、模型应用等多个方面。通过对勘探与物探成果的综合使用，可建立如工程项目与地质模型的集成模型，有利于直观显示复杂地质结构，梳理工程项目与周边地质关系，减少大量复杂的专业沟通。图 3-6 展示了岩溶模型，其中，灰色部分是建筑工程的 BIM 模型，岩溶分布情况为：蓝色部分是仅存于坑内的岩溶，绿色部分是仅存于坑外的岩溶，而红色部分是坑内外部联通的岩溶。

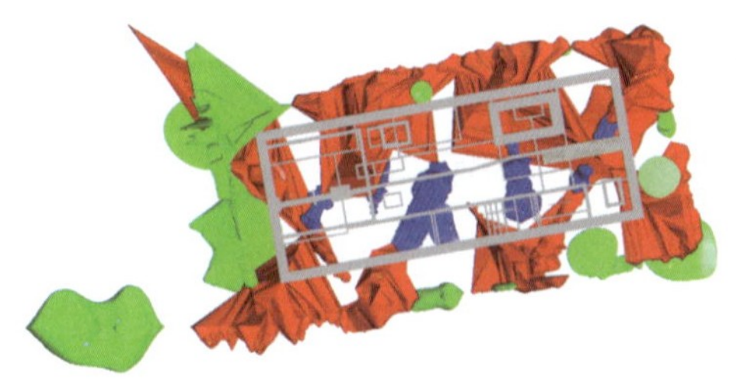

(a)平面位置关系

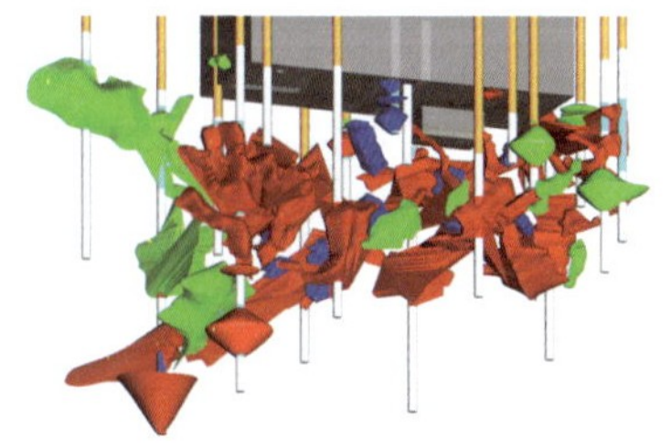

(b)纵向位置关系(纵向圆柱为钻孔)

图 3-6　工程结构与岩溶空间关系

进一步整合市政地下管线、地下建(构)筑物等其他模型,可形成三维的可视化数据库,清晰了解轨道交通工程建设范围内的边界条件,实现基于三维状态下的工程风险源预判,为方案设计和具体实施提供新的技术支持。

3.2.3　线路设计

第 3.1.2 节主要从城市地表环境的角度考虑线路的规划情况。线路方案不仅要考虑地上情况,地下地质条件常常也对工程造价产生决定性影响。线路设计时需综合考虑地形、地质、水文、气象等多个维度,同时满足相关技术标准规范。

运用专业地质三维建模软件,结合地质插值算法和专家人工干预,并综合钻孔采集的地层信息、地质历史等,对特殊地质情况,如土洞、岩溶、断层等进行可视化建模与分析(图 3-7),利用地质三维模型辅助线路设计,有利于实现地质风险避让、站位优化、地质风险处置。进一步有效降低了后期施工过程中由于不良地质体导致的工程成本增加,可为企业关于地质勘察管理提供依据,合理控制造价。

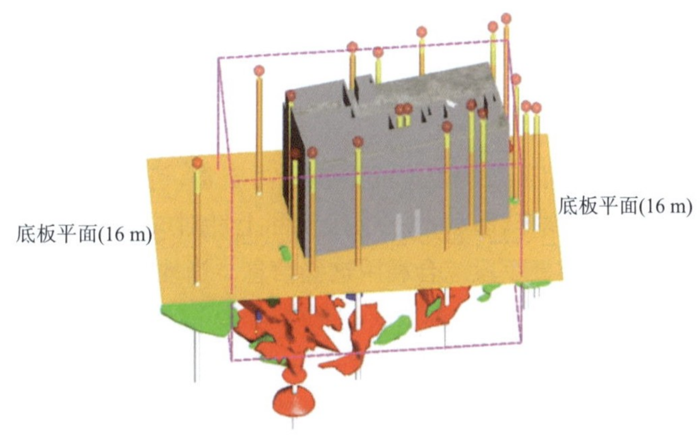

图 3-7　岩溶地质仿真与结构方案分析(深圳地铁 16 号线共建管廊)

利用钻孔数据和勘察数据创建生成三维地质模型(图 3-8),通过剖切地质模型可生成二维图，如区间纵断面图，且剖切位置会随着平面线位的变化而更新，设计方案的纵断成果可实时三维展示，充分利用了现有勘察数据成果的同时保证了设计成果的合理性。

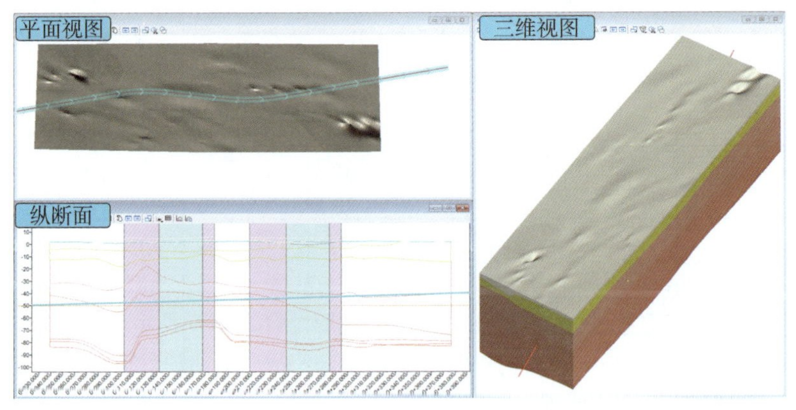

图 3-8 基于地质模型绘制线路纵断面图

3.2.4 算量分析

填挖方统计是地质模型的基础应用。传统岩土工程的计量多是粗放式的概算，BIM 模型承载了详细的属性信息，当实体对象为封闭实体时，可计算生成体积属性。基于曲面插值功能创建得到的地质模型可以更加精确地实现分层岩土体方量的统计分析，这种精确的计算模式有利于岩土工程造价控制目的的实现。通过结合设计成果进行层面之间的剪切运算，实现目标开挖体的几何生成，并提取其体积属性。但实际岩土体开挖后，会产生松动，体积发生变化；而模型的体积属性仅是理论值，需要在此基础上，根据不同区域地层情况，乘以相应的松动系数以实现真实土方量的统计。例如，在创建盾构区间 BIM 模型时，将区间 BIM 模型与地质模型之间进行布尔运算（图 3-9），可精确统计需要的开挖方量。表 3-2 为盾构区间部分区域的土方开发情况。

图 3-9 盾构区间与地质部分之间的空间关系

表 3-2 盾构区间开挖量统计(表中 L 表示左线,R 表示右线)

部　位	元素 ID	体积(m^3)	面积(m^2)	地层名称	掘进阶段	类型	盾构类型
LC11-1-1	33379	3 604.166	1 710.681	土	到达段	地质	EPB
LC11-1-5	33452	548.208	416.278	微风化	正常段	地质	EPB
LC11-1-4	33516	2 195.690	1 259.402	中风化	正常段	地质	EPB
RC11-1-3	33521	3 724.400	2 539.456	土	正常段	地质	EPB
RC11-1-4	33527	2 037.848	1 477.676	中风化	正常段	地质	EPB
LC11-1-3	33532	577.704	745.762	土	正常段	地质	TBM
RC11-1-3	33547	436.373	407.870	土	正常段	地质	EPB

3.2.5 剖切成图

二维剖面图是工程地质勘察工作的重要成果之一,往往采用若干剖面图表达一个场区的地质情况,这些各自独立绘制的二维图理论上应该是互相相关的。但实际工作中常出现相交的剖面图同一地层的标高会存在偏差,地质平面图中反映的地质界线和剖面图相应位置不一致等问题。传统的剖线创建过程往往工作量大,某一个剖面变动时,与其相交的勘探线需要同步更新。对于类似于轨道交通项目的线性工程,传统的出图方法大多是以路线为中心,将钻孔投影到路线上进行纵断地质剖面图的绘制,投影距离从几米到十几米不等,虽然勘探位置以外的地层面走势均由推导测算得出,但此方法降低了推测成果的可靠性,将带来施工建造的误差。

为提高模型出图效率,地质建模软件开发剖切功能,充分利用 BIM 技术的可出图优势,利用三维地质模型基于勘探线或线路中心线剖切成图,可进一步提升设计效率和质量。基于模型剖切得出剖面的方法可使得工程师将注意力集中于模型中地层面与接触关系的合理性,基于模型成果可更新的特点进一步降低反复剖切带来的重复工作量。当遇到复杂工程问题时,基于模型剖切得到的二维图纸比传统方式得出的结果更为合理、可靠。图 3-10 是剖切地质模型后,将剖切成果展开为二维图后的效果。

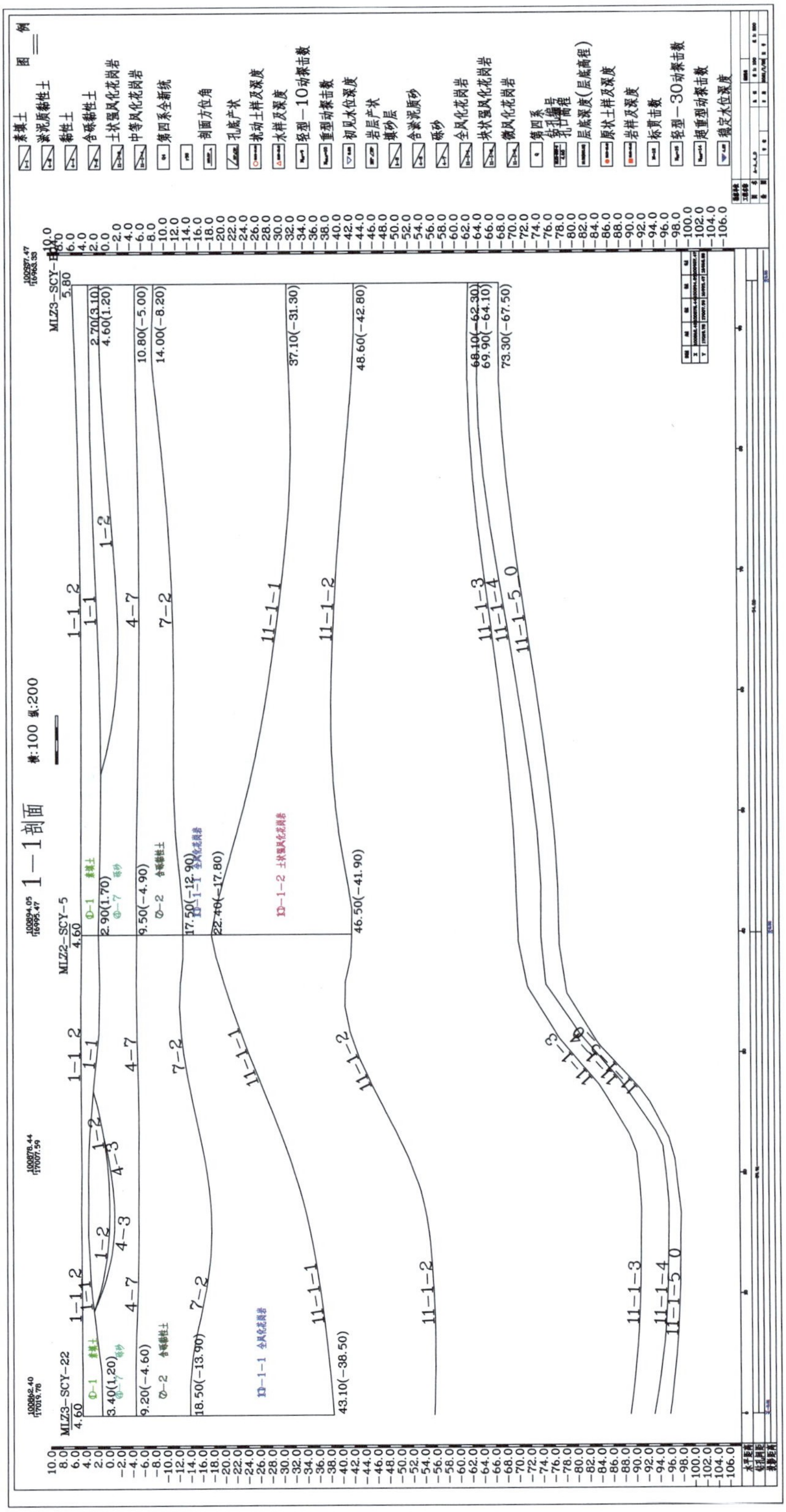

图 3-10　基于模型的剖切成图

3.3 地下模型

地下建模主要针对地下市政管线、地下建(构)筑物等地下设施。城市轨道交通工程作为城市建设的重要基础设施,越来越多的工程项目选择地下形式,其地下施工作业必然与城市的地下管网、既有建(构)筑物基础等发生冲突。因此,利用 BIM 技术创建地下建(构)筑物模型,在统一数据集成环境下,有利于综合分析与协调轨道交通施工与地下建(构)筑物的干涉关系。

城市地下管线种类繁多,包括给水、排水(雨水、污水)、燃气、热力、电力、通信、广播电视、工业管线八大类 20 余种管线,传统的管线改迁工作权属方众多,协调工作量大、管理困难。运用 BIM 技术,依据项目沿线物探勘察设计资料,对工程实施范围内现状管线与规划管线进行三维建模,为管线模型赋予材质、管径、坐标、产权单位等信息,形成城市管线数字资产(图 3-11)。通过三维模型精确展示管线界面的位置、尺寸、间距、埋深等信息,方便各参建方随时浏览模型并查看这些信息。既有建(构)筑物基础的模型创建方法类似,通过创建三维模型,明确轨道交通工程项目与地下基础的空间关系,进而采取相应的保护措施,降低施工作业对周边建(构)筑物的影响。

图 3-11　三维管线模型与实景模型整合效果

各参建单位利用 BIM 软件创建地下管线模型后,统一集成至深圳地铁 BIM 平台管理。考虑地下管线模型信息缺失或不一致的情况,在 BIM 平台中开发支持对地下管线模型属性在线编辑的功能,可对当前选择的管线段及同类管线段属性实现一键修改。在现场复测及与产权单位确认后,可根据实际情况对原管线模型的系统类型、偏移量、直径、材质、资产权属单位、勘察单位、勘察时间、创建时间等属性进行在线修改(图 3-12),有效保障管线信息的准确性。

地下设施除了地下管线外,还包括各类地下建(构)筑物。传统的建(构)筑物成果一般以 CAD 图纸展示,主要以点线面和文字注释的方式呈现。由于二维图纸所携带信息有限,地下建(构)筑物与地下管线、轨道交通工程项目之间的空间关系难以表达,关联度较差。随着轨道交通线网在城市既有发展区域中密集规划分布,为避免或降低轨道交通工程施工对周边建(构)筑物的影响,地下建(构)筑物的保护、避让等是一项很重要的前期工作。利用BIM技术可建立三维立体的地下建(构)筑物模型,并集成至GIS地图,便于各方查看轨道交通工程与地下建(构)筑物的三维空间关系,为项目决策提供技术依据,有利于规避轨道交通工程对周边建(构)筑物影响的风险。如图3-13所示,通过创建地铁沿线的建(构)筑物基础,形象化地展示周边环境与地铁线路之间的关系,为地铁的安全施工、风险控制、多方协调等提供技术支撑。

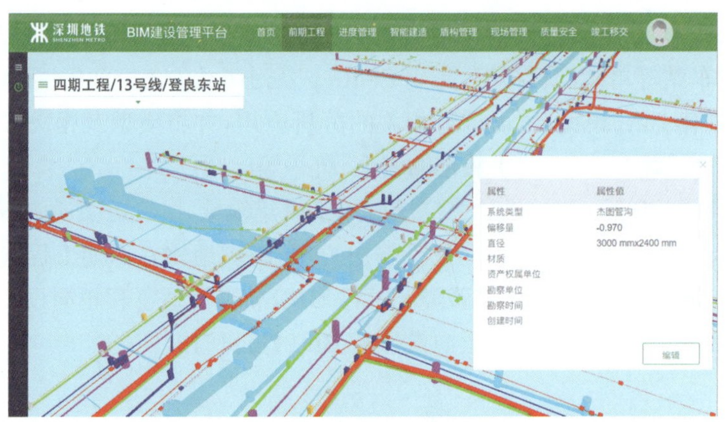

图3-12　地下管线三维模型属性在线编辑

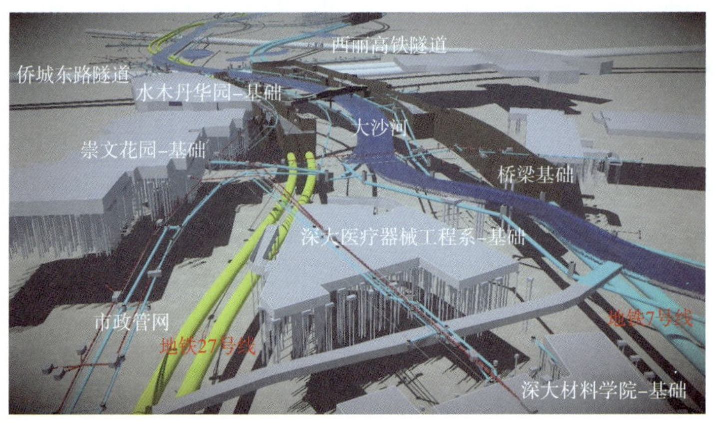

图3-13　轨道交通工程信息模型与地下建(构)筑物模型关系

应说明的是,地下建(构)筑物的BIM模型主要用于三维协同,可设置较低的模型精细度要求,满足应用需求即可。其中,几何信息主要体现基本的几何尺寸信息、特征点坐标等信息,非几何信息主要包括建(构)筑物类型、数据来源、材质和建设时间等。

第4章 基于BIM的工程设计

目前轨道交通工程 BIM 技术解决方案主要集中于 A、B、D 三大平台，即 Autodesk 公司的 Revit、Bentley 公司的系列产品和 Dassault 公司的 Catia。通过前期对深圳地铁各参建方的调研，三家厂商的软件均有单位选用。经过软件专业性、数据安全性、功能交互性、用户习惯等方面的比选，以及各参建方的调研咨询，深圳地铁目前在新建工程中采用 Autodesk Revit 软件创建车站等单体项目模型，采用 Bentley 系列产品创建区间等线性工程项目模型。按照统一标准创建 BIM 模型后，可进行相关的分析应用，并将模型及相关成果集成至深圳地铁 BIM 平台进行统一管理，解决数据的安全、统一等问题。

在建筑行业设计阶段，正向设计已广泛应用于民建领域，但轨道交通领域的相关成果还相对缺乏。为探索轨道交通工程正向设计解决方案，深圳地铁在四期工程选用四条线路的四个站点进行正向设计试点，根据实践经验总结形成《轨道交通工程正向设计指导手册》，并在四期调整工程等项目中全面推进正向设计及 BIM 设计应用。

4.1 机制建立

为保证深圳地铁各设计单位正向设计成果的统一性，建立样板文件、专业分工、协作管理、审核流程等制度和相关要求，以规范正向设计过程。

4.1.1 配置样板文件

为保证模型的规范性，建立各专业样板文件，统一规定模型表达。根据轨道交通工程各专业的特点，分为车站土建、车站机电和区间结构等样本文件。样板文件主要以现有的出图标准，规定图面线型、填充样式、构建命名规则等显示样式，将平面表达调整至满足本专业的出图标准。对三维模型表达、二维平面表达、项目浏览器、提资样板、出图样板、工程量统计表、材质库等进行设置。

三维模型表达主要将模型的颜色、材质、命名等按照标准进行设置，可让设计人员快速辨别不同构件。构件颜色、材质按照深圳地铁企业 BIM 标准的相关规定执行。构件模型命名采用“专业代码—构件名称—特征信息”的三段式命名方式，例如结构墙的命名为“JG—结构墙—800 mm”，其中专业代码和构件名称均参照深圳地铁企业 BIM 标准的相关规定。

二维平面表达主要是在平面视图中将各类构件的投影、截面显示按照二维出图标准进行设置，包括线型、线宽、颜色、图例等（图 4-1）。同时还对字体、文字大小、标注样式等进行设置。通用性的设置可确保设计师在完成模型创建的同时，二维表达能基本满足出图要求。

名称	可见性	投影/表面			截面		半色调
		线	填充图案	透明度	线	填充图案	
防火墙	☑						☐
加气混凝土砌块	☑						☐
蒸压灰砂砖墙	☑						☐
混凝土实心砖墙	☑						☐
混凝土墙	☑						☐
后砌墙	☑						☐
FM	☑						☐
普通隔墙	☑						☐
结构柱	☑						☐
钢筋混凝土墙	☑						☐

图 4-1　二维平面表达设置

项目浏览器结构的划分主要是为了规范各类视图分组方式，视图分组后不同职责的人员选取各自需要的视图集（图 4-2）进行工作：本专业设计人员在建模和出图（施工图）视图集里完成建模和图面绘制；其他专业人员通过链接方式调取视图时，选择本专业提资视图；审核人员针对图纸和模型进行审核时，只需调取审查视图集里的视图，设计人员查看意见时可直接在审查视图集里查找。

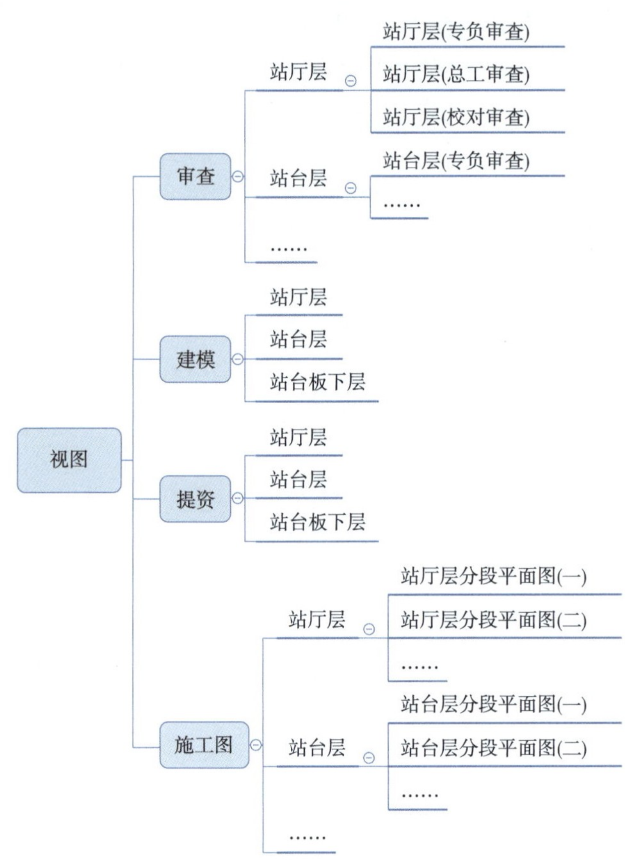

图 4-2　视图样板结构设置

提资样板/出图样板是为了不同的建模流程，设置符合提资要求或出图要求的样板。专业间配合时可直接调用视图样板，提资深度以方便其他专业工作为原则，包括过滤器显示设置、模型显示设置、对象样式设置、构件参数设置、视图架构显示、平面显示范围等。

工程量样板主要是用于生成符合轨道交通工程工程量计算要求的明细表。前面提到所有构件都按照标准命名，因此可利用 Revit 自带的明细表功能将统计规则进行设置，当模型建立完毕后，可以自动生成设置好的明细表，从而快速完成各类构件的工程量统计，复核传统工程量，提高准确性。

项目样板提前制定，设计师可避免在项目开展过程中花费太大的精力去调整模型通用设置，同时还可以保证成果统一性，不会因人而异。在设计各阶段，利用前期制作好的样板文件进行设计，并根据工程项目开展情况对图纸进行细化。且 BIM 出图带有模型属性信息，对工程设计全过程有一个数据化、流程化的管理。

4.1.2 专业 BIM 分工

轨道交通工程传统设计各专业的分工已非常明确，但 BIM 正向设计由于软件和手段的转变，导致分工发生很大的变化。在项目开展前要明确各专业分工，例如结构墙在建筑、结构专业中都会体现，可以约定结构专业创建后，建筑专业利用复制/监视命令拷贝。

4.1.3 协作管理模式

制定项目样板文件后，可保证各专业采用统一坐标、标高、轴网的文件下工作。正向设计协作模式如图 4-3 所示。

专业内协作：专业内协作通过 Revit 中心文件模式进行。专业内通过设置工作集权限，实现多人协同建立一个中心模型。出现单专业模型过大时可对专业内模型进行拆分，拆分后的专业内协作模式请参照专业间协作，以链接方式进行。

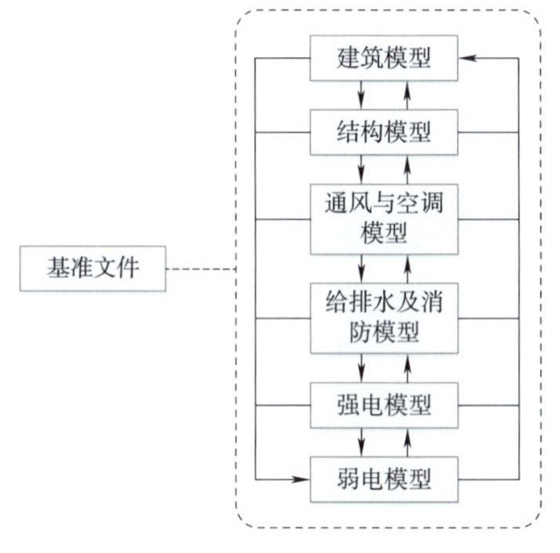

图 4-3 各专业协作模式

专业间协作：各专业建立各自中心文件，通过以“原点对原点”的定位方式进行相互链接。在保证各专业相对位置准确的前提下进行多专业协同设计，实时了解其他专业工作情况。如出现多专业模型建立在一个模型时，需利用工作集命令进行协作。例如弱电模型、管线综合模型。后期管线综合时，可将各专业机电模型绑定，利用工作集进行工作。未绑定前，机电专业也应明确避让原则，定期开展机电专业协调会议，保证管综排布质量。

4.1.4 提资审核流程

现阶段考虑实际工作效率问题，暂时兼顾三维、二维提资方式，待条件成熟后逐步采用三维提资，鼓励优先采用三维方式提资。

二维提资：利用CAD图进行提资，接收专业通过链接CAD图纸的方式进行工作。

三维提资：在Revit视图中利用相关族进行定位，借助于云线、文字批注和材料表的方式进行提资。接收专业通过链接Revit，调用提资视图进行工作。各专业提资流程如图4-4所示。

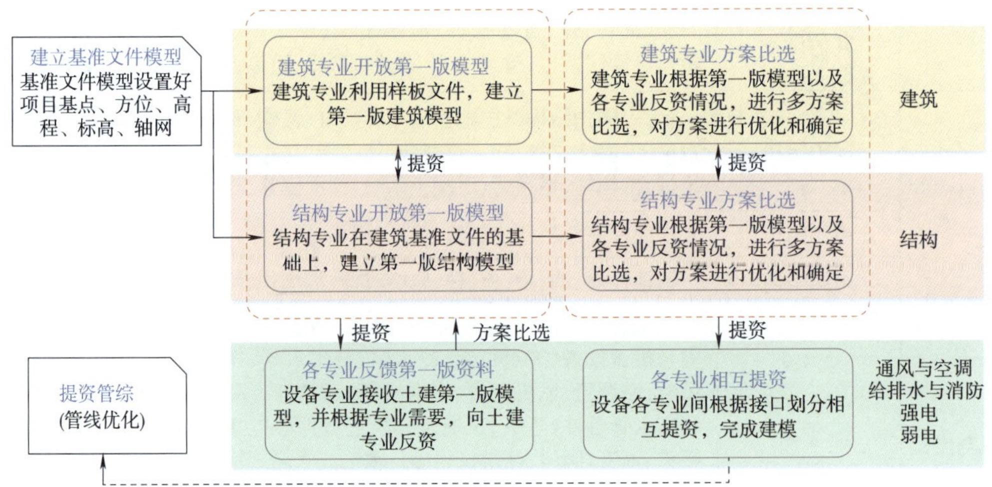

图4-4 轨道交通工程各专业提资流程图

4.1.5 方案校对审核

现阶段校对与审查人员可采用两种方式进行方案审查：一是采用新建本地文件链接设计人员中心文件模型方式进行批注审查，再反馈给设计人员；二是设计人员在中心文件中给予审查人员权限，对中心文件进行审查批注。

4.2 专业建模

轨道交通工程包含多种专业，通过研究并发布《轨道交通工程BIM模型建模标准》《轨道交通工程BIM构件模型创建与入库标准》，规范轨道交通工程各专业模型创建的范围和精细度，避免各参建方建模成果的不一致。

4.2.1 各专业BIM建模

在《轨道交通工程BIM模型建模标准》中，规定了轨道交通工程各专业建模范围、建模深度等要求，其中，建筑、结构、通风与空调、给排水、强电、弱电等专业的模型范围见表4-1。图4-5展示了各专业的模型。

表 4-1 轨道交通工程各专业模型范围

专　业	类　型	模 型 范 围
建筑	主体建筑	标高、轴网、墙(建筑二次砌筑墙)、离壁墙、柱、天花板、门、窗、楼板(面层)、洞口、楼梯及栏杆扶手、土建轨顶风道、挡烟垂壁、卫生间、无障碍布置、设备基础等
	附属建筑	出入口通道隔墙、面层,风道隔墙、面层、出地面风亭等
	其他设备	站台门门体、自动扶梯(包括桁架、梯级、扶手带)、电梯(轿厢、控制柜)、自动售票机、检票机、半自动售票机、通道式X射线检查设备等
结构	围护结构	标高、围护结构(桩/地连墙)、旋喷桩、锚索、钢筋混凝土腰梁、钢腰梁、冠梁、混凝土支撑、钢支撑、临时铺盖板、挡土墙、压顶梁、临时立柱桩、抗拔桩、格构柱、钢系梁、混凝土系梁、钢围檩等
	主体结构	辅助标高、梁、柱、墙、板、洞口、楼梯、集水井、电梯等
	附属结构	辅助标高、墙、梁、板、柱、侧墙成槽、集水井、风井等
通风与空调	主体部分	风管、风管管件、风管附件(风阀、消声器)、风管末端(风口、散流器等)、机械设备(冷水机组、冷水泵、分集水器、送风风机、排风风机、排烟风机、空调箱、风机盘管、多联机等)、管道(冷凝水管、冷冻水管、冷却水管)、水管管件(弯头、三通、四通、过渡件等连接件)、管道附件(软管、软接头、套管、阀门、计量仪表等)、水池或水箱、其他主要设备(如蒸发冷凝冷水机组)等
	附属部分	风管、风管管件(弯头、三通、四通、过渡件等连接件)、风管附件(组合风阀)、风机等
给排水	主体部分	管道、管件、管道附件(软管、软接头、套管、计量仪表)、给水附件(水龙头)、排水附件(地漏、清扫口)、卫生洁具、水泵(包括消防泵、稳压泵、气压罐及污水密闭提升装置)、水池或水箱、其他主要设备(消火栓箱、冲洗水栓、消防器材箱、灭火器)等
	附属部分	出入口:管道、管件、管道附件(软管、软接头、套管)、排水泵、计量仪表(液位计)、其他主要设备(消火栓箱)等 风亭:管道、管件、管道附件(软管、软接头、套管)、排水泵、计量仪表(流量计、压力表、水表)等
强电	主体部分	电缆桥架、封闭母线槽、连接件(三通、四通、变径)、配电箱、配电柜、EPS应急照明电源屏、照明灯具、疏散指示标志灯(含安全出口标志灯)、开关、插座等
	附属部分	出入口:电缆桥架、连接件(三通、四通、变径)、配电箱、配电柜、EPS应急照明电源屏、照明灯具、疏散指示标志灯(含安全出口标志灯)、开关、插座等
弱电	—	电缆桥架及配件,线管及管件、自动检票机、售票机、监控设备、火灾报警控制器、火灾探测器、火灾报警器、消防电话总机、消防联动控制器、模块箱、智能电源控制器、各类传感器、光电转换器、显示屏、信号灯、信号机、不间断电源(UPS)、广播设备、电话机、交换机、配电柜等

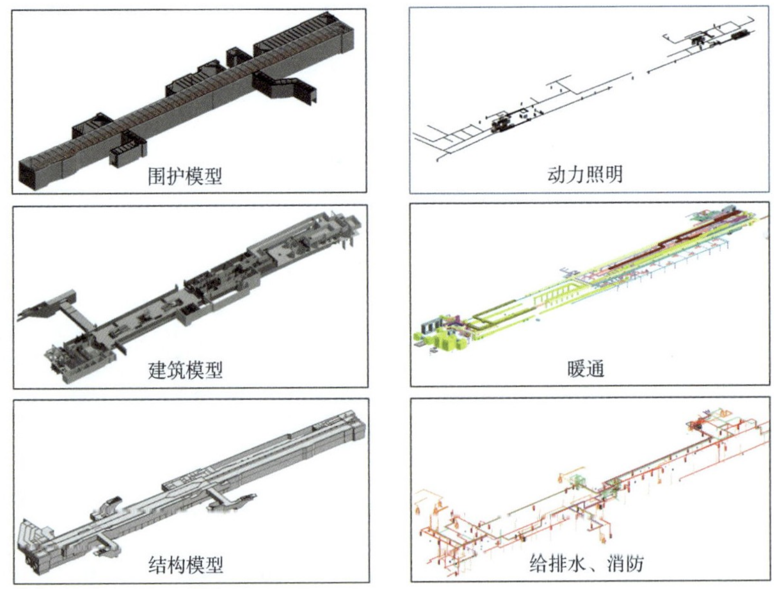

图 4-5　轨道交通工程车站模型(深圳地铁 6 号线支线工程)

不同阶段的模型需求不同,其模型深度也各不相同。国家标准《建筑信息模型设计交付标准》(GB/T 51301—2018)已规定模型单元在几何表达精度 Gx 和信息深度等级 Nx 的定义方法。在国家标准的基础上,结合轨道交通工程特点,对 Gx 和 Nx 进行扩展,细化轨道交通工程各专业模型单元几何表达精度和信息深度的定义。其中,随着工程项目的不断推进,BIM 模型承载的信息逐渐增多或更新。例如,设计阶段信息主要包含项目信息、身份信息、定位信息、系统信息、技术信息等,信息深度等级要求一般为 N2。在施工阶段,除包含设计信息,施工模型的信息增加生产信息、成本信息等,以 N3 信息深度等级为主。模型运维信息是在施工信息的基础上,结合后期维护管理具体要求,剔除模型中的冗余信息(如临建信息),并增加资产信息、维护信息等(以 N4 信息深度等级为主)。N1 至 N4 的信息深度等级定义如图 4-6 所示。

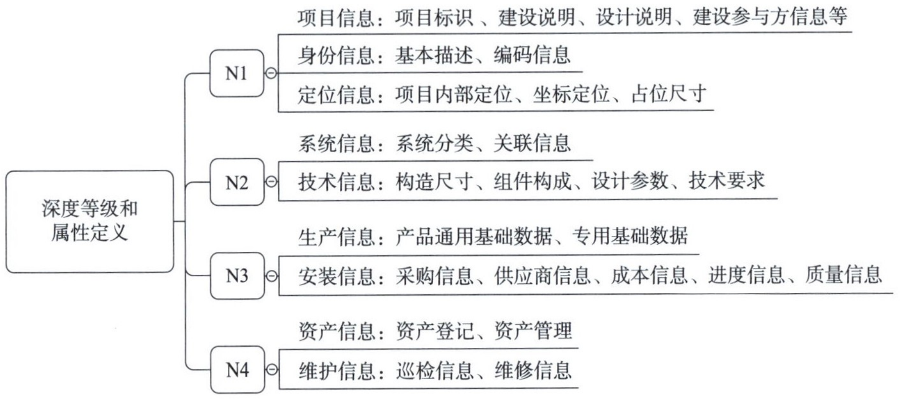

图 4-6　信息深度等级定义

以轨道交通工程的结构专业部分工程对象为例，表 4-2 展示不同阶段的模型深度要求。根据不同阶段的模型深度要求，创建形成不同的轨道交通工程 BIM 模型，图 4-7 展示了在不同阶段的车站模型。

表 4-2　结构专业工程对象不同阶段模型交付深度等级(部分工程对象)

工程对象		总体设计	初步设计	施工图设计	施　工	运　营
围护结构	导墙	—	G2/N2	G3/N2	G3/N3	—
	灌注桩	—	G2/N2	G3/N2	G3/N3	G3/N3
	地下连续墙	—	G2/N2	G3/N2	G3/N3	G3/N3
	喷锚	—	G2/N2	G3/N2	G3/N2	—
	钢筋混凝土支撑	—	G2/N2	G3/N2	G3/N3	—
主体结构	梁、板、柱、墙	—	G2/N2	G3/N2	G3/N3	G3/N4
	节点构造	—	—	G3/N2	G3/N3	G3/N4
	预埋件	—	—	G2/N2	G3/N3	G3/N3
	预埋套管	—	—	G2/N2	G3/N3	—

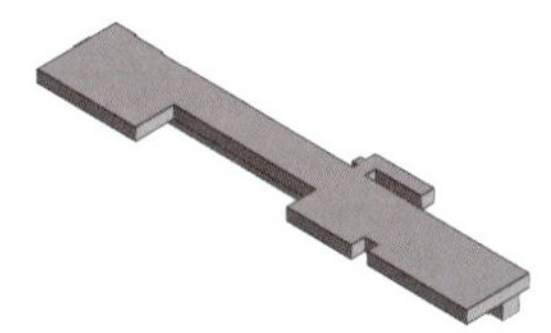

(a)总体设计阶段

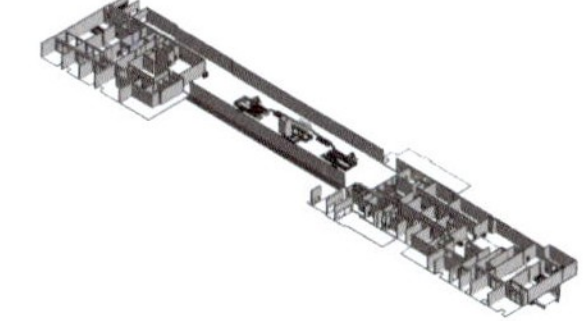

(b)初步设计阶段

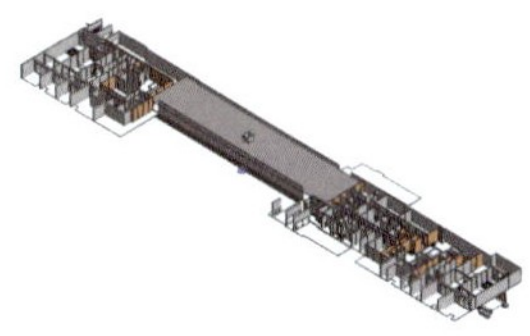

(c)施工图设计阶段

图 4-7　轨道交通工程车站不同阶段模型深度等级示意

4.2.2　方案对比及优化

轨道交通工程方案复杂，传统的二维图纸难以表达设计方案的真实效果。通过 BIM 模型和仿真漫游软件展示不同的设计方案，可直观形象地表达设计效果，便于各方沟通与决策，辅助优化设计方案。

1. 线站位优化

地铁车站是整个轨道交通线网系统的重要组成部分。站址周边客流是决定车站站位的主要因素，站址附近地下管线、交通状况、周边规划及车站附属建筑的位置不同程度地影响着车站站位的选择。通过建立车站 BIM 模型，能够从全局把握站位周边地上地下的地形、道路、管线、建(构)筑物等情况(图 4-8)，快速直观估算车站主体和附属体量，并可结合车站一体化开发的范围、造型等，剖析车站的功能布局。

通过基于 BIM 的站位分析，可综合考虑该区域的地面车流和人流密集程度、道路两侧建筑物(包括规划建筑)情况、地下管线的分布以及车站客流的特点等，合理确定车站站位。其应用价值总结如下：

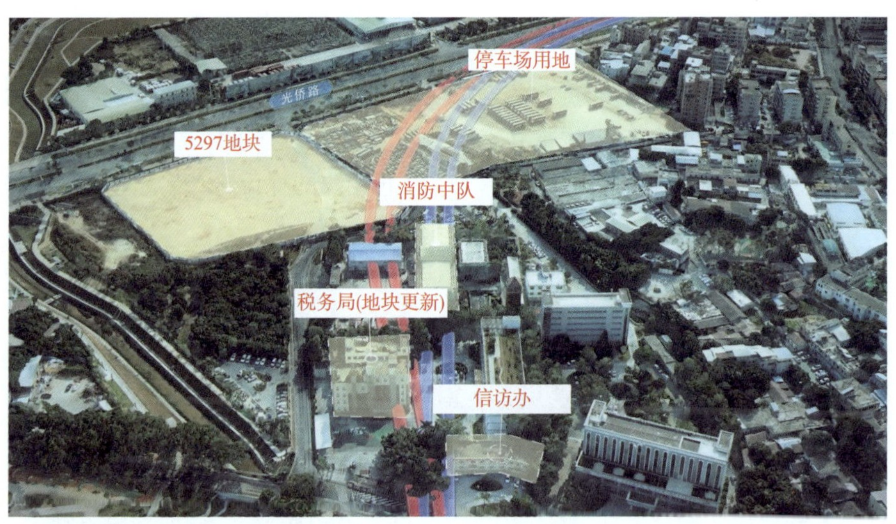

图 4-8　线站位优化(深圳地铁 6 号线支线选线)

(1)结合车站 BIM 模型,设计人员可直观分析新建项目与周边建(构)筑物的位置关系,包括交通接驳、车站换乘等,验证项目可行性、稳定线位关系、优化设计方案,提高设计方案的质量。

(2)根据车站周边环境的条件,尽可能利用市政道路,提高市政道路利用率,可使得地面建筑拆迁量和地下管线改移量最少,降低工程投资。

(3)通过站位分析,有利于规避不良地质地段和环境敏感区域,也有利于最小化施工期间对地面交通的影响和对市民的干扰,降低工程施工风险。

(4)对于条件较为复杂的车站,通过基于三维可视化模型的沟通汇报,有利于规划管理部门的意见反馈与决策,实现轨道交通工程与城市总体规划的协同。

2. 景观设计优化

轨道交通工程作为城市基础设施,为更好地与周边环境融合,对车站地面景观设计提出了越来越高的要求。利用 BIM 软件创建地面部分的景观模型,并将周边环境模型与方案模型进行整合,通过渲染展现不同景观设计方案与周边环境的融合效果,便于业主比选方案作出决策。进一步地,结合 VR 技术,可以使用户有亲临现场的感受,增强体验地铁项目建设完成后的景观现状。图 4-9 展示了车站下沉广场景观方案比选。

3. 管线综合优化

各专业模型创建完成后,需进一步优化方案。在机电管线设计优化过程中,需综合调整各区域管线布置,协调机电与土建、装修专业的施工冲突问题。解决以上问题,既要满足项目各专业的技术要求,同时各专业管线系统的布置需合理,为项目施工、运行、管理、维修以及管线与周围环境协调创造有利条件。

通过 Revit、Rebro、OpenBuildings Designer 等软件可创建机电各专业 BIM 模型,根据实际需求进行机电各专业 BIM 模型的管线优化。管线综合实施流程如图 4-10 所示,主要步骤如下：

(1)整合各专业 BIM 模型，核查整合模型的完整性、准确性。

(2)利用软件的碰撞检查功能进行管线间碰撞、管线与建筑和结构的碰撞、结构构件间碰撞的检查，对检查结果进行人工校审并记录。

(3)通过设置合适的碰撞检查距离，同时对机电管线的保温、安装空间、检修空间、净空等进行初步检查，对各碰撞位置进行详细分析并记录。

(4)编制管线综合优化报告，反馈至设计方，报告发生碰撞的位置、疑似出现的问题、涉及的专业及解决方案建议等。

图 4-9 车站下沉广场景观方案比选(深圳地铁 6 号线支线)

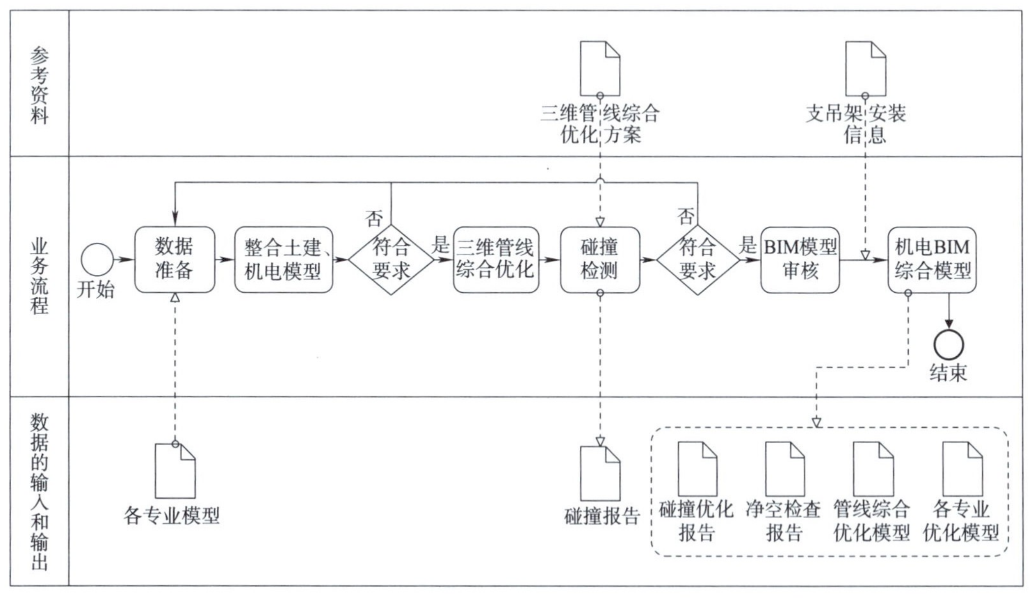

图 4-10 管线综合实施流程

基于机电各专业BIM模型的管线优化，可直观快速综合管线的碰撞检查，及时发现错漏碰缺，最大限度减少错、漏、碰、缺等设计质量通病(图4-11)，以提高设计质量。同时，考虑轨道交通运营期间维护维修的要求，运营维护人员可运用三维的BIM模型提前查看建设后的各专业机电布局，提出机电维修空间的预留需求，推动BIM模型从设计、施工到运营的全过程应用，发挥BIM数据应用在运营阶段中的价值。

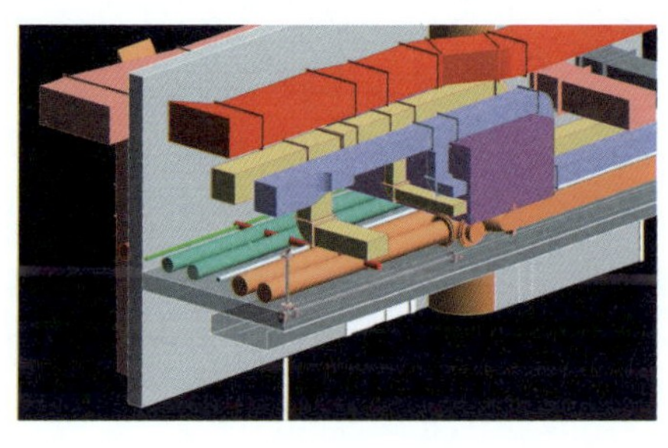

(a)管线综合前

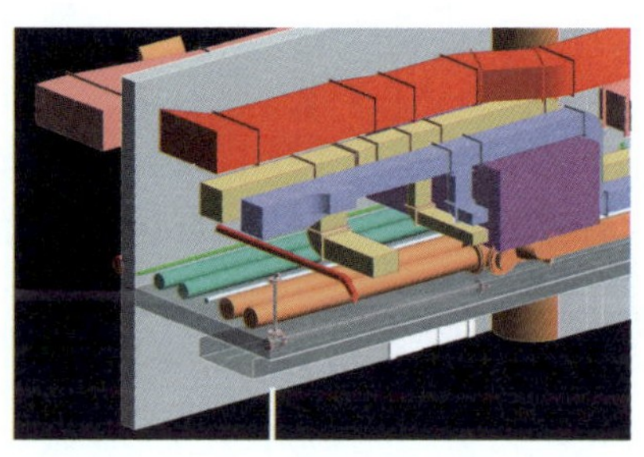

(b)管线综合后

图4-11　轨道交通工程管线优化前后(深圳地铁16号线)

4. 节点优化

在设计过程中，利用BIM模型针对重要、复杂节点建立深化三维模型，可多视角清晰地识别复杂部位的结构，并进行设计方案的分析与优化，使优化后的设计方案更具有便民性，提升地铁的服务水平。出入口作为轨道交通工程重要的附属工程，在设计过程中可能会经常发生变更，为了保证与周边环境的有效协调，提高方案设计质量，可运用BIM软件进行出入口方案设计，并实现与周边建(构)筑物的人流分析，直观、形象地优化设计方案。图4-12展示了出入口设计优化前后的方案对比。

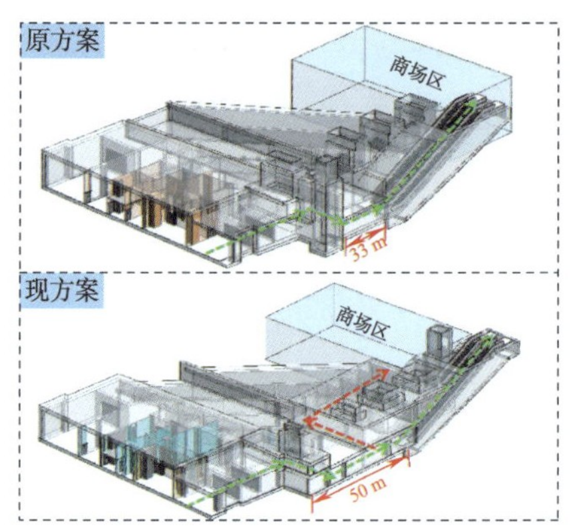

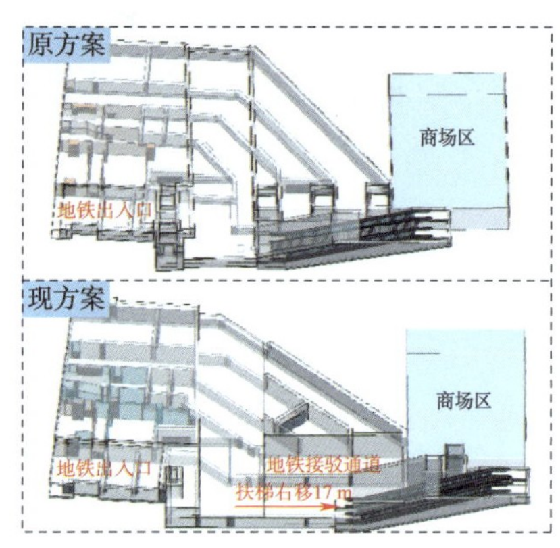

图4-12　出入口设计方案优化前后(深圳地铁6号线支线)

5. 装修设计方案优化

装修效果是人们对建筑项目的第一印象，也是轨道交通工程设计在乘客面前的最终表现形式，尤其对于重大站点项目，如交通枢纽、机场站点等，是城市管理的对外窗口，对装修效果具有较高的要求。在CAD时代,装修效果具有图纸绘制效率低、错误不易被发现、重复出图等问题,利用BIM技术对装修效果仿真模拟,能够全方位地展示包括灯光效果、材料质感、设施设备材质、隐蔽空间管线的布局、精装设备的明确定位等内容,可提高项目装修效果的整体体验度。

利用BIM软件,提前设计轨道交通工程的精装修方案,渲染出图,为业主及设计选择后期精装修方案提供依据。同时将原本需要在真实场景中实现完成的效果,通过三维模型直接展示,通过结合VR技术,可以让业主进行装修效果的沉浸式体验,有利于提高决策的质量和效率。让业主对整个项目有着更直观的了解,通过多角度、全方位的模型效果获取更真实、更全面的运营与维护体验,以进一步地提升项目的品质。图4-13展示了车站内部装修方案比选。

利用BIM技术进行装修效果仿真,可充分发挥效率优势、协同优势、管理优势与成本优势,能极大减少人工的操作强度,克服传统装修方式带来的多重问题与弊端,更好地展示设计师装修灵感与创意。同时,将装修效果仿真与标识导向等专业在平台上进行整合、协调,可将发现的问题集中在设计阶段进行解决,能够极大提升设计效率。

图4-13　车站内部装修方案比选(深圳地铁6号线支线工程)

4.2.3　装配式车站研究与应用

装配式车站是装配式建筑在轨道交通工程应用的新形式,将传统的现场浇筑钢筋混凝土构件在工厂内实现流水式的预制构件生产,并在工程现场拼装成型,达到控制质量、提升效率、保护环境等目的。与传统现浇结构的地铁车站相比,装配式车站在提高建筑质量及效率、减少现场现浇作业和用工需求、节约材料等方面具有诸多优势,并且占用城市空间小(构件厂可设在其他地区),基本不产生建筑垃圾,节能环保。尤其在深圳土地资源紧缺、环境保护要求高等地区,探索和应用装配式车站是深圳地铁近年来在技术及工艺创新上重点推进的项目,可为国内地铁装配式车站项目建设积累经验。

目前,深圳地铁的6号线支线二期华夏站,12号线二期沙浦站,13号线二期市中医院站，3 号线四期坪西站，16 号线二期阿波罗站、龙兴站、福坑站已作为装配式试点车站，打造国内首批内支撑体系下全装配式结构车站（图 4-14）。通过方案竞赛、方案优化、科研攻关、装备同步、站后安装装修一体化等应用和探索，构建以装配式构件为管理对象的信息化管理体系，让边界条件清晰的构件从生产、养护、出厂、运输、施工安装、仓储和验收全过程实现信息化管控。在国内地铁工程领域，装配式技术一般应用在区间工程，对于车站工程的装配式应用还处于起步阶段，内支撑体系的相关研究和应用更是一片空白。本次项目应用对今后类似的地铁车站应用装配式技术具有重要的借鉴意义。

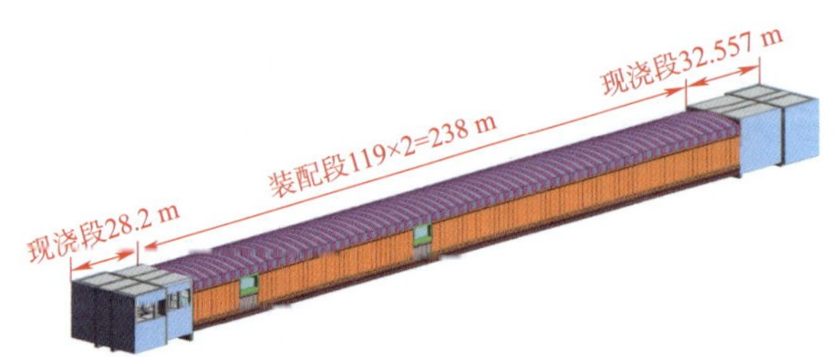

图 4-14　装配式车站 BIM 模型

装配式车站的构件预制精度高，钢筋、预埋件及连接构造精细复杂，需各专业深度介入设计全过程，减少各专业之间错漏碰缺的问题。特别地，深圳地铁试点的装配式车站的整个拼装过程都在地下进行，这对预制构件的生产和安装精度、运输及吊装等工艺流程都提出了更高的要求。因此，在装配式车站全过程采用 BIM 技术，以期提升装配式车站的设计施工质量和水平。

对于车站常规的部件，进行模块化设计，通过参数化驱动常规部件建模。通过 Dynamo 软件编程，按由下到上、左到右、前到后的顺序对预制构件进行分类定位、编号及信息参数传递，实现设计、构件预制、施工、运维等各方精准定位和信息传递，如图 4-15 所示。这些模块可复制、可推广，极大地提高了工作效率。

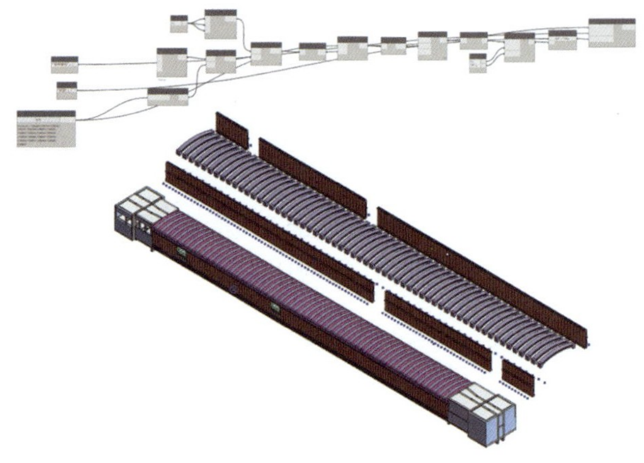

图 4-15　装配式构件参数化设计

在装配式车站设计中，利用 BIM 模型对预制化模块的组合及现场拼装顺序进行方案模拟，通过施工模拟结果确定最优方案，用于指导工厂构件预制以及施工安装，加快施工速度、控制施工风险、提升施工质量。进一步地，在实验室开展了多种装配式构件的足尺模型试验、接头防水试验、整体拼装试验等，分析装配式方案的整体力学性能、连接性能、防水性能等可行性，并为后期施工拼装环节可能遇到的问题提前做演练和排查。

4.3 模拟分析

利用专业的性能分析软件，建立分析模型或者利用 BIM 模型与其他软件的数据互通，可对轨道交通工程中的照明、通风、能耗、人员疏散、结构等专业进行模拟分析，以提高轨道交通工程的舒适、绿色、安全和合理性。

4.3.1 场地分析

场地分析是研究影响建筑物定位的主要因素、确定建筑物的空间方位、确定建筑物的外观、建立轨道交通工程建筑物与周围景观的联系过程。在规划阶段，场地的地貌、植被、气候条件等都是影响设计决策的重要因素，尤其是轨道交通工程的规划主要在城市居民区，需要进一步考虑轨道交通工程周边环境的既有建筑拆迁等问题。因此需要通过场地分析对景观规划、环境现状、施工配套及建成后轨道交通项目流量等各种影响因素进行评价及分析。

传统的场地分析存在诸如定量分析不足、主观因素过重、无法处理大量数据信息等弊端，尤其是一些山坡地、河道低洼地。利用 BIM 和 GIS 技术，采集轨道交通工程及周边场地数据，对场地及拟建的建筑物空间数据进行建模，不仅可以三维展示轨道交通工程周边场地情况，也可利用三维模型中的结构化数据得出准确的分析与统计结果。例如，在轨道交通周边场地的既有建筑拆迁过程中，通过场地分析，建设单位可利用 BIM+GIS 精确核实征地面积与权属关系，模型可全面清晰反映全线土地信息，数据真实客观，杜绝人为错误，提高征拆迁管理效率。

因此，基于 BIM 的轨道交通项目场地分析，有利于设计单位在项目规划阶段评估场地的使用条件和特点，从而做出轨道交通线路新建项目最理想的场地规划、交通流线组织关系、建筑布局等关键决策，提高设计质量，如图 4-16 所示。另外，通过确定满足项目需求的最优方案，有利于业主控制或降低轨道交通工程周边既有建筑项目的拆迁成本，也有利于轨道交通项目建成后运营单位运用既有场地模型数据开展车站周边人流的管理。

4.3.2 净高优化

城市轨道交通工程建设对空间要求较高，部分重点位置如主要通道、楼梯、洞口、主要结构构件、复杂管线汇集点等的空间需要进一步优化净高，以确保满足使用及后期维护的需求，实现净空高度最优，提高空间使用率。

图 4-16　场地分析(深圳地铁 12 号线)

轨道交通专业众多，管线排布复杂，传统的空间优化基于二维的 CAD 图纸，不能直观地反映三维空间关系，设计效率低，各方沟通协调难度大。基于 BIM 模型以及相应的检查软件，可根据各个区域的空间使用要求，输入净空限值，进行空间检查，找出空间不符合要求的位置，再对各个碰撞点，进行详细的检查和测量，优化设计方案。进一步地，运用 BIM 技术可对地铁车站内的三维空间进行漫游模拟，结合 VR/AR 等技术给各参建方带来沉浸式体验，直观感受空间布局，为各方的沟通协调提供统一模型，为业主的决策提供依据。

如图 4-17 所示，通过三维可视化的漫游模拟，根据车站的净高布置原则检测局部最不利点的净高是否符合要求，通过调整管线路由、优化管线布置，空间净高从优化前的 2.6 m 提升至 3.45 m，以达到最佳空间利用率。

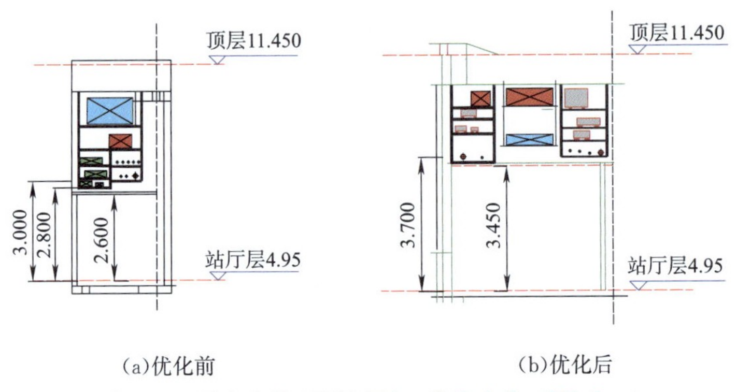

图 4-17　净高优化(深圳地铁 6 号线支线，单位为 m)

4.3.3 吊装模拟

轨道交通工程存在大量的大型设备，如电扶梯、组合机柜、冷水机组等。在设计过程中，需要考虑上述设备的吊装运输路径，以满足方案的可实施性。将整合后的各专业 BIM 模型导入模拟分析软件，按照设计方案模拟设备运输路径和吊装方案(图 4-18)，验证运输路径和吊装空间的可行性，及时发现设备运输过程中可能出现的问题并优化设计方案。

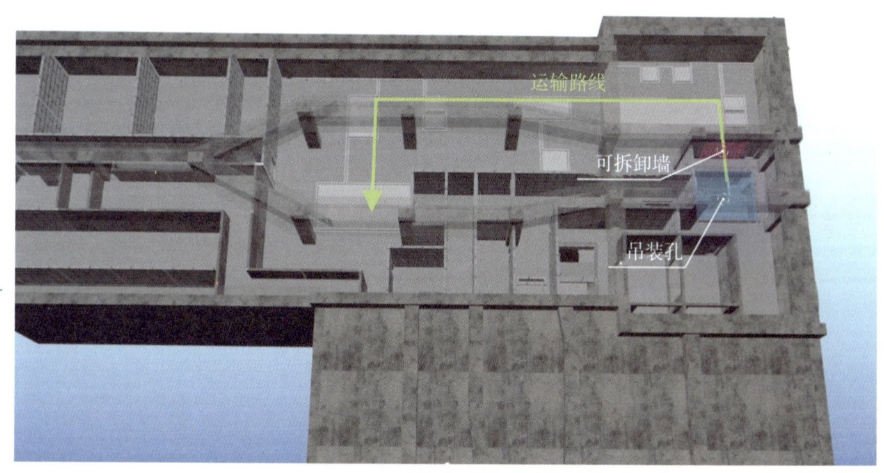

(a)吊装路径

(b)路径通道

图 4-18　吊装路径模拟(深圳地铁 16 号线)

4.3.4 孔洞预留

轨道交通工程包含大量的机电专业管线，不仅影响现场施工，也将影响后期车站运营的维护管理和外形美观，需做好孔洞预留保证管线的合理布局。借助 BIM 三维可视化的特点，将各专业 BIM 模型整合及优化，确定管线走向及预留孔洞的位置，根据优化后的 BIM 模型生成墙体孔洞预留图(图 4-19)，现场可按照墙体孔洞预留图纸进行施工，提高预留孔洞的准确性。

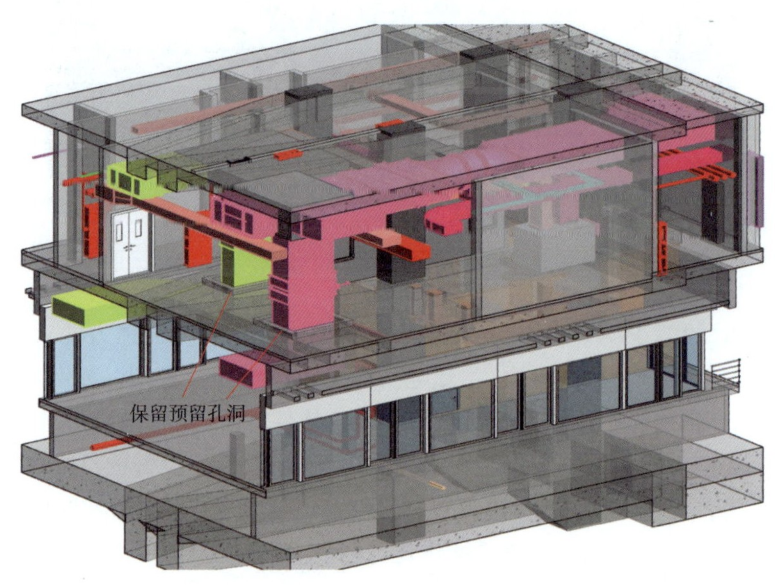

图 4-19　孔洞预留(深圳地铁 6 号线支线)

4.3.5 结构分析

深圳地质构造复杂，包含岩溶、软土等，尤其是区间隧道，工程范围广，容易穿越岩溶等多种不良地质结构，施工风险高。例如，在盾构隧道穿越岩溶区时，采用 ANSYS 分析软件对溶洞区地质结构进行分析(图 4-20)，模拟盾构掘进时地质应力变化情况，根据结构分析结果，提前采取地质加固措施或调整盾构掘进参数，为顺利施工提供保障。

4.3.6 气流模拟

在环境设计分析中，主要的分析方法包括随机场分析法和可靠性评价理论，将 BIM 技术与气体模拟方法相结合，能够更直观准确地对轨道交通工程密闭空间的气体组织进行模拟与评价。

一般情况下，轨道交通工程处于地下半封闭空间，除了满足乘客日常乘车的舒适度体验，还需要考虑突发事件发生时，在安全时间内将乘客疏散到安全区域。因此，对轨道交通内的气流组织提出较高的要求。

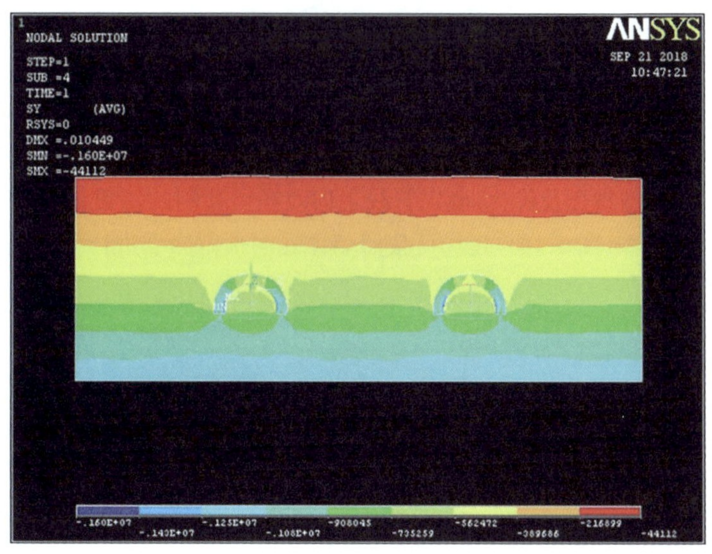

图 4-20 地质结构分析(深圳地铁黄木岗综合交通枢纽工程)

利用 BIM 模型和 CFD(Computational Fluid Dynamics,计算流体力学)软件可对轨道交通车站主体结构和出入口、区间隧道、主变电所等场所进行气流模拟。如图 4-21 所示,对不同工况下的送风方案通风情况进行分析,利用 CFD 软件计算,调整送风口送风角度,得出最优方案,有效避免室内冷热不均匀的情况,进而实现节能及节省投资的目标。通过不同送风方案的温度、风速云图,优化调整风口位置、送风温度、送风量等参数,预演紧急环境下室内空气流动情况,协助进风与机械排风方案优化,达到空调系统节能的目的。

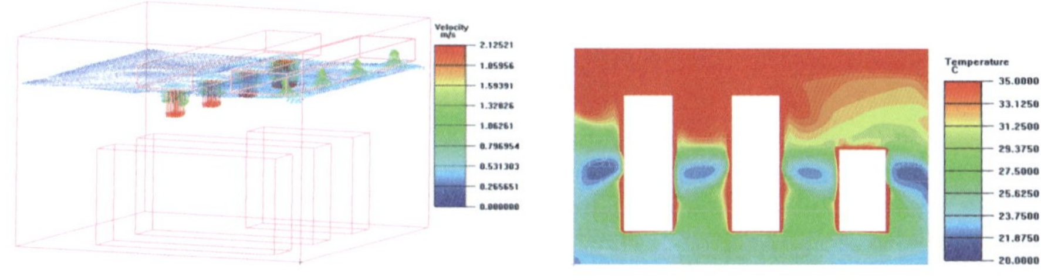

(a)送风角度为 90°

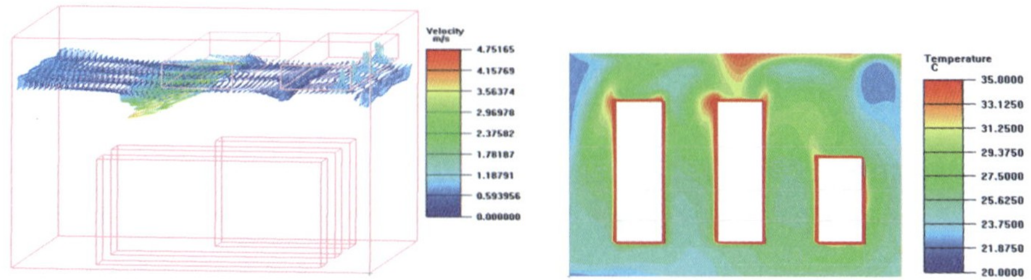

(b)送风角度为 65°

图 4-21 基于 CFD 软件的气流模拟(深圳地铁 12 号线科技馆站)

针对突发事件，结合车站 BIM 空间模型，通过建立分析模型，设置模拟火灾参数，分析车站火灾状态下的区域能见度、CO 浓度、楼扶梯口的风速、各区域的温度、烟气流动等情况。以模拟无机械排烟工况下烟气的流动扩散情况，作为排烟设计的依据，通过模拟机械排烟工况下的烟气流动情况，验证方案设计效果，进而为多方进行综合比选提供支撑。图 4-22 展示车站火灾状态下的区域能见度、CO 浓度、楼扶梯口的风速、各区域的温度、烟气流动等模拟分析情况。基于 BIM 模型的气流模拟，避免因气流组织设计考虑失当而造成工程质量问题，有效验证了设计方案的合规性。

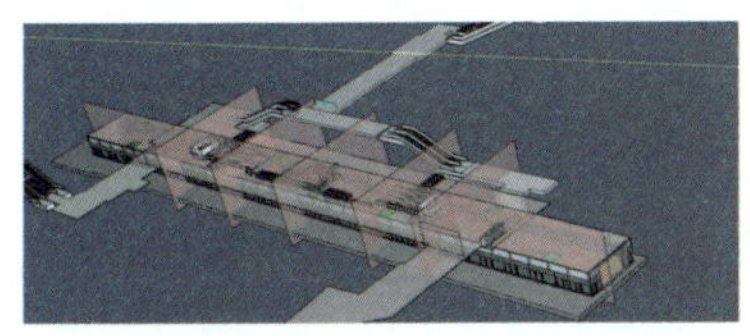

(a)各切片侧面的位置分布

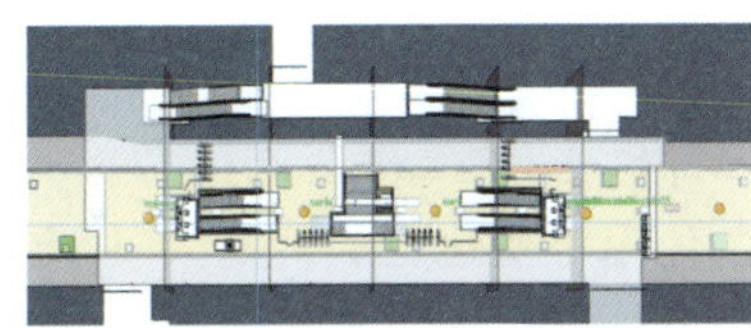

(b)水平方向 CO 检测点位分布

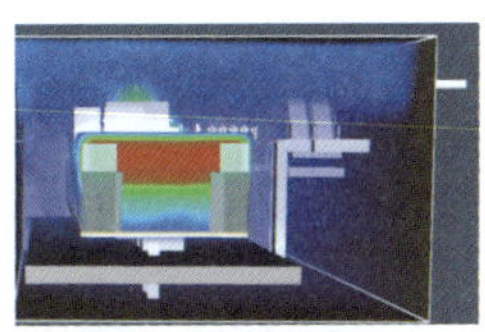

(c)气流温度分析

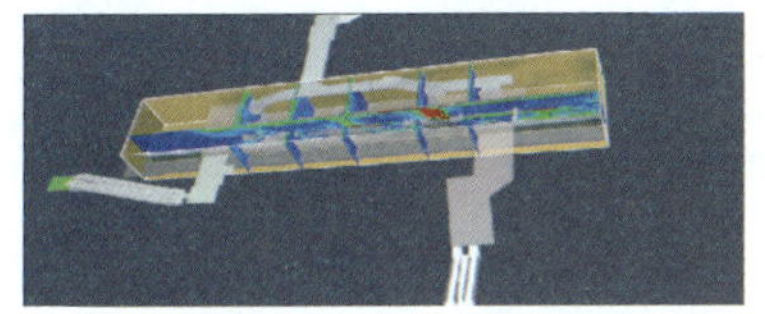

(d)各切片监测面的烟气速度分布

(e)水平方向横向切片的烟气扩散速度

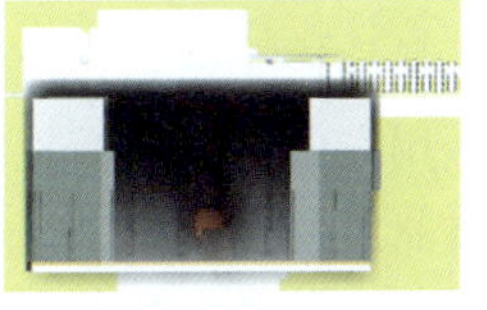

(f)气流能见度分析

图 4-22　气流模拟

4.3.7　照度模拟

传统的照明设计方法，需要在建筑图中划定范围进行照度设计，然后进行灯具选型及平面布置。采用 BIM 技术进行照明设计时，照度设计与灯具选型平面布置同时进行，根据各空间区域的应用需要与边界条件，对灯具进行智慧化调整与分析，使设计方案符合相关规范，设计方法更加灵活多变。如图 4-23 所示，在原方案的站台照度分析中，平均照度为 98.6 lx，且有些区域的照度分布不均匀，经优化调整（对墙体与立柱区域进行优化），平均照度提高至 150.96 lx，且照度分布均匀，满足规范要求。

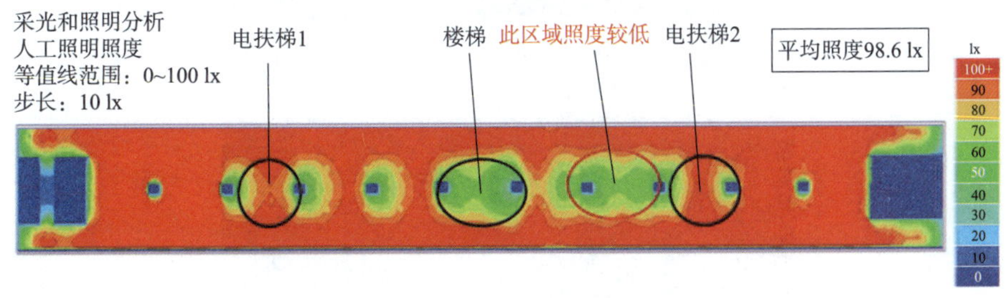

(a)优化前

图　4-23

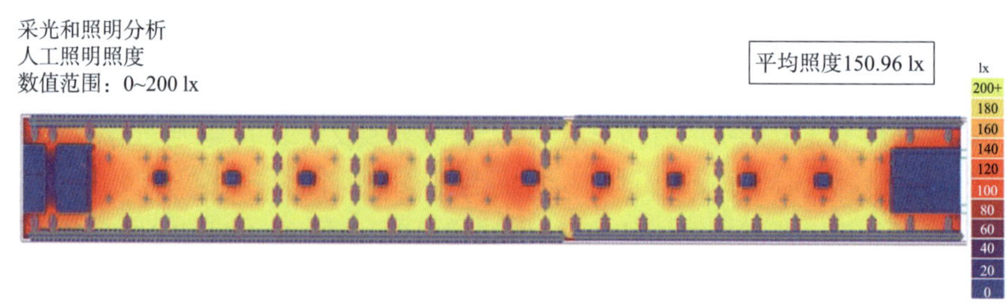

(b)优化后

图 4-23　应急照明工况分析

基于 BIM 的照度模拟分析，结合三维空间模型可实时查看地铁车站内的照明效果，对于设计师想要表达的亮度、色温等变化更加直观，有利于设计出柔和、舒适的照明环境，营造更有亲和力的大型空间，提升地铁车站服务形象。

4.3.8　客流模拟

地铁车站是人流密集的密闭空间，车站客流设计对于有效的客流集散起到关键作用。利用专业的客流模拟软件，通过设置人流特征、客流量、环境特征等参数，模拟高峰时段、平峰时段等条件下，客流特征及拥堵情况。其中，客流模拟应用对 BIM 模型深度要求不高，BIM 模型宜具备地面、墙面、门、闸机、坡道、楼梯、自动扶梯、垂直电梯、栏杆、建筑柱、出入口(目的地)等工程对象。

首先，将客流数据通过输入或读取的方式附加在 BIM 模型中，结合客流数据静态评价指标，对设计方案进行自动分析，包括高峰、平峰场景下的客流分析，客流特征计算，如流动轨迹、时间等(图 4-24)。然后，通过开发接口插件导出至仿真软件所需的兼容格式，利用仿真软件对设计方案进行动态模拟，如图 4-25 所示。最后，将动态模拟数据返回至 BIM 软件，利用客流空间适应性评价体系对车站布局进行综合评价，以此优化通行设施布局和行人动线设计。其应用流程如图 4-26 所示。

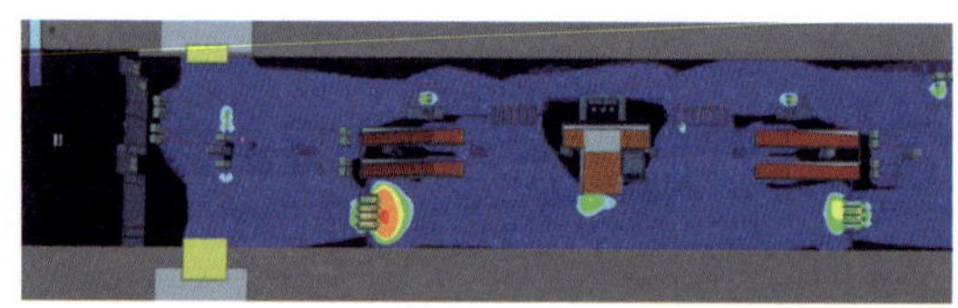

(a)原方案：出口闸机处密度较高，达到 F 级水平，较为拥挤

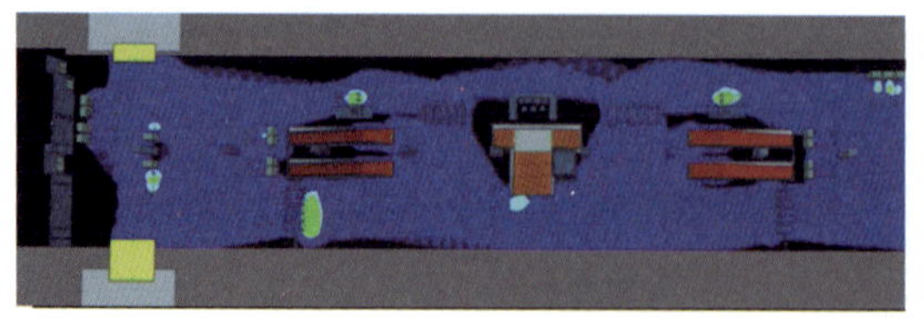

(b)优化方案：增设出口闸机数量，东西两侧各设置 6 台闸机

图 4-24　基于 BIM 的设计方案前后客流模拟(深圳地铁 12 号线科技馆站)

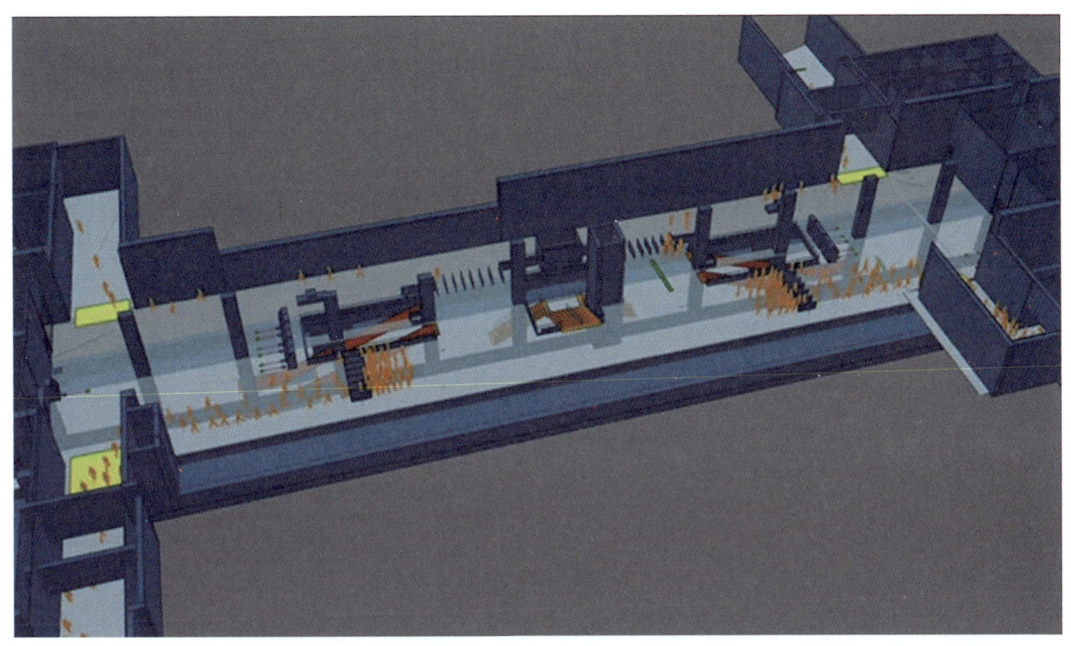

图 4-25　客流模拟分析结果(深圳地铁 12 号线科技馆站)

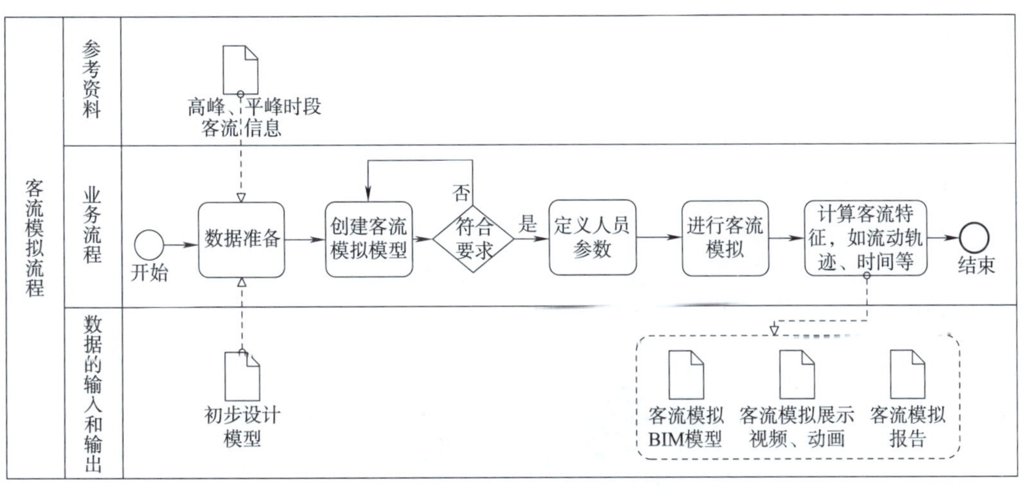

图 4-26　客流模拟流程图

在数据转换过程中，可采用 Revit 软件创建车站模型，通过中间格式将 Revit 模型输入至 Legion 软件(图 4-27)，打通设计模型与客流模拟分析模型之间的数据壁垒，实现一模多用。

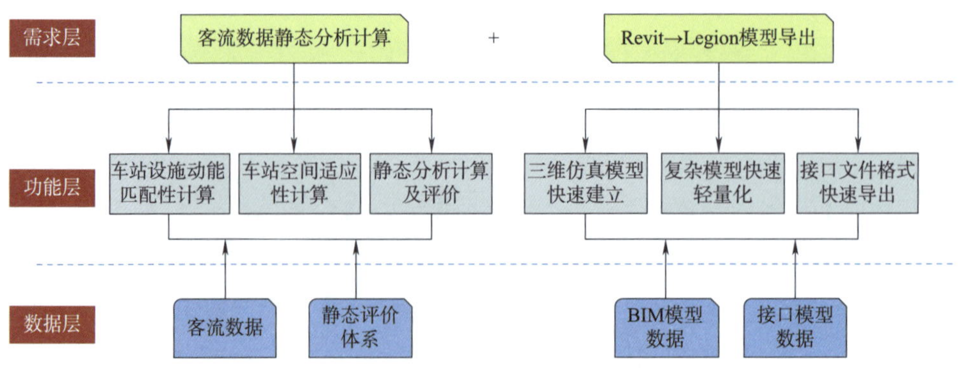

图 4-27　客流模拟技术路线

4.3.9　疏散模拟

针对轨道交通突发事件，需采取有效的措施将乘客疏散至安全区域。基于轨道交通工程 BIM 模型，利用专业的客流模拟软件，通过设置人流特征、客流量、环境特征等，模拟轨道交通工程在日常运行高峰时段、平峰时段的情况下，客流特征及产生拥堵情况。分析楼扶梯疏散宽度统计、各部位的疏散通行能力，利用 BIM 模型计算紧急情况下最优逃生路径与疏散时间，校核疏散指标。最后通过软件分析验证是否符合规范要求，对潜在拥堵点、客流引导路径与措施等进行详细说明，并提出设计方案的优化建议，进而优化轨道交通站内通道、楼梯、导向标志等方案布置。

与客流模拟应用对 BIM 模型深度要求情况类似，开展疏散模拟的 BIM 模型深度要求不高，具备地面、墙面、门、闸机、坡道、楼梯、自动扶梯、垂直电梯、栏杆、出入口等工程对象的几何尺寸和位置信息即可。

如图 4-28 所示，深圳地铁 6 号线采用 BIM 模型，对紧急疏散状态下站厅、站台的平均客流密度、空间利用度进行分析，研究站厅站台客流的平均密度、客流密度随时间变化的情况，形成完整的紧急事态分析报告，并在报告中提出合理的运营建议。

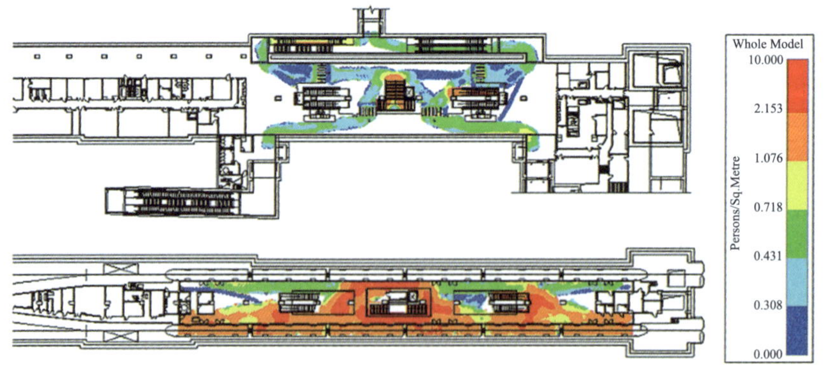

(a)平均客流密度分析

图　4-28

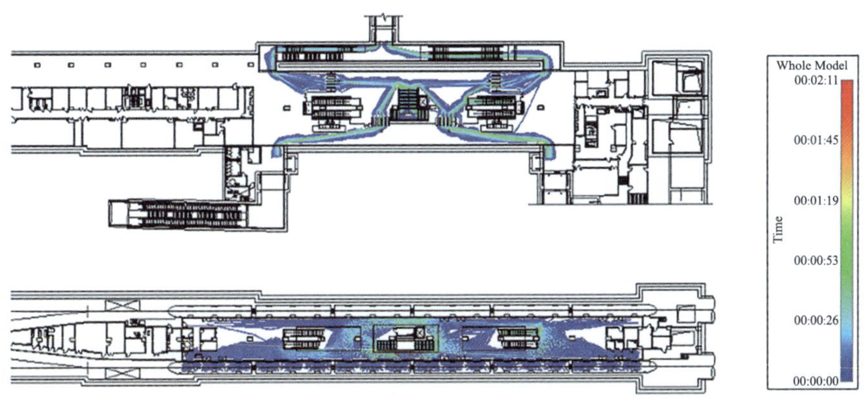

(b)空间利用度分析

图 4-28　疏散模拟(深圳地铁 6 号线)

4.4　设计出图

出图一直是正向设计的难点,目前三维模型的二维表达还无法完全满足现阶段的出图要求。在完成三维模型之后,设计人员仍然需要花大量的精力与时间来完成三维模型到平面图纸的转换。通过 BIM 软件可设置出图模板,在一定程度上提高出图效率,也有专门针对出图进行二次开发,以提高出图质量和效率,如快速布设轴网,快速定位成组构件,批量属性添加、快速查询,以及批量进行门窗标注,快速尺寸标注等。在深圳地铁项目中,设计单位通过自主研发 BIM 出图软件,从 Revit 导出 AutoCAD,能够提高 BIM 模型出图效率。

4.4.1　基础设置

模型完成后,为交付满足二维出图要求的图纸,需要在 BIM 软件中设置出图配置,包括图框设置、图纸布置、图面二次处理等。

1. 图框设置

在 Revit 软件中,可制作施工图图框族,对于每张图纸图框上需保持一致的文字表达,在族内只需设置文字,跟随族的修改而修改。至于每张图纸图框需独立的文字表达,在族内设置文字标签,方案设计人员在布置图纸后,可针对每张图纸图框进行修改。

2. 图例设置

图例分为构件图例和注释图例。构件图例应在各个单独族文件中进行设置,保证构件在三维视图中满足要求的同时满足二维表达要求。注释图例主要是标注,主要包括标高、轴网标头、剖面符号、详图索引、指北针、房间标记、构件标记(门窗、墙、梁、板、柱、屋面、楼梯、机电管线设备等标记),如图 4-29 所示。上述所有类别注释都应满足图面要求,建议以族的形式呈现,方便轨道交通工程不同项目调用。

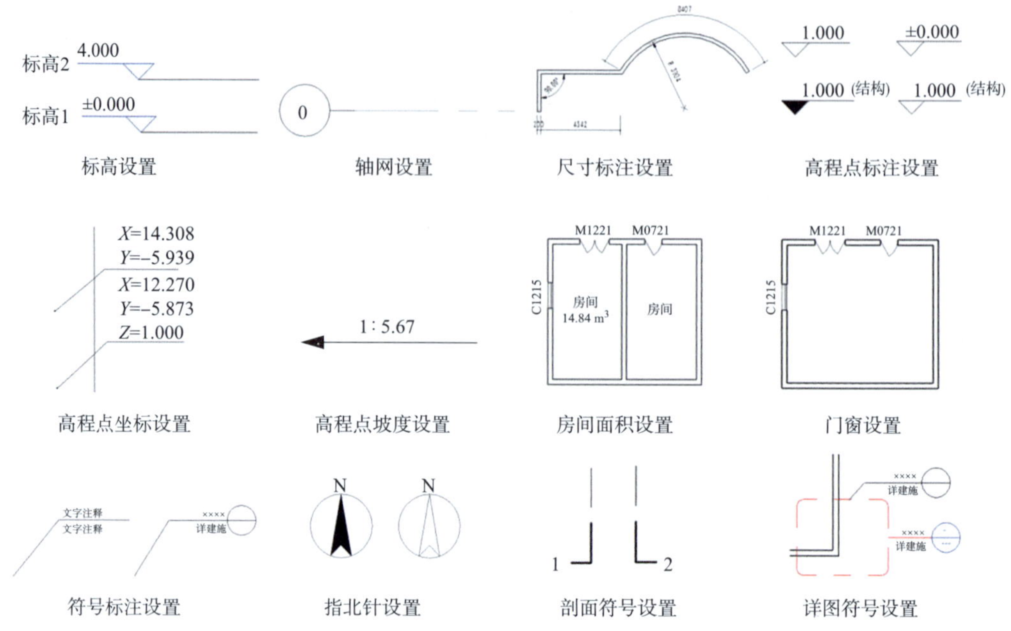

图 4-29　二维图例示意

3. 图纸布置

一般情况下在图纸选项中可以新建图纸，应用图框后将所需的设计图纸拖入对应图框后即可生成所需的图纸。当一张图纸图框超出图框图幅时，可将原设计图纸进行分段处理，处理方式为将设计图纸复制作为相关，复制作为相关的份数与需分段平面数量保持一致。

4. 图面二次处理

目前由于软件自身局限性，在设计图纸套上图框后，需对图面进行二次整理。例如需对构件显示样式进行局部调整、补充分段图纸的折断线、补充被视口裁切掉的注释标注等。

4.4.2　出图成果

在四期工程中分别选取四个站点进行正向设计试点，并在四期调整线路中，要求全部采用正向设计。

通过标注插件、出图插件等工具的二次开发，能够提高正向设计出图效率，实现项目出图达到施工图深度(图 4-30)，但总图、部分大样图、部分系统图暂无法通过三维模型直接出图。结合轨道交通工程二维图册需求，统计分析了现阶段正向设计试点项目各专业的出图率。建筑、结构专业出图可达到施工图深度，绝大部分平剖面均能直接采用 Revit 出图，正向出图率平均可达到 55%以上。图 4-31～图 4-33 展示了轨道交通工程建筑和结构专业的正向设计生成图纸情况。

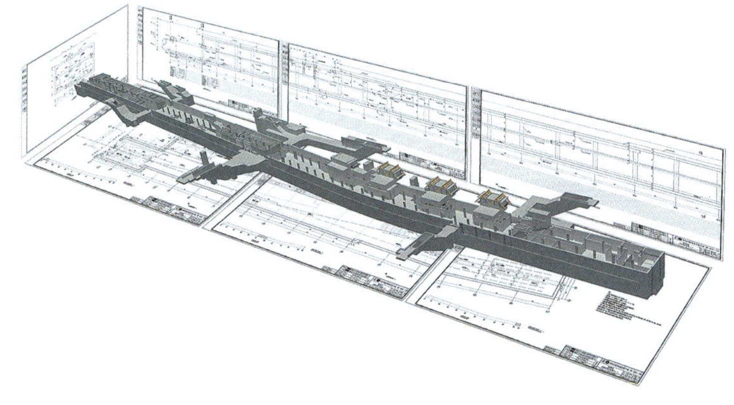

图 4-30　BIM 三维模型与二维图纸的联动

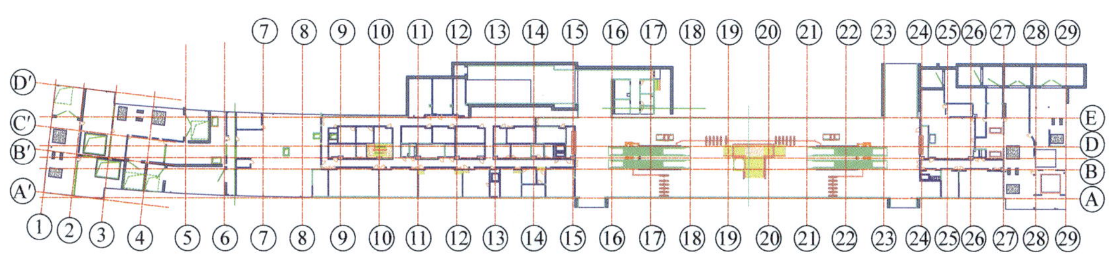

图 4-31　建筑专业图纸（深圳地铁 6 号线支线新明医院站）

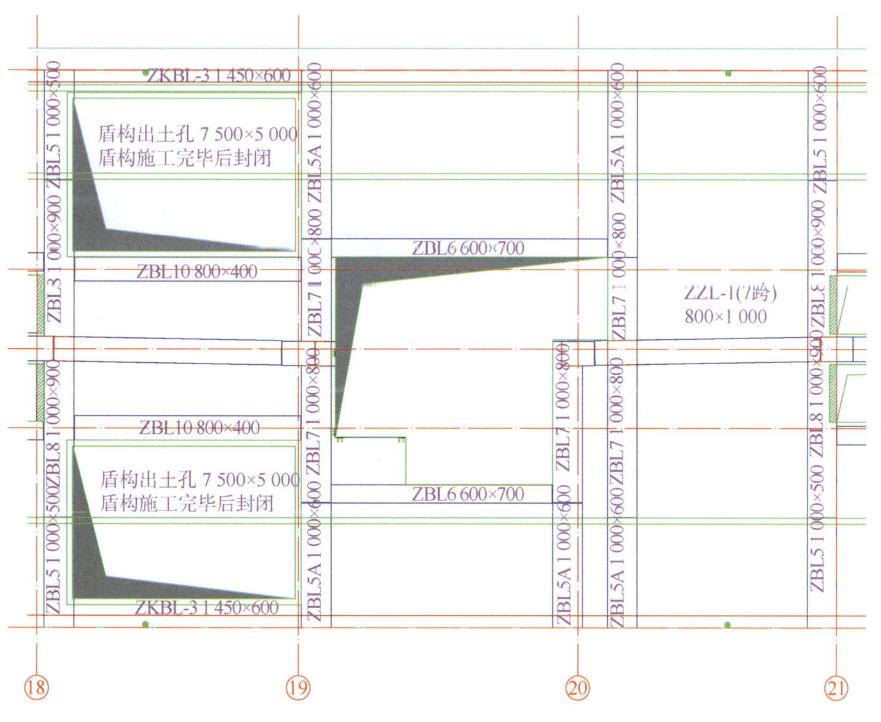

图 4-32　结构专业图纸（深圳地铁 6 号线支线新明医院站）

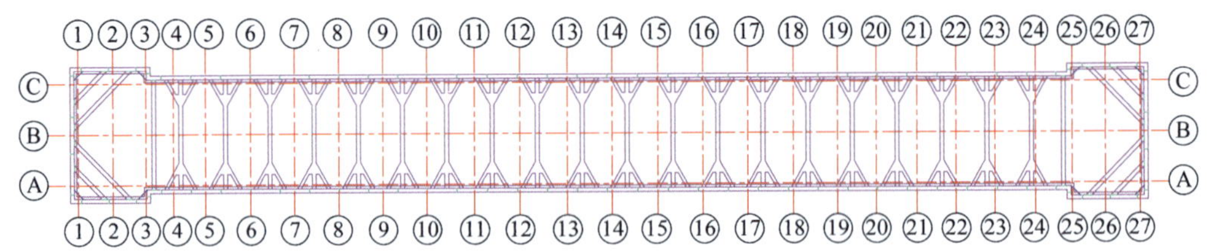

图 4-33　围护结构专业图纸（深圳地铁 16 号线回龙埔站）

暖通、给排水、动力照明、管线综合等专业的部分出图可以达到施工图深度，但总图除外，部分大样图需要厂家提供，部分系统图暂无法通过三维模型出图，各专业正向设计出图率在 50%～80%的范围。图 4-34～图 4-36 展示了轨道交通工程给排水、通风空调和动力照明专业的正向设计生成图纸情况。

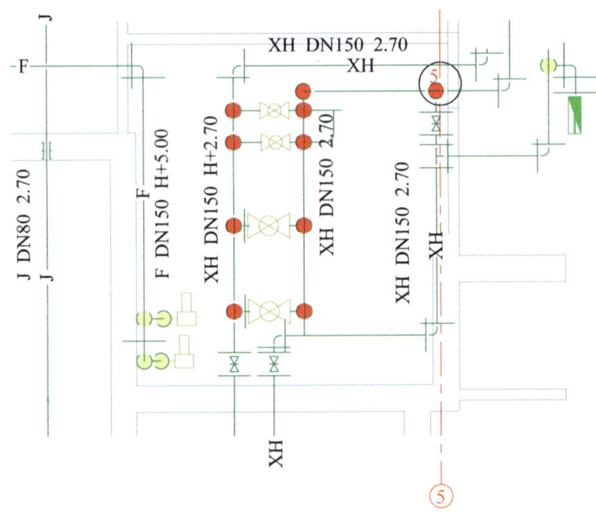

图 4-34　给排水专业图纸（深圳地铁 14 号线六约北站）

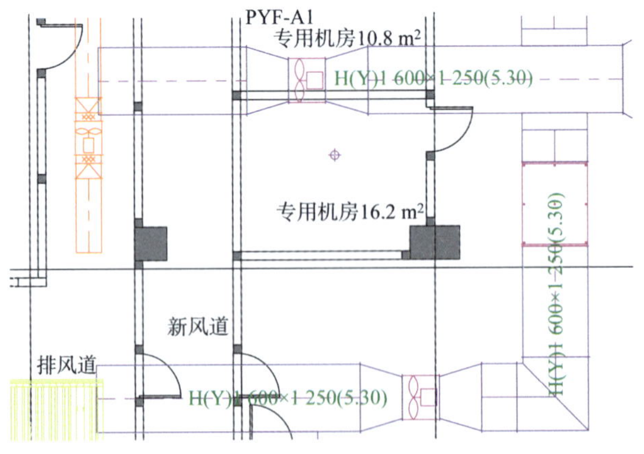

图 4-35　通风空调专业图纸（深圳地铁 12 号线科技馆站）

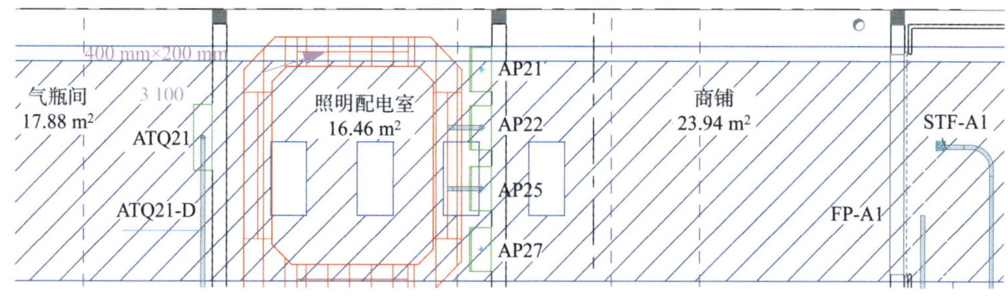

图 4-36 动力照明专业图纸(深圳地铁 16 号线回龙埔站)

4.4.3 三维图册

现阶段二维图纸仍是法定交付物,可运用 BIM 模型辅助出图,以及查看复杂节点构造。但由于目前 BIM 软件主要来源于国外软件供应商,三维 BIM 模型生成的二维图纸不能满足国内出图规范要求,需要花费大量的人力物力去修改调整三维出图效果。同时,采用二维图纸,未能充分发挥 BIM 技术三维可视化等方面的优势。施工现场人员老龄化问题越来越严重,对二维图纸的理解困难增大,一定程度上影响建设效率和质量。因此,非常有必要针对三维模型特点,形成可指导现场施工的三维图册。

深圳地铁组织各参建单位成立三维图册专题研究小组,研究通过轨道交通工程 BIM 模型三维视图的方式表达二维图册所需的内容,深入落实三维 BIM 模型在设计、施工等过程中的应用。所研究的三维图册涵盖建筑、主体结构、围护结构、通风空调、给排水及消防、动力照明、管线综合等专业。各专业包含内容见表 4-3。

为了使轨道交通工程 BIM 模型的视图表达满足设计、施工的应用需求,针对表 4-3 所列各专业研究并制定详细的表达方案,表达的基本要求如下:

• 土建部分的三维图册主要对车站建(构)筑物的规划位置、地质情况、外部造型、内部房间布置、内外装修构造、结构类型、结构布置等进行规范表达,并对构件种类、数量、大小、做法和施工要求进行说明。

• 设备部分的三维图册主要对车站设备安装的工程属性进行规范表达,发挥车站设备管线可视化特点在施工安装过程的作用,为设备安装工程提供依据。

考虑二维图面在表达个别视图上具有简捷、清晰的特点,三维图册的部分视图可采用二维图进行辅助表达。同时,为规范各专业三维图册的表达,依据现阶段二维图纸的规范要求,对颜色、文字、标注等方式进行统一规定,部分要求如下:

• 三维视图包含指北针、站旗信息、里程信息、标注、三维轴网、图例说明等。

• 三维视图的文字说明、标注等表达符合轨道交通工程相关的制图规范。

• 采用不同颜色区分轨道交通工程不同类别、不同尺寸的构件,并附上颜色图例说明,且各专业构件的颜色应符合企业标准《轨道交通工程 BIM 模型建模标准》(QB/SZMC-10107—2021)的要求。

• 当表达复杂节点、重要部位时,采用节点大样图的方式补充表达。

表 4-3　基于 BIM 技术的轨道交通工程三维图册

专　业	包 含 内 容	专　业	包 含 内 容
围护结构	地质纵断图	通风空调	隧道通风
	围护结构轴测图		通风大/小系统
	支撑布置图		空调大/小系统
	横剖面图		空调水系统
结构	结构轴测图	给排水及消防	给水
	平面布置图		排水
	横剖面图		消防
建筑	总平面图		气灭
	建筑轴测图	动力照明	动力配电
	平面布置图	管线综合	管线综合
	横剖面图	机房布置图	环控机房、冷水机房
	纵断面图		消防泵房、废水泵房、卫生间、气瓶间
	流线图		环控电控室、低压开关柜室、EPS 蓄电池室、照明配电室

截至 2021 年 8 月，经过对轨道交通工程各专业三维图册的研究，深圳地铁已形成 103 张三维图纸，其中，土建部分 59 张、设备部分 44 张。轨道交通工程各专业三维图册示例如图 4-37～图 4-40 所示。

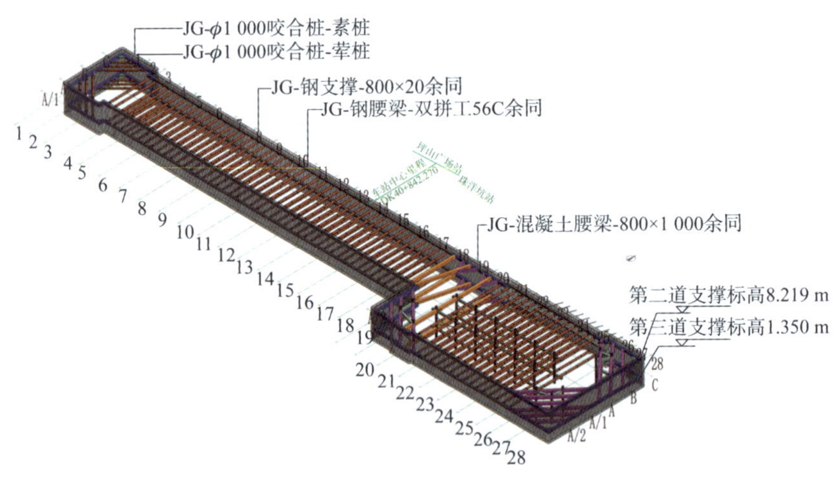

(a)第二、三道支撑三维图

图　4-37

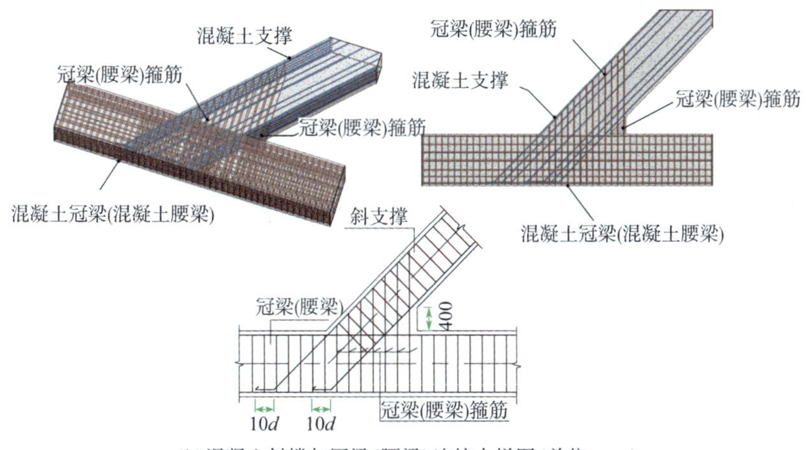

(b)混凝土斜撑与冠梁(腰梁)连接大样图(单位:mm)

图 4-37 围护结构三维图册

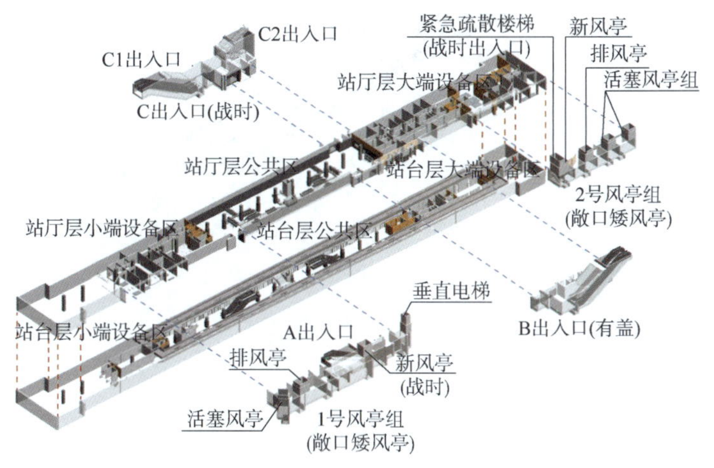

(a)车站轴测透视图(爆炸效果)

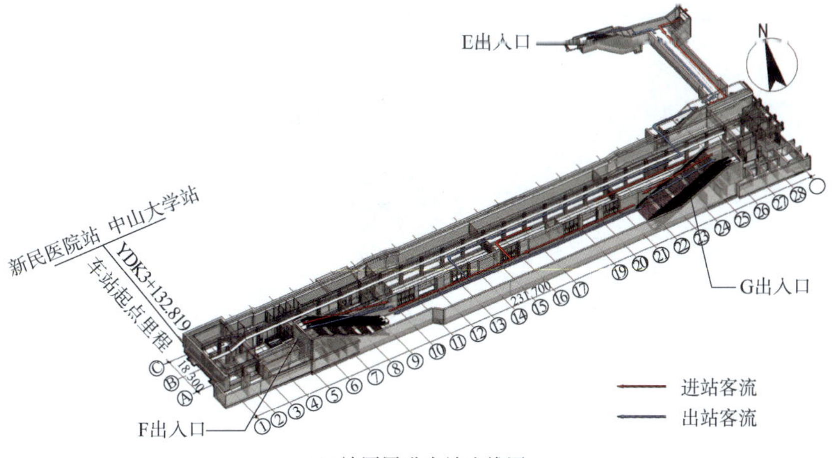

(b)站厅层进出站流线图

图 4-38 建筑专业三维图册

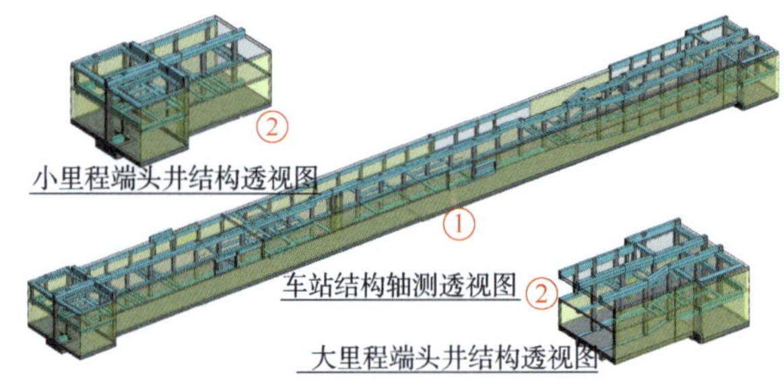

(a)车站结构轴测透视图

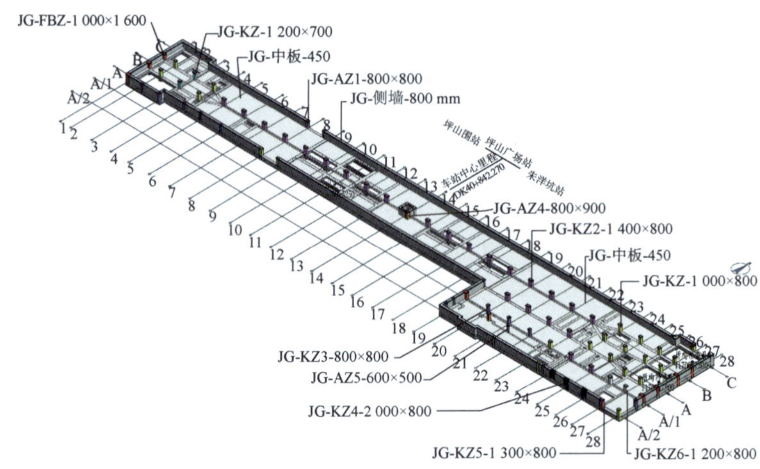

(b)中板结构三维图

图 4-39　结构专业三维图册

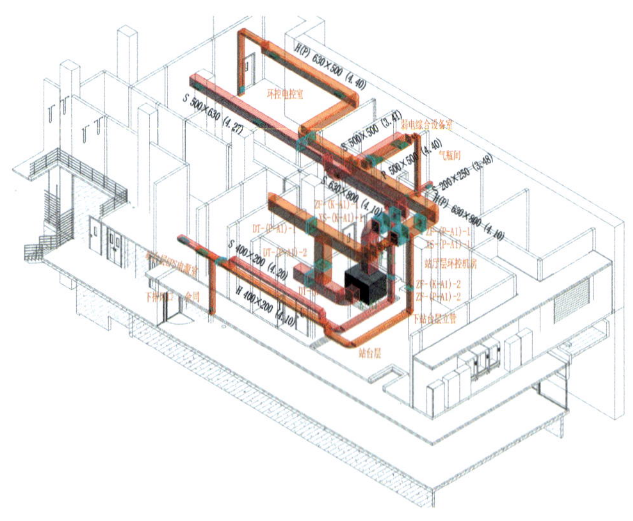

(a)空调小系统布置图

图　4-40

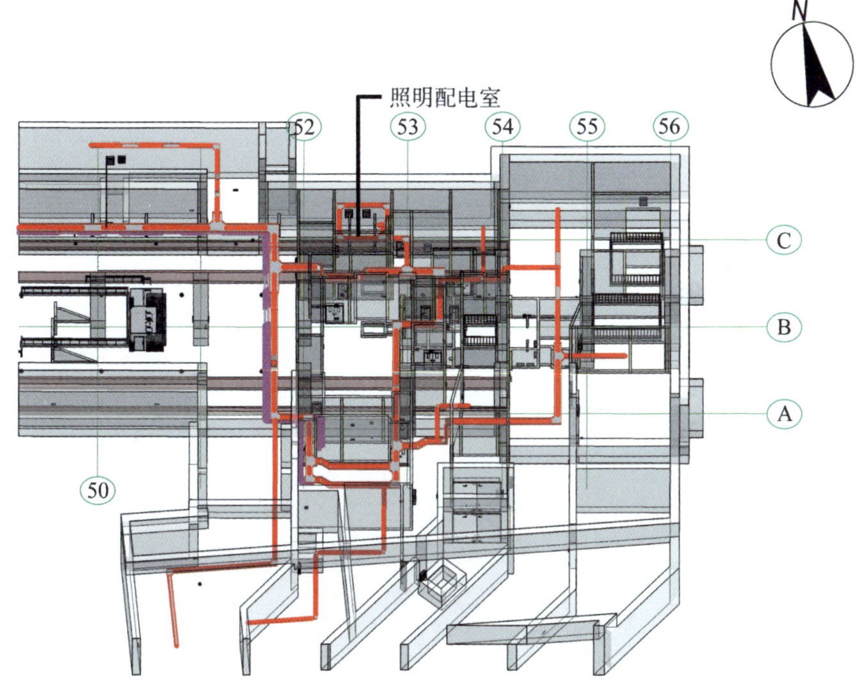

(b)动照专业轴测图

图 4-40　机电设备三维图册

4.5　工程算量

传统的工程量计算依靠人工手段基于图纸进行统计分析,存在计算过程复杂、依靠人员经验、效率低、变更响应慢等问题。利用 BIM 模型开展工程量统计应用,可以解决设计方和业主方的工程造价人员在过程提量、结算、对量等过程中手工统计繁杂、审核难度大、工作效率低等问题。利用 BIM 软件或工具输出各清单开项与项目特征信息,根据工程量清单中的分部分项优化完善模型数据,保证清单项与构件一一对应,辅助编制、校核工程量清单,提高各阶段工程造价的效率与准确性。

4.5.1　算量规定

设计模型与算量模型对构件模型的创建规定存在差异,因此,为实现 BIM 模型自动出量,在创建轨道交通工程 BIM 模型时,需要按照工程量计算的相关规定对模型进行设置,部分要求如下:

- 构件拆分原则为竖向构件扣减其他构件,如柱切梁板、梁切板、墙切梁。
- 计算隔墙工程量时,需扣减板、梁、过梁、圈梁、暗柱、构造柱、柱、门窗、墙洞。
- 车站面积区域划分应根据所在项目概算面积统计项划分。
- 创建设备基础时,宜采用结构楼板绘制,不应与设备一起绘制成族。

利用BIM模型自动算量时,应按照业主提供的轨道交通工程量开项表以及样板模型进行工程量统计。结合开项表要求和轨道交通工程BIM模型特点,编制建筑、结构、给排水、动力照明、环境控制等专业的工程量开项条目,以统一规范深圳地铁各参建单位的BIM算量。表4-4展示结构专业工程量开项情况。

表4-4 轨道交通工程结构专业工程量统计条目(部分)

序号	工程量开项名称	型号规格	单　　位
一	通用数据		
1	车站长度	—	延长米
2	主体结构建筑面积	—	m^2
3	车站标准断面宽度	—	m
4	车站结构高度	—	m
5	车站覆土厚度	—	m
⋮	⋮		
二	车站围护结构		
1	地下连续墙围护结构	—	周围米
2	地下连续墙混凝土量	—	m^3
3	地下连续墙钢筋量	—	t
4	导墙混凝土量	—	m^3
5	导墙钢筋量	—	t
6	钻孔桩混凝土量	—	m^3
7	钻孔桩根数	—	根
8	钻孔桩总长度	—	m
⋮	⋮		
三	车站主体结构		
1	素混凝土垫层	—	m^3
2	底板混凝土	—	m^3
3	中板混凝土	—	m^3
4	中板钢筋	—	t
5	顶板混凝土	—	m^3
6	顶板钢筋	—	t
⋮	⋮		

4.5.2 实现方式

按照轨道交通的工程量开项表要求,在BIM模型中添加所需的项目参数,并针对不同构件的工程量计算要求,添加所需的参数(图4-41),例如结构柱增加类型标记、体积、含钢量等参数,给排水管件增加系统说明、材质、尺寸等参数。

<结构柱明细表>

A	B	C	D	E
类型标记	类型	体积	含钢量	柱钢筋
柱混凝土	JG-AZ1-1000x7	5.10 m³	300.00 kg/m³	1.53 t
柱混凝土	JG-AZ1-1000x7	4.59 m³	300.00 kg/m³	1.38 t
柱混凝土	JG-AZ1-1000x7	4.59 m³	300.00 kg/m³	1.38 t
柱混凝土	JG-AZ3-1300x7	4.58 m³	300.00 kg/m³	1.38 t
柱混凝土	JG-AZ3-1300x7	4.59 m³	300.00 kg/m³	1.38 t
柱混凝土	JG-AZ3-1300x7	5.96 m³	300.00 kg/m³	1.79 t
柱混凝土	JG-AZ5-800x70	1.83 m³	300.00 kg/m³	0.55 t
柱混凝土	JG-AZ6-800x12	6.99 m³	300.00 kg/m³	2.10 t
柱混凝土	JG-AZ6-800x12	6.99 m³	300.00 kg/m³	2.10 t
柱混凝土	JG-AZ6-800x12	6.29 m³	300.00 kg/m³	1.89 t
柱混凝土	JG-AZ6-800x12	7.63 m³	300.00 kg/m³	2.29 t
柱混凝土	JG-AZ6-800x12	4.91 m³	300.00 kg/m³	1.47 t
柱混凝土	JG-AZ6-800x12	6.99 m³	300.00 kg/m³	2.10 t
柱混凝土	JG-AZ6-800x12	5.46 m³	300.00 kg/m³	1.64 t
柱混凝土	JG-AZ6-800x12	6.70 m³	300.00 kg/m³	2.01 t
柱混凝土	JG-AZ6-800x12	6.29 m³	300.00 kg/m³	1.89 t
柱混凝土	JG-AZ8-800x14	7.47 m³	300.00 kg/m³	2.24 t
柱混凝土	JG-GLZ1-700x1	6.65 m³	300.00 kg/m³	1.99 t
柱混凝土	JG-GLZ2-700x3	15.13 m³	300.00 kg/m³	4.54 t
柱混凝土	JG-Z1-1200x80	8.36 m³	300.00 kg/m³	2.51 t
柱混凝土	JG-Z1-1200x80	6.99 m³	300.00 kg/m³	2.10 t
柱混凝土	JG-Z1-1200x80	6.99 m³	300.00 kg/m³	2.10 t
柱混凝土	JG-Z1-1200x80	6.99 m³	300.00 kg/m³	2.10 t
柱混凝土	JG-Z1-1200x80	6.99 m³	300.00 kg/m³	2.10 t
柱混凝土	JG-Z1-1200x80	6.99 m³	300.00 kg/m³	2.10 t
柱混凝土	JG-Z1-1200x80	6.99 m³	300.00 kg/m³	2.10 t
柱混凝土	JG-Z1-1200x80	6.99 m³	300.00 kg/m³	2.10 t

<管件明细表>

A	B	C	D	E
系统说明	族	材质	尺寸	合计
室内排水	GX-弯头-螺纹-短半径	UPVC	100 mm-100 mm	74
室内排水	GX-弯头-螺纹-短半径	UPVC	150 mm-150 mm	33
室内消防	GX-三通-承插-顺水	镀锌钢	150 mm-150 mm-1	1
室内消防	GX-三通-螺纹-变径	镀锌钢	65 mm-65 mm-65 m	1
室内消防	GX-三通-螺纹-变径	镀锌钢	100 mm-100 mm-6	2
室内消防	GX-三通-螺纹-变径	镀锌钢	100 mm-100 mm-1	1
室内消防	GX-三通-螺纹-变径	镀锌钢	150 mm-65 mm-15	1
室内消防	GX-三通-螺纹-变径	镀锌钢	150 mm-150 mm-6	52
室内消防	GX-三通-螺纹-变径	镀锌钢	150 mm-150 mm-1	12
室内消防	GX-三通-螺纹-变径	镀锌钢	150 mm-150 mm-1	22
室内消防	GX-变径-钢活套	镀锌钢	65 mm-65 mm	4
室内消防	GX-变径-钢活套	镀锌钢	100 mm-65 mm	14
室内消防	GX-变径-钢活套	镀锌钢	150 mm-65 mm	6
室内消防	GX-变径-钢活套	镀锌钢	150 mm-100 mm	4
室内消防	GX-弯头-卡箍	镀锌钢	150 mm-150 mm	4
室内消防	GX-弯头-螺纹-短半径	镀锌钢	32 mm-32 mm	13
室内消防	GX-弯头-螺纹-短半径	镀锌钢	40 mm-40 mm	11
室内消防	GX-弯头-螺纹-短半径	镀锌钢	50 mm-50 mm	5
室内消防	GX-弯头-螺纹-短半径	镀锌钢	65 mm-65 mm	154
室内消防	GX-弯头-螺纹-短半径	镀锌钢	80 mm-80 mm	4
室内消防	GX-弯头-螺纹-短半径	镀锌钢	100 mm-100 mm	21
室内消防	GX-弯头-螺纹-短半径	镀锌钢	150 mm-150 mm	146
室内给水	GX-三通-螺纹-变径	镀锌钢	25 mm-25 mm-20 m	1
室内给水	GX-三通-螺纹-变径	镀锌钢	40 mm-40 mm-20 m	2
室内给水	GX-三通-螺纹-变径	镀锌钢	50 mm-50 mm-32 m	1
室内给水	GX-三通-螺纹-变径	镀锌钢	65 mm-65 mm-25 m	1
室内给水	GX-三通-螺纹-变径	镀锌钢	65 mm-65 mm-40 m	1
室内给水	GX-三通-螺纹-变径	镀锌钢	80 mm-80 mm-25 m	1
室内给水	GX-三通-螺纹-变径	镀锌钢	80 mm-80 mm-32 m	1

图 4-41　基于 Revit 的结构柱、管件明细表示意

为提高工程量有效性，在 Revit 软件中进行二次开发，将上述的明细表配置内嵌至数据库中，通过读取 BIM 模型的构件信息、工序等，并录入相关参数，可一键生成轨道交通工程相关的工程量数据信息，如图 4-42 所示。同时，将计算结果与工经专业的工程量进行比对和误差分析，提高工程量统计的效率及精度。

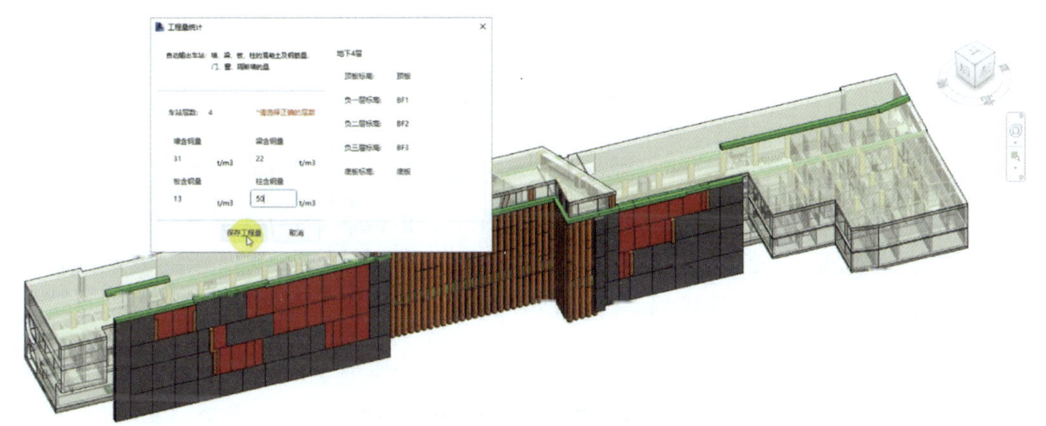

图 4-42　工程量插件示意(深圳地铁黄木岗枢纽)

现阶段也有专门的 BIM 算量软件进行工程量计算，如广联达、斯维尔等，并可基于清单规范和消耗量定额确定工程量清单项目，自动计算招标清单项目、招标控制价或投标清单项目及投标报价单，其应用流程如图 4-43 所示。但目前的算量规则主要针对民建工程，轨道交通工程的自动算量方法仍需进一步研究。

通过 BIM 模型辅助实现工程量自动化计算，可以更加精确、快速地统计出轨道交通工程各专业工程量信息，并根据不同阶段的计算要求快速统计工程量，为验工计价提供依据。

基于 BIM 模型的自动算量将工经专业人员和设计人员从繁琐的工程量计算工作中解放出来，极大地提高工作效率，使工程量计算摆脱人为失误因素，使得设计人员回归设计方案的优化，提高设计质量。

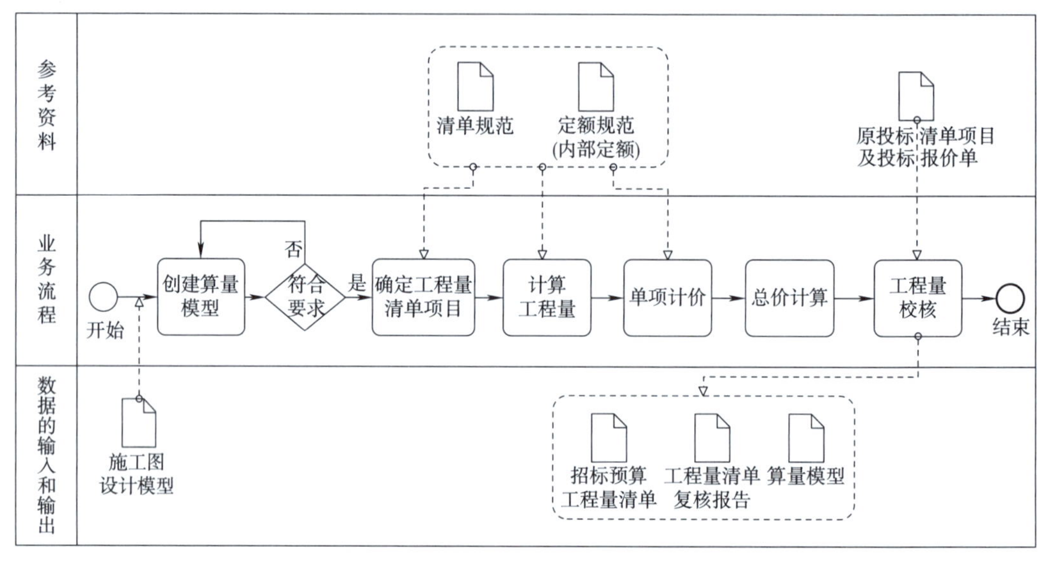

图 4-43　工程量统计应用流程

4.6　三维校审

各单位按照企业制定的 BIM 标准创建轨道交通工程各专业 BIM 模型，积累了大量的模型数据。为保证设计交付模型的准确性，在交付至下游阶段时，需对模型进行校审。BIM 模型承载大量属性信息，并包含复杂的几何造型。经分析，得到表 4-5 所示的校审项目。其中，显示效果、性能状态等校审项目，仍然需要采用人工的方式进行判断，而属性信息可通过工具开发实现自动校审。

表 4-5　BIM 模型校审项目分析

序号	校审项目	分　类	视　图	校 审 内 容
1	显示效果	三维形体	三维	BIM 模型的三维显示
2			三维	BIM 模型的材质、线型、填充样式等
3		二维图形	平立剖	BIM 模型与二维图纸的一致性
4			平立剖	BIM 模型的二维图形是否符合设计规范要求，如图例、尺寸标注、文字表达等
5			平立剖	BIM 模型在二维平面下的材质、线型、填充样式等

续表

序号	校审项目	分　类	视　图	校 审 内 容
6	性能状态	参变性能	三维	校验构件模型的参数化几何与三维形体的对应关系
7		加载性能	三维	将 BIM 模型加载或关联至项目模型
8	属性信息	完整性	—	BIM 模型属性信息所包含的属性项
9		准确性	—	BIM 模型属性信息所填写的属性值及其类型
10		冗余性	—	BIM 模型属性信息所包含的属性项

通过将各专业模型进行整合，检查各专业模型在平面、立面、剖面位置是否统一，是否碰撞、错位、缺失，以消除设计中出现的专业间不匹配的问题(图 4-44)。进一步地，通过对三维模型的审查发现设计的错漏碰缺，形成审查意见报告反馈至相关设计人员，进而优化设计方案。轨道交通工程的施工单位可提前介入，从施工的角度对设计模型进行审核，提高设计方案的可实施性。

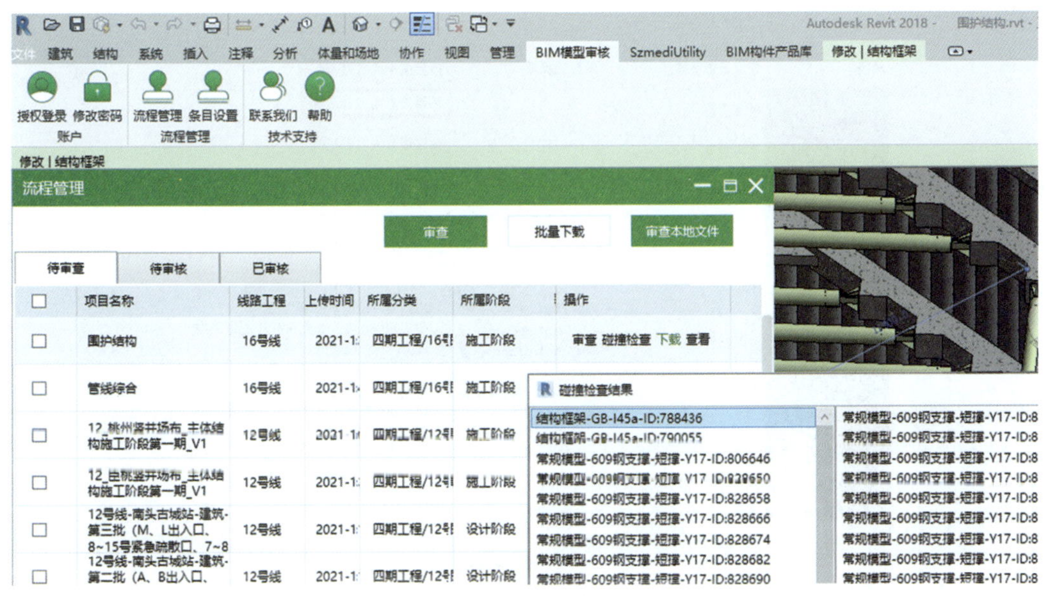

图 4-44　BIM 模型碰撞检查模块

现阶段，各设计单位依据深圳地铁发布的相关 BIM 标准创建 BIM 模型，为保证相关模型符合标准要求，深圳地铁组织研究开发自动检查工具，可对各专业 BIM 模型构件的属性信息的完整性、准确性、冗余性，以及构件命名、颜色等内容进行自动检查，并形成检查报告供相关设计师对照进行模型修改完善。图 4-45 展示了属性信息自动检查的结果报告，该报告包含所检查构件的 ID，可快速定位至 BIM 模型中的对应构件，便于设计师查询并修改问题构件。自动检查工具是以企业 BIM 标准作为依据，自动检查轨道交通工程各专业 BIM 模型，具有较强的灵活性，同时，有效保证了 BIM 模型数据的准确性，促进各专业之间的综合协同。

	A	B	C	D	E	F	G
1	构件类别	族名称	类型名称	类型名称判断规范性	是否构件库构件	颜色	条目是否完整
2	结构框架	混凝土 - 矩形梁	JG-MZL1-1000x1000mm	类型名称规范　构件信息和检查项目	是		条目完整
3	结构框架	混凝土 - 矩形梁	JG-MZL1-1000x1000mm	类型名称规范	是		条目完整
4	结构框架	混凝土 - 矩形梁	JG-MZL1-1000x1000mm	类型名称规范	是		条目完整
5	结构柱	混凝土 - 矩形 - 柱	A口-JG-AZ2-1200x600mm	类型名称不规范，名称格式应该是"构件类别-:	是	192,192,192;	条目完整
6	结构柱	混凝土 - 矩形 - 柱	A口-JG-AZ1-600x1000mm	类型名称不规范，名称格式应该是"构件类别-:	是	192,192,192;	条目完整
7	结构柱	混凝土 - 矩形 - 柱	A口-JG-AZ1-600x1000mm	类型名称不规范，名称格式应该是"构件类别-:	是	192,192,192;	条目完整
8	结构柱	混凝土 - 矩形 - 柱	A口-JG-AZ1-600x1000mm	类型名称不规范，名称格式应该是"构件类别-:	是	192,192,192;	条目完整
9	结构柱	混凝土 - 矩形 - 柱	A口-JG-AZ1-600x1000mm	类型名称不规范，名称格式应该是"构件类别-:	是	192,192,192;	条目完整
10	结构柱	混凝土 - 矩形 - 柱	A口-JG-AZ3-1700x600mm	类型名称不规范，名称格式应该是"构件类别-:	是	192,192,192;	条目完整
11	结构柱	混凝土 - 矩形 - 柱	A口-JG-Z1-300x300mm	类型名称不规范，名称格式应该是"构件类别-:	是	192,192,192;	条目完整
12	结构柱	混凝土 - 矩形 - 柱	A口-JG-Z1-300x300mm	类型名称不规范，名称格式应该是"构件类别-:	是	192,192,192;	条目完整

(a)构件信息和检查项目

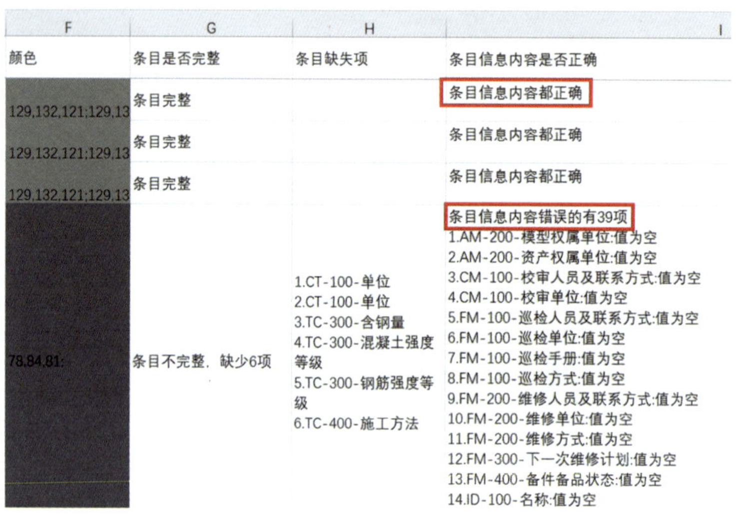

F	G	H	I
颜色	条目是否完整	条目缺失项	条目信息内容是否正确
129,132,121;129,13	条目完整		条目信息内容都正确
129,132,121;129,13	条目完整		条目信息内容都正确
129,132,121;129,13	条目完整		条目信息内容都正确
78,84,81;	条目不完整，缺少6项	1.CT-100-单位 2.CT-100-单位 3.TC-300-含钢量 4.TC-300-混凝土强度等级 5.TC-300-钢筋强度等级 6.TC-400-施工方法	条目信息内容错误的有39项 1.AM-200-模型权属单位:值为空 2.AM-200-资产权属单位:值为空 3.CM-100-校审人员及联系方式:值为空 4.CM-100-校审单位:值为空 5.FM-100-巡检人员及联系方式:值为空 6.FM-100-巡检单位:值为空 7.FM-100-巡检手册:值为空 8.FM-100-巡检方式:值为空 9.FM-200-维修人员及联系方式:值为空 10.FM-200-维修单位:值为空 11.FM-200-维修方式:值为空 12.FM-300-下一次维修计划:值为空 13.FM-400-备件备品状态:值为空 14.ID-100-名称:值为空

(b)构件属性信息检查结果

图 4-45　BIM 模型属性信息检查报告示意

第5章 基于BIM的工程施工

施工现场存在人员众多、环境复杂、协调界面多、隐患风险多、不确定性因素多等特点，尤其是轨道交通工程施工，对周边居民的生活、生产都会造成极大的影响。因此，需要通过BIM等信息技术手段，集成施工各类信息，创新项目的人员、设备、材料、技术、环境、文明施工等管控模式，进而提升施工现场管理水平，提高工程项目施工质量。

通过引入BIM、IoT、AI、VR等信息化技术手段，深圳地铁在各线路施工现场推进智慧工地，集成施工现场的人、机、物、料、环等信息，以施工WBS为基础，开展征拆迁方案模拟、施工场地布置优化、施工方案模拟、进度模拟、算量计价等应用，全方位、可视化管控工程现场的质量安全，由“被动管控”转为“主动管控”。同时，为推进轨道交通工程设计BIM模型向施工移交，施工BIM模型向运营交付，深圳地铁制定相关的BIM模型标准和管理办法，助力实现设计与施工之间、施工与运营之间的BIM数据打通。

5.1 征拆管理

轨道交通工程具有施工作业面分布广、环境敏感点多、作业交叉面错综复杂等诸多特点，在开工建设前，需结合现场布置情况对周边环境进行高效的征拆管理。

在传统的征拆管理过程中，管理人员需依据二维图纸进行征拆规划，并实地考察施工现场实际情况，复核征拆管理方案。通过研发深圳地铁BIM平台，利用三维GIS技术，实现BIM模型与空间地理数据有机融合，开发征拆算法，实现征拆管理场景的可视化、参数化、动态化操作需求。基于BIM技术的征拆管理，重点关注征拆现场真实场景的虚拟展示、用地规划线/围挡范围的动态呈现、结合拆迁进度同步展示各拆迁建筑的拆迁状态。基于BIM技术的征拆管理应用为征拆方案管理和决策提供了数据基础，有利于对轨道交通工程项目的影响范围进行动态管控。

BIM平台可集成各种基础数据，包括征拆图册、实景模型、征拆进度等，对数据进行统一处理后，将用地红线、工程轮廓、道路红线、征拆范围等征拆图册内容与三维实景模型进行有效整合。通过BIM平台对不同的征拆方案进行三维展示与分析，比对不同方案的优劣，为决策管理提供了技术支持。

在征拆管理过程中，管理人员可结合工程现场实际的征拆进度，在实景模型上以“未开始/已签约/已完成”三种状态对应不同颜色来呈现房屋征拆的状态，以“未开始/已签约/已完成/已续期”四种状态对应不同颜色呈现不同区域临时征地的状态，如图5-1所示。进一步地，可统计轨道交通工程全线网的征拆状态，有利于总体征拆迁状态的把控。

图 5-1 征拆管理界面

当点击三维模型中各类型征拆地块时，可查看征地面积、计划用地开始时间、计划用地结束时间、完成率、拆迁状态等详细信息。同时，BIM 平台为三维环境下的征拆管理工作提供便捷且形象的交互操作功能，包括：结合实景模型，支持对征拆房屋模型进行“拍平/恢复”操作；支持新增施工围挡，通过手动绘制或录入坐标的方式，可在 GIS 地图上绘制施工围挡区域，并生成围挡模型，如图 5-2 所示。通过三维化、数据化的征拆管理，明确轨道交通工程施工边界条件，提高企业对轨道交通工程周边建(构)筑物的征拆管理能力，实现征拆的全过程跟踪。

图 5-2 基于 GIS 的围挡区域自动绘制

5.2 过程模型

在施工阶段，轨道交通工程 BIM 模型可基于移交的设计模型进行深化完善，为了配合现场施工与施工准备，还需要创建施工的过程模型，主要包括施工场地布置、周边改迁管线、交通导改等模型。

5.2.1 场地布置

轨道交通工程一般处于城市闹区，施工场地有限，与周边建筑物距离较近，复杂的施工环境对绿色环保施工和安全文明施工提出了更高的要求，工程项目的组织协调要求越来越严格，如何有效地布置施工临时场地、料场、加工棚等成为一大难题。

BIM 技术给施工场地布置工作提供技术支撑。在施工前，根据场地布置草图创建场地布置 BIM 模型，将工程周边及现场的实际环境以数据信息的方式挂接到 BIM 模型中，建立三维的现场场地平面布置。

相比于传统二维场布图纸，通过 BIM 模型模拟现场大型设备进出，对场内用地、大型设备摆放和工作范围进行事先模拟，论证施工场布方案，合理规划施工场地，优化施工部署，服务现场生产(图 5-3)。例如，在施工场地内进行渣土池面积优化、大型设备出入路线规划、消防逃生路线模拟等应用。

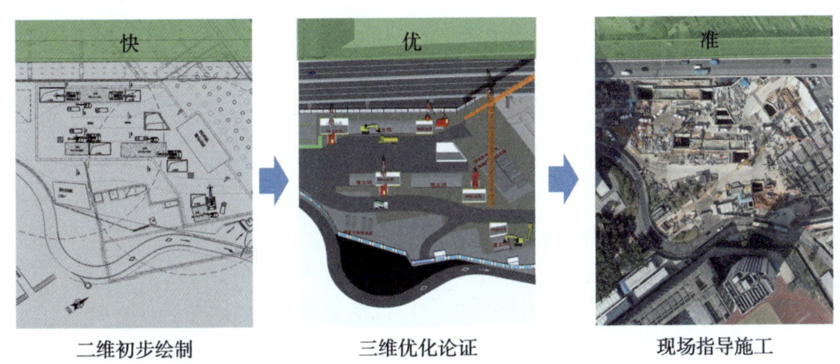

图 5-3 场地布置

为实现深圳地铁 700 多个工地的集约化、规范化管控，依据深圳市现行标准《建设工程安全文明施工标准》(SJG-46)，以及《深圳地铁工程施工场地标准(试行)》(QB/SZMC-10102—2018)、《安全文明施工标准化图集》等企业标准，深圳地铁组织研究并编制《深圳市轨道交通工程施工场地布置 BIM 技术应用要求》，从现场设施、现场临时用电、消防安全、生态文明控制、施工机械设备等方面规范场地布置模型的几何表达和属性信息(表 5-1)。通过技术手册的统一规定，实现深圳地铁 700 多个工地的标准化管理，且满足现场管理对场地各类设施设备的数据需求。

表 5-1 轨道交通工程现场设施模型要求(部分设施设备)

类型	设施设备	模型基本要求	属性信息索引表	模型示例
现场设施	施工围挡	①施工现场应实行封闭式管理,沿工地四周连续设置围挡。 ②在顺坡面场地时,围挡底部基础及围挡顶部宜采用错台设置。 ③工期在半年以上的工程,应采用连续、封闭的钢结构装配式围挡。工期15日以上及半年以下的工程,可采用PVC围挡。 ④应设置自动喷淋系统和附着于围挡结构的专用电气桥架	表 A.1.3 (技术手册附表)	
现场设施	场内道路	①施工区实行人车分流;对大型设备作业区域,通过布置栏杆、铁马、拉设警示带等进行隔离。 ②场内道路设置完善的交通导引、防护设施(如临时围挡、栏杆、铁马、水马、交通筒等)及交通安全警示标志、标牌	表 A.1.4 (技术手册附表)	
	地下连续墙导墙防护	①地下连续墙导墙在施作完成后采用盖板+铁马护栏防护。 ②铁马护栏上悬挂安全警示标志	表 A.1.5 (技术手册附表)	

各施工单位按照统一标准要求,创建场布模型,统一集成至深圳地铁BIM技术应用综合平台进行管理,并每月定期更新,以准确反映施工现场状态。建设单位通过BIM平台的场布模型对现场人员、设备、用电、环境、材料等进行监管,并对异常情况实时预警,防患于未然,提升管理纵深和广度。图5-4展示了部分施工现场的场地布置模型。通过可视化模拟组织现场平面布置,提高施工组织效率,有效地控制现场成本支出,减少场地狭小等原因导致二次搬运而产生的费用。进一步地,建设单位可通过提交的场布模型,远程掌握全市范围内各工点的场布情况,并可通过BIM模型查看现场检查过程中不易发现的部位、难以检查的区域等,结合现场检查与复核,提高施工现场管理效率,并降低施工现场巡检成本。

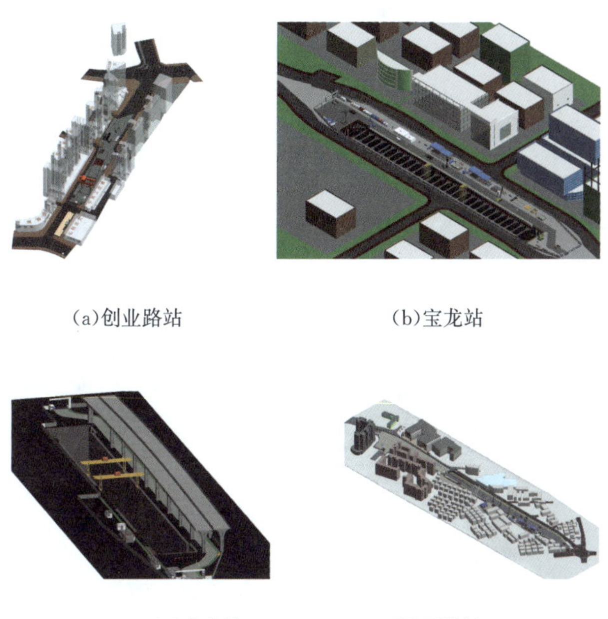

(a)创业路站　(b)宝龙站

(c)布吉站　(d)四联站

图 5-4　深圳地铁部分施工场地布置模型

5.2.2　管线改迁

轨道交通工程施工建设的空间不可避免地与城市现状管线发生矛盾，需要对部分管线进行改迁作业。在施工前，通过现场勘测，收集各专业地下管线数据并创建三维模型，将管线资料从 Excel 表格、平面图纸转换为实体管线模型，在开工前可更好地了解地下情况，便于多重数据的检查与核对。为真实模拟地下管线在施工区域的位置，运用 BIM+AR 技术研究地下管线模型与实际场景的融合，以实现虚拟模型和物理环境的数据集成。运用 BIM 模型的可视化、参数化特征，研究实现物理环境的智能识别，将地下管线 BIM 模型实时投影在物理环境中，并进行 1∶1 比例的动态显示，如图 5-5 所示。通过虚实结合，形象展示地下管线在工地现场的实际位置，有利于对管线物探信息的核查以及前期管线改迁。

图 5-5　基于 BIM+AR 的管线改迁可视化

管线改迁工程贯穿于地铁建设全过程，需要根据主体及交通疏解工程来分阶段配合实施管线改迁方案。在周边环境模型的基础上，结合现状管线模型，进行管线改迁模拟，优化搬迁方案，确保搬迁一步到位。同时，结合施工进度，分阶段、分步骤进行管线改迁方案可视化模拟（图 5-6），动态展示复杂节点管线的改迁顺序，指导后续的施工工作。

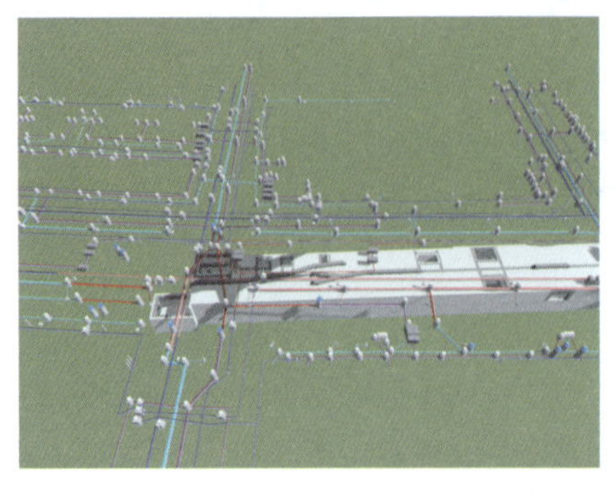

(a)现状管线(改迁前)

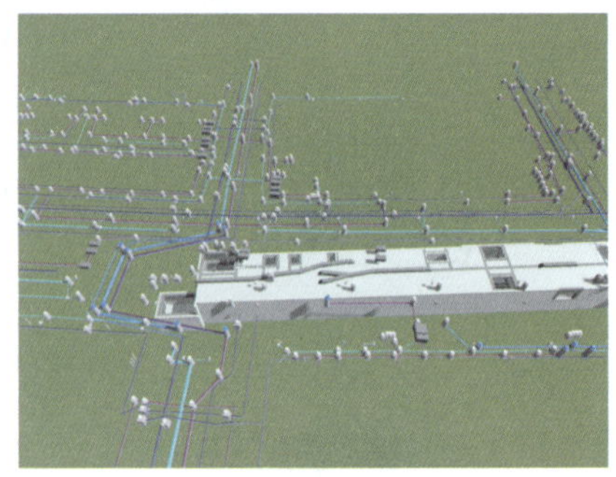

(b)改迁后管线

图 5-6　轨道交通工程周边管线改迁模拟与优化

5.2.3　交通疏解

随着轨道交通工程的快速发展，项目施工可能在交通流量大、人员密集、车辆疏解困难的繁忙城区中进行，对施工工地周边的交通疏解提出了更高要求。

传统的方法在交通动态仿真模拟以及方案的可视化方面存在不足，影响方案在交管部门的评审。在倾斜摄影模型的基础上，创建轨道交通工程周边道路模型，整合临建设施、现场道路、周边实景模型，建立交通疏解模型，通过收集交管部门提供的交通流量数据，将交通疏解模型导入交通流量分析模拟软件，模拟项目施工期间交通环境，进行可视化的交通疏解方案模拟（图 5-7），论证交通疏解方案的可行性。

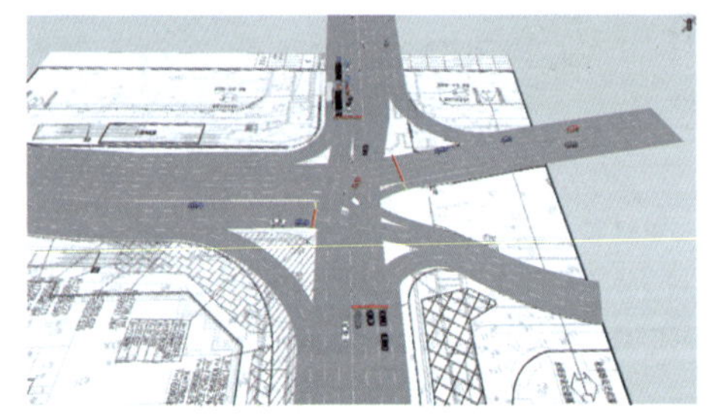

图 5-7　交通量分析及交通导行模拟

将规划设计的多种方案加载至集成 GIS 场景中，进行多角度、多方位观察，比较各个规划设计方案及其对城市景观和周围建筑的影响，同时结合不同方案的规划指标，给出各个规划方案的合理性判断，方便规划设计人员进行有效分析、应用和判断。

交通疏解工程作为轨道交通工程的前置工程，需要配合地铁主体工程施工，分阶段组织交通疏解。通过 BIM 模型展示项目施工期间各阶段的交通疏解方案，最大限度地降低施工对车辆通行的影响，使交管部门、建设单位、施工单位直观了解交通疏解前后的交通组织情况（图 5-8），便于各方进行方案沟通和决策，提升决策的效率，确保方案的合理性。

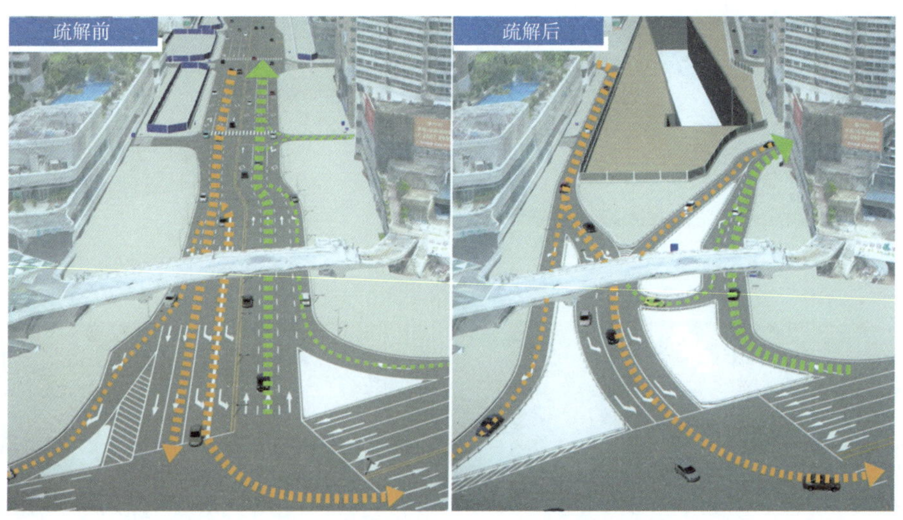

图 5-8　交通疏解设计方案模拟

5.3　深化设计

设计单位提交施工图设计 BIM 模型，由 BIM 总体单位进行审核，审核通过后，移交至施工单位进行模型深化，实现设计模型向施工移交。施工单位根据施工工艺要求，利用 BIM 技术对结构的复杂节点、管线综合、预留预埋等进行深化设计，包括土建、机电、装修等各专业。通过三维模型，更好地指导现场人员的施工作业，减少不必要的返工，提高施工质量。

5.3.1　土建 BIM 深化

根据现场土建施工，对结构复杂节点、预埋件、预留孔洞等进行深化（图 5-9），以符合现场实施。基于深化的土建 BIM 模型，通过施工协调与配合，减少结构孔洞和埋件预留错误导致的后凿损伤和返工，提升复杂节点钢筋绑扎与浇筑的可操作性，有利于施工人员对关键部位的重点关注与对关键工序的总体把握，降低工程变更与进度的风险。

对于钢结构，型钢柱、型钢梁等对加工尺寸和焊接角度控制精度要求高。在加工前，利用 BIM 技术对型钢柱、型钢梁进行深化设计（图 5-10），通过三维模型直接出图、出下料清单，可提高下料的精度和焊接精度。

(a)二次结构深化

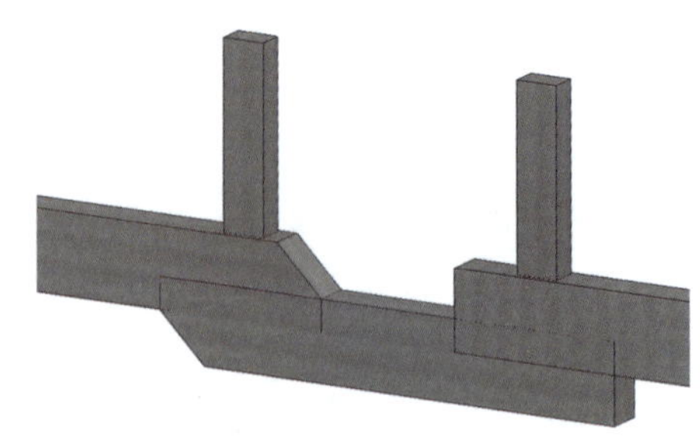

(b)复杂结构节点深化

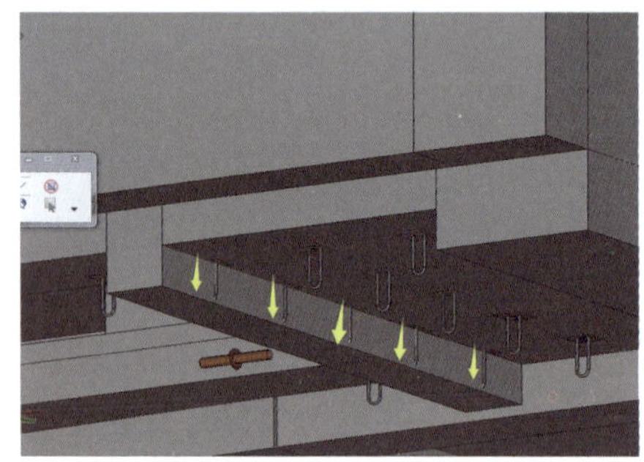

(c)预埋件深化

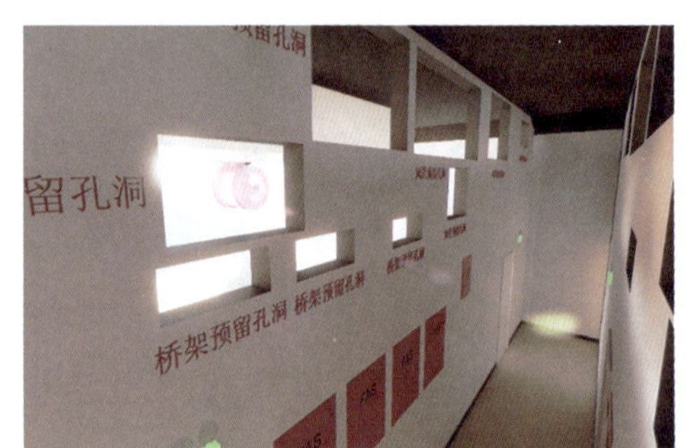

(d)预留孔洞深化

图 5-9　施工配合应用——土建深化

14-16.5轴钢柱钢梁-出库清单

工程名称：	黄木岗24号线14-17轴盖板工字钢梁工程					版本：	
构件名称	构件编号	截面型材	数量	材质	长度mm	单面积m²	备注
备带件	2BD-13	PL40*200	2	Q355B	500	0.3	
备带件	2BD-14	PL40*200	2	Q355B	500	0.29	
十字柱	2SRCC2-2	PL50*500	1	Q345B	3931	77.9	
十字柱	2SRCC2-71	PL50*500	1	Q345B	4290	85.05	
十字柱	2SRCC2-80	PL50*500	1	Q345B	4307	89.06	
十字柱	2SRCC2-82	PL50*500	1	Q345B	4014	84.51	
钢梁	2XGL1-1	HI1200-50-50*500	1	Q355B	4992	24.93	
钢梁	2XGL1-3	HI1200-35-50*500	1	Q355B	13515	85.65	
钢梁	2XGL1-4	HI1200-35-50*500	1	Q355B	17491	104.1	
钢梁	2XGL1-5	HI1200-35-50*500	1	Q355B	13571	85.95	
钢梁	2XGL1-6	HI1200-35-50*500	1	Q355B	17418	103.71	
钢梁	2XGL1-7	HI1200-35-50*500	1	Q355B	17534	104.32	
钢梁	2XGL1-8	HI1200-50-50*500	1	Q355B	5558	27.89	
钢梁	2XGL1-9	HI1200-50-50*500	1	Q355B	5119	25.59	
钢梁	2XGL1-12	HI1200-35-50*500	1	Q355B	18936	99.38	
钢梁	2XGL1-17	HI1200-35-50*500	1	Q355B	10409	53.56	
钢梁	2XGL1-18	HI1200-35-50*500	1	Q355B	11493	59.27	
钢梁	2XGL1-72	HI1200-35-50*500	1	Q355B	11379	60.18	
钢梁	2XGL1-74	HI1200-35-50*500	1	Q355B	11364	60.19	
钢梁	2XGL1-75	HI1200-35-50*500	1	Q355B	11363	60.19	
钢梁	2XGL1-76	HI1200-35-50*500	1	Q355B	11378	60.22	
钢梁	2XGL1-77	HI1200-35-50*500	1	Q355B	6714	35.31	
钢梁	2XGL1-78	HI1200-35-50*500	1	Q355B	6870	36.13	
钢梁	2XGL1-79	HI1200-35-50*500	1	Q355B	7213	37.74	
钢梁	2XGL1-80	HI1200-35-50*500	1	Q355B	14073	74	
钢梁	2XGL1-82	HI1200-35-50*500	1	Q355B	1006	6.08	
钢梁	2XGL1-83	HI1200-35-50*500	1	Q355B	1006	6.16	
钢梁	2XGL2-1	HI1400-35-50*600	1	Q355B	13420	96.3	
钢梁	2XGL2-27	HI1200-35-50*500	1	Q355B	11410	60.27	
钢梁	2XGL2-28	HI1200-35-50*500	1	Q355B	11405	60.21	
钢梁	2XGL2-34	HI1400-35-50*600	1	Q355B	2922	19.08	
钢梁	2XGL2-36	HI1400-35-50*600	1	Q355B	2884	18.9	
	合计：		34				

图 5-10　钢结构深化

5.3.2　机电BIM深化

机电管线深化设计是深化设计工作的难点和重点。机电管线设计优化的主要任务是进行管线模型优化，综合调整各区域管线布置，协调机电与土建、装修专业的施工冲突。解决以上问题，既要满足项目各专业的技术要求，同时各专业管线系统的布置需合理，为项目施工、运行、管理、维修以及管线与周围环境协调创造有利条件。

在机电施工准备阶段需要对土建施工单位提供的土建主体模型进行复核，保证与现场一致，以免在后期出现较大变更，影响施工进度。

站后安装工区接收机电施工图设计模型并开展模型审核工作，根据施工现场应用需求，反馈模型审核意见。机电BIM模型链接土建BIM模型，根据现场实际情况，开展管线综合优化、管线支吊架优化、复杂设备房施工工艺优化等应用。

管线综合优化应满足管线排布的基本原则，在不改变原设计中各系统设备的材料、规格、型号，又不改变原有使用功能的前提下，按照施工规范和管道避让一般原则（小管让大管，有压让无压），布置设备系统的管路，管路原则上只做位置的移动，不做功能上的调整，使之布局更趋合理，安全检修方便，既达到合理施工又可节省工程造价。

管线综合优化模型是后续应用开展的基础，做好管线优化才能保证后期的预留预埋、二次砌筑孔洞布置、大型设备吊装模拟的准确性。

预留预埋：基于管线综合及管线支吊架布置优化模型、复杂设备房内施工工艺优化模型，根据管线穿墙位置进行孔洞预留布置（图5-11），优化排布构造柱位置，并导出预留孔洞图纸，实现预留孔洞的提前检查，以免现场临时开孔导致工期延误和质量隐患。在施工过程中要做到套管尺寸、管线综合模型与现场施工的一致性，才能保证模型的可延续性。

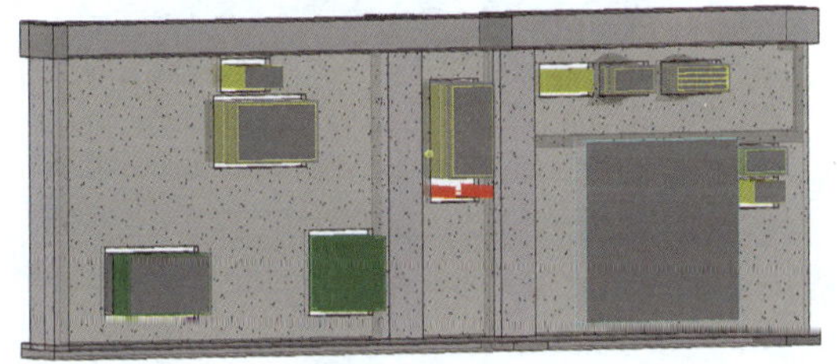

图5-11　预留预埋孔洞

精准下料：依据调整完成后的管线综合模型及厂家提供的标准节长度对风管进行管段划分，划分完成后导出明细表及图纸进行风管下单。同时对其电缆路径进行模拟，辅助电缆精准下料（图5-12）。

综合支吊架设计：机电设备、管线定位确定后可开展综合支吊架设计。基于深化后的机电BIM模型，合理布置综合支吊架，根据施工要求，导出各支架的剖面图及平面图，利用深化图纸指导现场安装施工，避免返工和材料废弃。综合支吊架的合理设计使得管线走线更清晰，大大提高质量和观感，在满足管线布置的前提下，有效地控制整体占用空间，实现轨道交通空间的工艺美观要求（图5-13）。

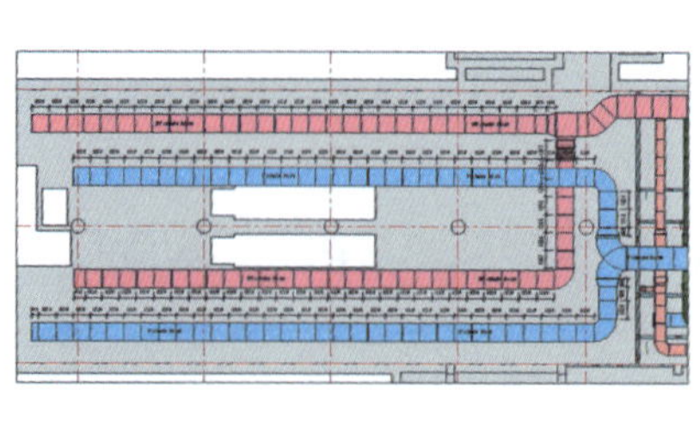

<风管下料明细表>

A	B	C	D	E	F
族与类型	尺寸	长度	系统类型	面积	合计
矩形风管: NT-耐火风管-法兰连接	1250x1250	673	PYF-A1	3.36 m²	1
矩形风管: NT-耐火风管-法兰连接	1250x1250	573	HPF-A1	2.87 m²	1
矩形风管: NT-耐火风管-法兰连接	1250x1250	452	PYF-A1	2.26 m²	1
矩形风管: NT-耐火风管-法兰连接	2000x1250	336	HPF-A1	2.19 m²	1
矩形风管: NT-耐火风管-法兰连接	1600x1250	961	HPF-A1	5.48 m²	1
矩形风管: NT-耐火风管-法兰连接	1600x1000	914	HPF-A1	4.76 m²	1
矩形风管: NT-耐火风管-法兰连接	1600x1000	110	HPF-A1	0.57 m²	1
矩形风管: NT-耐火风管-法兰连接	1600x1000	156	HPF-A1	0.81 m²	1
矩形风管: NT-耐火风管-法兰连接	1600x1250	372	HPF-A1	2.12 m²	1
矩形风管: NT-耐火风管-法兰连接	1250x1250	591	HPF-A1	2.95 m²	1
矩形风管: NT-耐火风管-法兰连接	1250x630	667	HPF-A1	2.51 m²	1
矩形风管: NT-耐火风管-法兰连接	1250x630	218	HPF-A1	0.82 m²	1
矩形风管: NT-耐火风管-法兰连接	1250x630	615	HPF-A1	2.31 m²	1
矩形风管: NT-耐火风管-法兰连接	1250x1250	11	HPF-A1	0.06 m²	1
矩形风管: NT-耐火风管-法兰连接	1250x1250	73	HPF-A1	0.36 m²	1
矩形风管: NT-耐火风管-法兰连接	1600x1250	190	HPF-A1	1.08 m²	1
矩形风管: NT-耐火风管-法兰连接	1250x1250	476	HPF-A1	2.38 m²	1
矩形风管: NT-耐火风管-法兰连接	1250x1250	235	HPF-A1	1.18 m²	1
矩形风管: NT-复合风管-插条连接	1000x1600	661	KT-A1	3.44 m²	1
矩形风管: NT-复合风管-插条连接	1000x1600	143	KT-A1	0.74 m²	1
矩形风管: NT-复合风管-插条连接	1250x630	383	KT-A1	1.44 m²	1
矩形风管: NT-复合风管-插条连接	1250x630	311	KT-A1	1.17 m²	1
矩形风管: NT-复合风管-插条连接	1250x630	52	KT-A1	0.20 m²	1
矩形风管: NT-复合风管-插条连接	1250x630	1068	KT-A1	4.01 m²	1

图 5-12　精准下料

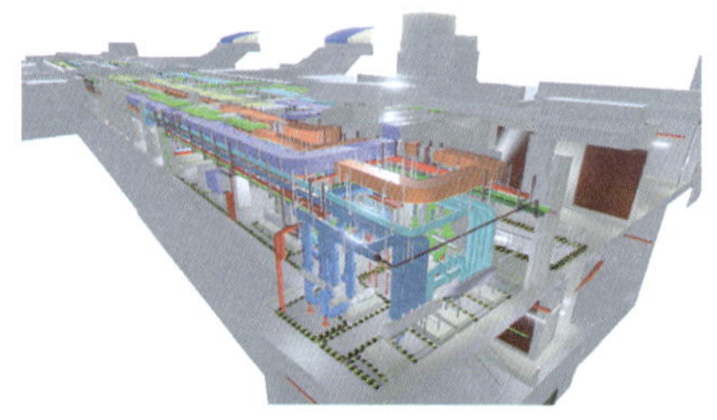

(a)管线综合深化

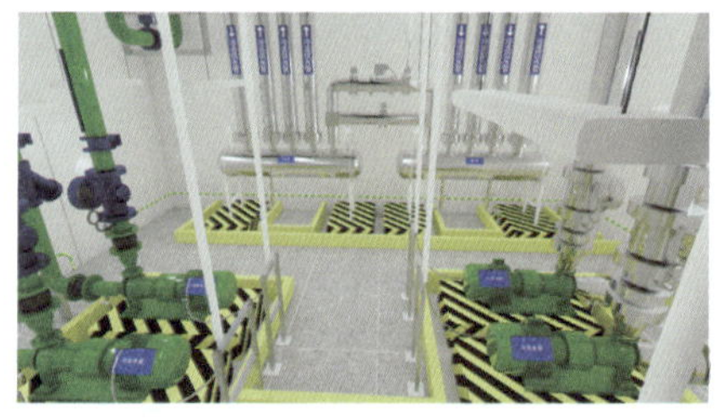

(b)机电设备位置深化

(c)综合支吊架深化

(d)关键房间布置深化

图 5-13　机电深化

5.3.3　装修 BIM 设计

轨道交通项目作为服务乘客的城市窗口，装修方案要求高。将装修的工艺工法融入 BIM 模型中进行全专业优化(图 5-14)，实现天地墙的精致对缝、末端设备的合理定位，既满足装修的功能性，也能满足感官体验的舒适性。在站内装修工程开始前，创建装修模型，预先模拟装饰装修效果，利用BIM模型结合虚拟现实交底技术，将方案的设计意图转化为直观的交互体验，辅助装修方案比选，为业主对装修方案的决策提供技术支撑。

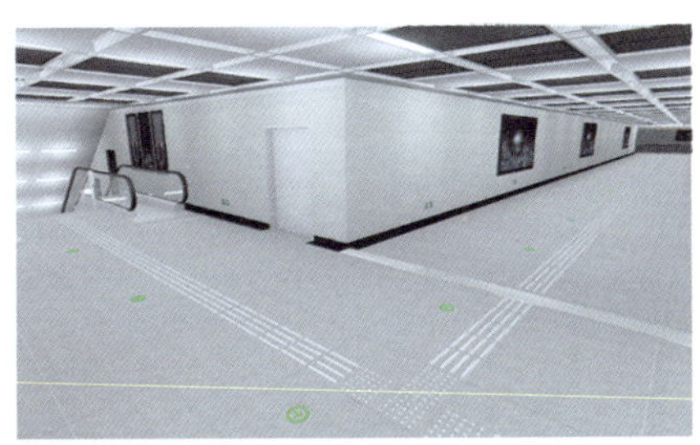

(a)地砖墙砖排布深化

(b)末端设备定位深化

(c)模块箱排布深化

(d)天花吊顶深化

图5-14 装修深化

经多方沟通，优化装修方案后，合理选择装修材料，指导现场施工，控制最终的装修效果达到预期目标。通过对地面选材、天花选型、灯具及背衬板安装、导流标识牌及设备等方面的布置，模拟装修方案(图5-15)。

图5-15 装修方案模拟

5.4 WBS 分解

WBS(Work Breakdown Structure,工作分解结构)是工程项目施工管理的重要内容之一,也是制定进度计划、资源需求、成本预算、风险管理计划和采购计划等工作的重要基础。面向对象是 BIM 技术的特点之一,在 BIM 环境下,将 BIM 模型与工程项目 WBS 关联,有利于实现工程项目精细化、动态化管理。

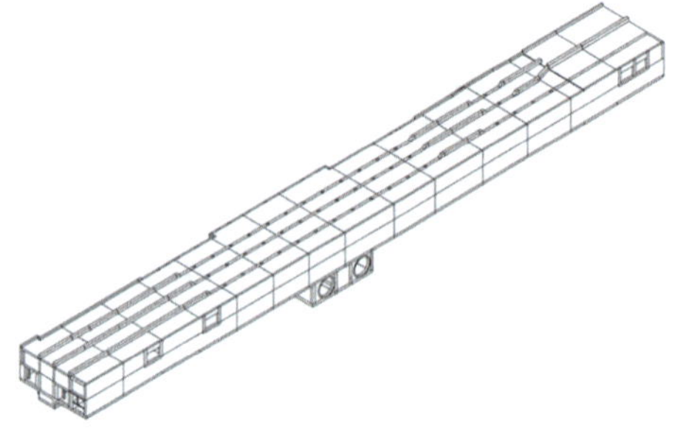

图 5-16 基于模型对项目进行 WBS 分解

与设计单位重点关注各专业模型整体性不同,施工单位在实际施工中需要将项目分解成一项项工作,分配到每个施工人员的手中。所以设计单位交付施工图设计 BIM 模型至施工单位时,施工单位需按照施工要求对设计模型进行 WBS 分解,如图 5-16 所示。通过 WBS 分解将整个模型划分为多个部分,以符合施工现场实际情况,应用于指导现场实际施工、施工进度编制等。

WBS 分解是指工程项目按照一定的原则进行分解。为了统一深圳地铁各工区分解方法,依据深圳地铁《轨道交通单位工程、分部工程和分项工程划分标准》(JQB-048—2005),深圳地铁依据轨道交通工程不同的施工工艺,研究各专业的 WBS 分解方法,以满足现场工序的施工要求,并编制形成《深圳市城市轨道交通工程 WBS 分解指南》,将轨道工程项目进行单位工程、分部工程和分项工程的划分,以实现分解原则的统一。通过统一的原则,实现了各工区施工单位均按照一致的原则对模型进行 WBS 分解,在满足各工区对现场管理需求的同时,方便建设单位对各工区的施工模型进行集中化、对象化管理,形成规范的数据资产。如表 5-2 所示,将地铁工程按项目类别分解,并进行统一编码分类。

表 5-2 地铁工程单位(子单位)工程划分表

类　别	编码	单位工程	编码	子单位工程	编码
综合工程	0	车站工程	1	建筑与结构工程	1
明挖车站	1	区间工程	2	建筑装饰装修	2
盖挖车站	2	附属工程	3	建筑设备安装工程（含临近区间）	3
暗挖车站	3	车辆段	4		
地面及高架车站	4	停车场	5		
明挖区间	5	风井结构	6		
矿山法暗挖区间	6				
盾构法暗挖区间	7				
高架区间	8				
车站/区间附属工程	9				

为实现模型基于 WBS 分解后的应用，首先要解决编码问题，通过统一编码关联模型中的具体实体对象。图 5-17 展示了《深圳市城市轨道交通工程 WBS 分解指南》中的 WBS 编码结构。根据项目结构分解与编码原则，将模型按照单位工程、分部工程和分项工程等层级进行划分，每一层级都有对应的编码，使得分解模型的每一个构件都有其对应的独立编码，且每一个编码都是唯一的。在利用 WBS 分解模型进行应用时，即可实现对象的精准定位，不会发生混淆。

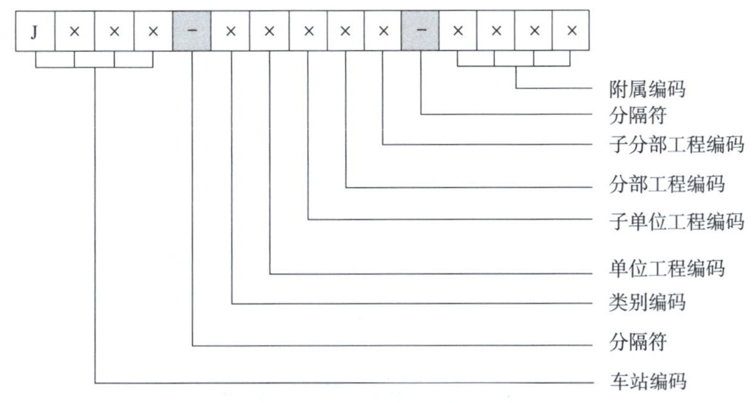

图 5-17　项目结构分解编码体系

基于统一的原则，深圳地铁各施工单位按照要求，创建轨道交通工程各专业的 WBS 分解模型，并集成至深圳地铁 BIM 技术应用综合平台开展进度管控应用。图 5-18 展示了各专业的 WBS 分解模型。建设单位可通过 BIM 平台查看施工现场的施工进度情况，通过与现场实际情况对比，监管施工进度是否按照计划有序进行，并对可能延误工期的工地进行审查，加强管理监督，通知施工单位提前做好准备工作，避免耽误工期。进一步地，通过 BIM 平台的集约化关联，建设单位可统计分析全线网在建工程的施工状态，全局了解在建工地的进度情况。

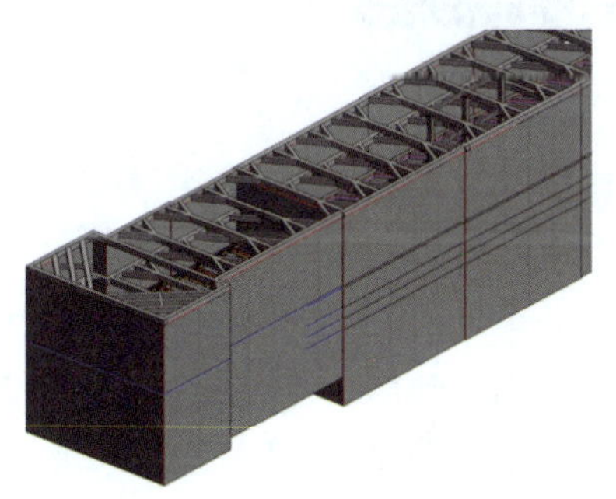
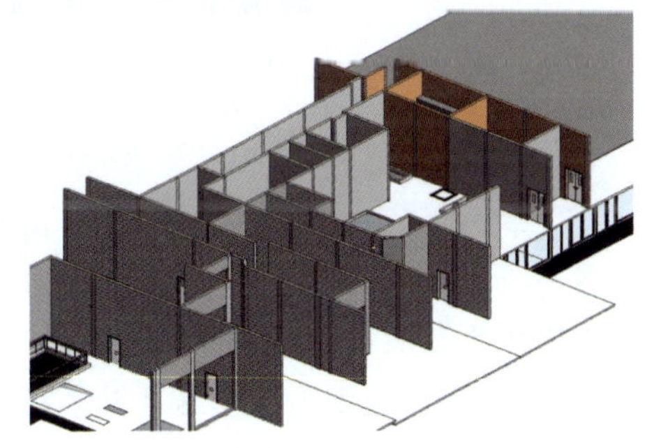

图　5-18

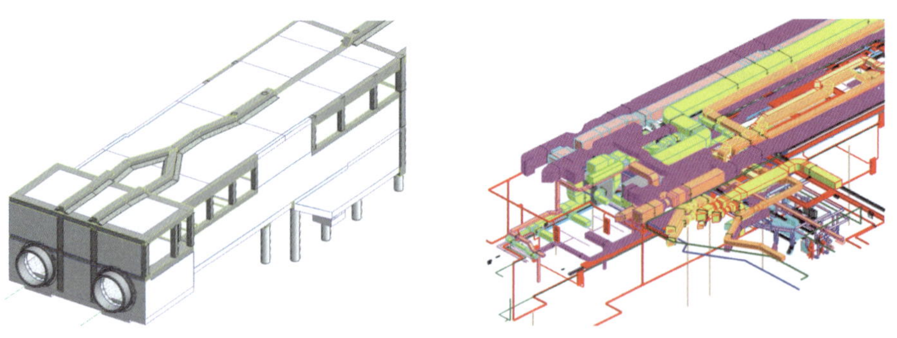

图 5-18　各专业 WBS 分解模型

经 WBS 分解后的 BIM 模型不仅仅适用于施工进度管理，也可在施工方案模拟、算量计价等方面进行应用。例如，将模型分解成与现场施工工序一致的实体对象，可按照施工方案进行形象化模拟。通过不同施工方案的模拟分析，有助于施工单位进行方案比选，发现施工重难点，标记危险处，进行现场施工的技术交底与安全教育。如图 5-19 所示，利用分解的模型制作施工模拟视频指导现场施工。

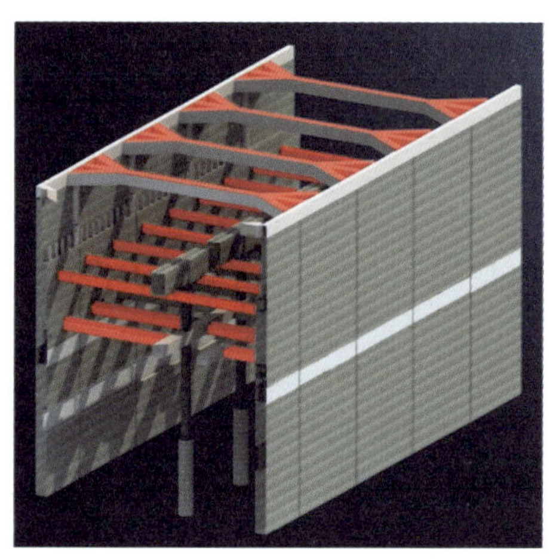

图 5-19　分解模型应用于方案模拟

5.5　施工模拟

传统的施工工艺展示多以“静态展示”为主，难以全面反映施工工艺的技术、质量管控要点，对于轨道交通工程施工工艺中蕴含的丰富且复杂的逻辑顺序、穿插时机等核心要素更是无法全面反映。利用深化后的 BIM 模型，导入相关软件可虚拟建造整个施工过程和对施工后的效果进行仿真模拟，进而对施工方案进行验证、优化和完善。在轨道交通工程施工模拟过程中，可预知在实际施工过程中碰到的问题，提前避免和减少返工以及资源浪费的现象，合理配置施工资源、节省施工成本、加快施工进度，达到提高施工质量的目的。

针对不同的施工方案，施工模拟流程和方法不同，可总结为三维模型创建、搭建虚拟施工环境、定义建筑构件的先后顺序、对施工过程进行虚拟仿真，以及最优方案判定等步骤，施工方案可能也会涉及建筑、结构、轨道、安装、装饰、通信、信号、综合监控等不同专业、不同人员之间的信息共享和协同工作。下面以黄木岗枢纽的立交桥拆除为例（图 5-20），介绍施工模拟应用过程。

在黄木岗枢纽，有 3 条线汇集、换乘，黄木岗立交需要拆除升级为综合性交通枢纽。受黄木岗立交影响，枢纽未能如期开工建设，严重影响后期建设。在工程时间紧、任务重、施工难度大、管理要求高等不利情况下，创建黄木岗立交 BIM 模型，模拟拆桥方案的施工组织，运用 BIM 技术对整体拆除方案进行仿真推演，验证方案的可实施性，进而指导现场的复杂工艺施工。同时，为避免拆桥过程对周边交通的影响，同步开展行车路径模拟，对交通运输进行合理分配。基于 BIM 技术的虚实结合，历时 9 d 完成长 1.5 km 立交桥拆除作业，拆除钢筋混凝土结构约 14 619 m^3，高质高效按期完成任务，保障后续施工工期。

(a)进度模拟

(b)方案验证

(c)场地现状

(d)现场监控

图 5-20　黄木岗综合枢纽拆桥的施工模拟

5.6　预制装配

5.6.1　预制构件生产

对于预制装配式项目，首先将 BIM 模型进行拆分，划分为不同预制构件，由预制构件厂商生产加工，其生产加工流程如图 5-21 所示。

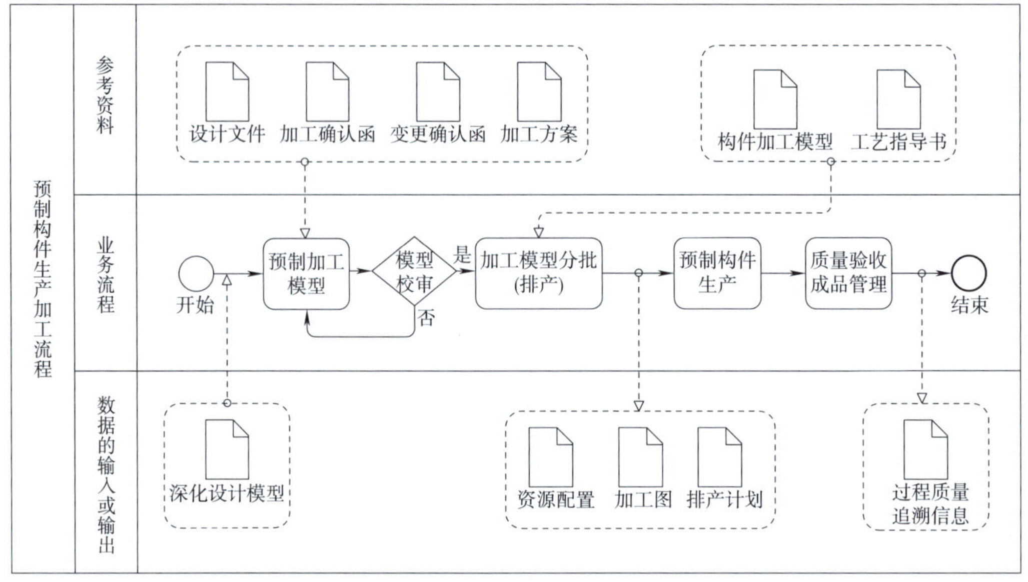

图 5-21 预制构件生产加工流程

根据现场施工进度，施工单位应制定预制构件的需求计划。预制构件厂商根据计划，并结合构件厂产能、运输时间等，倒排投产的主要工作节点，以确保预制构件生产满足现场拼装需求。预制构件出厂时，应根据现场要求进行编号标注，以便构件到场时的验收和安装到位。其中，预制构件生产的工艺可总结为如下流程：

钢筋笼制作→模板清理，涂刷脱模剂→钢筋骨架入模及预埋件安装→端、侧合模→精度调整→混凝土拌和→混凝土运输→混凝土浇筑→静停养护→侧模及端模拆除→二次养护→脱模、标识→喷淋养护→构件运输。

为有效整合资源，打造共生共融的“轨道＋”生态圈，实现轨道交通上下游延伸，相关参建单位搭建预制构件厂，实现预制构件的模块化、批量化、规范化生产，助力智慧地铁建设。例如，深圳地铁 14 号线全长 50.343 km，工程所需预制轨道板 22 807 块。为实现轨道板智能化、自动化生产，中国中铁建成坪山轨道板场，占地面积约 36 亩。通过采用轨道板柔性生产智能建造技术，全面推行装配式轨道板的自动化生产，首次在国内地铁轨道板预制方面实现地铁预应力板、浮置板、盾构管片、高铁轨道板等多板型共线集约化、自动化、智能化生产，建立了轨道板自钢筋入模到养护全过程、全自动化生产线，单生产线月产能达到 3 000 块/月，相较于传统工艺减少了 90%以上的人工，提高了 16.6 倍的工效。图 5-22 展示了坪山轨道板场中预制构件生产情况。

为满足预制构件生产需求，深圳地铁组织相关参建单位建设深圳轨道交通配套产业基地。该基地位于惠州市，占地面积 140 亩，配置一条“1＋3”自动流水生产线，巡检机器人、无人机巡查、全自动数控钢筋加工设备等创新技术应用正逐步投入到预制构件生产、储存、运输、拼装等全过程。目前投入 1 套边模，4 套流转底座，设计生产能力为 30 环/月，大型预制构件的长度误差控制在 1 mm 以内。

(a)自动张拉台座

(b)智能脱模设备

(c)AGV运输小车

(d)尺寸智能检测设备

图 5-22 预制构件厂生产设备(深圳地铁14号线坪山轨道板场)

5.6.2 预制构件安装

深圳地铁装配式车站基坑开挖采用明挖法施工,基坑开挖完成后,进行车站两端现浇段施工,现浇段施工完成后开始拼装段施工。经明挖段施工模拟分析,装配段施工工艺流程总结如下:

基坑底人工清理→施作精平条带→反力架安装→拼装底板块→底板块两侧肥槽回填及底部注浆→底板层对应支撑→安装底部主台车→利用台车拼装中立柱、中纵梁及侧墙块→安装中部台车→拼装中板块后安装传力装置→每拼装两环中板块拆除第二或第二、三层钢支撑各一道→安装顶部台车→顶板块安装(同时进行顶部传力块安装)→每拼装四环顶板块进行一道首层混凝土撑换撑→依次呈阶梯式循环完成车站外壳拼装→及时进行接头拼缝注浆→最后拼装站台板。

图5-23展示了装配式车站安装底板。除结构专业采用预制装配技术,深圳地铁在机房设备安装也积极融合BIM+装配式技术。研究BIM预制模型及编码出图,将重点机房进行模块化组装(图5-24),现场只需按照优化的安装方案简单组装。对于轨道交通工程所包含的各类机电用房和大量机电设备,极大地缩短工期,降低材料和人工成本。同时,采用BIM技术开展装配式施工能提高安装集成度,通过虚拟模拟分析并优化设备安装、运维空间,整体提升机电安装项目质量和效率。

图 5-23　装配式车站安装底板

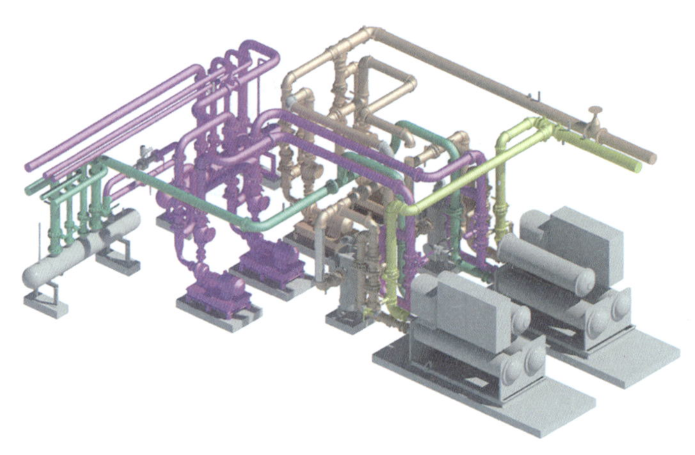

图 5-24　装配式机房

5.6.3　智能建造管理

目前装配式技术多应用于轨道交通工程区间隧道，装配式车站的应用较少，且大多面向单一项目阶段、单一工程参与方，缺乏具有高综合性、成体系的整体解决方案。鉴于此，深圳地铁基于 BIM+GIS 技术，研究开发满足城市轨道交通装配式工程设计、生产、装配、验收等业务的智能建造管理平台。该平台可为各单位的业务管理提供综合技术手段，包括勘察设计单位、施工单位、监理单位、运营单位、预制厂商等，实现产业链各参与方的数据打通，满足全过程、全参与方的管控需要，如图 5-25 所示。

装配式车站智能建造管理平台内嵌在深圳地铁 BIM 技术应用综合平台，业务涵盖预制构件从设计、生产、装配到竣工验收的建设全过程，可开展统计分析、进度管理、二维码管理、运输管理、验收管理等各应用，可实现原材进场数量统计、混凝土用料计量、构件质量责任追溯、成品检测等智能化管理。

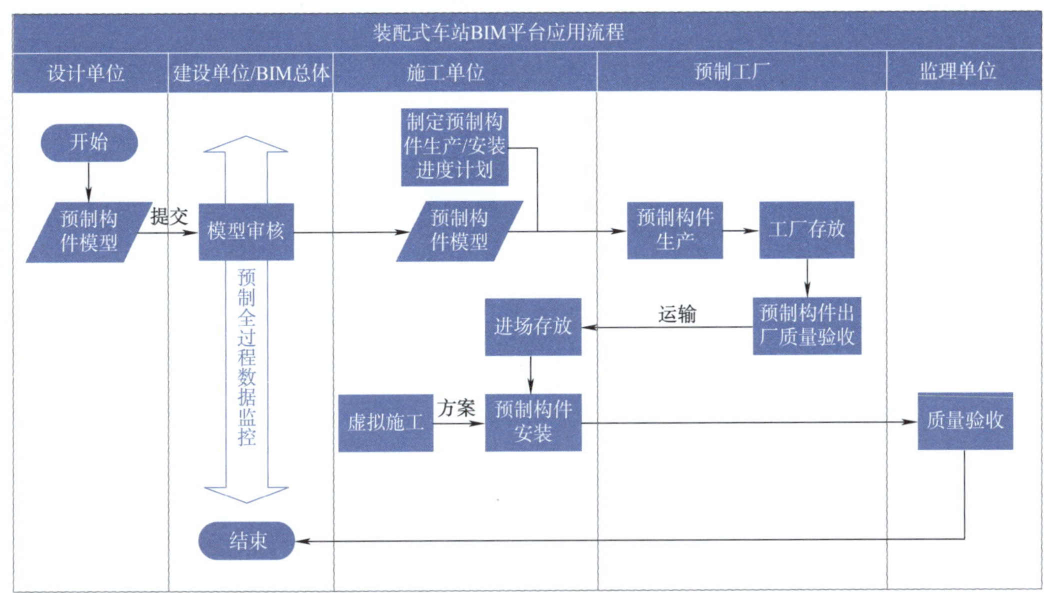

图 5-25　装配式车站 BIM 平台管理流程

在预制构件生产过程中，通过数据实时采集，预制厂商的生产数据可导入 BIM 平台，通过 BIM 平台实现预制构件生产状态及生产监测数据的实时展示(图 5-26)。BIM 平台支持预制构件生产、安装进度计划上传与进度的三维动态展示，管理方通过监测数据可保证预制构件生产的进度和质量。同时，预制构件生产完成后，BIM 平台自动生成与构件关联的二维码，作为预制构件全过程管理的基础。

图 5-26　轨道交通工程预制构件生产管理

预制构件生产完成后，按项目安装计划运输至施工现场。BIM 平台支持基于 GIS 地图实时展示运输车辆的位置（图 5-27），动态反馈运输信息，判断运输车辆是否按照既定的运输路径运输预制构件，辅助预制构件运输资源调配管理。

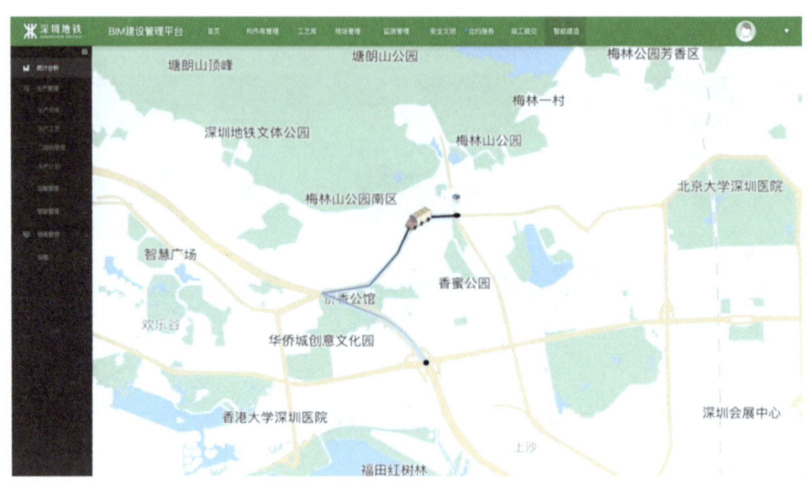

图 5-27　基于 GIS 的轨道交通工程预制构件运输管理

预制构件运输至现场后，各方可基于二维码进行预制构件的进场验收。运用 BIM 平台的移动端，通过二维码扫描并识别构件 ID，可查看构件数据，并录入验收信息。移动端支持从总体、线路、车站不同维度统计预制构件验收状态，支持验收表的查看与导出，通过多维数据集成的形式实现预制构件验收状态实时动态展示（图 5-28），提升现场管理效率，辅助现场决策。

图 5-28　轨道交通工程预制构件的移动端应用

5.7　进度管理

轨道交通工程具有成本高、技术难度大、涉及专业多、工作面复杂等特点，是一个复杂动态变化的系统工程，不同环节之间联系密切，要结合工程实际对轨道交通工程的进度管理进行研究。

5.7.1　进度管理模式分析

传统施工进度计划属于线性计划，遇工序数量繁多的大型工程项目时，编制人员很难理清施工工序之间的逻辑关系，不利于后期的调整和校核，进度计划编制往往不够全面和精确，时常出现资源分配不协调等问题。多数工程项目依然使用传统的软件 P6 和 Project 编制进度计划，手工绘制横道图法、网络计划法和 S 曲线法等进行进度控制，这些方法多以文字和图表等形式呈现，制作耗时长、效率低且时效性较差，不利于项目进度控制。此外传统进度管理方式忽略了事前控制，更注重的是事中和事后控制，往往在问题发生后才得以解决，属于被动控制。运用 BIM 技术开展进度管理，可通过可视化的进度模拟手段，提前发现工序错误、工作逻辑混乱等问题，及早调整流程、调配资源，属于主动控制。图 5-29 展示了传统进度管理与基于 BIM 的进度管理模式的不同流程。

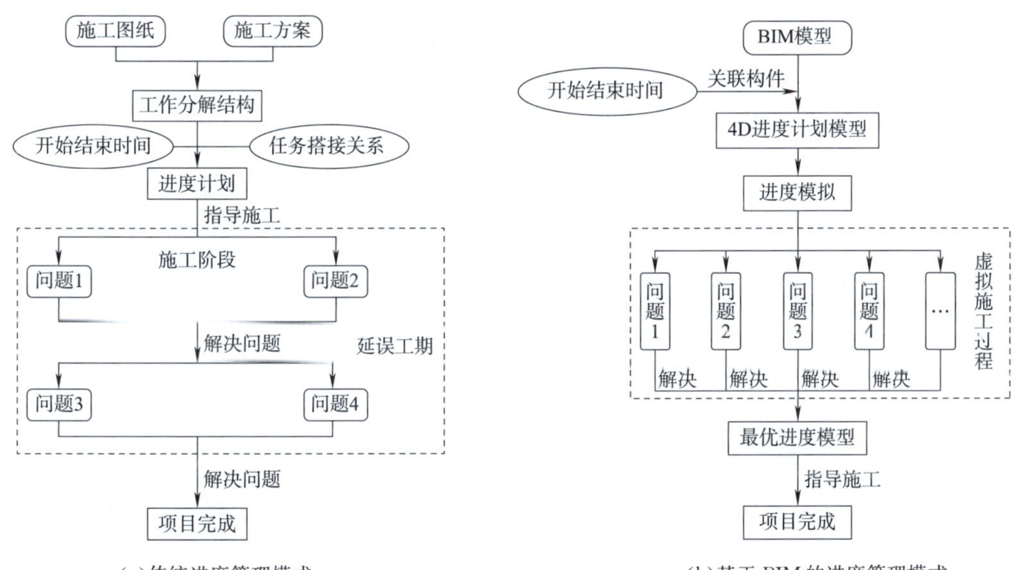

图 5-29　进度管理流程对比分析

基于 BIM 的进度管理是将进度计划与 BIM 模型绑定，通过可视化的手段展示进度实施情况并基于此优化的过程。BIM 技术的出现弥补了传统进度控制方法的不足，将二维的施工图纸变成 3D 可视化的模型，模拟施工过程，让进度计划以更直观形象的形式呈现出来。

通过 BIM 模型与施工计划相关联，进行形象进度模拟，通过模拟分析，合理制定施工计划，对整个工程的施工进度、资源配置和质量进行统一的管理，提前模拟项目的施工组织和进度计划，以及人、机、材等资源的采购和投入计划，进行各种潜在的冲突检查、纠偏分析，从而实现项目建设方案和进度的最优化，达到缩短工期、降低成本、提高质量的效果。

5.7.2 基于 BIM 的进度管理

轨道交通工程包含多种专业，且现场施工环境复杂。基于 BIM 技术可实现进度与模型构件的映射，根据项目管理需求实现材料级、构件级、区段级等不同精细度的可视化进度追踪，进行进度对比，及时分析进度偏差并采取有效措施。目前，如何快速便捷地建立进度计划与 BIM 模型的关联，是所有施工进度编制人员最基础也是最迫切的需求。

为充分发挥面向对象的 BIM 模型管理优势，深圳地铁组织各施工单位研究轨道交通工程 WBS 分解结构标准，见第 5.4 节。各施工单位按照 WBS 标准，将 BIM 模型按照 WBS 结构划分，并编制施工进度计划，具体流程如图 5-30 所示，主要步骤如下：

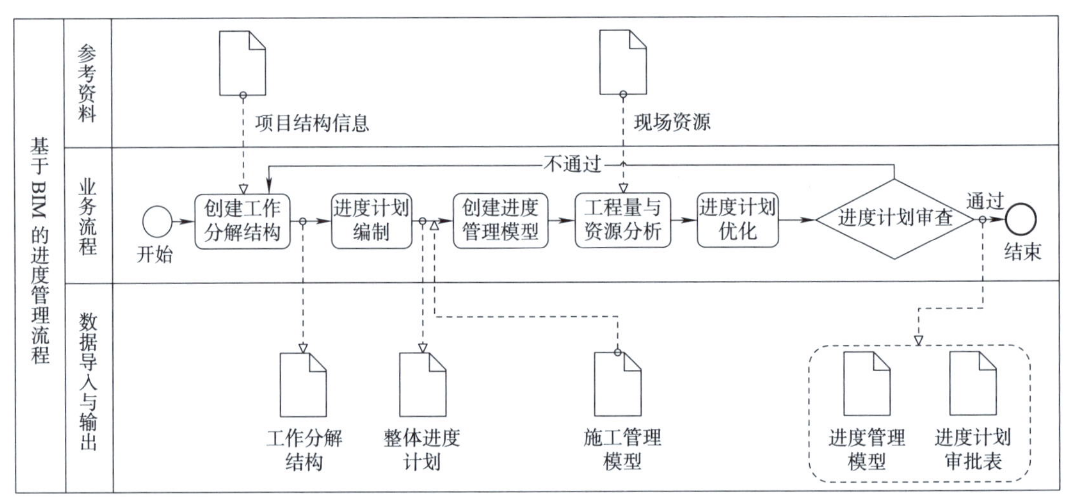

图 5-30 基于 BIM 的进度管理应用流程

1. 计划配置，进度录入

现场施工组织计划表导入 BIM 管理平台，将各任务分项与 WBS 分解后的 BIM 模型进行批量关联。基于 BIM 模型，在三维可视化环境中进行施工计划的配置、实际进度的填报，形成带有四维时间信息的 4D 模型。利用导入的进度计划数据和模型的挂接关系，能够自动生成虚拟的施工计划进度动画，展示各阶段、各部位施工顺序。

2. 施工模拟

运用 BIM 模型，开展进度施工仿真、分析，支持同屏对比计划进度和实际进度，直观展示工程进度情况。预演项目的全过程施工，以此评测施工组织设计的合理性、整体交付的时间点等指标是否符合项目目标，从而不断调整优化施工组织设计，直至动态施工模拟的预演结果符合施工现场项目要求。

3. 进度预警

根据施工计划和实际进度的对比，进行施工进度可视化预警，实现计划进度和实际进度的同屏对比，并支持现场照片的上传和查看，佐证进度填报数据的真实性。当临近计划中的某项任务时间时，将自动推送消息给任务执行人，如超时会触发系统警报，自动向上一级领导推送进度滞后的消息，清晰报告出进度滞后部位、滞后天数等。通过模拟施工进度与现场实际进度进行可视化对比，直观体现现场各区域进度情况，方便现场及时调整资源。

现阶段，运用 Navisworks、Fuzor 等软件可进行基于 BIM 的施工进度管理，如图 5-31 所示。在施工前，基于 BIM 模型整合工艺模拟动画、技术要点、资源投入、进度计划等要素，以多种方案模拟施工进度，分析对比不同方案下的施工工期、人工消耗、材料进场时间，选择其中最优方案以辅助优化施工组织，把控施工进度。

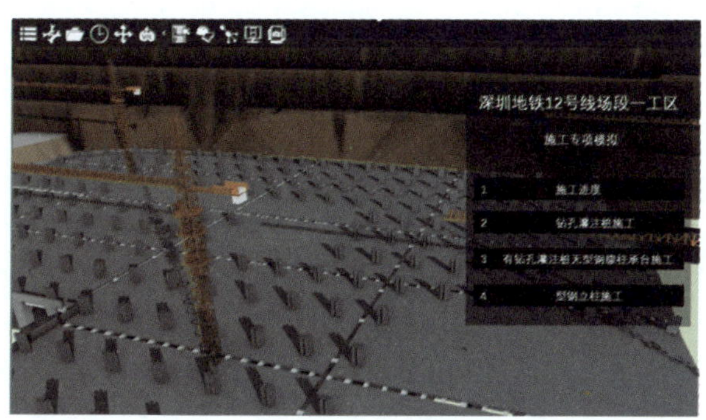

图 5-31　基于 Fuzor 软件的施工进度管理

基于 BIM 的施工进度管理过程中，将施工计划与施工模型进行挂接关联是相当大的一个工作量，为避免增加现场施工人员的工作，解决进度计划与 BIM 模型的绑定效率问题，并统一管控深圳地铁线网各站点的进度，开发 BIM 技术应用综合平台的进度管理模块。根据《深圳市城市轨道交通工程 WBS 分解指南》中规定的 WBS 分解编码，可自动解析 WBS 分解后的 BIM 模型，并与施工进度计划中各工程对象的编码进行自动关联，进而实现轨道交通工程的 4D 进度模拟(图 5-32)。

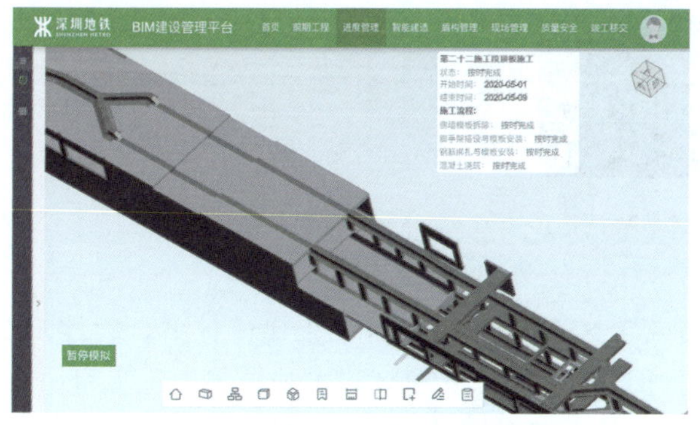

图 5-32　基于 WBS 的轨道交通工程进度模拟

运用 BIM 技术与施工进度相结合，施工单位依据工程施工流水段和施工顺序，对 BIM 模型进行拆分，通过施工模拟指导现场施工，实现项目管理的三维可视化；建设单位通过把控施工关键节点，提前预知问题、解决问题，避免造成现场窝工等问题，影响施工进度。

5.8 成本管理

工程量与造价管理是施工阶段的关键环节之一，涉及项目的成本造价。尤其是轨道交通工程项目投资规模大，工程复杂，经常会出现超出预算或变更等问题，直接造成实际费用与成本预算之间的偏差。将 BIM 应用与工程造价相结合，模型变更可随设计变更及时快速调整，准确提量，及时为项目人、材、机配备提供保障，为项目提质增效。

5.8.1 工程量核算辅助

设计施工模型与算量模型的创建规则不同，需要根据我国算量的规范要求形成可算量的 BIM 模型。因此，深圳地铁组织各参建方研究并编制《城市轨道交通工程工程量统计 BIM 技术指导手册》。通过设置统一的建模规则、算量索引信息等，利用轨道交通工程 BIM 模型成果，算量计价软件可快速提取工程量，自动形成对应的工程量材料明细表，进而提升工作效率。

深圳地铁 12 号线一工区利用 BIM 模型成果进行工程量辅助计算，通过算量计价软件斯维尔自动生成工程量材料明细表。与传统算量方式对比，提高了工程量核算精确度，如图 5-33 所示。

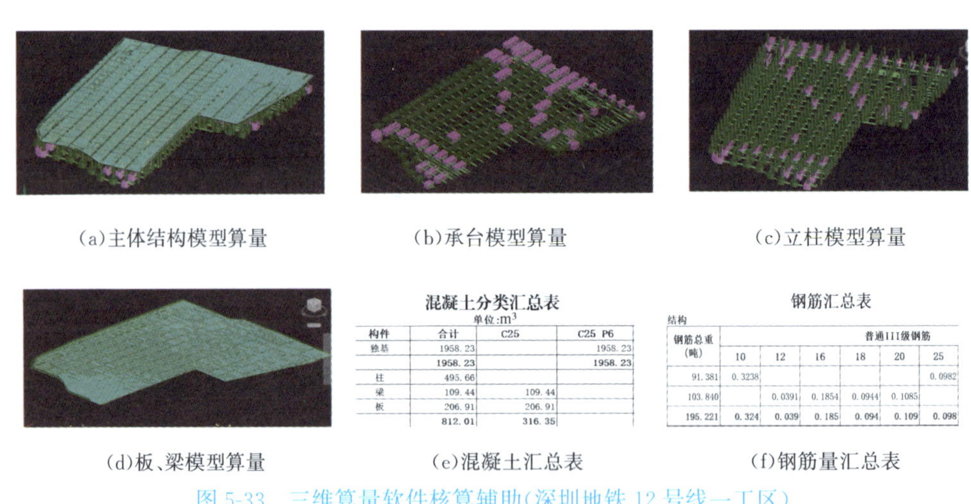

(a)主体结构模型算量　(b)承台模型算量　(c)立柱模型算量

混凝土分类汇总表

单位:m^3

构件	合计	C25	C25 P6
独基	1958.23		1958.23
	1958.23		1958.23
柱	495.66		
梁	109.44	109.44	
板	206.91	206.91	
	812.01	316.35	

钢筋汇总表

结构

钢筋总重(吨)	普通III级钢筋					
	10	12	16	18	20	25
91.381	0.3238					0.0982
103.840		0.0391	0.1854	0.0944	0.1085	
195.221	0.324	0.039	0.185	0.094	0.109	0.098

(d)板、梁模型算量　(e)混凝土汇总表　(f)钢筋量汇总表

图 5-33　三维算量软件核算辅助(深圳地铁 12 号线一工区)

深圳地铁 12 号线六工区运用广联达 BIM 土建计量平台软件建立怀德站主体结构模型，并开展工程量核算(图 5-34)。利用 BIM 模型快速提取工程量，自动形成对应的工程量材料明细表。通过已构建的模型库，定位模型位置，自动准确统计生成工程量，实时查询材

料使用位置，与标价、预算、结算金额对比分析，准确掌握项目实际经营成本。

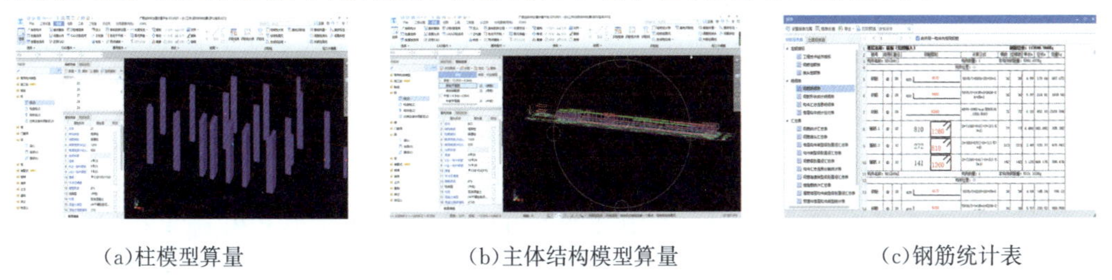

（a）柱模型算量　　（b）主体结构模型算量　　（c）钢筋统计表

图 5-34　三维算量软件核算辅助（深圳地铁 12 号线六工区）

按照深圳地铁的算量指导手册要求，13 号线四工区自主研发算量插件，将现行标准《建设工程工程量清单计价规范》（GB 50500）标准嵌入到软件中，BIM 构件按照现行标准 GB 50500 的编码进行计算规则映射，对 BIM 模型进行工程量核算。此外，研究实现了基于地质三维模型的工程量核算（图 5-35）。运用三维模型，对渣土处理进行转化，实现 100％渣土处理率，30％可回收资源转化率。

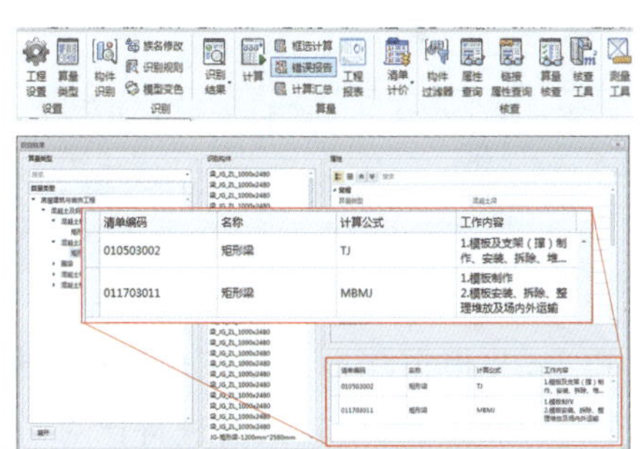

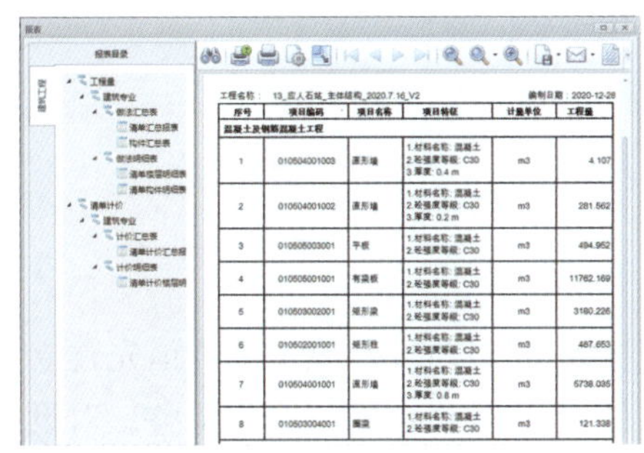

图 5-35　自主研发算量工具（深圳地铁 13 号线四工区）

除轨道交通工程项目本身工程量计算，还可以对模板、脚手架等临时设施进行快速统计，计算出现场安装实际产生的材料消耗，辅助施工单位进行成本管控，如图 5-36 所示。

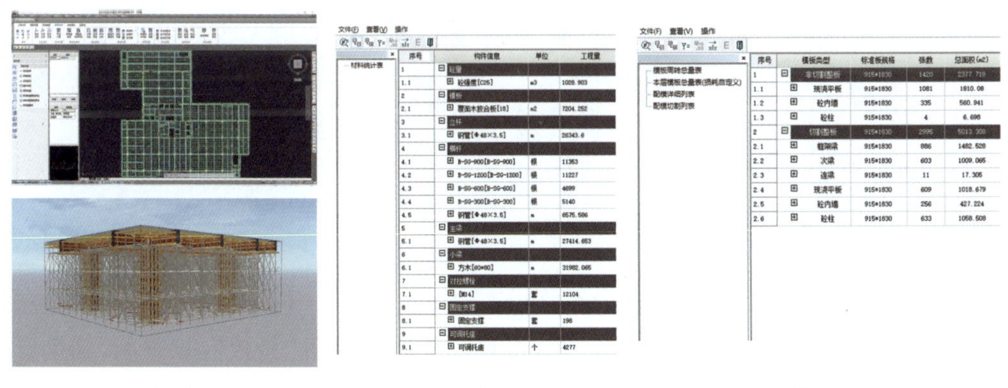

（a）脚手架模型　　（b）钢管工程量　　（c）模板工程量

图 5-36　临时设施的工程量辅助核算（深圳地铁 14 号线四联站）

5.8.2 基于 BIM 的成本管理

利用 BIM 模型导出工程量后，生成工程量清单，并绑定定额，可实时计算造价清单。根据轨道交通工程特点和成本控制需求，编制不同层次、不同周期及不同项目参与方的成本计划。同时，对实际成本的原始数据进行收集、整理、统计和分析。

在深圳地铁 6 号线支线二工区中，施工单位依据工程施工流水段和施工顺序，对 BIM 模型进行拆分，模型结合设计蓝图指导现场施工；利用 BIM 模型导出构件工程量，利用 Excel 进行汇总分析，生成工程量清单；基于企业微信自主开发工程量查询平台，将工程量清单数据上传平台（图 5-37）。

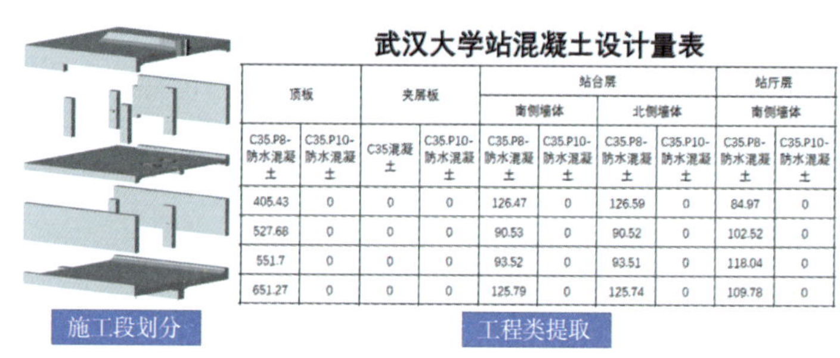

武汉大学站混凝土设计量表

顶板		夹层板		站台层				站厅层	
				南侧墙体		北侧墙体		南侧墙体	
C35.P8-防水混凝土	C35.P10-防水混凝土	C35混凝土	C35.P10-防水混凝土	C35.P8-防水混凝土	C35.P10-防水混凝土	C35.P8-防水混凝土	C35.P10-防水混凝土	C35.P8-防水混凝土	C35.P10-防水混凝土
405.43	0	0	0	126.47	0	126.59	0	84.97	0
527.68	0	0	0	90.53	0	90.52	0	102.52	0
551.7	0	0	0	93.52	0	93.51	0	118.04	0
651.27	0	0	0	125.79	0	125.74	0	109.78	0

图 5-37　BIM 与成本管理融合应用（深圳地铁 6 号线支线二工区）

根据施工进展情况，施工单位预先建立 BIM 模型，并根据深圳市施工现场标准化建设相关文件，对构件做出相应优化调整。对设计构件进行渲染，输出效果图进行比对，直至敲定最终设计方案。计算工程量并附大样图，将提料单移交指定负责人签字后，交给物资部采购（图 5-38）。

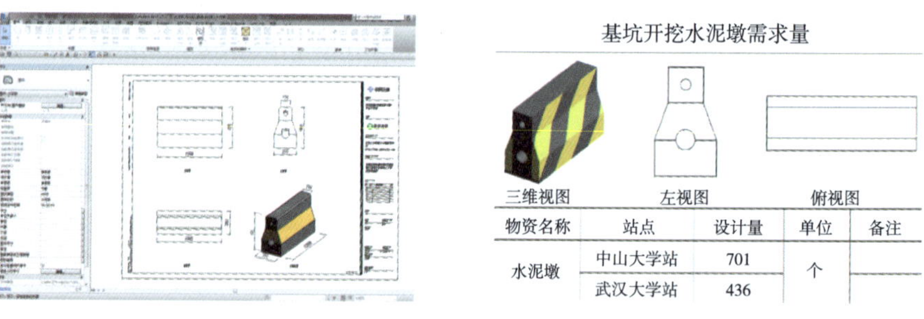

物资名称	站点	设计量	单位	备注
水泥墩	中山大学站	701	个	
	武汉大学站	436		

图 5-38　BIM 辅助招采管理（深圳地铁 6 号线支线二工区）

通过清单、预算文件与模型施工构件的关联，计算工程量、产值等各项数据，并交给云平台统计分析，将每月经营管理的数据汇总，可视化发布至平台“看板”，供查阅、辅助管理决策。

现场技术人员可及时查看具体施工段落的构件工程量，辅助现场施工报料，避免了施工过程中因多报少报而造成施工资源的浪费,实现以生产进度为主线、以经营考核为核心的项目信息化、集成化管控。

通过 BIM 模型与成本信息的有机结合,建设单位可实现对项目全过程的成本预测、成本目标、成本计划、成本控制、成本核算、成本分析等,提高项目对成本与工程造价的管理水平。

5.8.3　成本变更管理

在传统的成本核算方法下,一旦发生设计优化或者变更,变更需要进行审批、流转,造价工程师需要手动检查设计变更,更改工程造价。该过程不仅缓慢,而且可靠性不强。BIM 技术依靠强大的工程信息数据库,可实现二维施工图与材料、造价等各模块的有效整合与关联变动,尤其对于轨道交通工程这种复杂大型的综合型项目,使得设计变更和材料价格变动可以在 BIM 模型中进行实时更新。变更各环节之间的时间被缩短,效率提高,可更加及时、准确地将数据提交给工程各参与方,以便各方做出有效的应对和调整。

目前基于 BIM 技术的建造模拟已经发展到 5D 维度。5D 模型集三维建筑模型、施工组织方案、成本及造价三部分于一体,能够实现对成本费用的实时模拟和核算,并为后续建设阶段的管理工作所利用,有利于解决阶段割裂和专业割裂的问题。

5.9　质量管理

轨道交通工程施工阶段的质量管理不仅是收集和分析工程项目的各项相关指标和数据,还包含对质量要求的深入分析和工作状态的实时跟踪。设计文件、建设标准和验收规范等共同构成轨道交通工程的总体质量要求标准,BIM 模型的建立也能够为轨道交通工程的物理结构特性和功能用途提供三维化、数字化的展现形式。为实现高质量的工程建造和管理,深圳地铁组织各施工单位在智慧工地的基础上,充分应用 BIM、物联网、AR/VR、AI、大数据、云计算等多种技术手段,为轨道交通建设数字化、智能化管控赋能。

5.9.1　BIM+二维码物料追踪

以往的物料追踪都是人员采用书写进行记录。利用 BIM 技术应用,通过建立的 BIM 模型,对模型构件进行属性信息的添加,将物料信息详细记录在每一个构件当中。由于每一个构件都能形成独一无二的二维码,不仅仅在平台上能通过构件查看物料追踪信息,在施工现场也能通过二维码扫描实现物料追踪的功能。准确的物料追踪能加强施工的全过程管理能力,对于物料的使用情况得到准确的数据,从而进一步进行施工用料分析;若出现材料质量问题,也能根据物料追踪功能进行追源排查,责任到个人。

例如,在深圳地铁 12 号线场段一工区,采用 BIM 模型生成构件二维码,粘贴至施工现场相应构件,通过数据信息的录入与更新,实现对物料的施工全过程追踪管理(图 5-39)。

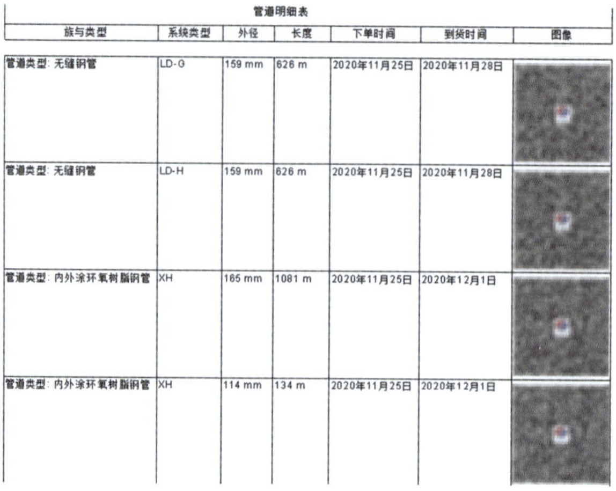

管道明细表

族与类型	系统类型	外径	长度	下单时间	到货时间	图像
管道类型：无缝钢管	LD-G	159 mm	626 m	2020年11月25日	2020年11月28日	
管道类型：无缝钢管	LD-H	159 mm	626 m	2020年11月25日	2020年11月28日	
管道类型：内外涂环氧树脂钢管	XH	165 mm	1081 m	2020年11月25日	2020年12月1日	
管道类型：内外涂环氧树脂钢管	XH	114 mm	134 m	2020年11月25日	2020年12月1日	

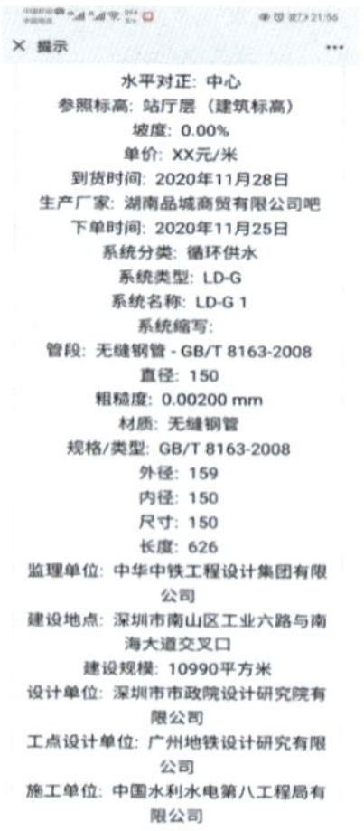

图 5-39　二维码生成以及二维码扫描后信息(深圳地铁 12 号线场段一工区)

5.9.2　BIM+放样机器人

准确放样是施工的必然前提。目前的放样机器人能够在施工现场准确定位，还支持多种数据格式输入与输出，包括通过 BIM 模型产生的定位数据。在施工现场通过放样机器人对照模型进行定位与复核，有效避免因人工产生的误差，同时还能快速复核现场尺寸与偏差，及时进行整改，提高施工效率，快速排查定位与尺寸错误。相较于人工放样，采用放样机器人在施工变更方面更能突显优势，在确认变更之后，放样机器人根据修改的 BIM 模型能快速进行精准定位，无需再次进行基准采点放样，避免重复劳动，提高施工效率。

在深圳地铁 12 号线场段一工区的机电安装与装修作业中，将 BIM 模型的数据导入放样机器人(图 5-40)，进行精准放样和现场复尺，保证模型与现场高度一致(图 5-41)。

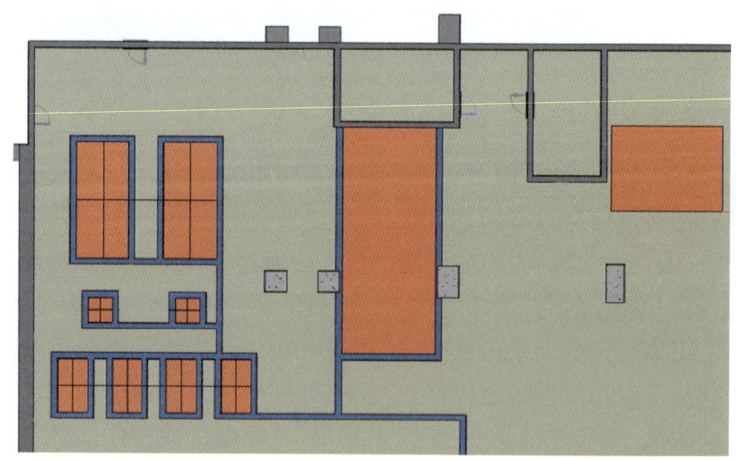

图 5-40　施工现场定位模型(深圳地铁 12 号线场段一工区)

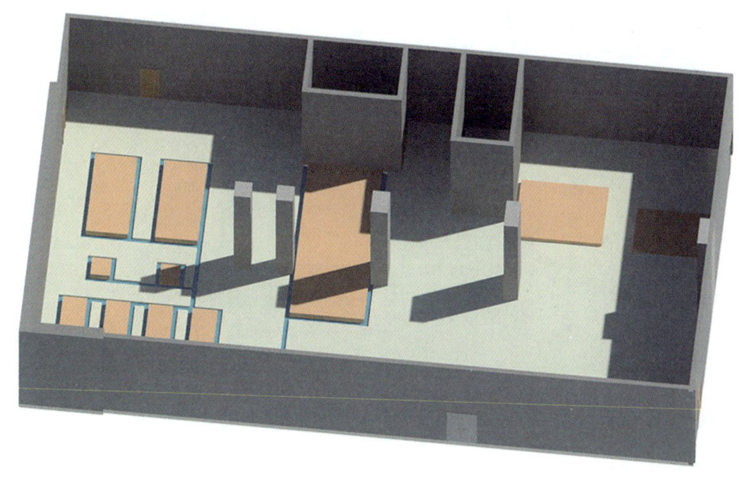

图 5-41　施工测量调整后模型(深圳地铁 12 号线场段一工区)

5.9.3　质量巡检系统

图 5-42 展示了基于三维 BIM 模型的施工现场质量巡检流程。通过开发质量巡检系统，基于 BIM 模型提前内置质量控制点，随着施工进度的推进，系统自动派发相应施工阶段的质量控制要点和工艺要求，通过各端口辅助施工人员完成质量缺陷排查任务的闭环管理。

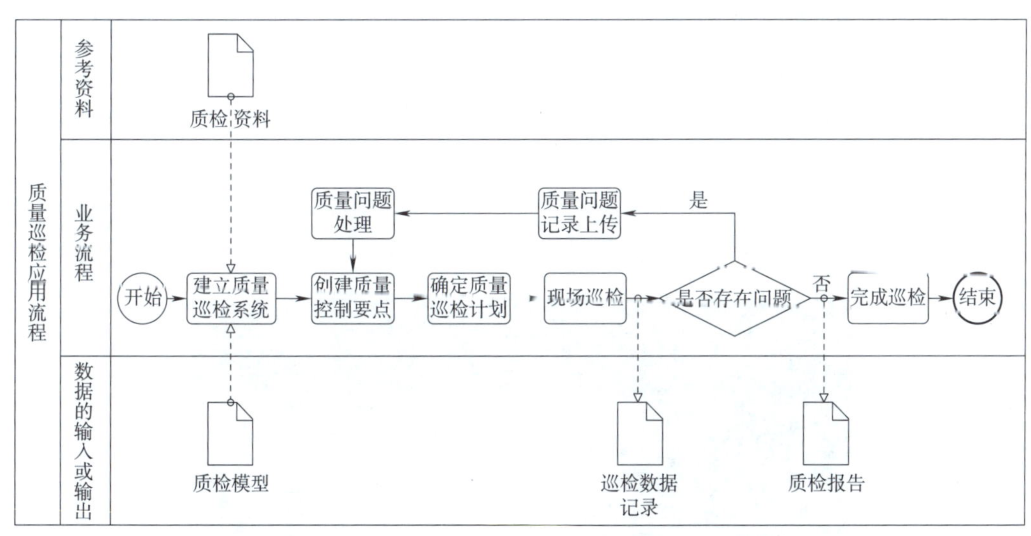

图 5-42　质量巡检应用流程图

在质量管理过程中，将质检资料上传至系统进行电子存档，并通过进度计划制定相关的质量控制要点，做到每项施工工艺都按时按质完成目标，同时根据质量巡检的数据记录，实现施工全过程全方面质量管控(图 5-43)。

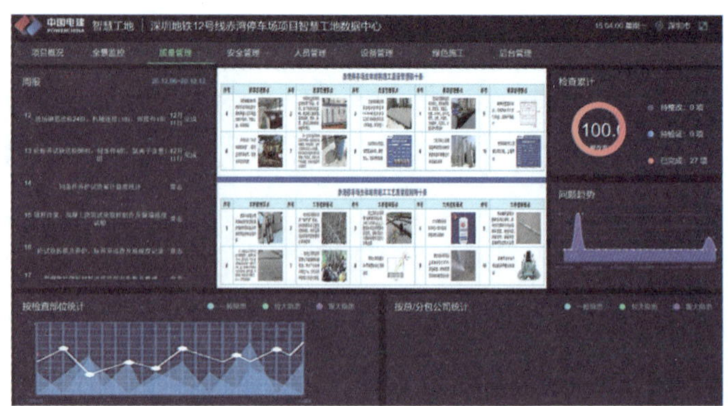

图 5-43　基于 BIM 的质量管理平台(深圳地铁 12 号线场段一工区)

5.9.4　三维扫描质量复核

轨道交通工程专业众多,内部空间复杂。研究站内三维扫描技术应用,可依据设计方案有效复核实际施工情况,提高工程质量。利用三维扫描仪对车站主体结构、区间隧道等进行扫描,通过设计合理的扫描线路,采集并获取点云数据,经过数据拼接、数据去噪、曲面重构等处理,形成项目的点云模型,将点云模型的尺寸信息与 BIM 模型进行对比,快速检测空间尺寸数据偏差,进而修正原 BIM 模型,以形成准确有效的竣工模型。相较于传统的仪器,三维扫描仪能更敏感、准确地检测出变形情况,并生成对比报告,极大提高检测效率,预防人工复核造成的误差,能有效解决各类复杂空间的复核问题,为质量复核提供有效的数据支撑。

例如,在深圳地铁 13 号线工程四工区,采用 Trimble TX8 三维扫描仪对车站主体、隧道区间进行扫描,获取点云数据,通过 Realworks 软件与 Revit 模型进行比对,获取结构偏差数据,辅助结构质量复核,如图 5-44、图 5-45 所示。通过设定偏差的阈值,可快速、自动识别数据偏差较大的位置,在图 5-46 中通过数据对比,发现某梁段存在较大的尺寸偏差,准确定位偏差位置,及时开展纠偏措施,缩短现场复核的时间,提高施工效率。

图 5-44　车站三维扫描点云模型(深圳地铁 13 号线工程四工区)

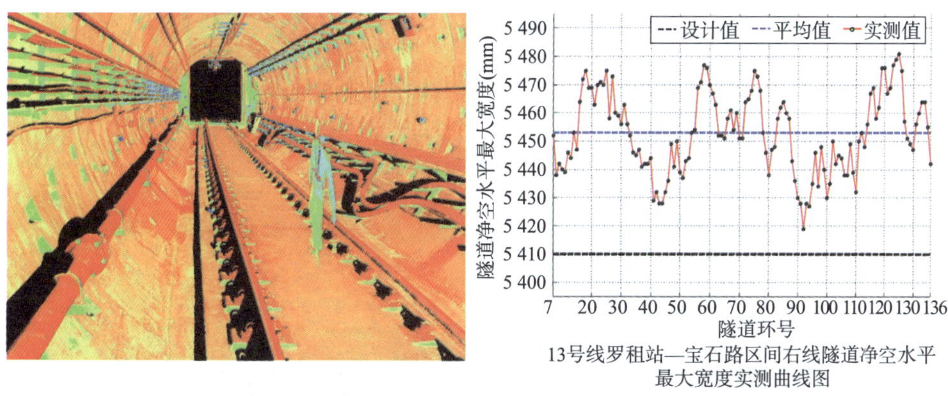

图 5-45 区间三维扫描点云模型与分析(深圳地铁 13 号线工程四工区)

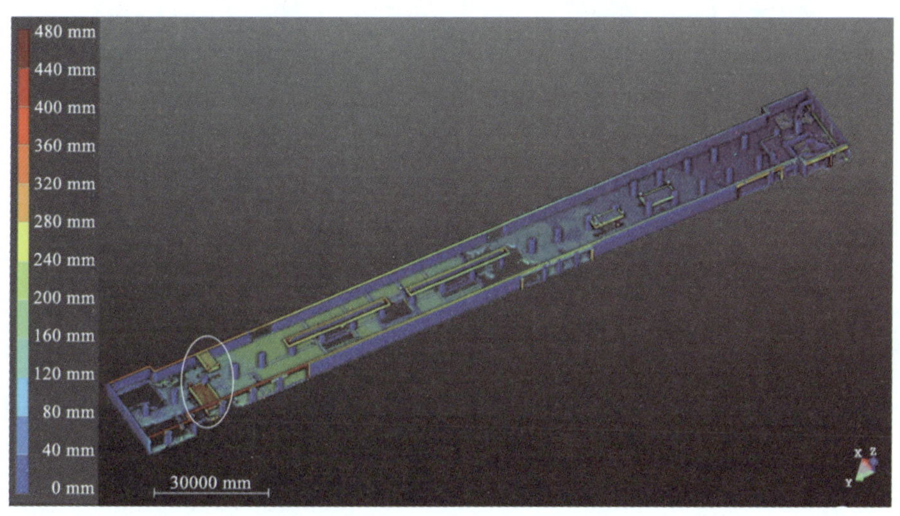

图 5-46 三维扫描质量复核(深圳地铁 13 号线工程四工区)

5.9.5 大体积混凝土温度监测

轨道交通项目工程规模大,存在大量的大体积混凝土构件。在实际施工过程中,大体积混凝土构件的浇筑很容易产生结构裂缝,影响工程建设的进展,因此,需要开展大体积混凝土施工监测研究,以有效监控施工质量。在深圳地铁工程项目中,研究采用 BIM 模型与测温元件关联,通过三维空间模型实时掌控大体积混凝土构件温度变化情况,有效指导现场对混凝土的养护作业。

例如,在深圳地铁 13 号线工程七工区中,在大体积混凝土构件浇筑时,利用电子测温仪(图 5-47),多点测量混凝土的内外温差,并通过上位机的分析软件实现温度的测量及分析。同时将分析数据实时显示在 BIM 管理平台中,为大体积混凝土的高质量浇筑提供技术支撑;也在模型上显示温度变化情况,指导现场各区域对混凝土的养护。此应用在现场施工过程中取得较好的应用效果,为深圳地铁大体积混凝土浇筑积累了经验。图 5-48 展示了大体积混凝土温度监控应用的管理流程。

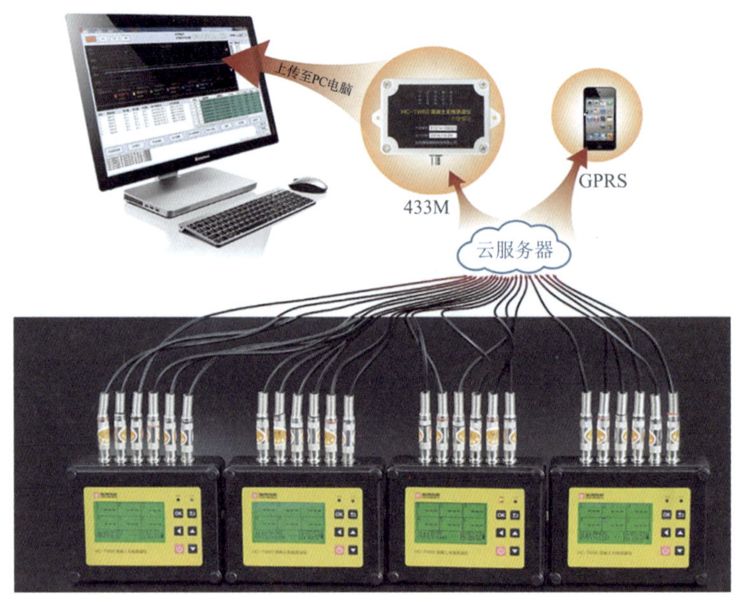

图 5-47　大体积混凝土的埋设测温元件

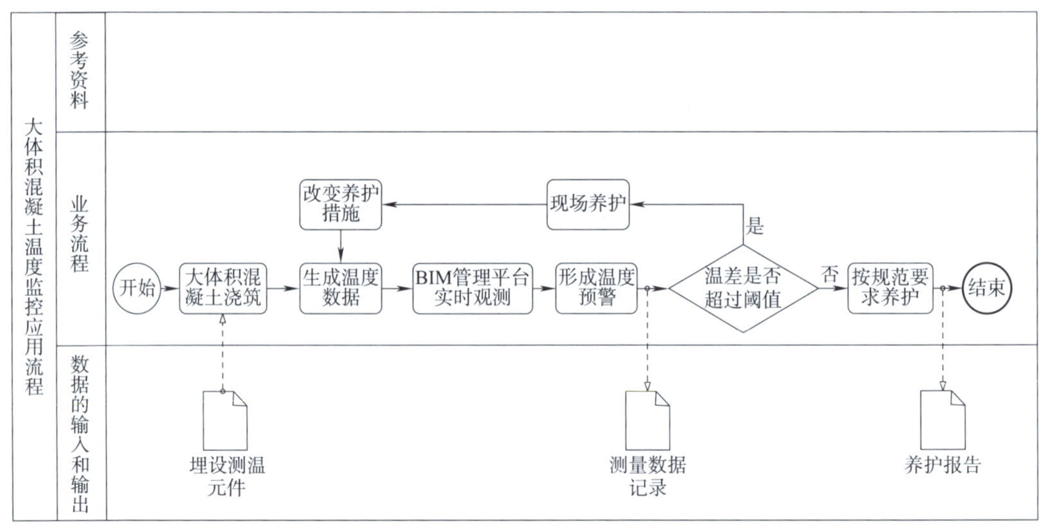

图 5-48　大体积混凝土温度监控应用流程

5.9.6　三维技术交底

基于BIM模型开展技术交底可以有效提高交底内容的直观性和精确度，极大提高工作效率，施工班组也能很快理解设计方案和施工工艺，使交底内容更加直观，施工工艺执行更加彻底，保证施工目标的顺利实现。与传统交底相比，三维技术交底方式更加直观，形象生动，被交底人在交底内容的学习过程中理解得更加深入透彻，提高交底效率和质量。

施工单位首先建立施工 BIM 三维模型，将模型导入轻量化平台，将预留孔洞、设备位置、图纸方案等信息链接到相应点位，在模型中标注相关的资料和技术参数（图 5-49），可随时通过手机查看某节点平立剖二维图、技术标准及方案资料。然后，将施工 BIM 三维模型通过可视化设备提供给施工人员查看，通过分解施工 BIM 三维模型，讲解技术参数，向施工人员进行技术交底。施工人员亦可通过三维模型，进行意见反馈。

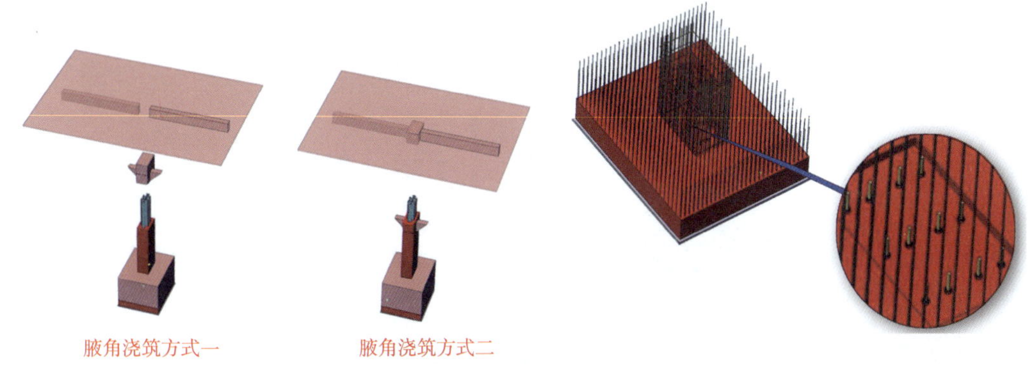

图 5-49　三维可视化交底

5.10　安全管理

轨道交通工程施工现场存在人员众多、环境复杂、协调界面多、隐患风险多、不确定性因素多等特点，基于 BIM 技术并结合 AR/VR、AI、大数据、物联网等技术，对施工现场重要生产要素的状态进行动态监控，对施工现场进行科学化安全管理，实现隐患实时监控暴露、风险提前预判提醒、安全实时智能预警，使施工过程中的不安全行为、不安全状态能够得到减少和消除。

5.10.1　风险可视化动态管理

轨道交通工程项目的规模越来越大、技术难度越来越大、环境限制也越来越多，工程项目的风险呈现越来越明显的多样性，风险管理的难度在不断提升。

将轨道交通工程施工现场所有的生产要素、生成构件等信息与主体施工 BIM 模型进行关联。采用安全分析软件（如 Fuzor 等），基于 BIM 模型对施工过程中的危险源进行辨识、分析和评价，快速辨识现场潜在的危险源施工点，并进行标识与统计，输出安全分析报告。基于安全分析报告进行 BIM 模型优化，并制定现场的安全施工解决方案。同时，对施工资源及其使用进度进行动态监控，对可能出现的风险进行及时预测与分析，避免责任事故的发生以及工期延误的风险。根据轨道交通工程现场施工特点，利用 BIM 模型针对施工现场不同风险类型进行安全管理，如场地风险、塔吊风险、动态风险等，有助于提高现场施工的安全性。

场地风险检测：基于施工场地布置 BIM 模型，以不同风险参数作为依据，通过不同风险源的算法研究,实现自动检测施工现场不同风险源,快速得到施工现场风险源清单和空间定位信息(图 5-50),以便施工单位进行整改。施工单位的安全管理员在进行现场巡视过程中,如发现安全隐患,可通过手机 App 进行问题拍照并上传至平台,平台自动将问题逐级通知到各管理人员,及时做好整改的闭合管理。

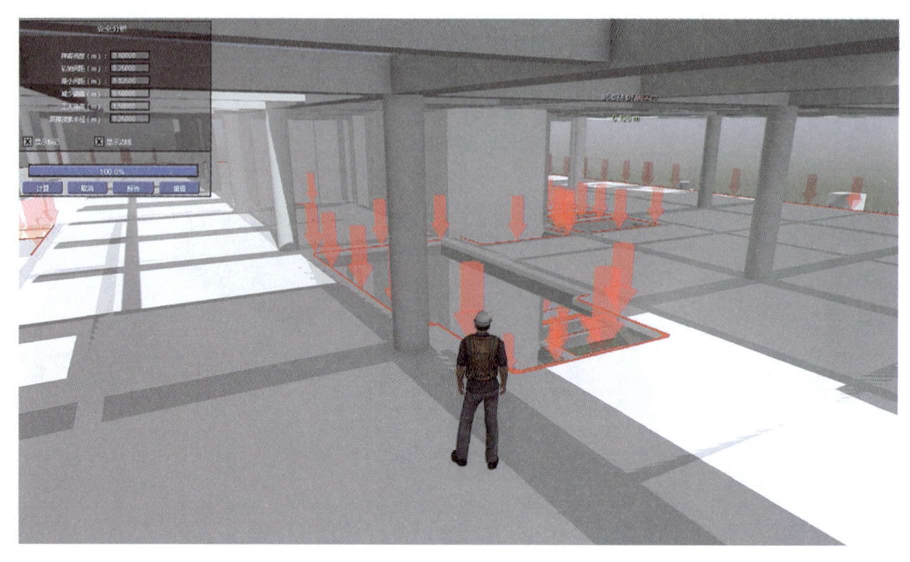

图 5-50 风险源自动识别分析

塔吊风险管理:由于大型设备、构件的施工需求,施工现场往往存在多个塔吊。为防止塔吊之间发生碰撞,对于塔吊存在交叉的施工区域,通过建立三维塔吊模型,精确定位,使用塔吊防碰撞系统,对塔吊载重、限位、群塔防碰撞进行实时监控,确保施工安全。图 5-51 展示了塔吊交叉施工区域。

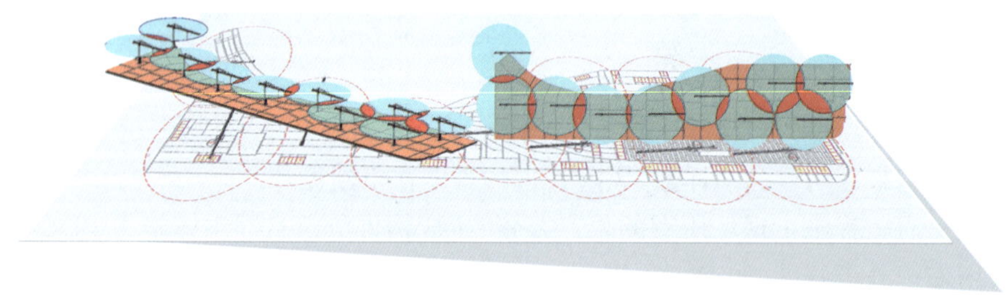

图 5-51 塔吊交叉施工区域

动态管理风险:基于 BIM 模型与现场监控开展安全风险的可视化动态管理。基于施工现场的智慧工地平台进行监测数据与 BIM 模型的集成,实时现场施工状态管控。通过在施工现场布置高清摄像头,基于 AI 识别算法(图 5-52),自动识别不安全行为,进行抓拍和自动预警。现场管理人员根据安全检查表规定的各项检查内容及检查标准,记录安全检查结果,线上发起整改与验收，可关联到 BIM 模型实现三维空间定位，由责任人限期完成整改，以保证施工作业的安全。

图 5-52 施工现场监控视频 AI 识别

5.10.2 BIM+VR 安全体验

通过虚拟现实 VR 技术模拟施工现场类似的环境，让体验者亲身感受各种危险场景，强化相应的安全防范知识及应急措施。BIM+VR 的结合在设计前期方案评审中有助于规避设计风险，并在施工中进行三维方案模拟，模拟安全风险的解决方案，减少事故率，从而提高整个项目管理的水平。在深圳地铁，各线路施工单位利用智慧工地智能化优势并结合 BIM 可视化效果，对入场工人进行 VR 交底与培训(图 5-53)。通过智慧工地 VR 技术进行安全交底，直观地让作业人员感受各种危险发生的过程与危害，对作业人员形成良好的教育效果。

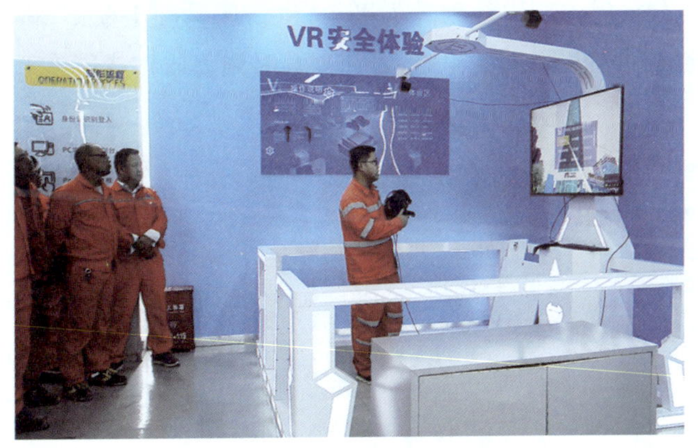

(a)基于 VR 的安全体验

图 5-53

(b)虚拟场景下的消防应急体验

图 5-53　BIM+VR 安全体验

5.10.3　盾构监控

现阶段,深圳市轨道交通工程主要采用盾构法进行区间隧道施工。城市地下隧道施工,施工环境具有高度的复杂性、不确定性和风险性,针对区间隧道的盾构施工下穿上跨、始发接收等高风险施工环节,融合了 BIM、IoT、AR 等核心技术,研究并提出盾构穿越智能管控模式。制定线上+线下双重安全值守机制,通过三维呈现手段,实现盾构运行状态实时监控、智能感知施工风险、提前预警提示,保障工程关键节点施工安全可控。

参建单位按照盾构机型创建 BIM 三维模型(图 5-54),通过盾构监控平台自动获取各项参数(图 5-55),并关联至 BIM 模型,可实时查看盾构掘进参数和状态。进一步地,通过设定预警值,当盾构参数超过预警值后,平台自动报警,及时报送至相关人员。利用 BIM 平台提供的历史参数和状态信息,分析盾构掘进情况,支撑管理人员的决策管理,保证盾构安全掘进。同时,施工单位可将盾构掘进计划导入平台,进行盾构施工模拟,将盾构实际掘进进度导入平台,进行计划进度和实际进度比对,有利于及时调整盾构隧道施工方案。

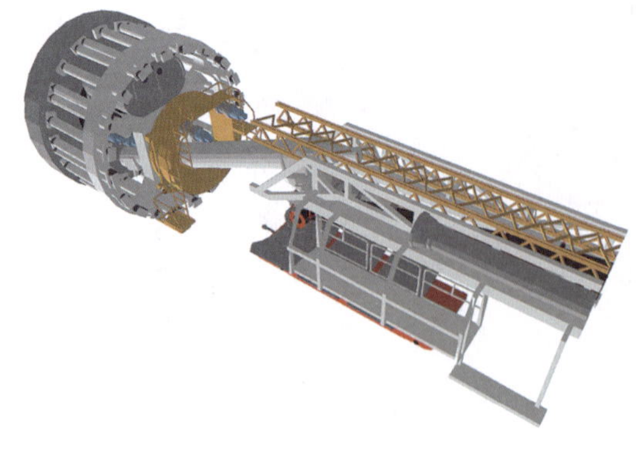

(a)盾构 BIM 模型

图　5-54

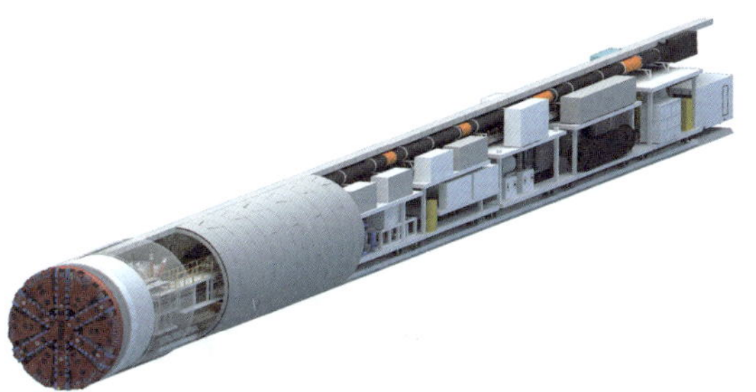

(b)盾构 BIM 模型渲染图

图 5-54 盾构三维模型

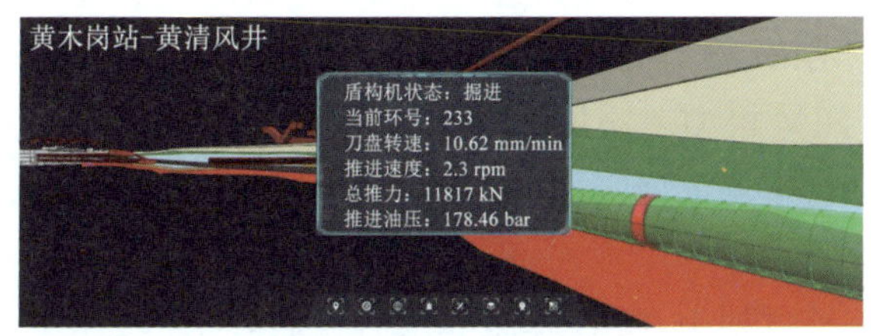

图 5-55 盾构监控平台

5.10.4 基坑监测

当轨道交通项目基坑邻近既有线，对基坑围护结构控制要求较高。为保证基坑开挖的顺利开展，尤其是深大基坑的施工，深圳地铁研究引入 BIM、GIS、IoT 等技术，使得基坑开挖由二维图纸施工转向三维立体化呈现，实现进度、工序的三维可视化，进而优化基坑开挖方案。同时结合光学传感、力学传感、声学传感原理的智能化监测技术，开发基坑监测管理系统，对基坑开挖全过程进行数字化监管。如深圳地铁 5 号线工程中，采用轴力伺服系统对基坑施工过程的变形进行补偿控制(图 5-56)，通过现场数控泵站将数据实时传输至管理平台，以 BIM 模型作为监测信息载体，及时查看并定位变形区域，并形成各类曲线和三维展示图，实现实时监控、自动预警。

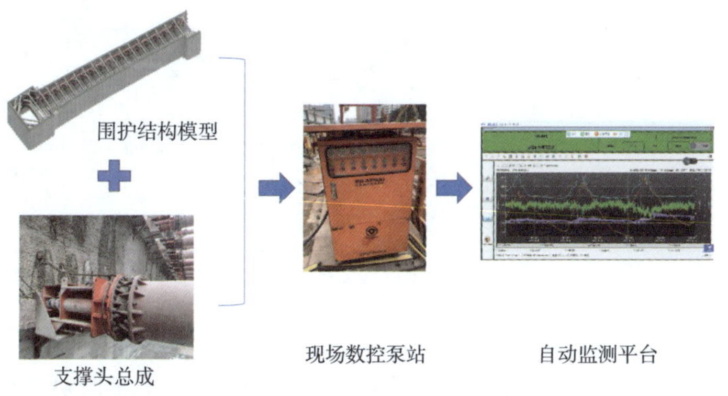

图 5-56 基于 BIM 技术的基坑监测

5.11 竣工交付

5.11.1 竣工模型

在轨道交通工程竣工验收阶段，施工总承建单位需将施工验收形成的专项验收情况、设备系统综合联调情况、试运行情况等相关资料和验收资料分别向政府主管部门和运营单位移交。施工单位传统的做法是提交大量的纸质资料，需要花费大量的人力及时间来审核，尤其是涉及众多变更时，因各种因素造成的施工变更都会相应增加很多材料，竣工交付时容易发生漏缺的情况。基于 BIM 技术实现数字化交付，从项目开始阶段就着手模型的建立与信息的添加，在最终版的 BIM 模型上添加竣工验收信息及相关资料，依据项目实际情况进行调整、修正，以保证模型与现场工程实体的一致性，形成 BIM 竣工模型，以满足竣工验收的要求。

在竣工模型移交审核过程中，BIM 总体单位需在监理单位的协助下进行竣工模型的审查工作，通过竣工测量、激光扫描、现场对比等手段，对比检查竣工模型与工程实体，对于不一致的位置，记录并形成检查表，施工单位根据 BIM 总体单位和监理单位的审查意见修改完善竣工模型。同时，运营单位提前参与竣工模型的验收交付，可从设备备品备件管理、空间管理、数字化信息平台等方面对竣工模型与资料进行审核。

最后，将审查通过的竣工模型及其他 BIM 模型交付物成果提交至 BIM 平台归档。竣工模型管理流程如图 5-57 所示。

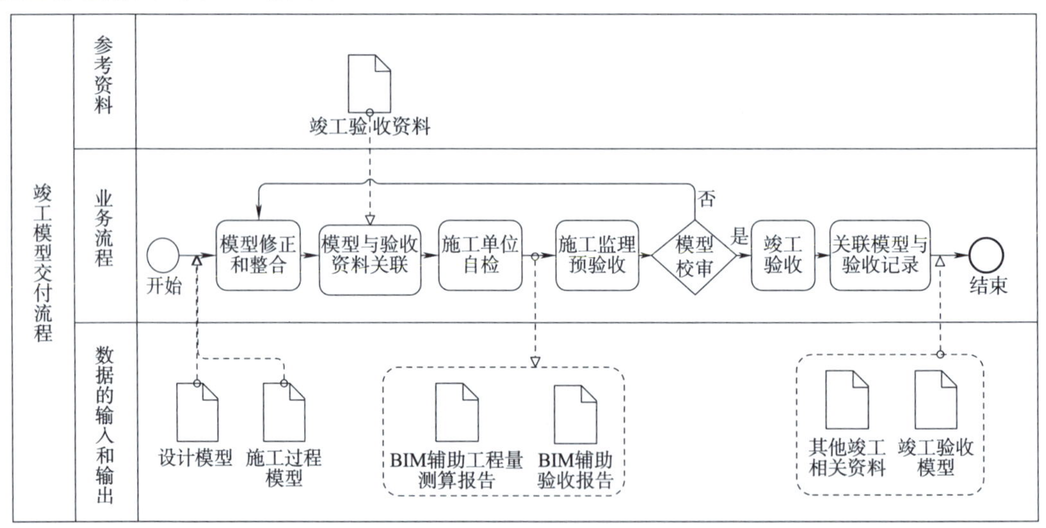

图 5-57 竣工模型交付流程

基于 BIM 技术的轨道交通项目数字化移交，一方面有助于快速对工程项目进行数字化审核，包括对项目各分部分项工程的竣工模型审查，也包括快速查阅模型的全部信息资料，检查资料的完整性、是否形成闭环以及查漏补缺；另一方面，项目涉及的变更，通过模型更新的版本也能一目了然，避免移交时出现错报、缺报等问题。另外，BIM 数字化移交提供的不仅仅是竣工 BIM 模型，还包括 BIM 成果报告书等 BIM 衍生物。BIM 数字化移交并不代表竣工阶段结束，而是在交付施工成果的同时，为后期运营维护管理提供基础数据，提升运营管理水平，为地铁智慧运营赋能。

5.11.2　设备二维码

轨道交通项目运营过程中需要开展大量的设备维修维保工作，以保证轨道交通安全、有序运行。为提高设备全生命周期过程中的运行能力，提高设计、生产、运营一体化管理水平，深圳地铁在建设阶段开始就实施基于 BIM 模型的设备二维码方案，建立设备“履历卡”，积累地铁数字资产。由设备供应商创建自身的设备 BIM 模型，在设备出厂前，完成设备 BIM 模型导入深圳地铁 BIM 构件产品库的入库流程，以及二维码标签的张贴。

设备 BIM 模型的创建应满足深圳地铁 BIM 相关标准和运营维护管理要求，以保证设备 BIM 数据在全生命周期的标准化应用。设备 BIM 模型的颗粒度应细化至主要零部件(图 5-58)，以满足设备使用阶段进行设备零部件维修、保养、更换等工作跟踪、记录的要求。

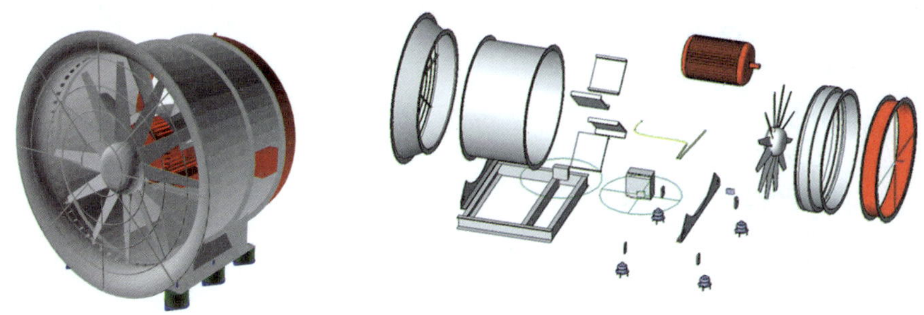

图 5-58　设备 BIM 模型爆炸效果图

设备从生产到现场安装，到后期运营，其状态、信息等一直在发生变化，采用二维码方式，有助于存储设备各类数据，提高设备数字化管理水平。设备厂商的设备 BIM 模型导入 BIM 构件产品库后，平台自动生成二维码，并关联至设备唯一编码。二维码附带的信息包括设备名称、编号、型号、参数、设备模型、设备唯一编码、资产清册和应用情况等。通过手持的二维码扫描仪、智能手机(安装扫描二维码的 App 软件)等可以直接读取二维码内附带的信息。同时，二维码信息具有可扩展性，可根据应用要求增加相关条目。图 5-59 展示了冷水机组的二维码标签示例。

二维码可粘贴至设备铭牌旁，施工、运营等管理人员可通过扫描设备二维码查看、更新、上传设备相关状态和信息。例如，设备运输到场并安装后，施工人员、设备监理等通过扫描二维码更新设备到场验收和安装质量等情况，并可同步至整个项目模型的施工进度中，实现设备安装的闭环管理。而在轨道交通工程运营过程中，运营管理人员可通过扫描二维码进行工单管理，通过上传设备故障、保修等信息，并依据设备唯一编码自动指派至相应的设备专业班组，实现设备维保的快速响应，提高设备管理质量。

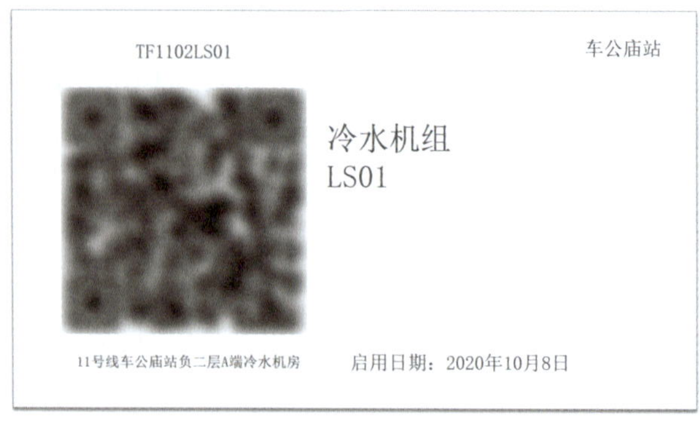

图 5-59　冷水机组设备二维码示例

第6章 BIM软件平台

轨道交通BIM应用过程中,需要多种专业的设计师/工程师共同创建BIM模型,在基于BIM的业务应用过程中,也需要使用相应的BIM软件。现阶段,除了常规的BIM建模类软件,还有建筑、结构、机电、运维等基于BIM模型数据开展分析应用的各种软件,也有集成各专业BIM数据的管理平台。在深圳地铁全生命周期BIM应用过程中,考虑建模的专业性,主要采用Revit、Bentley作为建模软件,为提高Revit、Bentley软件在轨道交通领域的建模效率,各参建单位自主开展工具和插件的开发,实现快速建模;针对轨道交通工程各阶段不同应用的数据需求,各参建单位一般通过所研发的管控平台进行管理。鉴于轨道交通工程数据的敏感性,为保证海量数据存储和管理的安全性、统一性,深圳地铁自主研发BIM技术应用综合平台进行集成化、规范化管理,并负责平台的维护和新功能的迭代开发。下面介绍深圳地铁BIM应用过程中自主开发的部分软件平台。

6.1 提效工具

6.1.1 快速建模

快速建模产品主要针对现有软件原生功能还不够完善,同时又有极强规律性的建模操作,例如面向轨道交通工程车站、出入口、区间等区域的快速建模工具。

1. 车站快速建模工具

主要针对标准站,通过输入车站的基本信息,包括轴网间距、连续墙厚度、梁柱尺寸等信息,可快速生成车站主体的结构模型。在围护结构方面,可以通过输入冠梁、支撑等设计参数生成模型。

2. 出入口快速建模工具

主要将出入口进行拆分,分为平直段、人防段、爬坡段等模块(图6-1)。设计人员根据输入不同模块的参数可一键生成模型,同时可以通过调整现有出入口数据,快速生成其他出入口模型。

3. 区间快速建模工具

根据区间线路数据研发区间模型快速建模工具。设计人员输入线路起始里程和区间相关设计参数,可实现区间各专业模型的快速生成,包括轨道、疏散平台、照明灯具、接触网等主要构件,如图6-2所示。根据区间直径,轨道、照明灯具、接触网等主要构件将按照既定的算法规则自动排布至区间内,极大地提高区间建模效率。

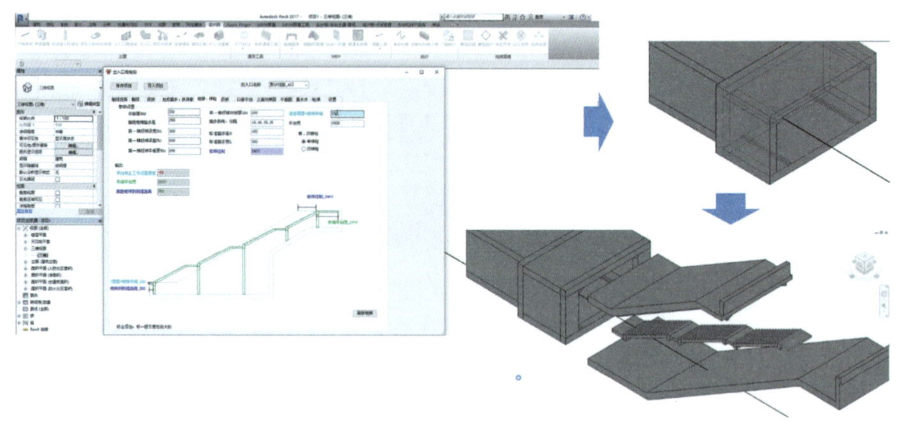

图 6-1　出入口快速建模工具

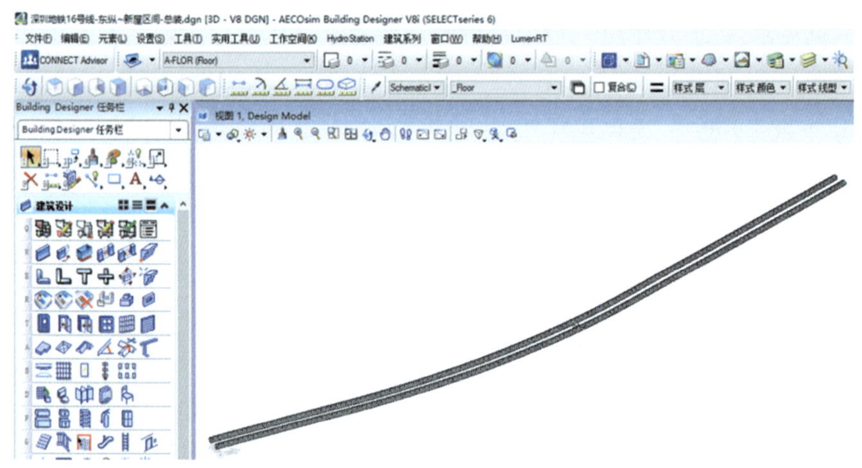

图 6-2　区间全专业快速建模工具

4. 钢筋一键建模工具

钢筋排布是一项非常复杂而且耗时的工作，现阶段 BIM 软件对钢筋建模的支持度并不友好，存在钢筋尺寸不符合国内规范、钢筋明细表不能添加钢筋形状图等问题。鉴于此，为提高钢筋建模效率，自主开发钢筋一键建模工具。根据结构设计要求，通过输入构件的钢筋信息，如位置、弯折长度、间距、加密范围、保护层等，建立不同的钢筋类型，进而依据不同的构件批量创建相应构件的三维钢筋实体模型，并可快速计算钢筋工程量，实现参数化驱动钢筋信息的生成和修改。同时，相关规范要求内置在数据库，根据配筋数据可判断是否满足规范要求，为构件配筋的调整提供依据，提高配筋的准确性。

5. 综合支吊架自动选型布置和计算工具

轨道交通工程管线类型多，综合支吊架的形式也多种多样，管线手动布置工作量大。综合支吊架自动选型插件根据所选择管线剖面实现综合支吊架的自动选型，批量创建、快速布置、自动编号和分类统计，还可快速实现抗震支吊架的设计计算和自动布置。

6. 快速标注工具

现阶段由 BIM 软件出具的二维图还不能完全满足国内二维图规范要求，仍需要人为干预。为提高出图质量，根据轨道交通工程制图规范要求，研究开发快速标注工具，可基于模型几何和非几何信息进行快速标注，大大提高通过模型出图的标注效率，降低正向设计出图的难度。

7. 效率插件工具

效率插件工具主要是在建模过程中按照设计师习惯对软件进行二次开发，可提高模型创建效率，包括轴网的快速布置、批量属性添加及修改、构件快速查询、视图剖切等。这类功能成熟的商业软件也较多，例如鸿业、橄榄山等。通过对此类插件进行整合，按照设计流程、工作习惯、分专业进行开发，可形成系统的插件工具集。

6.1.2 快速设计

快速设计与快速建模有本质的区别，快速建模以完成模型为目的，快速设计以提高设计效率为目标，同时可兼顾模型的快速生成。例如，在深圳地铁 12 号线中，根据地铁限界设计需要，深圳地铁自主研发地铁限界设计工具。

通过开发限界设计工具(图 6-3)，将限界计算规则内置在软件中，设计人员只需输入关键性数据，便可生成限界轮廓，提高设计质量及效率。同时，生成的轮廓可以跟后续创建的区间模型进行复核。在线路专业上，基于 Civil 3D 软件的二次开发，利用地形模型，可完成线路纵断面的设计，并可以进行任意纵断面选取。

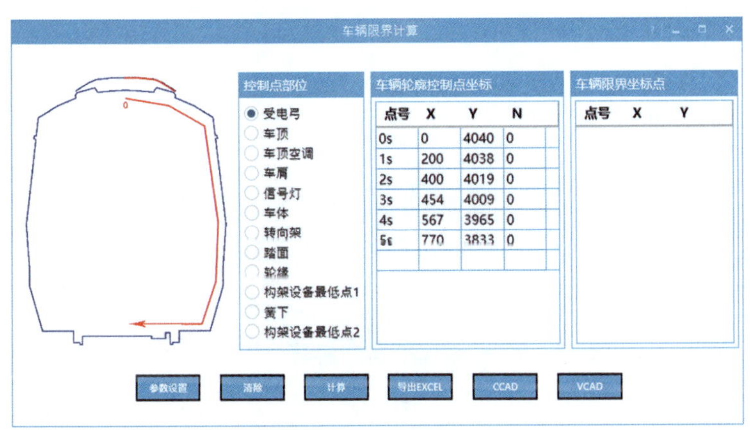

图 6-3　地铁限界设计软件界面

地铁限界设计在深圳地铁 12 号线以及 12 号线二期工程项目中得到广泛应用，可以计算车辆限界、设备限界等(图 6-4)，并输出相应的 Excel 表格及限界控制点轮廓图，有效提升了限界设计效率，保证设计质量。

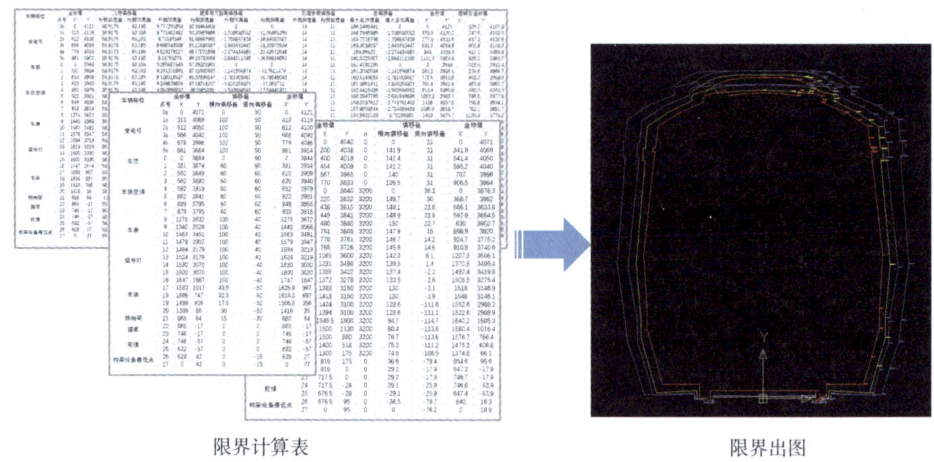

图 6-4　车辆轮廓线及车辆限界的设计计算结果

6.1.3　快捷计算

快捷计算工具主要基于基础建模软件开发，根据已有模型数据进行分析计算，例如疏散计算工具(图 6-5)。通过选择检验范围和指定疏散门，可自动进行疏散距离的计算，并通过疏散距离的设定，自动判断是否满足疏散要求。开发综合支吊架自动计算选型工具，通过输入管道的相关参数，实现所选管线的综合支吊架的自动选型，同时在计算完成后还可以进行自动布置，也具备快速建模的功能。

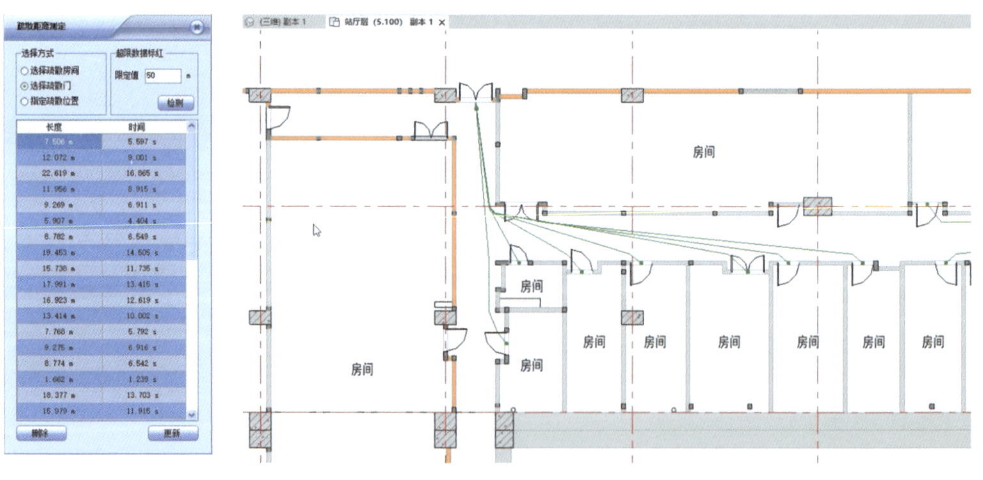

图 6-5　疏散计算工具

6.1.4 高效审核

BIM 模型创建完成后，需要进一步审核模型是否符合相应规范。现阶段，深圳地铁已发布轨道交通工程 BIM 模型创建标准，各单位按照创建标准进行各专业模型创建，特别是命名、颜色、参数信息等。在成果提交前，需要花费大量人力和时间进行审核，工作量大、工作内容重复并且效果一般，容易出错。为了提高工作效率和模型准确率，需针对模型合规性开发高效的审核工具(图 6-6)，对标准化较强的内容进行检查，以减少人工的检查工作量。工具审核后导出报表，列出不满足要求的各项内容，辅助审核人员进行判断，还可提供给设计人员按照报表进行模型的修改完善。

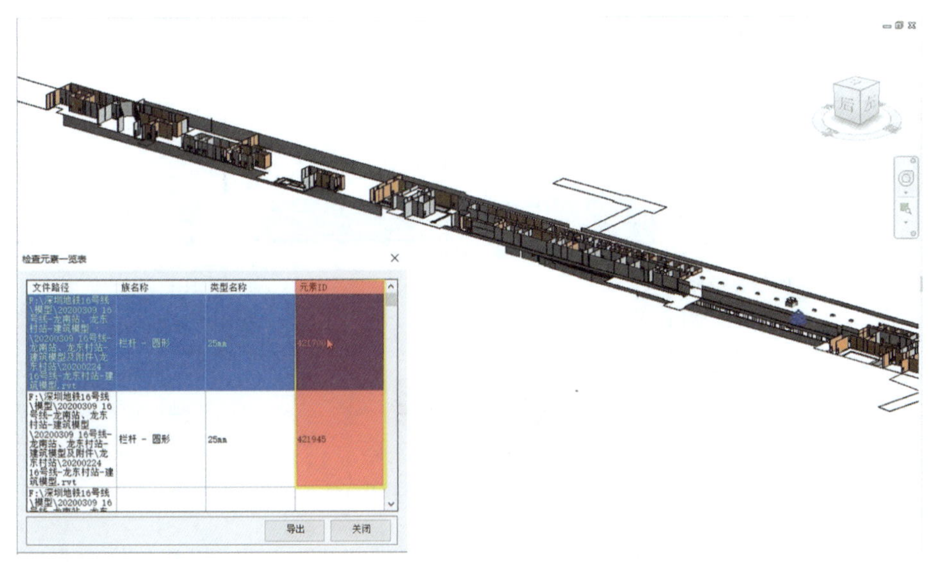

图 6-6 BIM 模型审核工具

6.2 管控平台

除了针对各专业特性的提效工具，还开发了功能集成的管控平台。现阶段，深圳地铁各单位在管控平台开发方面，主要集中在协同管理、设计管理、轻量化管理，以及各个具体应用场景的管理平台上。平台相对于二次开发工具的集成性更高，系统性更好，各设计、施工单位针对不同阶段的业务场景也进行了定制开发。

6.2.1 协同平台

相关单位在 ProjectWise Explorer 平台(以下简称“PW 平台”)进行二次开发，将设计流程和管理结构在 PW 平台上进行定制，在关键节点设置信息推送功能，提醒责任人进行确认，包括提资反馈和审核校对等。通过对设计人员和项目管理人员配置不同的权限，可实现各专业在企业管理体系内的高效流转和集成管理。

PW平台可以对各类项目文件进行管理，包括文档、图纸、视频等；在模型管理方面，不仅可以在文件层面进行管控，还可以兼顾建模软件自身的协同方法。例如基于中心文件协同工作，实现各专业协同设计，基于工作集实现对模型构件的编辑权限。在版本管理方面，平台还可以自动对各类数据进行过程管理，支持过程数据的追溯。在实际应用过程中，如深圳地铁16号线项目部编制PW平台协同管理使用手册，在16号线项目中推广应用，如图6-7所示。

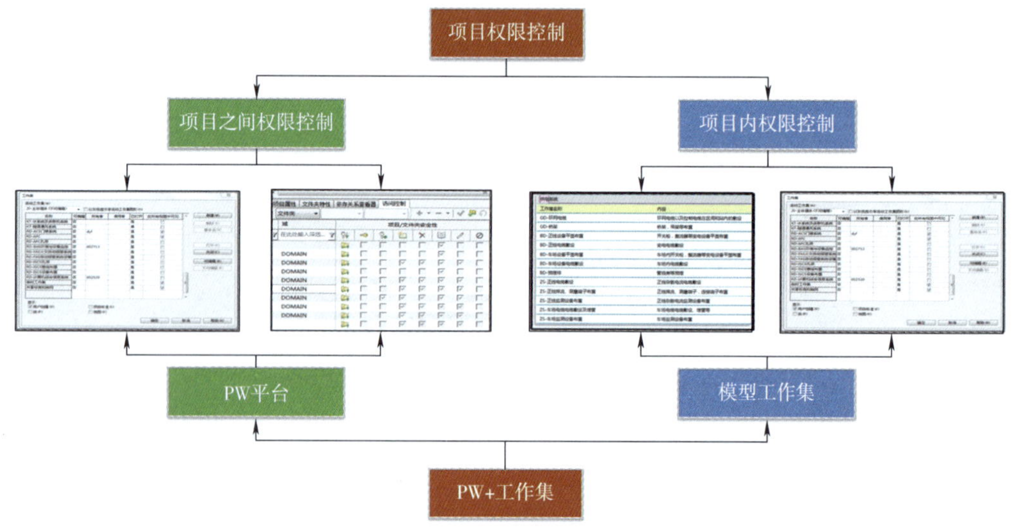

图6-7　协同平台管理

除基于成熟的协同平台根据轨道交通工程特点进行二次开发，相关单位也自主研发其他协同管理平台，不局限于模型、文档等协同，而是打通多专业协同过程中的数据关联，实现数据与模型的双向交互。

6.2.2　轻量化平台

单个车站的各专业BIM模型文件大小可能几百兆字节，但线网级的轨道交通工程BIM模型总量将达到几百吉字节(GB)，甚至到太字节(TB)的级别。因此，非常有必要开发轻量化平台作为BIM模型三维可视化的技术支撑。

将轨道交通工程BIM模型轻量化引擎发布至集成系统，无需安装BIM专业软件，工程人员在网页端登入即可查看轻量化后的项目模型。可对集成的模型进行分层查看及量距、剖切、漫游等操作，支持手机、平板、电脑等多种移动设备操作，方便项目管理人员及施工技术人员实时查看使用(图6-8)。

◆全景VR

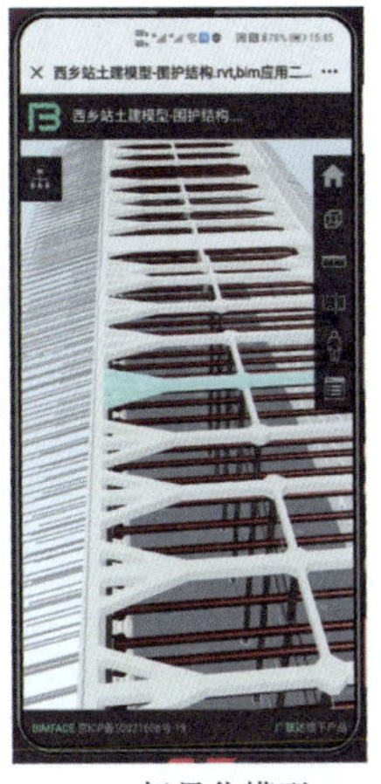

◆轻量化模型

◆现场情况

图 6-8　轻量化平台及移动端展示

6.2.3　设计平台

在深圳地铁 BIM 应用过程中，各参建单位开发多项设计平台，其中有代表性的设计平台有基于 BIM + GIS 以及轻量化技术开发的协同设计平台、自主数字化设计平台 MetroStation 和 PDMO 协同设计平台三种。

(1)基于 BIM+GIS、轻量化技术开发协同设计平台的技术路线是各单位采用最多的。例如利用轻量化技术整合各类模型文件，支持市场上主流的三十余种格式文件，并支持电脑、网页、平板、手机使用(图 6-9)，减少模型处理工作量。同时，利用 GIS 平台整合深圳地铁线网级大场景下的各类数据，为各专业提供一个协同工作环境。根据设计流程，将送审流程、送审表单、审核流程等平台化配置，实现在平台中 BIM 模型送审、查看、审核、发布。基于 BIM 平台进度质量模块的应用，将设计计划与设计进度相互对接，对比计划进度、实际进度，设计质量责任到个人，实现设计进度的高效管理。

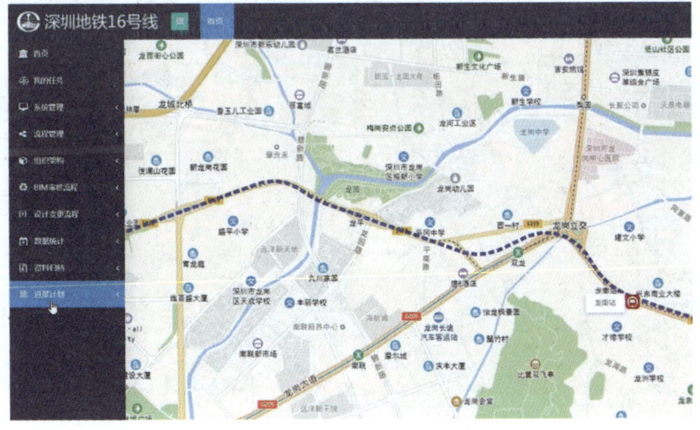

图 6-9　协同设计平台(深圳地铁 16 号线)

(2)自主数字化平台是基于统一的数据环境,集成轨道交通工程各专业的设计工作及模型(图 6-10)。在该统一平台上,地质、建筑、结构、轨道、设备等专业之间可进行有效的数据集成与交互,可实时查看上下序专业的模型情况。在流程管控和工作协同方面,将权限分配至个人,设计人员可以按照平台的提醒进行工作。同时,平台可以集成效率工具集,对提升设计人员的设计效率提供技术保证。

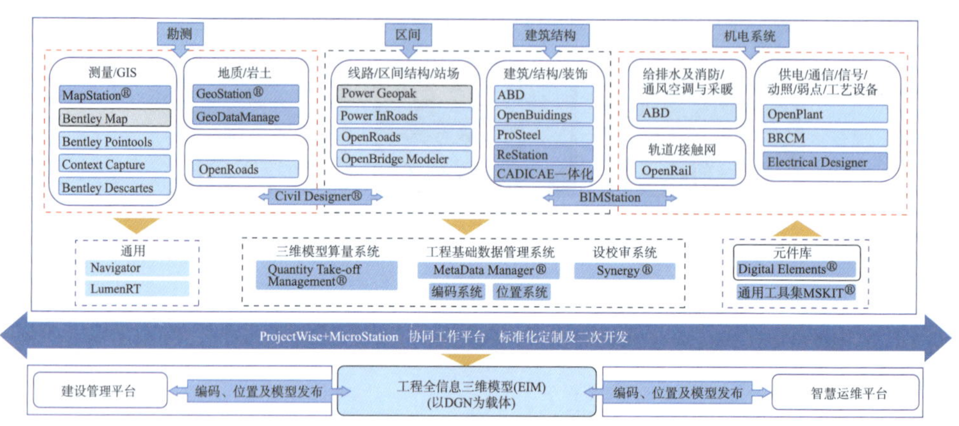

图 6-10 自主数字化设计平台 MetroStation(深圳地铁 16 号线)

在施工方面也进行同步考虑,设计阶段所有数据都按照标准体系进行创建,可在不同阶段进行顺畅地传递,实现高效的设计施工一体化。

(3)PDMO 协同设计平台是以开展正向设计工作为目的进行开发的,如图 6-11 所示,平台包括 PLAN 方案草图设计、DATA 数据协同、MODEL 模型创建、OUTPUT 数据输出四个阶段。

图 6-11 PDMO 协同设计平台(黄木岗综合交通枢纽)

• PLAN 方案草图设计阶段：通过对边界条件进行分析，确定最优方案；通过对模型、视图进行解耦，实现数模分离，从而获得用于原始输入的数据条件。

• DATA 数据协同阶段：通过数据盘、双屏交互，实现专业间的数据协同，生成模型的框架。核心部件模块可以选择和录入不同线路的编组和站型信息；关键部件模块选择车站站型和站台组合形式；形体平面设计模块承载不同部位的轮廓参数信息，竖向形体设计承载车站各专业的标高系统。

• MODEL 模型创建阶段：开展模型孪生，核心模型孪生接收处理后的数据信息，可以驱动核心模型进行数据级别的参变；框架模型孪生可以建立标高、轴网体系，生成车站主体框架；在部件设计模块中依序可以创建板、墙、柱、梁及其他附属部件。

• OUTPUT 数据输出阶段：输出工程数量、图纸等数据信息。

PDMO 协同设计平台的特点主要是脱离传统的模型协同，实现数据与模型的双向交互，做到了数模分离。各专业只需在平台上输入各自专业的设计数据（部分数据已预设，可直接选择），能直接生成各自专业设计成果，大大提高生产效率，同时各专业可以通过平台直观看到其他专业的设计情况，实现各专业之间的协同，确保项目的准确推进。

6.2.4　智慧工地系统

智慧工地系统围绕施工工地现场生产状态、安全质量、设备监控、材料堆放、人员管理、等各方面，并集成人、机、料、法、环等全要素，对施工工地进行可视化、动态化、智慧化管理。

如图 6-12 所示，智慧工地系统由智慧工地信息中心对项目实施全方位监管，包含劳务人员管理、进出场管控、视频监控系统、车辆管理系统、智能安全帽等功能模块，实现施工现场全方面管理，提升施工现场的风险管控能力。借助物联网、互联网、智慧工地平台对现场施工人员、机械进行实时定位和轨迹跟踪，通过视频中心动态推送。

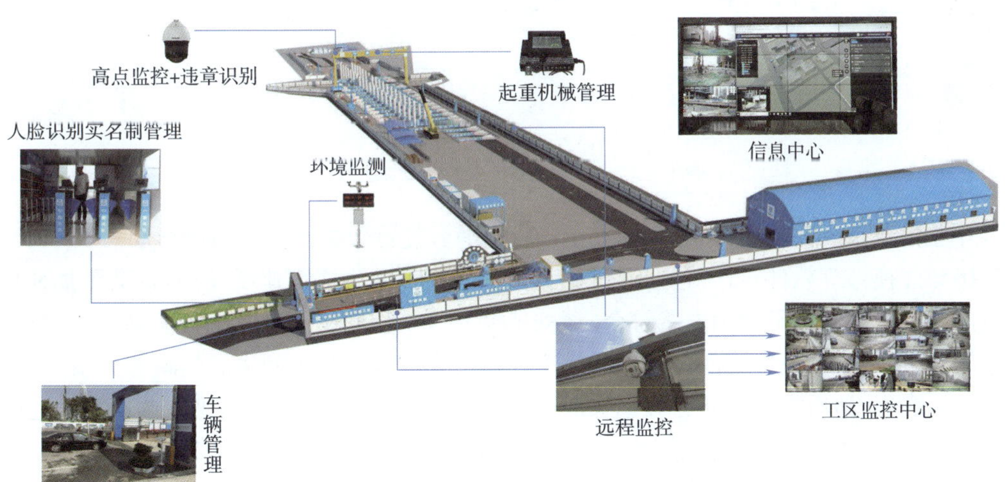

图 6-12　智慧工地系统全要素集成

6.2.5 应用平台

应用平台主要针对各个应用场景，由于轨道交通工程的应用场景较多，这里选取推广性强、实用性好的几个典型平台进行说明。

1. 勘察与测量平台

传统的勘察测量工作主要依靠人员外业收集数据，形成相应的报告、文档、图纸等，缺乏实时性、数字化。为提高勘察作业的全流程智能化管理水平，深圳地铁自主研发勘察与测量平台，研究勘察作业全过程信息的“内外业一体化”，实现全过程无纸记录，高效便捷、随时随地现场完成全部内外业工作。

勘察与测量平台主要针对勘察项目进行管理。外业人员利用移动端在现场完成钻孔、地层信息的快速录入和现场照片、视频资料的快速上传，对项目勘察资料、勘察成果、过程资料进行电子化管理，如图 6-13 所示。

图 6-13 勘察与管理平台的移动端管理

外业信息录入完成后，可以直接在 PC 端的平台进行数据储存及数据分析（图 6-14），并可直接与建模计算软件对接，包括通过钻孔数据库模拟生成三维地质模型，自动添加地层参数属性。勘察与测量平台内嵌了符合《深圳地铁岩土工程勘察图例及编号实施细则》要求的地层库，通过钻孔数据生成的三维地质模型将自动实现地层与图例之间的映射关系。

钻孔数据、地质模型可作为数字资产进行保留，后续项目开工时还可以调取周边已有钻孔数据使用，为工程的决策和管理提供依据，提高勘察管理的工作效率，节约成本。

2. 盾构掘进管理平台

在深圳地铁各项目上，各单位开发了相应的盾构掘进管理平台，功能操作可能略有差异，但主要功能一般都包括盾构监控、管片跟踪、人员追踪等。

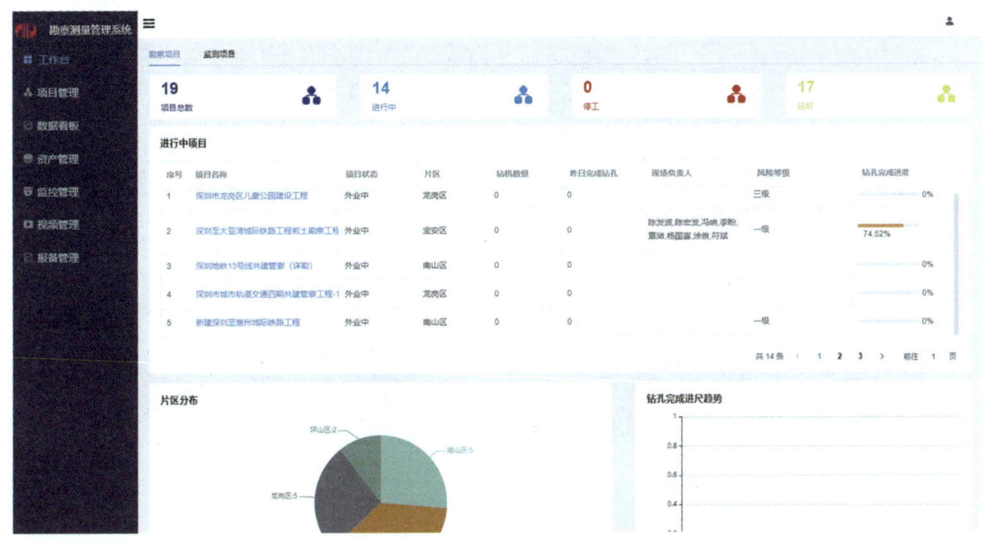

图 6-14　勘察与测量平台的 PC 端管理

通过读取盾构设备定位信息，将盾构位置实时呈现在 GIS 地图上，借助三维地质模型、周边管线和建(构)筑物模型，显示盾构的地质环境，为现场人员提供决策依据。利用现场实时传导的数据，可实施监测隧道管片的拼装进度，实现盾构隧道施工的进度管控。同时，盾构掘进过程中的重要参数可实时传输至管理平台，实现盾构姿态信息、运行状态和掘进参数等方面的追踪、记录，并可根据异常数据进行智能预警。另外，通过智能安全帽，平台可追踪和监测区间隧道作业人员的定位、运行轨迹等，有效保障人员的作业安全。

在项目部客户端，可远程调取查看实时盾构数据和历史数据，通过调取盾构检测视频监控影像，掌握盾构现场情况。

在上述基本功能基础上，各项目单位根据实际应用所需，扩展开发相应的功能。以中建八局盾构智慧施工平台为例(图 6 15)，该平台可集成图纸数据、施工过程设备的参数反馈以及施工大数据统计，实时反映盾构施工过程数据并辅助盾构姿态调整。

盾构智慧施工平台中每台盾构都有独立的数据板块，在施工过程中能直接反馈隧道平面图、地质剖面图以及航拍图，在各图中标注出盾构所在的具体位置和盾构的工作状态，使得管理员对盾构掘进的周边环境和地质风险一目了然。

平台中实时数据监控能及时直观地反映各施工盾构的关键性掘进参数，并记录各台设备的土压、刀盘扭矩、掘进推力、刀盘转速、掘进速度以及掘进过程的盾构切口和盾尾坐标与隧道轴线的位置关系。

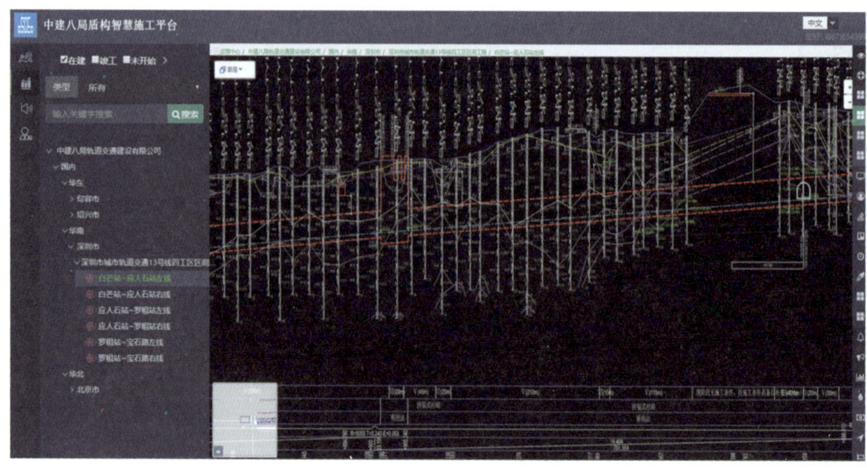

图 6-15　盾构智慧施工平台

3. 轨道建造管控平台

轨道建造管控平台对轨道的施工质量、进度进行管控，具备超高预警和智能分析的功能。可实时获取轨道放样、铺设的测量数据，与 BIM 施工模型对比分析，对线下基础高程、道床板、相邻轨枕间距、扣件螺栓孔高程、钢轨精调偏差等进行质量管控(图 6-16)。在进度方面，利用 BIM 模型实现进度控制图的表达。在超限预警方面，通过限差管理、预警值设置、预警提醒，实现超限数据的分析统计，推送预警信息至相关人员，实现实时预警。最后还可以利用建立的质量数据库、对策数据库对精度偏差、材料强度和钢轨铺设等数据进行智能分析，实现诊断评估、整治建议、辅助决策。

图 6-16　轨道工程质量管控

4. 项目管理综合平台

根据项目开发商、承包商和监理机构等用户需求，可研发基于 Web 端的项目管理综合平台，对工程项目的进度、质量、成本、材料和文档进行在线监控和实时管理，包括施工计划编排和动态调控、成本核算与预警、材料供应计划与库存管理、质量系统的监测与管理、文档的储存与信息管理等功能模块（图 6-17），提供既能分项使用，又能够进行综合管理的方便灵活的工程项目管理体系，可适应未来电子商务需求。

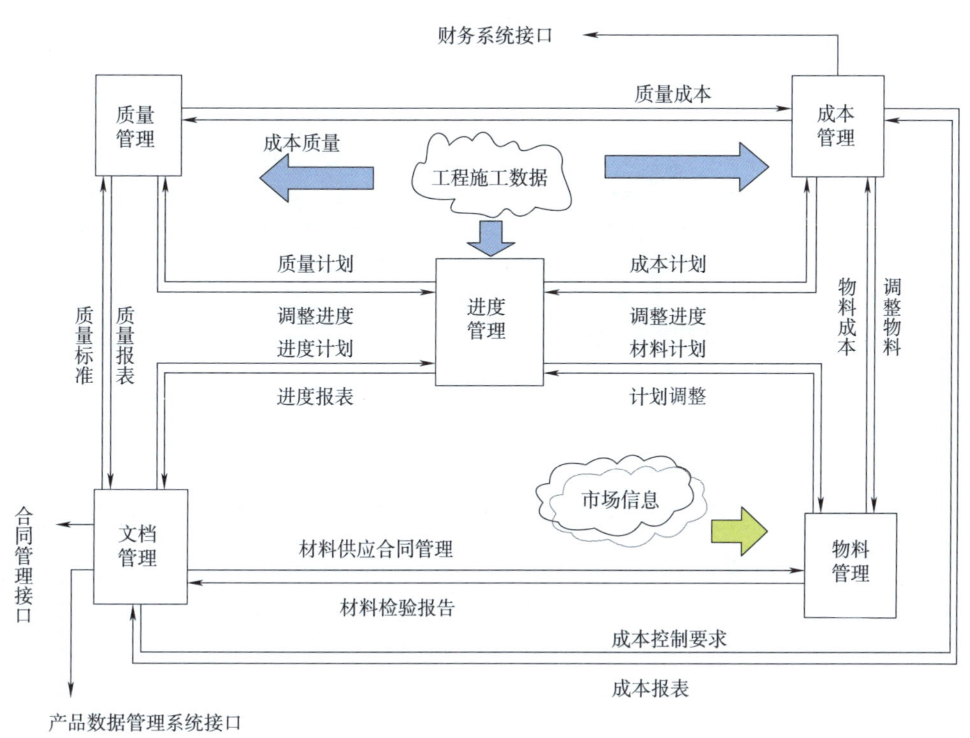

图 6-17 项目管理综合平台模块架构

项目管理综合平台支持多个业务实现，可实现基于项目进度、成本、质量、采购、资源、范围、风险、沟通及综合几个领域的数字化，为项目的现场管理构建支撑体系，实现项目高效协同、智能管理。以进度管理为例，通过全过程进度管理模块，可用于计划任务的编制、优化、下达、执行、检查、考评，有效协助项目进行进度管理（图 6-18）。首先，通过对项目的模型进行轻量化处理，可将项目的进度计划与模型进行匹配，并将施工进度计划在平台上进行动态化和可视化展现。然后，根据现场的施工流程，指定物料跟踪节点，并根据项目组织架构，设定审批流程。最后，在平台上发起构件的管理跟踪流程。现场管理人员可利用平台的手机端，扫描定位二维码，或者自行定位，根据现场施工进度，对构件的物料状态进行更新。

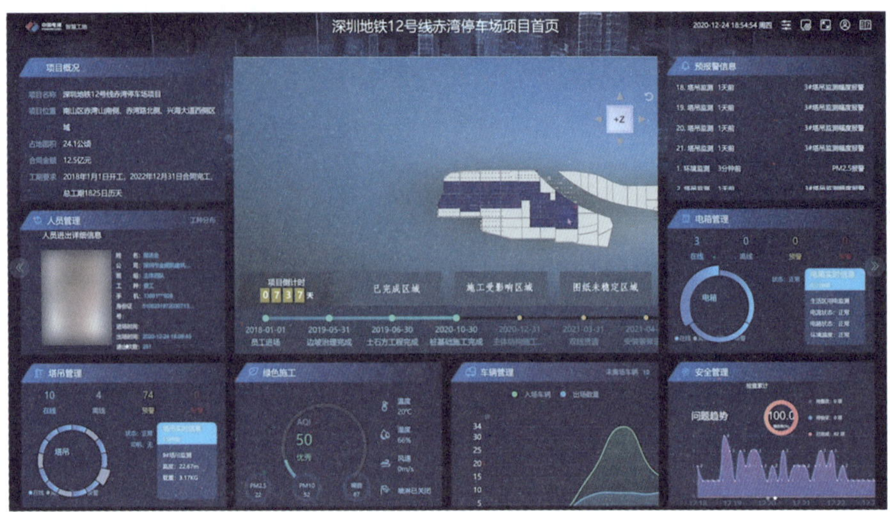

图 6-18　项目管理平台(深圳地铁 12 号线赤湾停车场)

运用 BIM 模型的三维可视化特点,开展进度可视化管理,辅助项目进度管控。结合施工计划将施工图模型,转化为施工 BIM 模型,并上传至平台,形成轻量化 BIM 模型后,作为进度可视化管理的数据基础。基于 BIM 模型进行主体施工模拟,掌握项目现场工程进度的变化情况(图 6-19),辅助管理人员提前准备每个阶段项目的材料计划、资金计划及人员情况等。通过平台计划管理模块,导入施工计划,将 BIM 模型与施工计划进行关联,根据现场实际进度情况与施工计划进行比较,平台可自动对超过节点工期的计划进行报警。

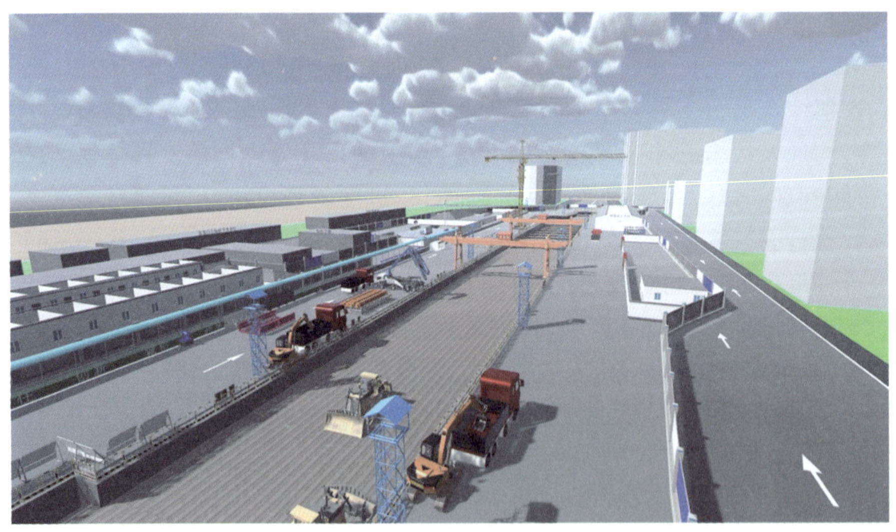

图 6-19　施工进度可视化

6.3 综合平台

深圳地铁以 BIM+GIS 作为多源数据基础，结合物联网、智能设备、AI、5G、GIS 等技术，以“1+*N*”为设计理念打造轨道交通 BIM 技术应用综合平台（以下简称“BIM 综合平台”）。打造 1 个工程数据中心为核心，作为数据生产、存储、处理、分析、应用的核心底层，集成多源异构数据，深度挖掘各场景数据价值。基于深圳地铁实际业务需求，深圳地铁的 IT 开发团队自主研发 *N* 个业务管理平台，首批开发 BIM 设计管理平台、BIM 建设管理平台和 BIM 运维服务平台，实现 BIM 数据成果与业务流程有效结合。同时，搭建 GIS 引擎、轻量化引擎等，实现宏观和微观数据的智能融合，拓展轨道交通线网级宏观应用场景，全方位提升工程设计、建设、管理的效率和质量。

6.3.1 总体架构

根据深圳市轨道交通工程大场景下多源异构数据应用的需要，以 1 个工程数据中心+*N* 个业务平台的设计理念打造 BIM 综合平台。BIM 综合平台的总体架构包括基础设施层、数据中心层、应用支撑层、业务应用层、平台入口层，如图 6-20 所示。

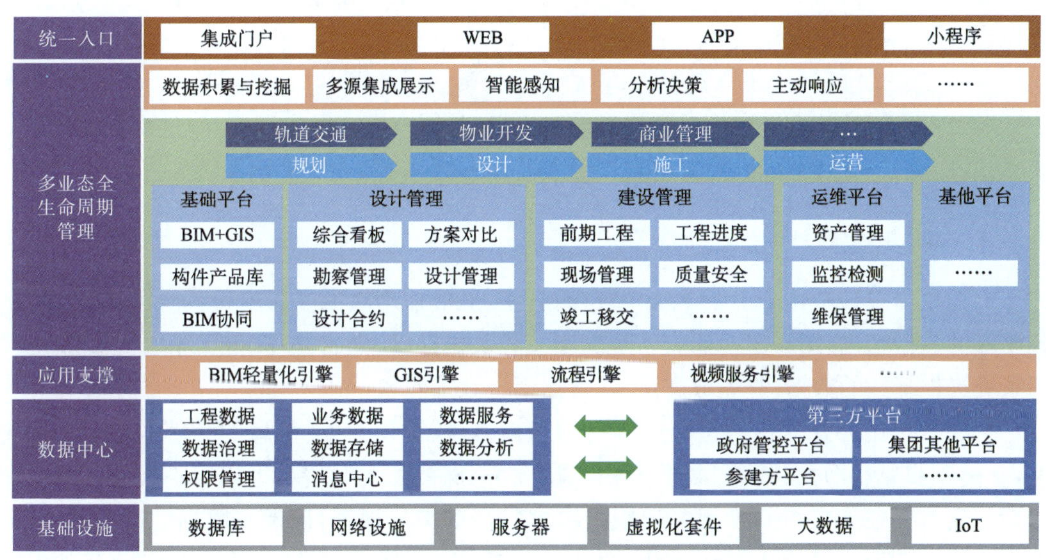

图 6-20 轨道交通工程 BIM 综合管理平台体系框架

1. 基础设施层

基础设施层对其他层及应用程序起着硬件层面的支撑作用，包括数据库、网络设施、服务器、虚拟化套件、大数据套件和 IoT 集成。

2. 数据中心层

工程数据中心包括工程数据、业务数据、数据存储、数据处理和数据交互中心等内容。工程数据内容含勘察数据、设计模型、施工模型、检查监控数据、日志及填报数据等。业务数据根据板块分为规划、勘察设计、合约、施工、运营、物业开发、商业开发等。数据存储分为基础数据库、结构化/非结构化数据库、分析数据库和文件系统。数据处理应包括实时计算、数据仓库、离线计算等。数据交互中心接口分为外部接口和内部接口:外部接口面向平台外部各系统,如集团其他信息化平台、智慧城市系统、各政府部门监管平台等,通过标准接口实现数据交互和分发;内部接口面向平台内部各子系统,如业务平台、App、监测监控模块等,通过标准接口实现用户登录、数据的导入和分发。

3. 应用支撑层

应用支撑层处于工程数据中心和业务应用层之间,通过调用相关引擎,起到隔离数据层、支撑业务层的作用,包括 BIM 轻量化引擎、GIS 引擎、视频服务引擎、工作流引擎、负载均衡引擎、缓存工具等。根据基础支撑组件,用户可快速搭建应用,形成灵活的开发模式。

4. 业务应用层

业务应用层提供用户所有业务管理的应用服务,主要包括设计管理平台、建设管理平台、运维服务平台、物业开发管理平台等。每个管理平台根据用户管理机构划分和职责,又分为若干子平台或应用模块。

5. 平台入口层

平台入口层是整个平台面向用户的统一入口,是用户进行操作和交互,进行数据可视化展示、实现业务功能的界面,主要包含 Web 端、App、小程序、大屏展示系统等。

6.3.2 工程数据中心

工程数据中心是整个 BIM 综合平台的底座,通过梳理轨道交通工程各阶段、各参与方、各业务的数据结构(图 6-21),研究轨道交通工程数据存储、集成、分析和管理的逻辑算法,为各系统提供统一的数据,避免数据孤岛、数据不一致等问题。

工程数据中心建立在轨道交通项目的工程实体、管理业务、信息的分解与编码的基础上,支持项目结构分解、组织机构分解、工作任务分解、工程量清单编码等不同类型数据的存储与管理。创建并维护轨道交通线网级主数据的单一视图,确保主数据的准确性、一致性、完整性,提高工程项目全生命周期的数据质量,简化了工作流程并提高业务的响应速度。

针对不同软件产生的 BIM 模型数据,开发数据处理接口,从 BIM 模型中按照标准化格式要求进行数据提取并统一存储至数据库,实现 BIM 数据在设计、施工、运营全过程的数据传递和应用。进一步地,为保证 BIM 模型数据的有效性,根据深圳地铁编制的 BIM 标准体系,开发 BIM 模型审核工具,入库前自动审核 BIM 模型数据的完整性、准确性。

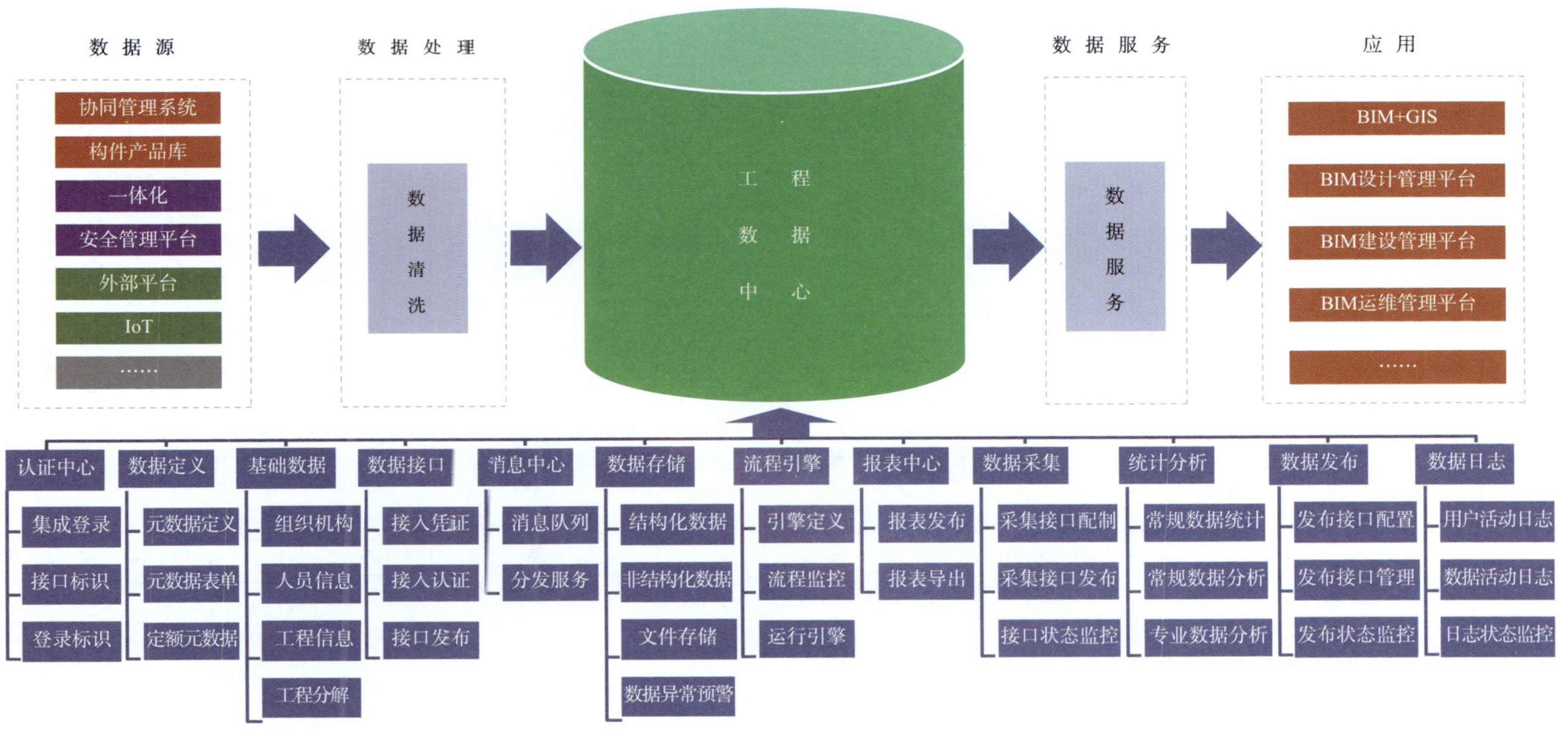

图 6-21 工程数据中心的数据流和数据框架

6.3.3 BIM 协同管理平台

BIM 协同管理平台为建设单位和各参建方提供各阶段 BIM 交付成果的管理环境，通过界定各方的职责权限，实现流程化、标准化的协同工作，确保项目的各参与方按照标准的工作流程实现异地协同，研究各类交付成果的计划制定、计划审核、成果上传、成果审核、资料下载、版本管理、成果归档、任务统计等功能模块，通过在线审批功能，快速掌握数据模型等交付计划审批进度、成果审核进度，实现审批记录留痕管理，将不规范的、难以存档的传统线下流程转变为多方协同、可追溯、标准化的管理流程。多方协同管理的基本流程如图 6-22 所示，具体业务的协同管理流程可在该流程基础上进行扩展与定制。

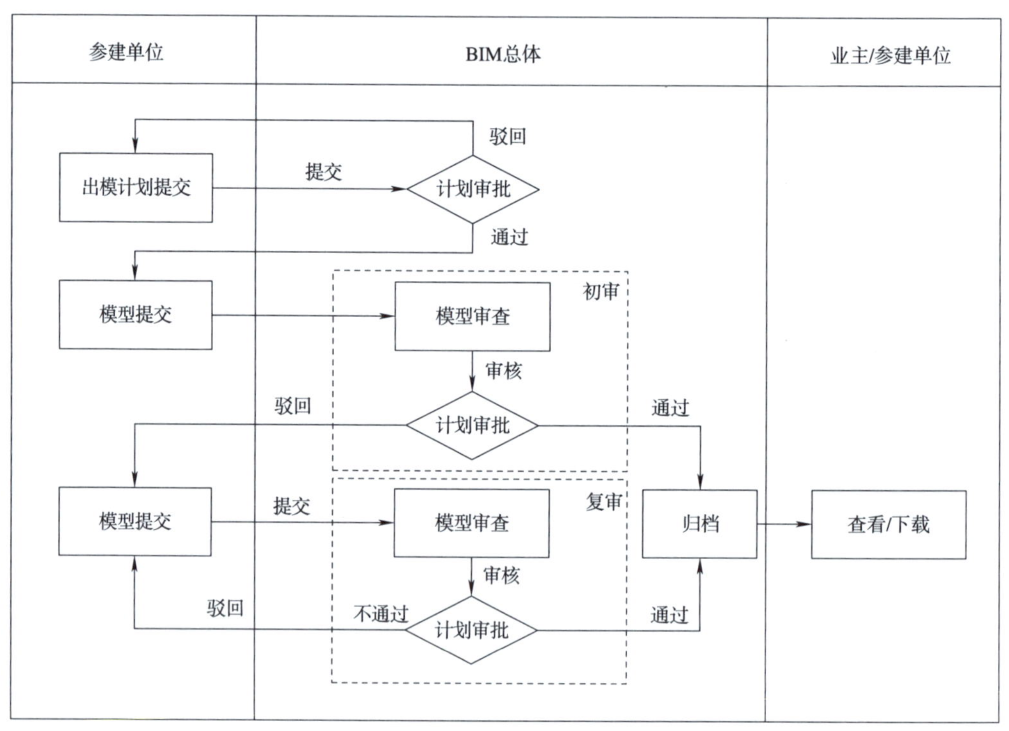

图 6-22　协同管理的基本流程示意图

利用 BIM 协同管理平台实现了各方不同业务流程的统一管理，图 6-23 展示了协同管理平台中的流程状态。进一步地，BIM 协同管理平台利用工程数据中心存储了不同 BIM 成果，可对各类 BIM 模型及其成果的不同版本进行追溯，记录管理过程中所有文件的历史版本。当版本发生更新时，所有链接旧版本的其他相关工程设计人员都会收到相关更新信息，保证各管理人员实时掌握最新信息。

BIM 协同管理平台归档了各业务流程的 BIM 成果，设置知识共享模块（图 6-24），将相关的 BIM 成果梳理并分类，包括标准、手册、应用视频、模型样板、报告资料、培训文档等，供各参建方学习与参考，全面提升 BIM 技术应用和管理能力。

图 6-23 协同管理平台的协同流程

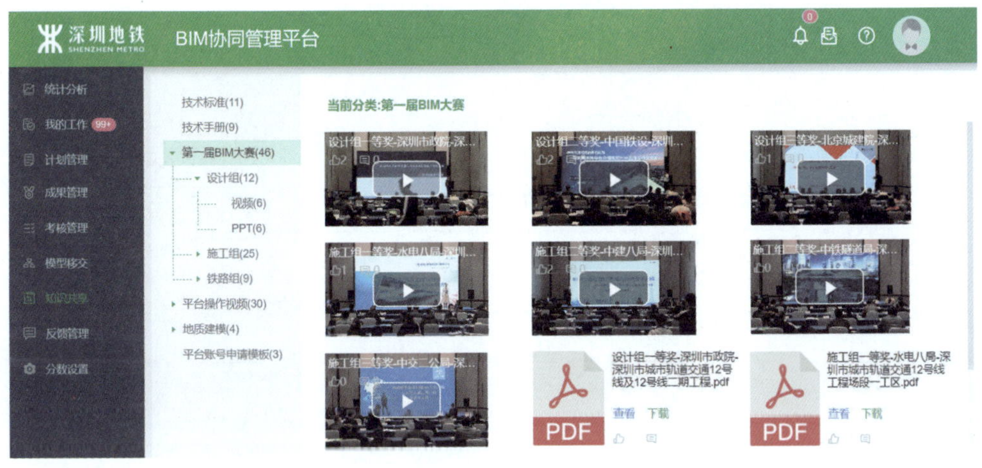

图 6-24 协同管理平台的知识共享

6.3.4 BIM 构件产品库

轨道交通工程涉及多种专业，且设施设备规格型号各异。深圳地铁搭建 BIM 构件产品库，并组织各参建方按照 BIM 标准要求创建 BIM 构件模型，实现统一、有序、参数化管理。

搭建 BIM 构件产品库的目的是提供规范的、参数化的构件级 BIM 模型，支持 Revit、Bentley 等主流 BIM 软件的构件模型。各参建方使用 BIM 构件产品库中的构件模型，直接创建工程项目 BIM 模型，提高 BIM 建模效率，并提升 BIM 模型质量。进一步地，在 BIM 构件库开发文件与模型加密管理功能，实现所有参建单位 BIM 成果加密，从根源确保地铁数据安全。为保证发布构件模型的质量，构件产品库内嵌管理流程、修订流程、解密流程三个流程，如图 6-25 所示。

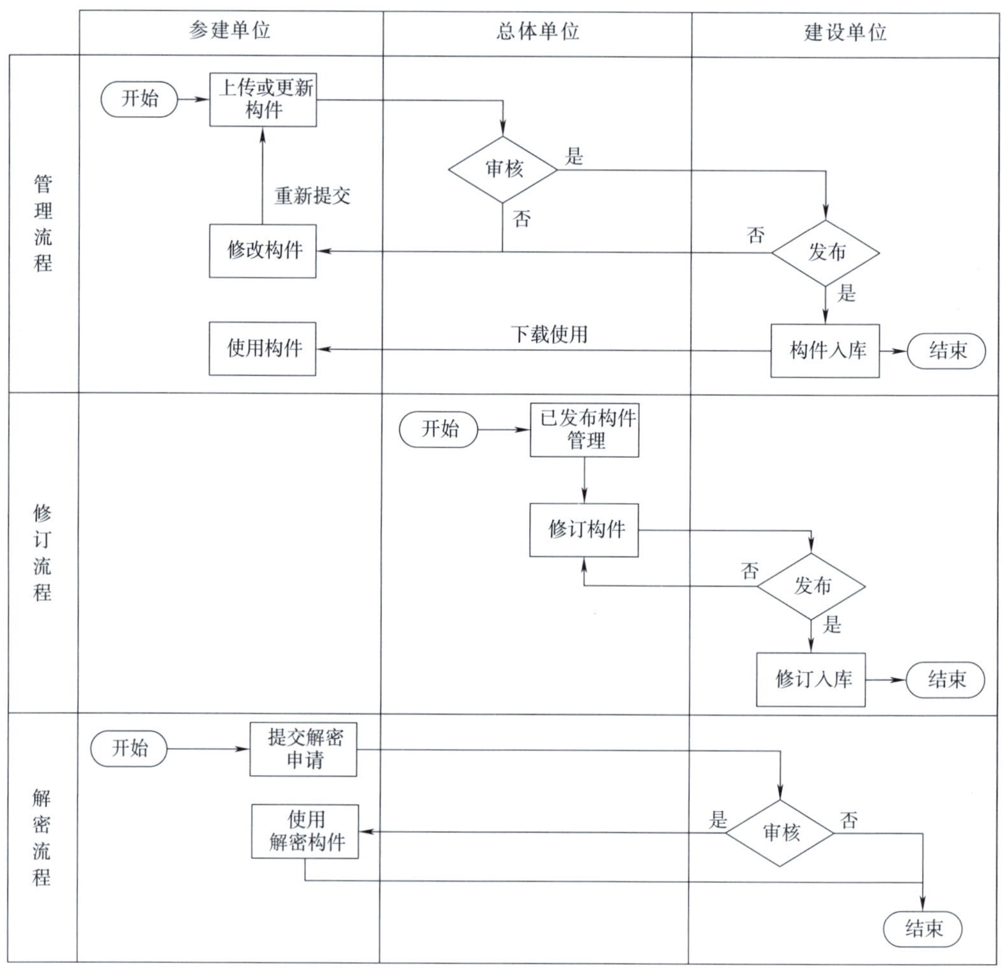

图 6-25　BIM 构件产品库流程管理

- 管理流程用于参建单位上传构件、使用构件。
- 修订流程用于总体单位剔除或更新旧版、不规范的构件。
- 解密流程用于解密构件库中加密的构件模型文件。

按使用层面划分，BIM 构件产品库包括 Web 管理端、Revit 插件客户端（图 6-26）和 Bentley 插件客户端。

按专业层面划分，BIM 构件产品库包括通用设计库、通用施工库、产品库、图例标注，如图 6-27 所示。

图 6-26　BIM 构件产品库客户端

(a)通用设计库

(b)通用施工库

图　6-27

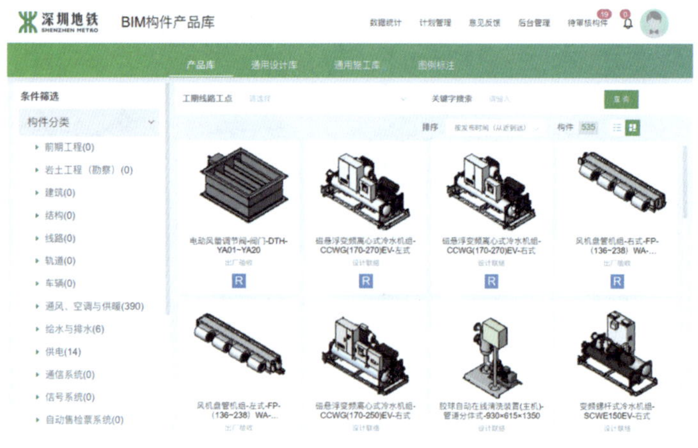

(c)产品库

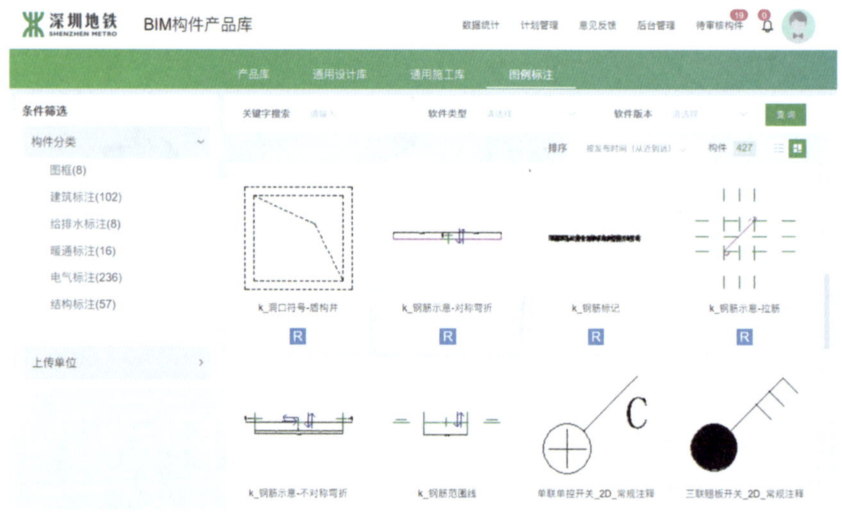

(d)图例标注

图 6-27　BIM 构件产品库各模块

截至 2021 年 8 月，BIM 构件产品库已入库构件模型覆盖 26 个专业 161 个类别，累计 1.2 万余个参数化构件，基本满足轨道交通工程 BIM 工作需求。随着深圳地铁项目的设备系统工程 BIM 应用，将进一步扩大构件库规模，并完善构件库使用功能。

6.3.5　BIM+GIS 可视化数据平台

为解决研究 GIS 大场景数据和 BIM 模型小尺度数据等不同维度数据的融合问题，深圳地铁研发 BIM+GIS 可视化数据平台，实现城市范围内高清影像图、线路、实景、车站、区间、地质体、管线等多源异构数据的发布与可视化展示，如图 6-28 所示。

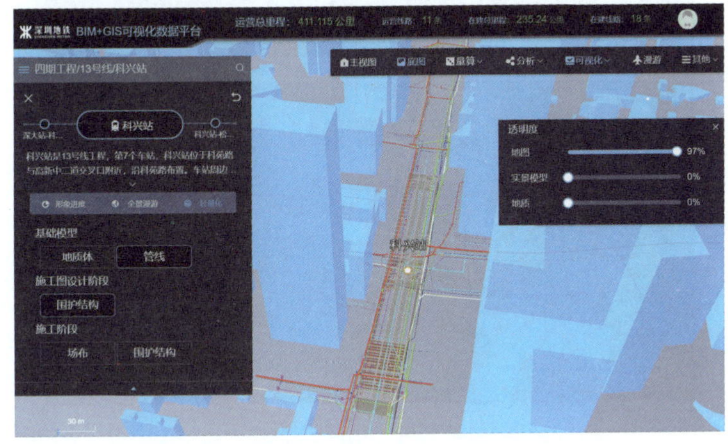

图 6-28 BIM+GIS 可视化数据平台的数据集成

利用工程数据中心集成深圳地铁线网级大场景数据，在 BIM+GIS 可视化数据平台上进行三维可视化展示与处理，相关功能如下：

在展示方面，浏览工程实施范围内交通线路及其周边环境的地形地貌、数字影像、矢量数据(如河流、湖泊、路网)等，实现工程全范围管控；按规划线路、在建线路、运营线路多维度进行导航管理，包括线路信息、勘察设计进度、施工进度等维度统计展示；支持按规划、工可、勘察、设计、施工、竣工等阶段管理线路及车站模型；支持三维场景多方案对比；支持 BIM 模型与二维图纸实现二三维联动。

在数据处理方面，支持影像地图及 BIM 模型开挖、提取，包括任意开挖、目标区域提取、Box 裁剪、Cross 裁剪等多种方式；支持在 GIS 场景中进行测距、测面、测高，以及面积、体积等测量计算；支持按地图区域统计重难点、钻孔、管线等数据；支持设置自定义路径漫游，以及通过键盘控制第一人称视角漫游。

6.3.6　BIM 设计管理平台

BIM 设计管理平台在 BIM+GIS 可视化数据平台的基础上，面向设计管理业务开发项目综合看板、勘察管理、设计管理、设计合约管理等模块。

综合看板：以高清卫星影像、高精度地形为基础，结合地铁线路区间、站点、出入口等二维矢量数据及施工范围内涉及的地质、管线、建筑物等三维 BIM 模型为基础，依托 GIS 空间分析技术，进行空间二三维分析，为地铁站点选址、管线改迁和环境影响等提供 GIS 服务，模拟规划方案。

勘察管理：通过接入勘察单位项目管理平台或提供数据入口等方式，集成勘察数据，对勘察过程及成果进行全过程管理，包括勘察钻孔管理（图 6-29）、勘察布孔方案与周边市政管线的干涉检查分析、勘察项目进度管理、钻孔资料查看、人员管理、勘察成果（报告、图纸、地质模型等）的分级共享等。

(a)轨道交通沿线钻孔分布

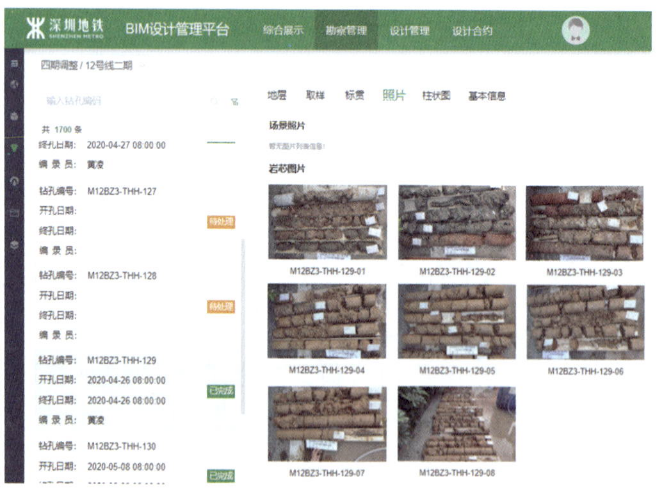

(b)钻孔管理

图 6-29　BIM 设计管理平台的钻孔管理

设计管理：支持设计方案展示与对比（图 6-30）、设计重难点管理、图纸进度管理、设计变更管理、图纸质量管理等。使得各参与方在设计前期阶段深入参与设计方案的讨论与制定，减少施工过程中的设计变更，有利于控制工程成本，提高前期设计决策的合理性、科学性与准确性。

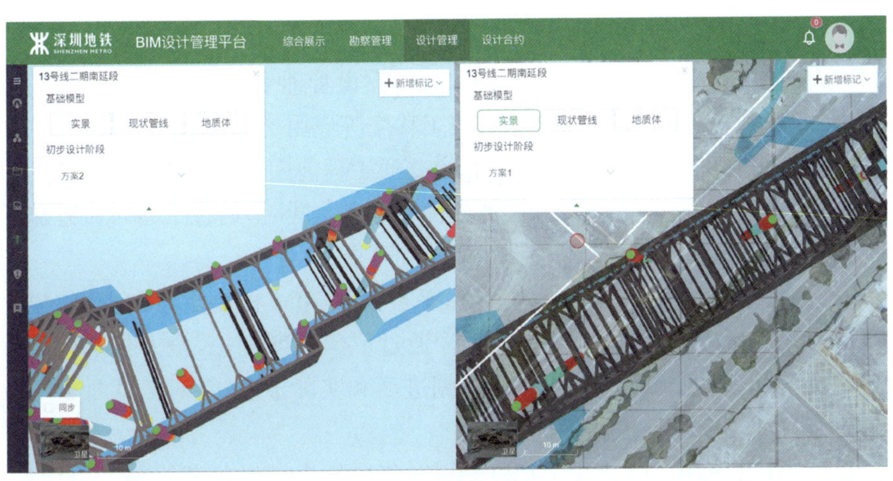

图 6-30　BIM 设计管理平台的方案比选分析

设计合约管理：利用不同阶段、不同精度、不同方案的 BIM 模型，支持估算、概算、预算工程量统计（图 6-31），可按各阶段、各专业和不同方案维度进行工程量变化对比核算，支持施工图工程量数据导出，确保设备投产清单制定的准确性和完整性。

图 6-31　BIM 设计管理平台的工程量统计

利用 BIM 技术的可视化、模拟性、协同性、优化性等特点，基于设计过程不同阶段的 BIM 模型，BIM 设计管理平台为设计方和设计管理方提供数据集成、流程管理和 BIM 模型应用等功能。运用 BIM 设计管理平台，有利于提高各方在方案沟通、方案对比、综合协调、决策管理等方面的效率，并为正向设计提供技术支撑，提升设计方案质量和设计管理水平。

6.3.7 BIM 建设管理平台

根据轨道交通工程施工管理和应用需求，BIM 建设管理平台主要面向前期工程、进度管理、盾构管理、现场管理、质量安全、工艺库、竣工移交等应用场景 BIM 应用。

前期工程：利用 GIS 大场景地图，展示轨道交通工程前期工程中的管线改迁、交通疏解、绿化改迁等不同方案模型，使各参与方比选并优化方案。同时，通过平台可跟踪施工现场的前期工程实施状态，进而保证主体工程作业的顺利开展。

进度管理：将施工模型按 WBS 结构分解，平台读取 BIM 模型后，可自动将模型结构树关联施工计划，驱动生成工程进度 BIM 模型。通过形象进度模拟，全方位掌握工程施工方案，并通过现场实际进度数据的上传，比对计划进度和实际进度，针对工期延误情况及时发出预警，便于管理人员全局把控施工进度。

盾构管理：通过数据接口对接盾构管理系统，集成轨道交通每条线路的盾构掘进信息。在 BIM+GIS 环境中，可实时定位盾构的掘进位置，并通过集成周边地质、地下管线、建(构)筑物等模型，分析盾构与周边环境的空间关系，为施工风险管控提供依据。盾构的掘进参数，如掘进姿态、推进速度、注浆压力等，可在平台中记录、查看，如图 6-32 所示。

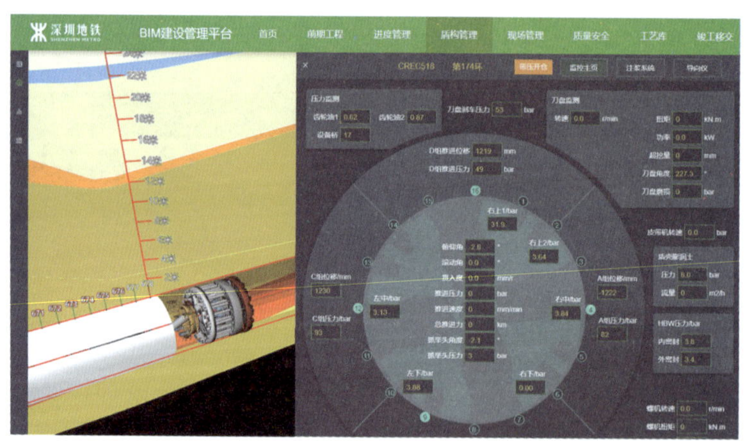

图 6-32 BIM 建设管理平台的盾构管理模块

现场管理：利用 BIM 模型的三维可视化特点，集成各工地的施工现场场布模型，可模拟物资堆场、机械设备、道路交通等，以优化工地现场布置。同时，施工 BIM 模型可集成各类工程资料，便于管理人员获取施工现场的全方位信息。

质量安全：为保证施工质量与安全，将施工现场的各类监测数据集成至 BIM 建设管理平台，基于 BIM 的监测管理，可改变传统监测的二维化管理，直接定位至施工现场的目标位置，便于现场人员的管理。图 6-33 展示了施工场地的施工风险分布与周边环境的边界条件，形象、直观地展示风险源，有利于针对性地制定不同等级的风险管控措施。进一步地，平台可存储记录监测的全过程数据，进而可按时间序列、监测值范围等方式统计分析监测数据，如监测数据随时间发展的曲线图，便于现场人员的监控，如图 6-34 所示。当监测数据达到阈值时，平台将及时发出预警，提醒现场管理人员。

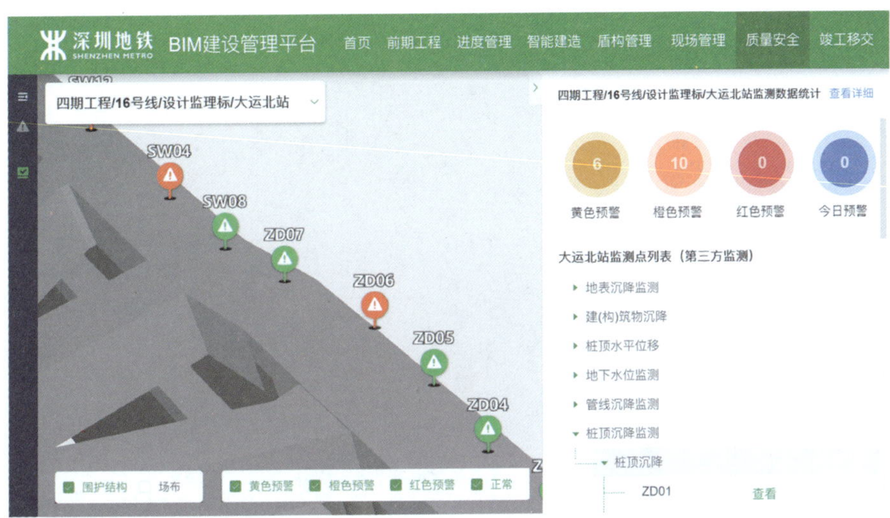

图 6-33　BIM 建设管理平台的风险管控

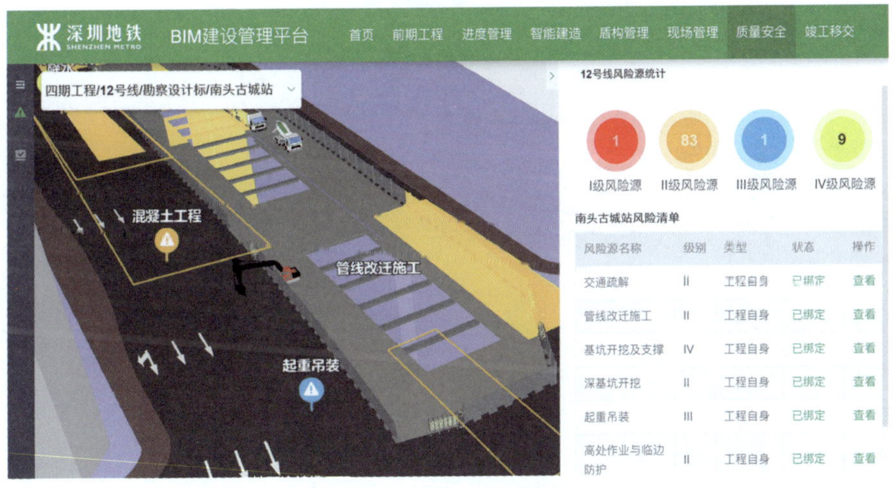

图 6-34　BIM 建设管理平台的监测数据可视化与分析

工艺库：考虑轨道交通工程施工技术方案的复杂性，打造施工方案 BIM 工艺库，集成基于 BIM 技术的轨道交通工程各类施工工艺视频，如暗挖车站、明挖区间、高架区间等不同类型项目。施工管理人员通过工艺库向现场人员进行技术交底，现场人员通过工艺库学习掌握相关工艺工法。尤其是施工现场存在人员流动大、老龄化等问题，通过建立 BIM 工艺库，可系统性地进行三维可视化的技术交底，提升现场施工质量。

施工单位利用平台管控施工现场的“人、机、料、法、环”，实现精细化管理。建设单位利用平台开展基于 WBS 的形象进度模拟对比、算量计价等，全方位把控轨道交通线网各工程的进度、成本、质量、安全等情况，助力四控两管一协调，有利于全面提升工程施工质量和管理效率。

第7章 设计BIM应用案例

7.1 城市轨交

7.1.1 深圳地铁12号线及12号线二期工程

应用单位：深圳市市政设计研究院有限公司

1. 项目概况与重难点

深圳地铁12号线，从南往北，起自左炮台站到海上田园东站，共设站33座（其中换乘站20座），全部采用地下敷设方式，12号线二期工程共设6座车站，全专业采用BIM正向设计。12号线沿线的城市建设布局复杂多变，包括周边地块新建（构）筑物、城市更新地块众多，规划条件不稳定，并涉及多处换乘车站及轨道交通枢纽、市政共建管廊工程等。线路多处下穿房屋、桥梁、城际铁路、高压架空电缆、高速公路、河流等，工程难度大。

为提高设计质量和效率，于2019年初，选取科技馆站作为试点车站进行BIM正向设计研究，并推广应用至12号线其他站点。通过以"谁设计，谁BIM"的原则，强调由"点"至"线"，由"局部"至"全面"，分阶段实现全专业正向设计，满足深圳地铁BIM应用要求，积累数字资产。

2. BIM技术应用与创新

在12号线的正向设计过程中，基于科技馆站的试点应用，总结形成轨道交通BIM正向设计指引手册（含地下车站、地下区间以及车辆段），以指导全线各项目的正向设计应用。通过提资、设计、校对、审核平台，科技馆站的正向设计出图率见表7-1，出具图纸达250余张。

表7-1 12号线科技馆站各专业出图率统计表

专　业	出图率	专　业	出图率
建筑	65%	供电	70%
结构	55%	信号	75%
暖通	60%	综合监控	50%
给排水	65%	AFC	78%
动力照明	75%	综合管线	80%

在正向设计过程中，利用BIM模型开展各类分析与应用，全方位挖掘BIM数据价值。

(1)用倾斜摄影技术产生高精度的三维实景模型，并根据物探资料形成BIM设计的三维地质模型、现状管线模型、桩基模型等，通过 BIM+GIS 技术解决传统设计多次现场踏勘以及方案与现状周边产生的冲突问题，全面直观体现现状拆迁范围与远期规划愿景。图 7-1 展示了基于 BIM+GIS 的沙三站项目现场规划。

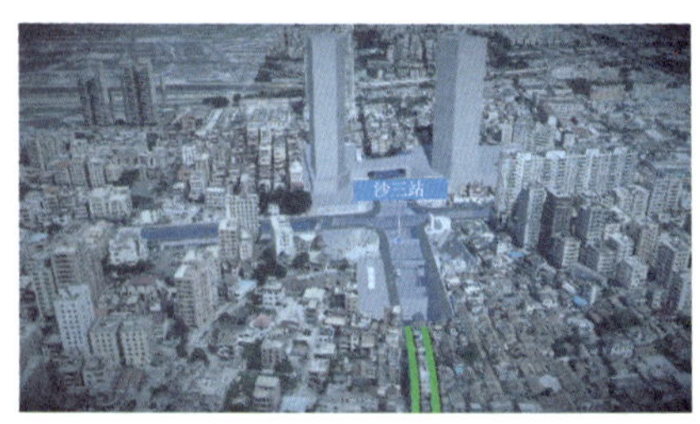

图 7-1　基于 BIM+GIS 的项目现场规划(沙三站)

(2)利用自主开发的地铁限界软件(图 7-2)，根据限界设计规范，将限界边界条件和计算算法内置在设计软件中，只需输入关键性参数，便可一键生成限界轮廓，提高限界设计质量及效率。

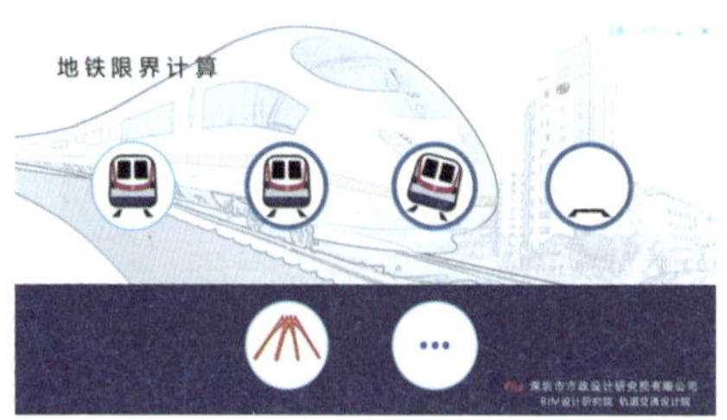

图 7-2　地铁限界软件

(3)使用基于 BIM 模型的 DIALux 照度模拟优化(图 7-3)，针对各种功能性照明进行合理的专项优化，所见即所得，满足地铁房间及大空间的艺术性、功能性需求。

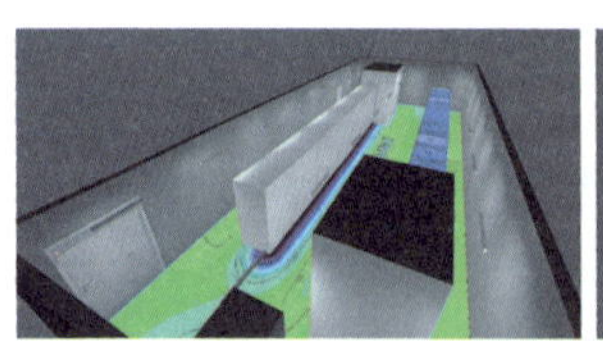

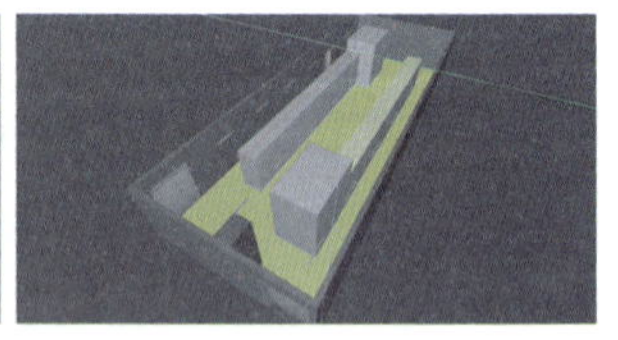

图 7-3　0.4 kV 低压开关柜室照度分布伪色图、照明实景图、照明工作面图(科技馆站)

(4)利用 BIM 模型进行 Massmotion 疏散模拟与客流模拟(图 7-4)。原方案在出口闸机处人流密度较高，较为拥挤，通过客流模拟，优化车站内部楼扶梯以及闸机设置，使方案更加合理，直观表现疏散过程。尤其是在疫情期间，在乘客间距 1 m 的边界要求下，进行客流仿真，为地铁运营的疫情防控提供科学依据。通过收集深圳地铁线网各站点的实时客流量，与站点的安全通行能力进行对比，开发地铁客流饱和度一张图系统。在预警系统中采用不同颜色实时显示各线各站点的客流饱和情况，按等级要求及时将预警信息推送至运营管理人员，以便进行客流组织的人工干预。

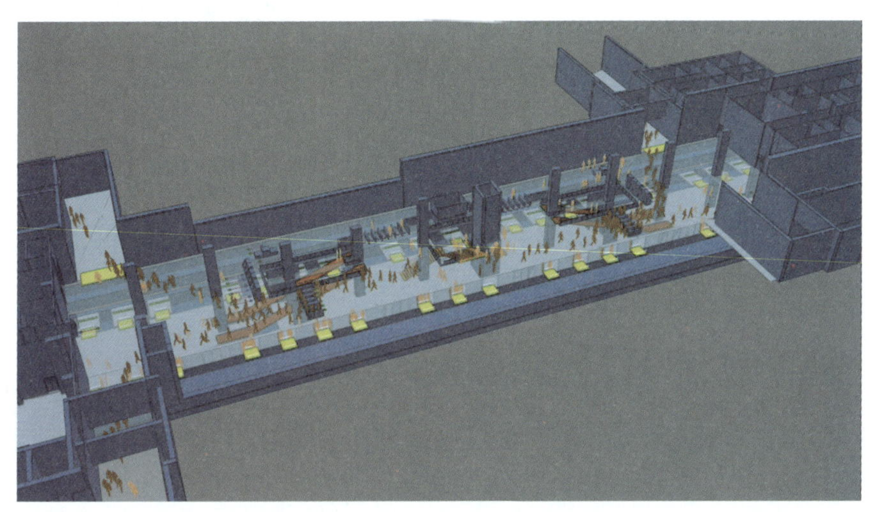

图 7-4　客流模拟(科技馆站)

(5)12 号线二期沙三站作为机械化暗挖试点车站，采用构件相互链接的 BIM 设计思路，优化结构接头方案，利用既有管节作为下一管节的输入条件，进行相互迭代设计，最大限度减少设计误差。通过高精度 BIM 模型进行预制构件的现场模拟预拼装(图 7-5)，将拼装效果反馈至设计。

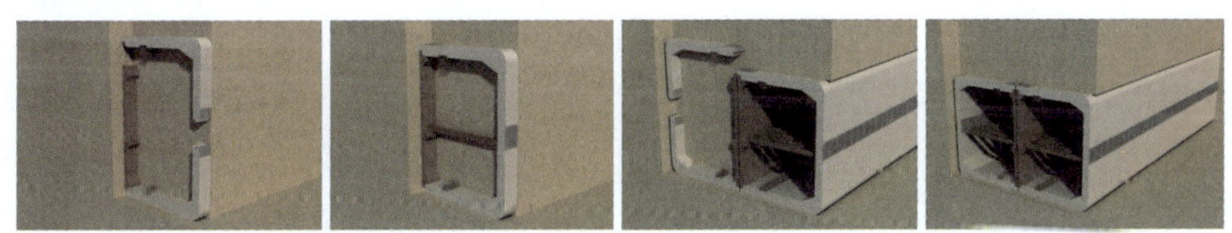

图 7-5　装配式预制构件施工模拟(沙三站)

(6)利用 UE4 游戏引擎，在装修 BIM 模型的基础上开展三维沉浸式体验(图 7-6)，使得业主及各参建方全方位体验装修设计效果，提升方案沟通效率。同时模拟不同客流路径，对导向标识进行复核，辅助设计决策。

3. BIM 应用效益与价值

通过对 12 号线的正向设计探索实践，总结形成轨道交通 BIM 正向设计方案，在 12 号线二期工程中推广应用，目前已完成地质、管线、区间以及车站主体土建初步设计模型，提高了设计与管理效率。

项目利用 BIM+GIS 技术集成各种基础数据，包括勘察资料、实景模型等，实现了轨道

图 7-6　车站装修方案沉浸式体验(福保站)

交通多源异构数据集成,为设计与后期施工管理提供直观的三维环境与集成的信息资源。在 BIM 模型的基础上结合各种分析软件,实现交互式设计分析与沉浸式方案体验,深度挖掘 BIM 数据价值,加强设计产品的人性化、智慧化。在设计阶段,通过规范化的 BIM 模型积累,为 BIM 数据在设计、施工及运维阶段之间的传递奠定基础。

7.1.2　深圳地铁 6 号线支线

应用单位:中铁二院工程集团有限责任公司

1. 项目概况与重难点

深圳地铁 6 号线支线位于光明新区内,线路起于 6 号线翠湖站东侧,终点为武汉大学站。线路全长约 6.13 km,含四站三区间,与东莞 1 号线衔接,是加强深圳与东莞一体化发展的重要纽带。项目先后穿越了柴山、广深港高铁、大陂河。沿线途经楼村断裂带、长距离硬岩、上软下硬地层、浅覆土河道等复杂地质。部分车站及区间隧道与公常路隧道并行施工,两条隧道之间的最小距离仅 3.5 m。整个项目地质条件复杂、周边限制性因素多、安全风险大、工程难度高。

为提高工程设计质量和效率,项目以新明医院站为正向设计试点车站,探索 BIM 正向设计。根据正向设计应用需求,提出“标准先行”“流程改造”“软件开发”“平台支撑”的正向设计指导理念,实现全专业的正向设计。

2. BIM 技术应用与创新

(1)在 BIM 正向设计过程中,针对轨道交通各专业协同特点,优化原有的项目实施流程(图 7-7)。同时,为了解决 BIM 软件一些不足,提高设计效率,从快速建模、模块化设计、智能设计到智能校审四个部分,分层递进,规划和研发了多款 BIM 插件,如标高自动计算、车站主体快速建模、站旗快速布置、协同开洞、疏散距离计算等模块插件,极大提高正向设计的出图效率及图纸质量。

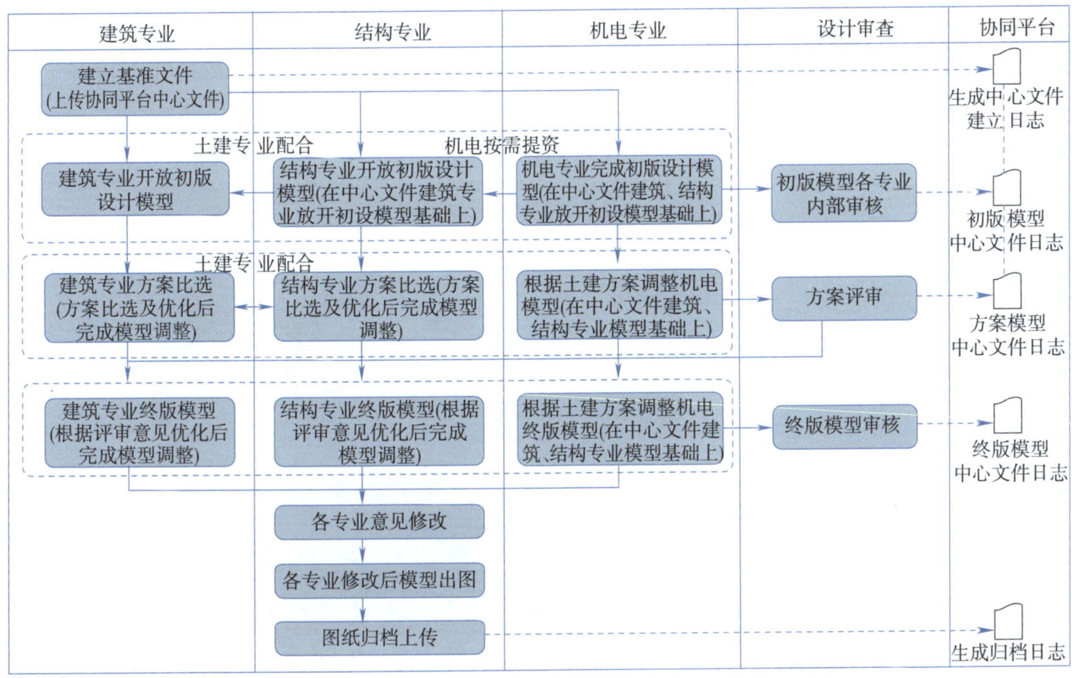

图 7-7　BIM 正向设计流程

(2)地铁已经成为许多城市交通的重要组成部分，在地铁站这种特殊的空间狭小并且人群密集的环境中，为避免紧急突发事故造成的人员伤亡和损失，通过 BIM 技术进行人员紧急疏散模拟，通过获取客流数据及楼扶梯疏散宽度统计，根据各部位的疏散通行能力，计算疏散时间，对紧急疏散状态下站厅、站台的平均客流密度、空间利用度以及客流密度随时间的变化情况进行详细分析(图 7-8)，核验疏散时间及楼扶梯、闸机通行能力，并根据模拟结果提出设计及运维优化建议。

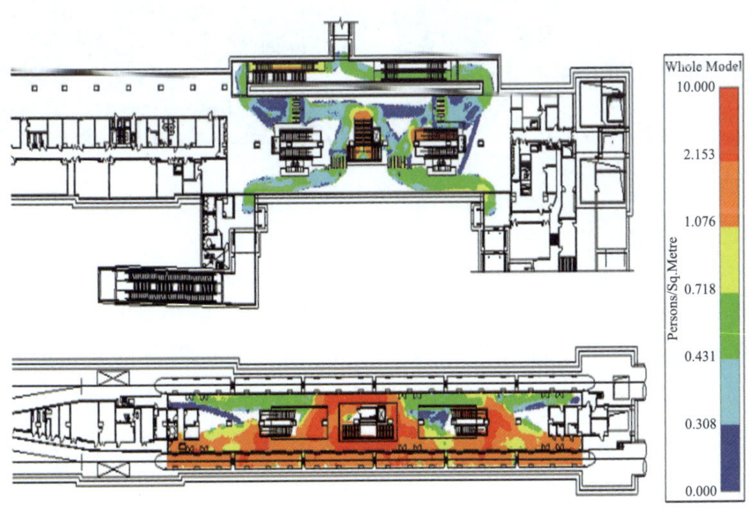

图 7-8　公共区客流密度分析图

(3)项目前期阶段,整合现状市政管线模型与车站土建模型,结合施工场地布置对车站管线搬迁进行碰撞分析、优化和模拟。对部分管线采取悬吊保护措施,避免长距离搬迁。充分利用场地环境,将部分管线临时改迁至场地附近原有的明渠中,减少搬迁费用(图 7-9)。

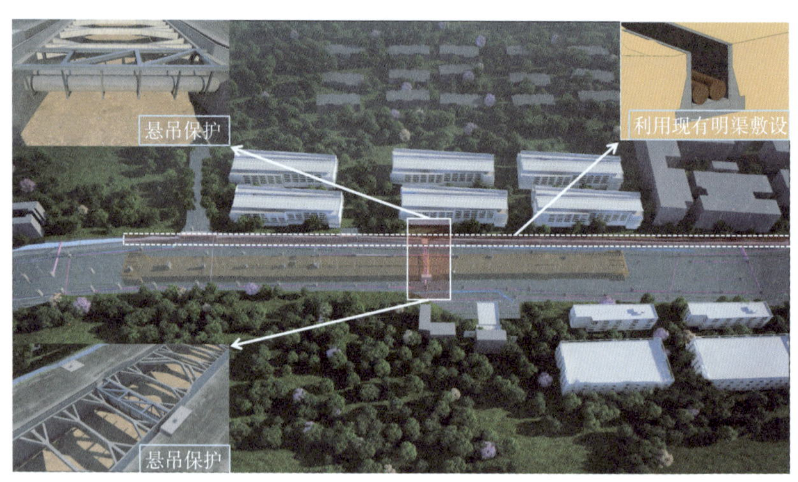

图 7-9 管线搬迁优化

(4)施工过程中,为了验证图纸、模型及现场的一致性,利用三维激光点云扫描技术对车站土建现场进行扫描,并通过软件将设计模型与点云模型比对(图 7-10),自动计算模型偏差。对施工误差较大的部位及时进行整改,避免对后续机电安装施工产生影响。

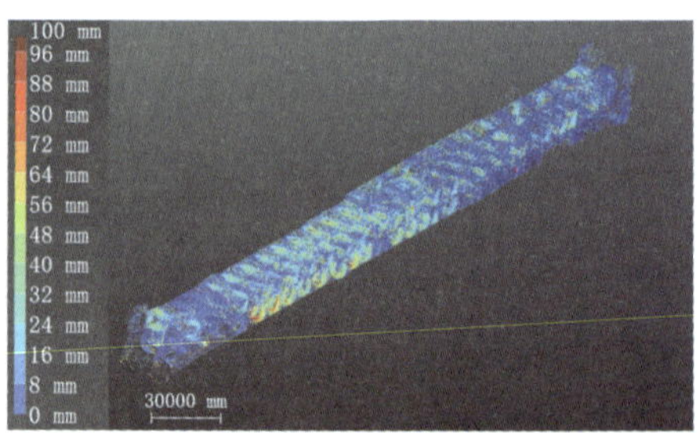

图 7-10 点云模型与设计模型对比分析

3. BIM 应用效益与价值

通过项目 BIM 应用与验证,不仅提高了设计的合理性、降低风险、减少费用、强化施工过程中的控制等,还编制一整套正向设计标准、改造 BIM 正向设计流程,创建并验证各专业的正向设计样板、研发一整套 BIM 正向设计及效率提升插件,形成一套可复制、可推广的系统模式。项目积累了市政管网、地质信息等多种城市数字资产,从设计到施工配合再到运维,全方位实现 BIM 应用价值。

7.1.3 深圳市黄木岗综合交通枢纽工程

应用单位:中国铁路设计集团有限公司

1. 项目概况与重难点

黄木岗交通枢纽站址位于深圳市福田中心区东北部,是该片区慢行系统核心和联系纽带。黄木岗交通枢纽是集道路交通、地铁、公交、慢行、地下商业于一体的新时代大型综合交通枢纽。枢纽占地面积约 13.5 万 m^2,规划建筑总面积约 12.65 万 m^2(不含市政工程)。

项目在设计建设初期面临建筑体量大、形式复杂、内部交通客流复杂、施工工序困难等严峻问题。其中,主体结构采用 V 形柱与斜板相结合的方式,节点形式复杂,施工难度大。通过综合利用 BIM 技术,开展正向设计、模拟应用、绿色建筑评价等,利用数据盘、数字化管理平台等技术手段对工程设计建设难点进行逐一解决。

2. BIM 技术应用与创新

(1)在枢纽设计过程中,采用自主研发的数据及监控盘三维协同设计平台(图 7-11),通过界面交互、关联自动化、数模分离、数据管理等技术手段,在同一平台上进行 BIM 协同设计,基本实现从客流数据录入,车辆、车站辅助选型,衍生设计方案比选。在区间设计过程中,基于 Revit 软件自主研发区间正向设计软件(图 7-12),根据线路平纵断面自动生成三维线路中心线,利用参数化管片族、系统构件族,在一分钟内自动完成整个盾构区间模型创建。

(2)深度结合国内现行出图标准,利用所开发软件实现对枢纽总图、分层平面图、枢纽剖面图(图 7-13)的核心专业自动出图,解决枢纽工程复杂结构出图的难题。通过关键特征解析,自动搜索相关边界,自动生成枢纽的内外轮廓,构建世界坐标系,自动换算并标注枢纽坐标,同时生成坐标定位表,基本实现总图全自动化出图。

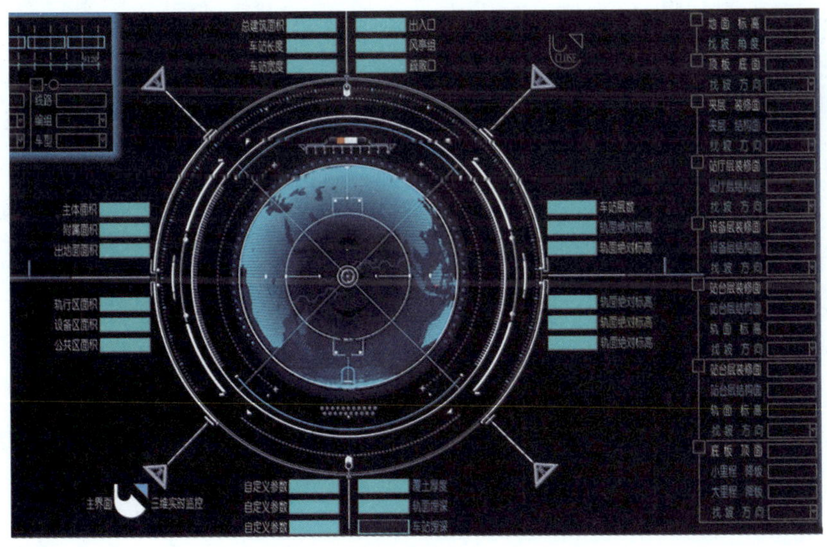

图 7-11 数据及监控盘三维协同设计平台

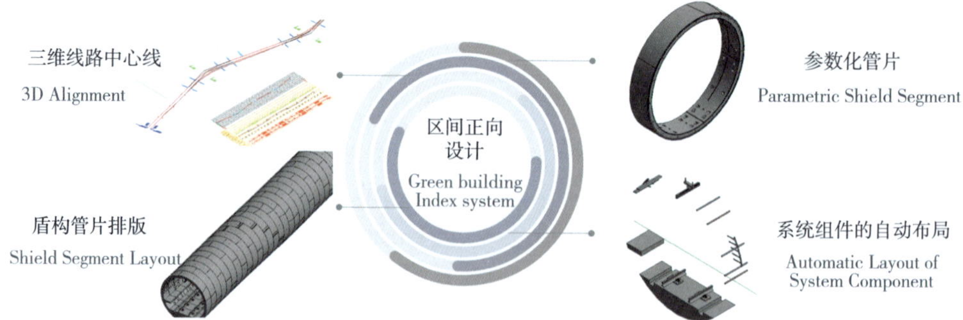

图 7-12　区间 BIM 正向设计功能要点

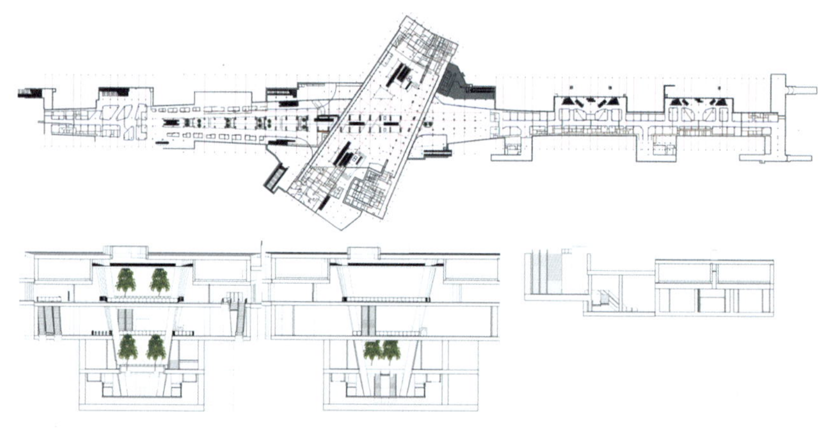

图 7-13　黄木岗交通枢纽平剖面图(BIM 出图)

(3)工程深度结合现行国家标准《绿色建筑评价标准》(GB/T 50378),利用 BIM 技术仿真模拟,实现项目的前评价,应用于方案优化。

客流模拟:通过 Legion 软件进行客流仿真,寻找人员过于密集及空闲的空间优化,实现客流空间有效率整体提升 30%左右。

疏散模拟:采用 Pathfinder 软件,在 SFPE 模式下进行人员疏散仿真模拟,实现疏散空间有效率整体提升了 30%。

烟气模拟:采用 PyroSim 软件通过数据效果分析,对枢纽关键点位进行火灾烟气模拟,得出实时烟气蔓延状况、可见度、温度以及 CO 浓度等相关参数,为指导工程项目设计提供数据信息。图 7-14 展示了火灾区域能见度等值面。

(4)黄木岗枢纽面临开挖面积大、工期紧张等难题。黄木岗立交桥拆除规模和难度在国内同类工程罕见,若采用传统倒边拆除方式,拆桥工期长达 10 个月。在拆桥方案制定中,应用 BIM 全方位仿真技术对不同拆桥方案进行施工仿真,将各阶段的拆桥部位、施作工法、机械调度等工序在四维空间中进行进度计划仿真模拟,最终确定模块车驮运、模块车支撑切割吊运、支架支撑切割吊运相结合的施工方法,确保工程在 9 d 内,将总长 1 544 m、约 4 万余吨钢筋混凝土的5座桥梁桥体，切割为442块顺利拆除，创造了黄木岗速度(图7-15)。

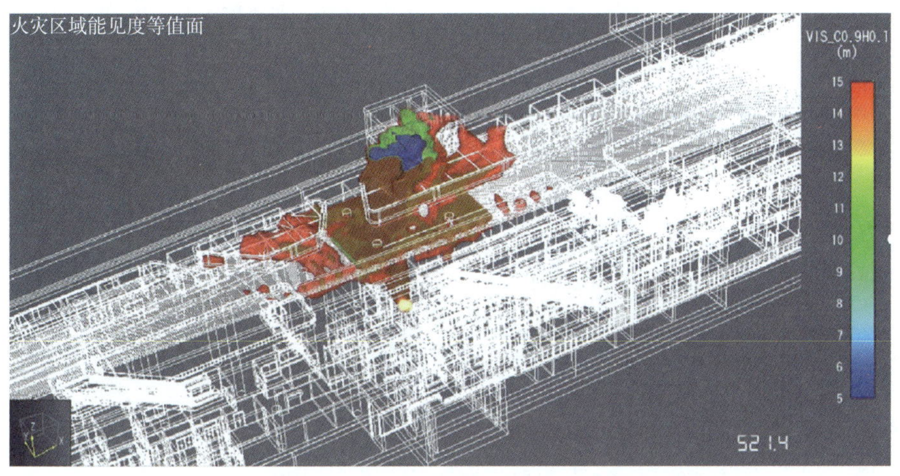

图7-14　黄木岗交通枢纽火灾区域能见度等值面

图7-15　黄木岗立交拆除施工模拟

(5)针对城市轨道交通设计过程中产生的信息冗余、数据衰减、专业信息冲突等问题，提出以数据协同为核心的多专业正向设计方法，即专业数据协同设计，简称PDMO(图7-16)。通过数模分离与模数交互技术建立“设计方案—数据—设计模型”的自动化关联，在枢纽工程中完成数据、模型、图纸设计成果交付，设计成果的信息冲突和冗余明显降低。

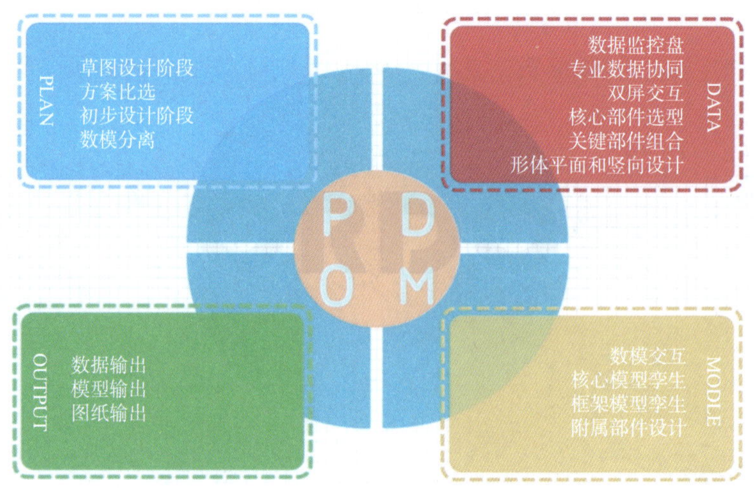

图 7-16　专业数据协同设计(PDMO)

3. BIM 应用效益与价值

利用自主研发的数据及监控盘三维协同设计平台、区间正向设计软件、正向设计出图系统，在枢纽工程推广正向设计应用。25 min 内，完成枢纽主体框架的模型孪生，效率提高 94.79%(以 12 个工作时为基础计算)；15 min 内，完成出入口设计与创建，效率提高 93.75%(以单个出入口 4 h 为基础计算)；5 min 内，完成枢纽及全线站台宽度及疏散时间计算，效率提高 99.44%(以 15 个车站，每站 1 个工作时为基础计算)；1 min 内，完成正线区间全专业模型创建，效率提高 99.65%(以 6 个区间，每个区间 0.8 个工作时为基础计算)。

在深度结合国内现行出图标准的前提下，实现 BIM 土建部分出图效率提高 91.3%；研发智慧模拟软件，解决复杂施工步序设计的问题，将方案设计与步序设计融合，实现四维设计模式，软件将施工步序设计效率提升 60%。

7.1.4　深圳地铁 6 号线支线南延工程

应用单位：中铁第四勘察设计院集团有限公司

1. 项目概况与重难点

6 号线支线二期工程位于光明区，途经凤凰城片区、光明中心区，线路全长 4 947 m，设 3 座地下站。“麻雀虽小，五脏俱全。”整条线路体现出了小而全的特征。光明城站与 13 号线、18 号线、莞深城际、广深港高铁、赣深高铁换乘，为综合交通枢纽；华夏站为装配式车站；光明小镇站与出入线接轨。整条线路敷设方式多，车站与区间类型多，接口关系复杂，景观效果要求高，工程难度大。

本次 BIM 设计选取华夏站与光明小镇站及对应区间进行全专业的 BIM 正向设计，在装配式车站及重点车站区间的正向设计过程中，以点带面的方式提升 BIM 正向设计水平并做到相关经验的积累，以推广至其他线路。

2. BIM 技术应用与创新

在 6 号线支线二期工程正向设计过程，各专业群策群力，发挥各专业技术积累。搭建 BIM 设计协同平台，打破传统各专业各自为战的尴尬局面。并通过自主开发的软件，实现 Autodesk 平台与 Bentley 平台间的数据链接与共享。

(1)在正向设计过程中，搭建设计选线平台，结合 BIM+GIS 平台与倾斜摄影，让数据三维呈现，不同方案的工程难度、征地拆迁、用地影响情况一目了然，降低政府及业主部门的决策难度，推进方案快速稳定(图 7-17)。

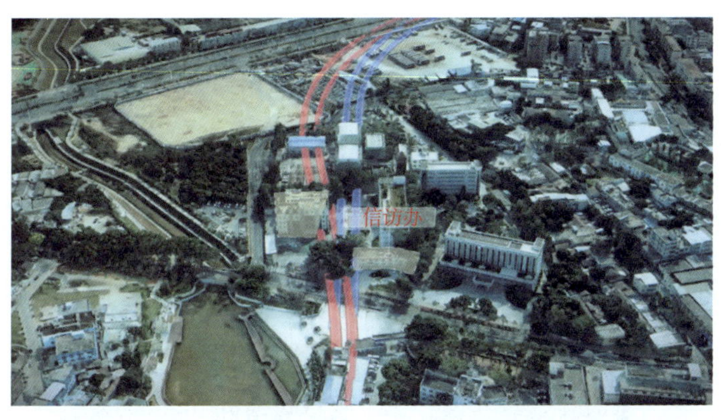

图 7-17　基于倾斜摄影模型的线路选线

(2)利用 BIM 模型结合客流仿真软件，探究不同楼扶梯布置方案下的客流情况，通过对比不同工况下的客流密度、客流行进速度、空间利用率、设施利用饱和度等指标，比选最佳的通行设备及楼扶梯布置方案(图 7-18)。

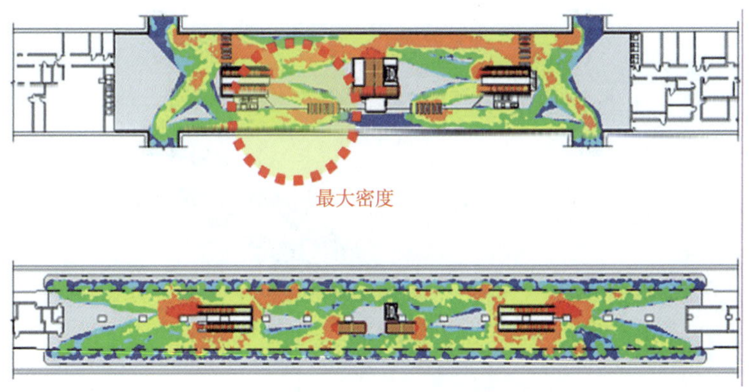

图 7-18　通过客流模拟优化楼扶梯布置图

(3)通过三维管线综合检查，解决管线碰撞难题，通过对通风空调风管及设备、给排水水管及设备、通信电力专业桥架及土建围护结构进行排列组合，找出各处相互的碰撞并逐一核实调整(图 7-19),解决光明小镇站 317 处管线碰撞以及华夏站 203 处管线碰撞问题。同时利用可视化编程软件 Dynamo 与 Python 二次开发插件,实现多联机气液管自动修改、风口尺寸自动调整、喷淋系统管径修改等功能,提升设计效率。

图 7-19　小系统送风管与冷却水供回水管、冷冻水回水管发生碰撞前后

(4)在隧道和桥梁设计过程中,进行多软件集成应用。矿山法隧道和明挖隧道部分模型采用 Bentley 软件,盾构隧道采用 Revit 软件,结合不同软件的优势迅速完成盾构管片、疏散平台及联络通道的精细化建模(图 7-20)。桥梁建模时利用 PCL 参数化脚本语言,编制项目级参数化结构,方便设计模型快速建立,以及工程量精确统计,桥梁建模均实现参数化和批量化,方便后续设计方案调整更新(图 7-21)。

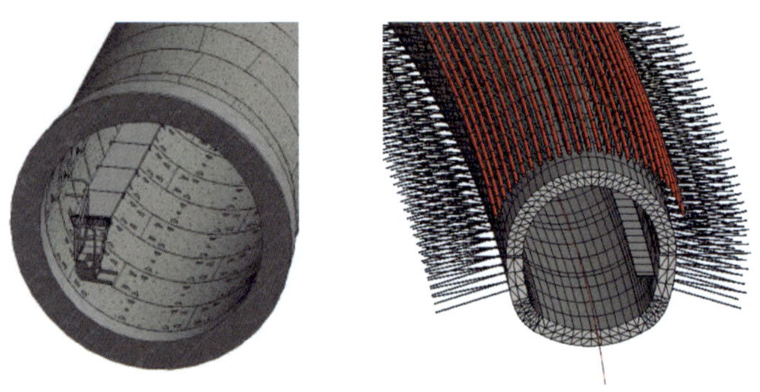

图 7-20　盾构段与矿山段隧道模型图

图 7-21　桥梁参数化建模

(5)制定出图样板,规定 BIM 出图样式及标准,实现各专业快速出图,大量节省了出图时间与工作量(表 7-2)。

表 7-2　各专业出图率统计表

专　　业	需要出图数量	BIM 出图数量	出 图 率
暖通	60	46	77%
给排水	43	41	95%
管线综合	35	23	66%
线路	14	14	100%
结构	50	26	52%
建筑	60	58	97%
综合出图率			79%

3. BIM 的应用效益与价值

项目在 BIM 正向设计过程中,将 BIM 模型与传统方案设计有机结合。其中,线路选线基于 BIM+GIS 平台相较传统方式更加清晰展示线路与周边环境的关系。基于 BIM 模型的客流模拟,相较传统设计节省重新建模时间。管线碰撞的自动识别相较传统方式可节省 50%以上的时间,同时对碰撞处的把控更为精确。区间隧道打通 Bentley 和 Revit 双平台间的壁垒,针对不同工法隧道有效节省设计时间。桥梁专业建模工具主打参数化与批量化功能,能将建模速度提升 10 倍以上。

7.1.5　深圳地铁 16 号线工程

应用单位:北京城建设计发展集团股份有限公司

1. 项目概况与重难点

16 号线是一条位于城市东部组团内部的整体呈东西走向的线路,主要分布在龙岗、坪山两个行政区,线路全长 38.66 km,全部为地下线,共设车站 32 座,全部采用地下方式敷设。其中一期工程线路全长约 29.2 km,设站 24 座;二期工程线路全长约 9.46 km,设站 8 座。

16 号线工程全线风险源控制因素较多,多次下穿河道、高架桥、周边建(构)筑物等;地质情况复杂,特别是在龙岗段多数车站和区间位于岩溶发育较为强烈的区域;二期工程多次穿越园山街道"三山两河",工程条件较为复杂,地下建(构)筑物及河道控制因素较多,并且首次应用具有深圳特色的装配式车站;结合全线所经地区的围屋文化,提出特色车站以及阳光+家的装修理念。

结合 16 号线工程特点,BIM 技术的应用可清晰有效地展示工程与周边控制因素的关系,在工程初期通过实体模型论证装配式的空间结构以及装修效果。

2. BIM 技术应用与创新

项目坚持"谁设计谁 BIM"的原则,将 BIM 管理纳入总体总包组织架构,推广设计人员全员熟练操作 BIM 软件,并设定专门的技术负责人、副总体及专业牵头人员对项目进行矩阵式交叉管理。

建筑
结构
暖通、给排水、动照、供电、弱电等
设计审查
建筑专业开放基准文件模型
基准文件模型包括基点、方位、高程、标高、轴网
(基准文件由建筑专业维护)
建筑专业开放第一版模型
建筑专业利用样板文件，建设车站初版模型
往复
结构专业开放第一版模型
结构专业在建筑基准文件的基础上，建设第一版模型
各专业反馈第一版资料
设备专业接收土建提供的第一版模型，并根据专业需要，向土建专业反资
第一次合模(多方案比较)
建筑对车站方案进行比选
建筑专业根据初版模型，进行多方案比选，对方案进行优化和确定
往复
结构对车站方案进行比选
建筑专业根据初版模型，进行多方案比选，对方案进行优化和确定
各专业完成建模
设备专业根据建筑开放的稳定版模型建各专业模型
专业评审
各专业对各自模型和图纸，开展模型评审并修改反馈
第二次合模(管线优化)
建筑专业完成模型
根据专业评审，调整并深化模型， 完成最终成果
结构专业完成模型
根据专业评审，调整并深化模型，完成最终成果
各专业完成模型
根据专业评审和管线优化，调整并深化模型，完成最终成果
最终合模
模型审查
根据BIM制图标准，对BIM模型进行审查
模型方案交付
模型归档

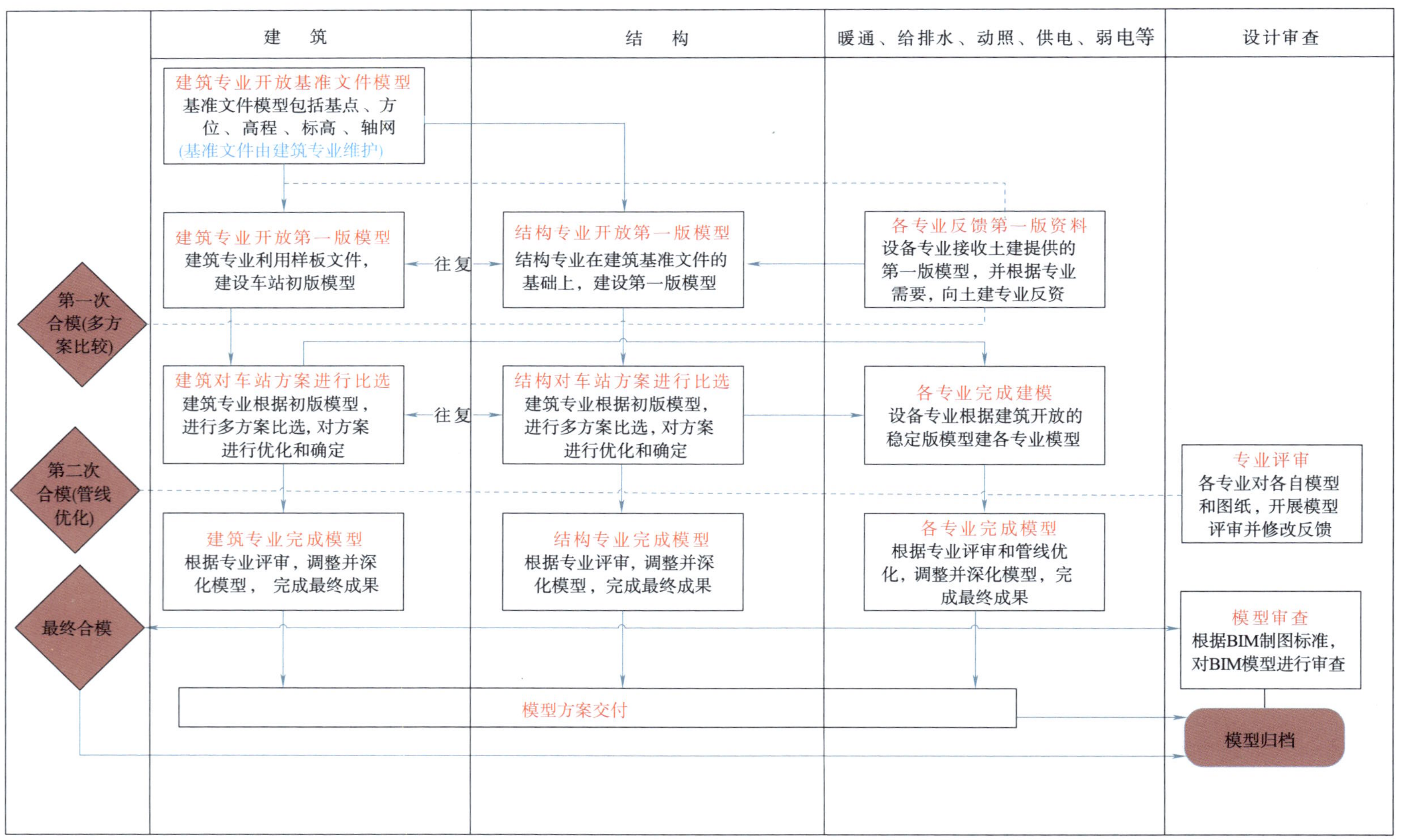

图 7-22　正向设计流程

(1)以 16 号线回龙埔站为正向设计试点，明确设计流程(图 7-22)，制定各专业的样板文件，对项目浏览器、构件属性、过滤器、视图样板、出图样式等进行预设定，基本满足图纸深度(图 7-23)。

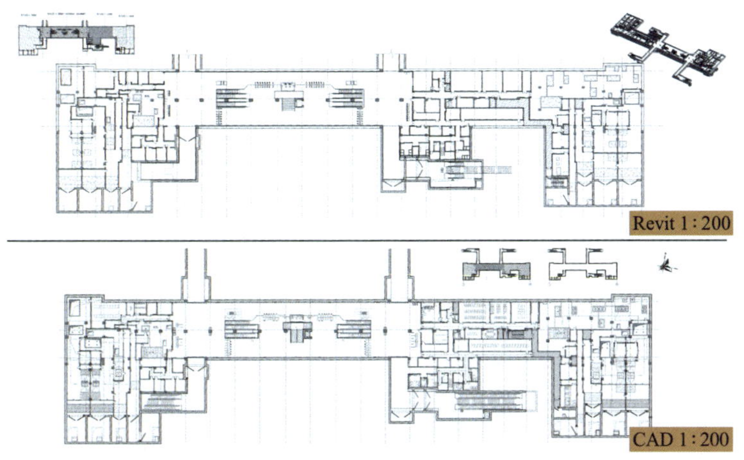

图 7-23　Revit 与 CAD 出图对比

(2)沿线多次下穿或侧穿河流、建(构)筑物等风险源，采用 Revit 模型可将风险源与地铁工程的关系可视化，通过三维视口展示给施工方、业主方、产权方等部门，将工程各风险源的施工方注意事项形象化(图 7-24)。

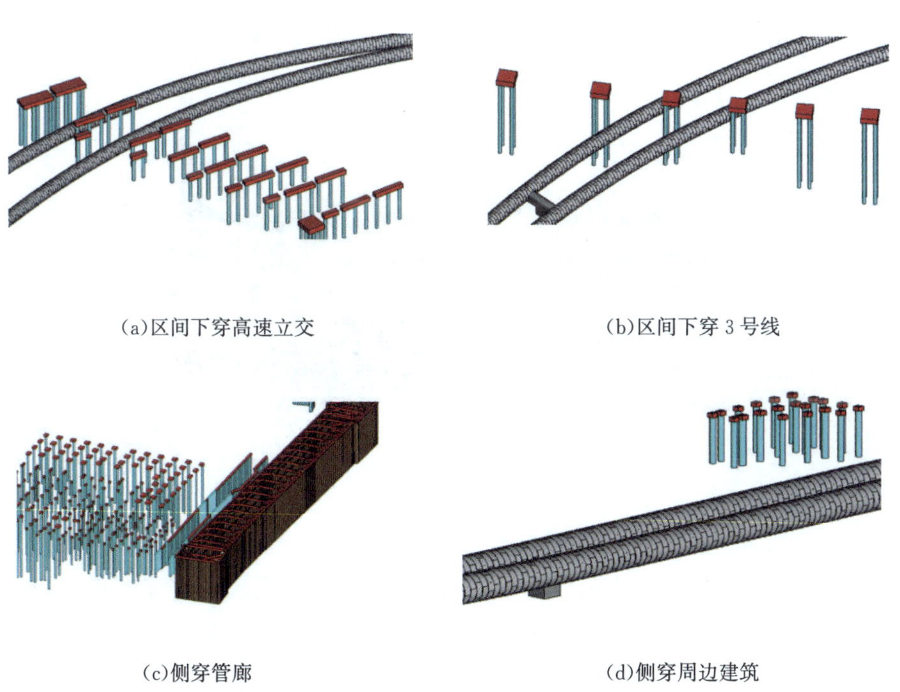

(a)区间下穿高速立交　(b)区间下穿 3 号线

(c)侧穿管廊　(d)侧穿周边建筑

图 7-24　区间与地下建(构)筑物关系图

(3)龙岗区地质情况较为复杂，岩溶分布范围较广。16 号线一期工程在设计过程中积累了岩溶分布的情况和处理经验，但过程中需结合二维平剖面对溶洞进行空间想象；二期项目初期，结合地质勘查报告对地质模型进行创建，将地质分布情况特别是溶沟溶槽通过 BIM 三维展示(图 7-25)，将岩溶这一工程重点可视化，为合理地选择岩溶处理方案创造条件，有效提高沟通效率。

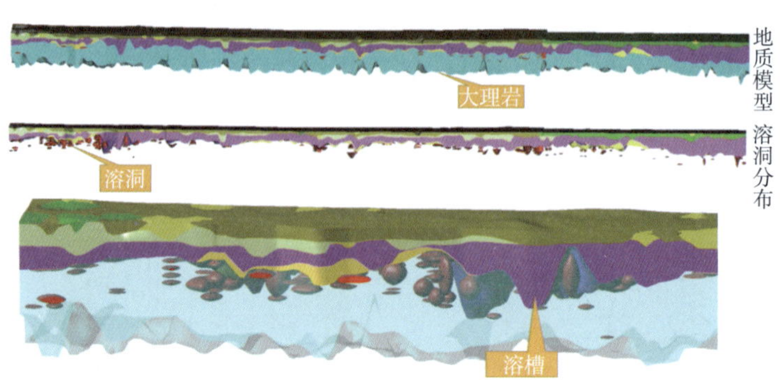

图 7-25　岩溶地质示意图

(4)16 号线作为装配式车站在深圳地区的首次应用，结合深圳地区的基坑支护形式、城市特点等因素，采用坦拱方案区别于其他城市的装配式车站，利用 BIM 软件对空间方案和管线情况进行研究对比分析，结合全线装修理念对整体装修效果提前考虑一体化设计(图 7-26)。

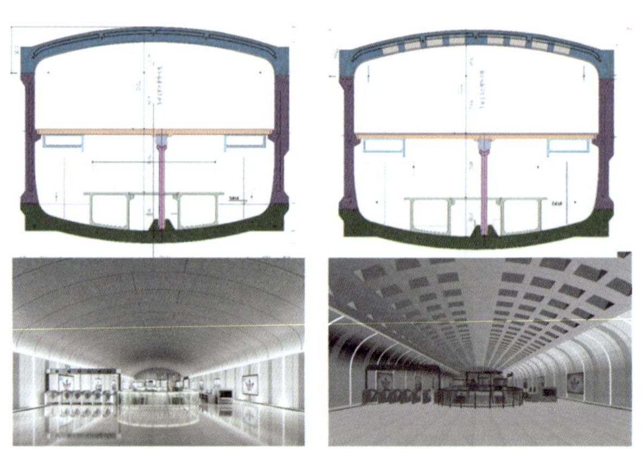

图 7-26　装配式方案研究分析

3. BIM 应用效益与价值

项目 BIM 应用探索，明确协同设计模式与流程，为后期实现全过程的正向协同设计创造基础条件。利用 Revit 三维建模的优势，根据需求设置样板文件格式，一键分系统或类别统计材料表，满足设计、提资、投产等多种需求，提高设计效率和精度。进一步地，利用 BIM 正向设计的优势，在车站方案研究初期即完成空间关系研究、管线综合模拟、装修效果展示等，为方案落地创造有利的技术支撑。装配式车站在数字化的基础上借助 Dynamo 软件编程，按指定的顺序对预制构件进行分类定位、编号及信息填写，实现全过程精准定位和信息传递。

7.1.6　深圳地铁 16 号线工程土建设计第 I 标段

应用单位：中铁工程设计咨询集团有限公司

1. 项目概况与重难点

深圳地铁 16 号线正线全长约 29.2 km，包括龙南站、龙东村站、双龙站—龙南站区间、龙南站—龙东村站区间共两站两区间，均采用地下敷设。项目车站规模大、管线多、接口多，工法复杂多变，围护结构形式多样，包含地下连续墙、咬合桩、排桩、钢板桩等形式。龙南站为 16 号线唯一一个岩溶区全盖挖逆作法施工的车站；双龙区间下穿桥梁、人行天桥、河流等，沿线地层有岩溶强烈发育地带，工程风险高，施工难度大，双龙区间采用非对称式桥台托桩结构下穿龙岗立交桥。

为提升设计效率与质量，项目采用 BIM 技术，解决设计过程中专业间的错漏碰缺等问题，基于模型进行方案比选与优化。在施工配合阶段，以设计模型为基础进行深化，辅助现场施工管理。

2. BIM 技术应用与创新

(1)项目以深圳地铁集团 BIM 标准体系为依据，结合 GIS 技术，基于 PW 进行二次开发和流程改造，搭建协同设计管理平台(图 7-27)。各专业在同一协同工作平台上调取上下序模型，实现工作空间托管，统一 BIM 设计的标准环境。基于 Revit 定制开发 BIM 插件，包括快速布设轴网、快速定位成组构件、批量属性添加、快速查询、批量门窗标注、快速尺寸标注、净高检查分析、快速出图等一系列模块(图 7-28)，辅助进行模型快速设计，实现高效协同设计。

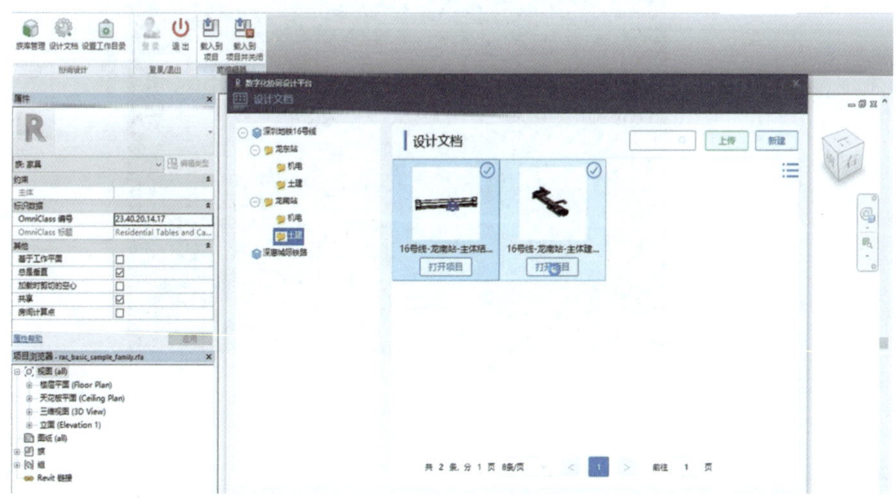

图 7-27　协同设计管理平台建立

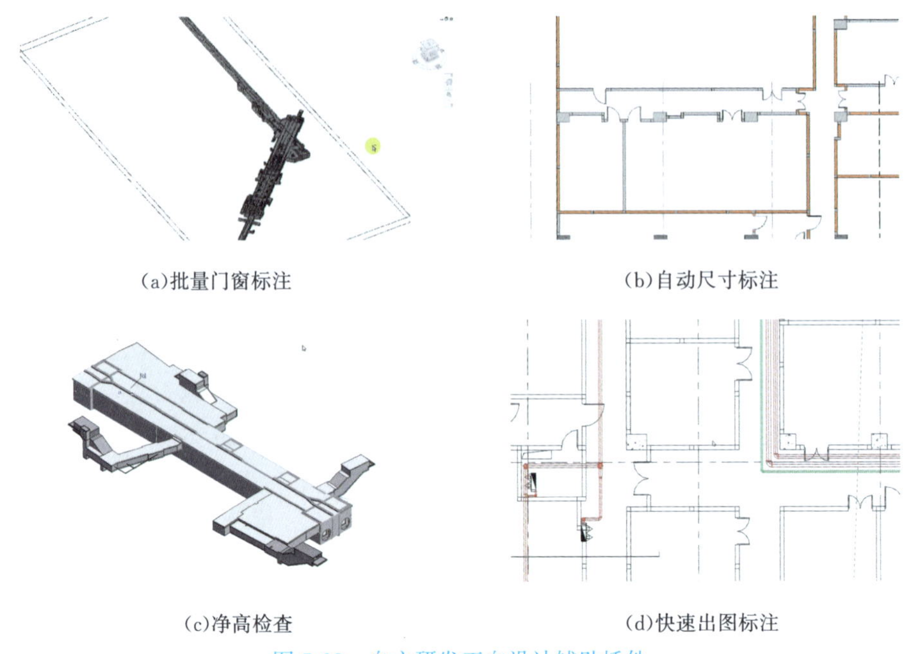

(a)批量门窗标注　(b)自动尺寸标注

(c)净高检查　(d)快速出图标注

图 7-28　自主研发正向设计辅助插件

(2)考虑区间穿越岩溶区域,地质对于隧道的影响因素大。对 Bentley 与 ANSYS 进行定制开发,打通软件之间的数据接口,将区间模型直接导入 ANSYS 进行受力分析(图 7-29),并将分析的结果回溯到 Bentley 模型中,验证在当前地质条件下隧道的施工安全性。

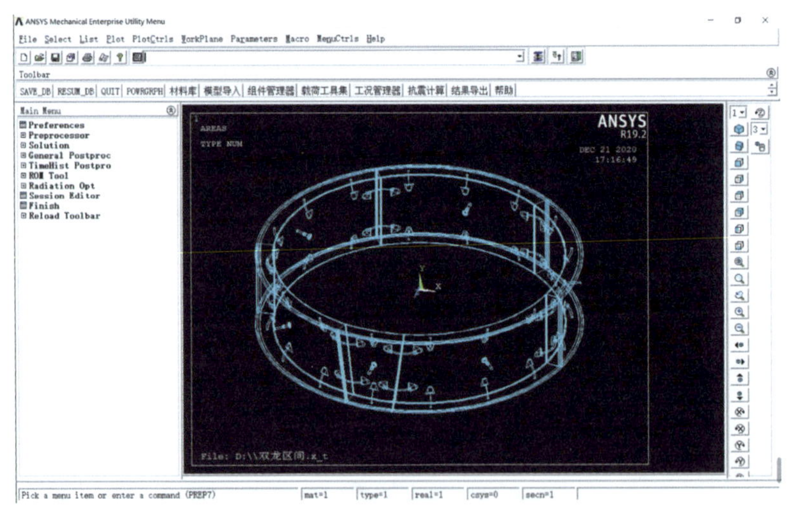

图 7-29　Bentley 与 ANSYS 转化

(3)探索基于 BIM 与 AI 技术的智能审查(图 7-30),将设计规范规则化,内嵌至 BIM 平台之中。对模型与规则进行匹配,实现防火门、消防栓等位置的智能审查。

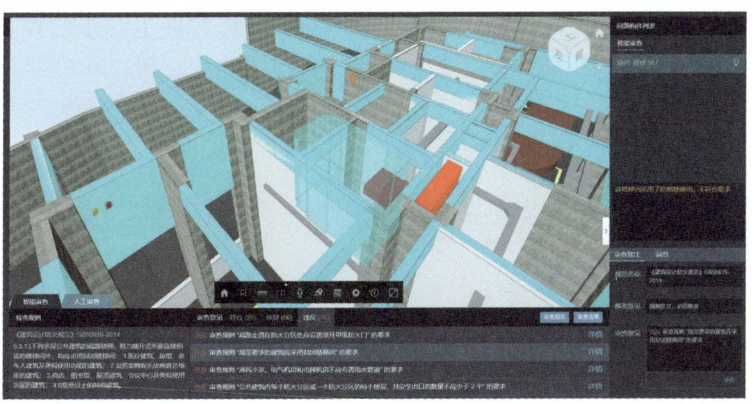

图 7-30　智能审查

(4)在施工工法比选上,通过 BIM 进行方案模拟,对龙南站的盖挖顺作和盖挖逆作进行比选,综合分析工期及交通导改方案,最终选择盖挖逆作。在施工配合阶段,基于 BIM 模型进行桩基托换虚拟仿真(图 7-31),对现场施工人员进行三维交底,提高作业人员对安全和方案的认识。

图 7-31　桩基托换

3. BIM 应用效益与价值

在设计过程中,按照 BIM 标准要求,建立地铁的约 1 000 个参数化 BIM 构件,为后续项目 BIM 实施提供标准化的构件单元。项目利用 BIM 协同平台对协同设计管理过程进行流程改造,逐步完善企业级的轨道交通多方协同设计的解决方案。基于开发的 BIM 插件,缩短约 10%的模块设计时间,大幅提升设计效率。

项目通过 BIM 设计与应用,提前发现并解决各专业存在的错漏碰缺等 200 余条问题,减少设计变更,避免工期和成本损失。以三维可视化的方式进行虚拟仿真及技术交底约 15 次,累计约 120 人次,对现场施工安全、质量管理有较好的促进作用。基于 BIM 的三维算量,更加精准,效率更高,较传统算量降低 5%左右。

项目基于 BIM 的智能审查,能够实现规则代替人工的方式,减少人工审图的繁琐与易漏问题，使得 BIM 模型的审查更加高效、精准，为整个 BIM 行业下一步实现智能设计、智能图审提供参考。

7.1.7 深圳地铁南油站及前后区间

应用单位：广州地铁设计研究院股份有限公司

1. 项目概况与重难点

南油站为深圳地铁 9、12 号线同步实施的换乘站，为地下两层双岛四线同站台换乘车站，站内设置 9、12 号线联络线，周边为成熟的商业区。作为在城市中心区同步建设的换乘站，项目重难点主要为：南油站为双岛四线平行换乘车站，地处深圳市交通最繁忙的城市主干道，交通流量大，周边环境复杂，地下管线众多，工程实施难度大，且南油站前后 9 号线与 12 号线区间交叉重叠，净距小，地质条件复杂；项目涉及两条线路 40 多个专业，接口复杂，机电设备系统庞大，管线众多，排布困难。

针对以上重难点，项目组制定了严格的 BIM 实施计划，基于 Autodesk 系列软件，进行了大量的创新和二次开发，将项目的重难点各个击破。南油站从 2015 年开始进行 BIM 正向设计，于 2019 年 12 月开通试运营。

2. BIM 技术应用与创新

通过 ProjectWise 协同平台，实现大数据、跨企业、跨专业间的协同工作（图 7-32），既实现各专业协同设计，又能满足控制权限的要求。通过“协同平台＋工作集”，各专业基于一个中心模型，根据项目特点和协作需求合理设置不同工作集，控制其他人员对项目的访问权限和各专业对模型构件的编辑权限，实现权限双重控制，高效解决各专业接口问题，快速实现模型共享与数据管理。

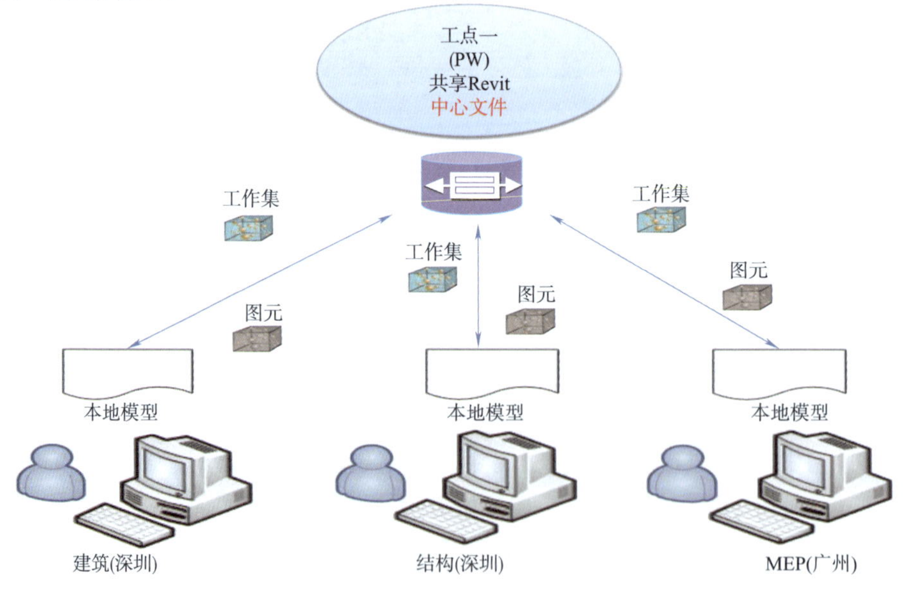

图 7-32 BIM 协同设计工作模式

为提升建模和出图效率，实现参数化建模和快速出图，在项目中开发一系列快速建模和标注工具。

(1)出入口形式多样，方案多变，开发出入口快速建模工具实现不同出入口形式的参数驱动、一键生成模型，同时通过调用既有出入口数据，快速生成其他出入口模型(图 7-33)，极大地提高设计建模效率，设计时间节省 75%。

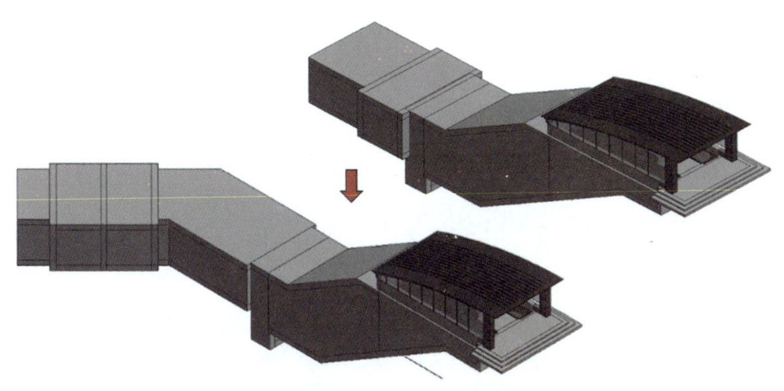

图 7-33　出入口快速建模工具

(2)开发区间全专业快速建模工具，基于区间线路数据，各专业模块通过计算实现区间隧道全专业的快速建模(图 7-34)，提高 80%的设计效率。自主开发地质建模工具，不仅能计算土方开挖量，还可以根据需求快速查看各里程的地质情况和区间相对位置关系，控制工程风险。

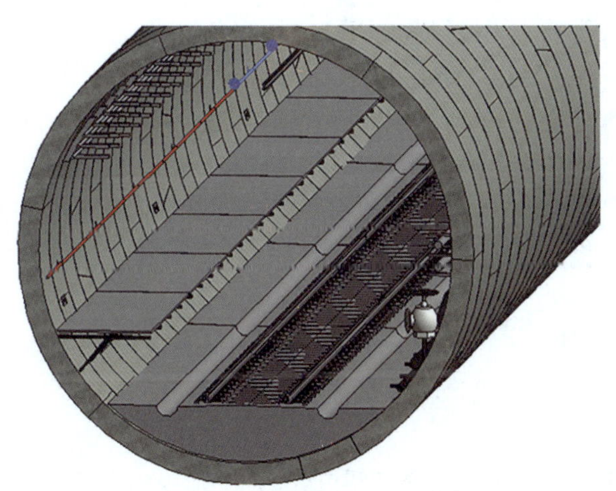

图 7-34　区间全专业快速建模工具

(3)综合支吊架形式多样，根据管线手动布置工作量大，开发综合支吊架自动选型插件，可根据所选择管线剖面实现综合支吊架的自动选型、批量创建、快速布置、自动编号和分类统计，可快速实现抗震支吊架的设计计算和自动布置。

(4)BIM 建模与结构计算建模存在重复工作,开发基于 BIM 模型的 Robot 结构计算工具(图 7-35),实现 BIM 模型与结构计算模型的数据共享,打通 BIM 软件与计算软件之间的数据转化壁垒,可实现自动计算、自动生成计算书。

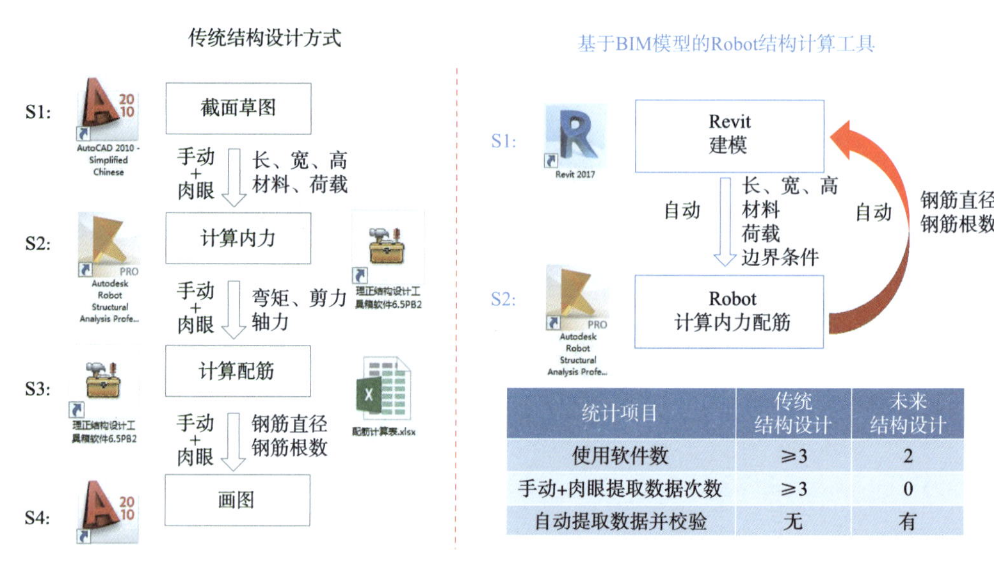

统计项目	传统结构设计	未来结构设计
使用软件数	≥3	2
手动+肉眼提取数据次数	≥3	0
自动提取数据并校验	无	有

图 7-35　传统结构设计方式与基于 BIM 模型的 Robot 结构计算工具

3. BIM 应用效益与价值

在南油站及前后区间开展 BIM 正向设计和创新应用探索,通过协同化工作、正向设计出图和创新应用开发等技术手段,提高 BIM 应用综合效益。

在设计全过程采用 BIM 模型进行可视化设计、可视化协调、可视化校审,通过 BIM 综合协调减少方案不合理之变更,及时发现问题并修改,减少差错漏碰。BIM 模型与图纸同步在线可视化校审,基于三维模型编辑校审意见,使 BIM 全面覆盖设计人员和管理人员,打通“设计—校审—交付”全流程,减少工作流程周期时间。南油站通过施工配合检验,做到零差错漏碰、零变更,极大提升设计质量。

7.1.8　深圳地铁 14 号线沙田站

应用单位:中铁第六勘察设计院集团有限公司

1. 项目概况与重难点

沙田站位于坪山大道与金康路交叉路口处,为 T 形换乘车站。站体东、西两端地形高差达 7 m,车站大里程端出入段线以向上 1.40%坡度连接车辆段,正线右线以向下 0.2%坡度预留远期线路,正线左线以向下 2.8%坡度下穿出入段线,三线坡度不一致导致车站结构顶板底板标高存在较大差异,使车站整个平面和剖面上形成一个不规则整体。同时,车站周边建筑物及管线较多,造成交通疏解困难,施工场地受限,围护结构多处需设临时或永久盖板等问题。

沙田站工程项目规模较大，结构形式复杂，项目面临巨大的设计考验、技术难题和管理风险。为高效解决设计及施工中存在的问题，项目采用 BIM 技术进行正向协同设计，从设计、施工技术到管理全面提高信息化水平。

2. BIM 技术应用与创新

(1)项目采用“先建模，后出图”的正向协同设计 BIM 技术应用方式(图 7-36)，保证图纸和模型的一致性。在车站地势高差相差较大的情况下，利用 BIM 三维可视化的特点，约定专业内和专业间的协同工作方式以及工作流程，通过协同设计的工作优势，专业间直观展示设计成果，实现各专业之间设计的高度协调，提高专业间设计的会签效率。

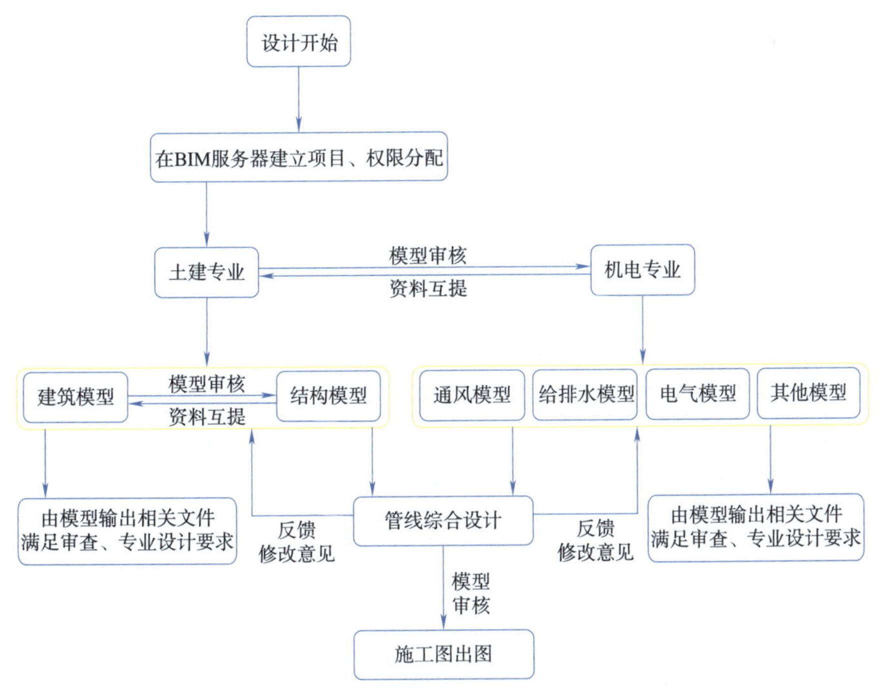

图 7-36　BIM 正向协同设计流程

(2)BIM 设计模式下，各专业通过计算确定设计，设备选型，合理布置系统管线与建筑、结构间的空间关系。基于整合后的模型开展碰撞检测，管线综合进一步优化设计(图 7-37)，便于设计模型应用于实际施工过程，推动 BIM 模型从设计到施工的全过程应用。

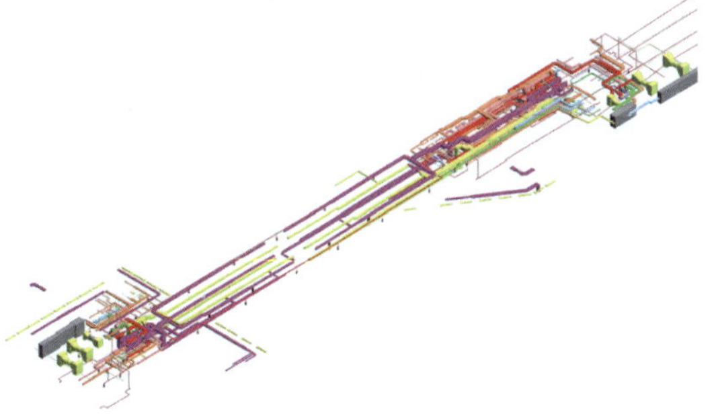

图 7-37　管线综合优化设计

(3)利用 BIM 软件设计精准的三维模型，输出各楼层二维图纸，二三维联动的优化设计，更直观地分析功能布局的合理性，以及专业间相互准确的定位关系，实现高质量出图（图 7-38、图 7-39）。

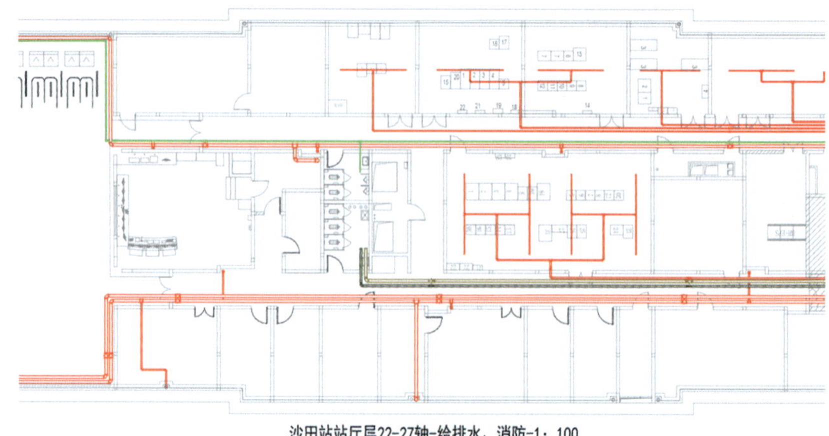

图 7-38　BIM 设计机电专业出图示例

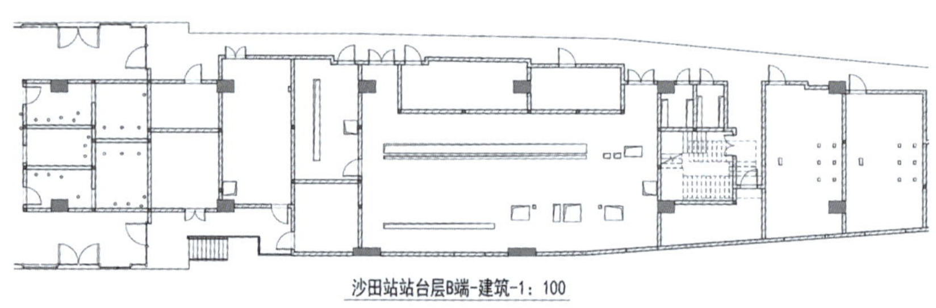

图 7-39　BIM 设计土建专业出图示例

（4）基于 BIM 设计模型，利用 BIM 软件实时、准确地提取所需的各种工程量信息，快速生成相关数据统计表、工程量清单。在设计变更后，BIM 软件自动计算并更新工程量明细表，减少人为失误，确保统计及时准确，从而辅助工程量统计、概预算分析等。

3. BIM 应用效益与价值

沙田站从设计源头开始 BIM 正向协同设计，全面提高设计质量、设计精度，解决设计难题，并实现设计 BIM 成果向施工移交，助力施工过程 BIM 技术应用落地。与传统二维设计相比，项目 BIM 协同设计将各专业设计者整合到统一的平台，使设计者实时分享各自专业的设计成果，查阅其他专业的设计进程，及时讨论和修正设计问题，减少目前较为常见的各专业之间以及专业内部由于沟通不畅或沟通不及时从而导致的错、漏、碰、缺等问题，提高项目设计质量约 30%，减少设计变更约 40%，全专业 BIM 出图率达到 65%，提升项目设计进度约 20%。

7.2　城际铁路

7.2.1　穗莞深城际铁路深圳机场至皇岗口岸段

应用单位：中铁第四勘察设计院集团有限公司

1. 项目概况与重难点

穗莞深城际铁路前海至皇岗口岸段，线路全长 22 km，设计时速 160 km，采用 CRH6 型动车组 8 辆编组，列车运行采用 CTCS-2＋ATO 自动控制系统。轨道直接设置在路基、桥梁和隧道等基础上，是引导和保障列车运行安全、稳定和平顺的核心技术之一。全线轨道工程钢轨焊接为无缝线路，采用混凝土道床代替传统碎石道床的无砟轨道，正线铺设双块式无砟轨道，道岔区铺设轨枕埋入式无砟轨道。

该工程具有建造精度要求高、线形控制要求高、线下基础影响大、轨道工程接口多等特点。为实现轨道工程高精度、高平顺和高稳定，开展轨道精细化 BIM 设计，并结合轨道工程建造特点，融入信息化和智能化建造技术。

2. BIM 技术应用与创新

在该项目中，通过建立 BIM 模型，实现轨道工程 BIM 正向设计，建立精细化 BIM 模型包括三维实体模型和数字模型，BIM 设计成果进一步为施工阶段的应用提供数据支撑，实现设计、施工一体化协同与建造管控（图 7-40）。

图 7-40　轨道 BIM 设计与智能管控总体方案图

（1）针对穗莞深城际铁路，根据分类编码标准，通过参数化建模的方式，生成钢轨、扣件、轨枕、道岔、道床板等构件族模型。基于 Revit 研发轨道工程 BIM 正向设计软件，利用轨道 BIM 数据模型和轨道族模型库，生成穗莞深全线轨道 BIM 三维实体模型（图 7-41），实现与接口专业的协同设计。

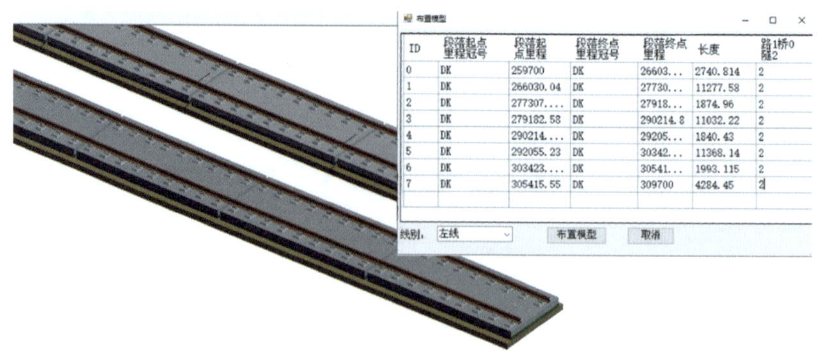

图 7-41　穗莞深双块式无砟轨道 BIM 模型

(2)在全线轨道 BIM 三维实体模型的基础上，生成数字化模型，包括道床板、底座板放样测量和精调数据、扣件螺栓孔绝对坐标数据等(图 7-42)，为施工阶段数字化建造奠定基础。同时，自主研发基于 Revit 的轨道 BIM 正向设计软件，数据与三维模型联动，实现根据现场实测参数变化生成实时轨道 BIM 三维实体模型和数字模型，实现轨道交通 BIM 动态优化设计。

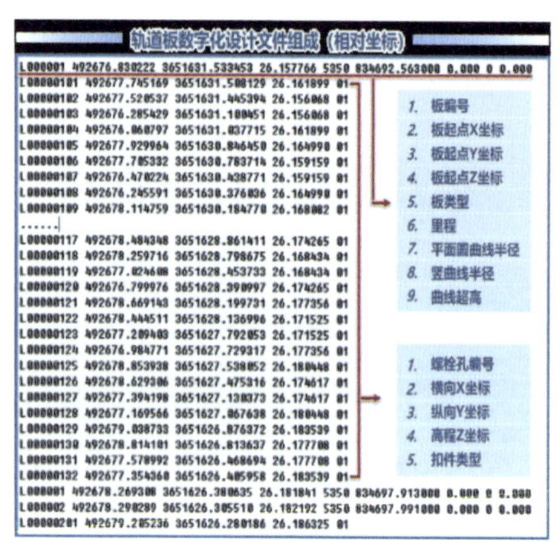

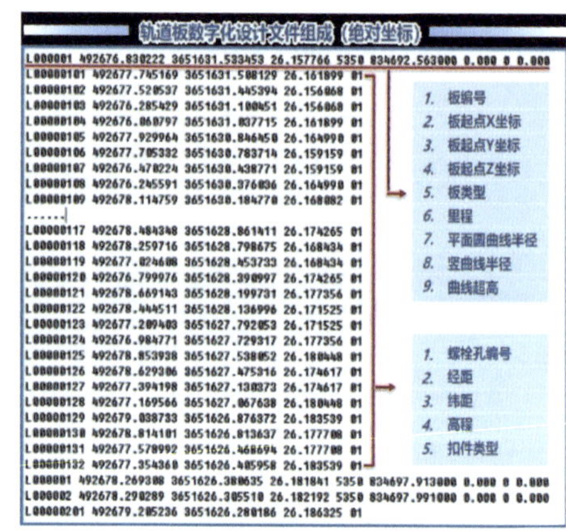

图 7-42　轨道 BIM 工程数据库

(3)根据线下基础实测数据，对轨道 BIM 数字成果进行动态化修正，形成符合现场实际情况的轨道铺设和精调数据。利用全站仪和信息化手段对道床板进行智能放样，指导长钢轨精调(图 7-43)。

(4)以全线轨道 BIM 三维实体模型、数字模型、施工信息模型为核心，自主研发基于 BIM 的穗莞深轨道建造管控平台(图 7-44)，通过实时获取轨道放样、铺设的测量数据，利用 BIM 设计成果，通过专家智能分析，实时对比，对线下基础高程、道床板、相邻轨枕、钢轨精调偏差等进行质量与进度管控。

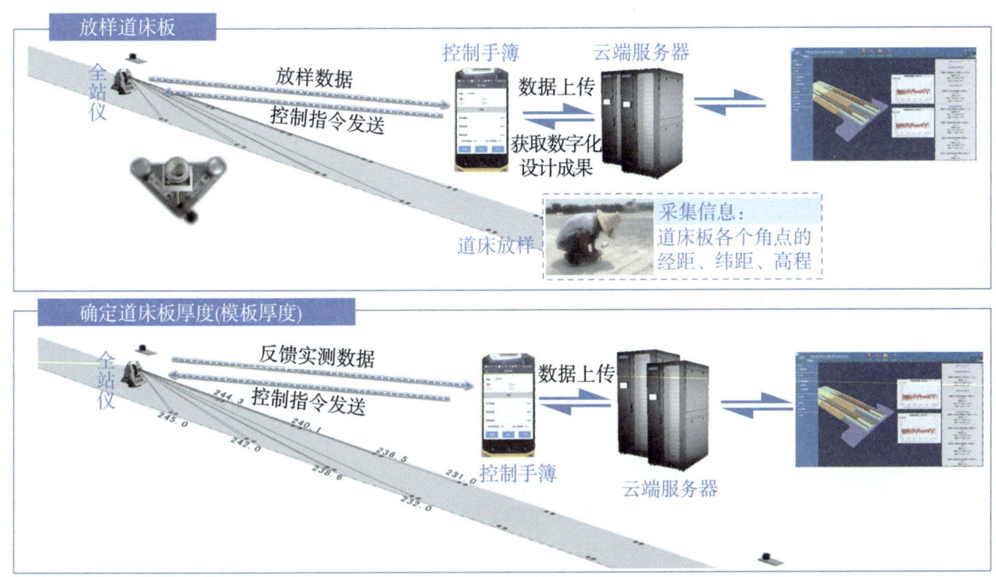

图 7-43 智能化铺设施工

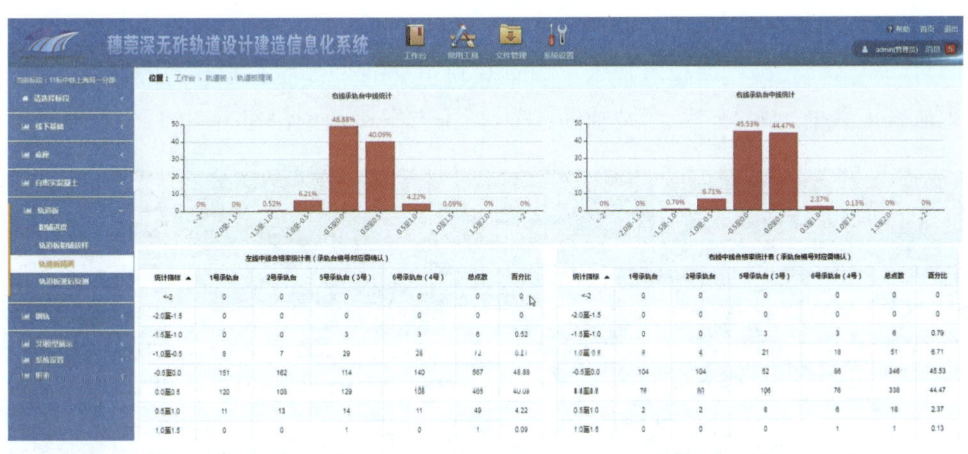

图 7-44 穗莞深轨道建造管控平台

3. BIM 应用效益与价值

穗莞深轨道工程作为我国首次在全线轨道设计施工中应用 BIM 技术的线路，全过程应用 BIM 技术具有显著的技术和经济效益。

BIM 正向设计的实施大幅度提高了轨道设计、算量、出图的效率，利用自主研发的轨道 BIM 正向设计软件，BIM 设计由原来根据二维设计成果人工手动建模方式转变为根据相关接口专业信息一键形成轨道 BIM 设计成果的模式，BIM 设计周期由 6 个月节省至 7 d，大幅度减少 BIM 设计投入的人力资源和时间成本；通过碰撞检查、参数化动态深化设计、设计与施工的交互，减少和避免了差、错、碰、漏与设计返工，极大提高建造质量；提出一套从设计至施工的城际轨道工程 BIM 实施路径，打通设计与施工之间的信息孤岛，通过对 BIM 设计成果和施工信息模型的综合管控，实现轨道工程建设的高效协同。

7.2.2　深大城际铁路工程

应用单位：中国铁路设计集团有限公司

1. 项目概况与重难点

深大城际位于深圳市北部，呈东西走向，线路起自深圳市宝安机场，终至惠州市大亚湾。其中深圳段全长 61.8 km，设站 11 座，1 座车辆基地。站点全部采用地下建设，穿越地层环境复杂；涉及多个大型综合枢纽及长大区间，包括 T4 机场站、五和站、白泥坑站、大运站四个大型综合枢纽；枢纽站处于市区繁华地段、边界条件复杂、制约因素多。

项目的诸多难点和特点，为 BIM 的综合应用提出了更高的要求。因此，在初步设计阶段即确定了 BIM 综合应用整体方案，通过创新 BIM 应用模式，在项目中推进 BIM 正向设计，革新管理模式，实现正向设计在工程中的综合应用。

2. BIM 技术应用与创新

在正向设计过程中，利用自主研发的 BIM 正向设计系统，完成全线工点的建模，对初步设计方案进行全线 BIM 仿真，并对重要站点进行重点 BIM 应用。

(1)在快速建模部分，自主研发数据盘三维协同平台(图 7-45)，通过数模分离、专业数据协同、数据及监控盘、模型孪生等技术手段承载轨道交通工程核心专业的协同设计平台，基本实现从客流数据录入、车辆、车站辅助选型、衍生方案比选到快速出图的 BIM 全过程正向

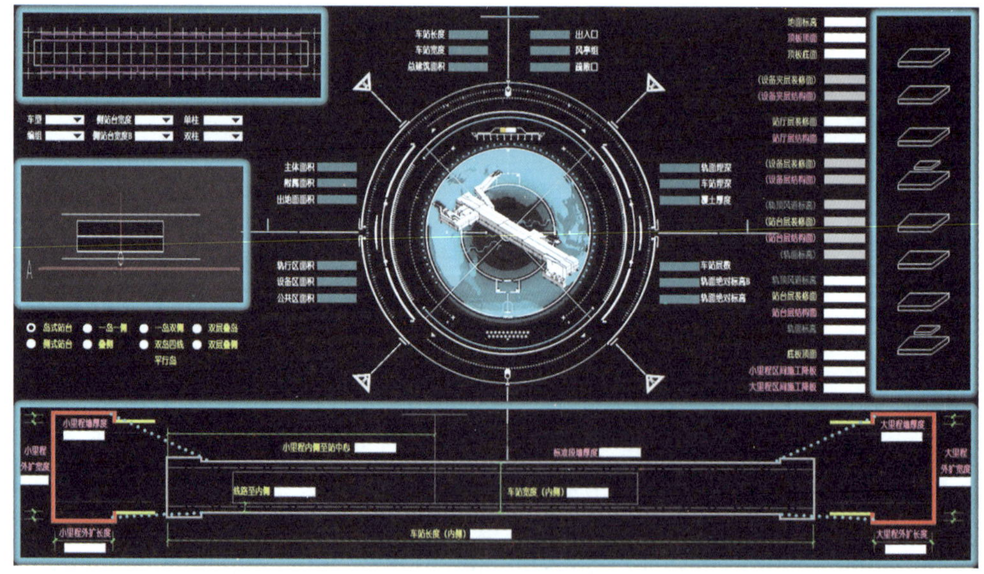

图 7-45　数据盘三维协同设计平台

设计。通过数模分离、专业数据协同、双屏交互等技术手段高效完成设计、沟通、协同工作。在三维协同平台框架下，针对车站重点部位，研发车站快速建模助手。实践表明，建模效率提升60%以上。

(2)在方案比选部分，针对车站站址选择、出入口方案优化、区间线路走向调整的需求，利用数控盘三维协同，快速创建车站多个方案，利用出入口参数化建模模块，并结合环境仿真技术，对出入口的位置、尺寸等进行快速比选(图7-46)。

图7-46 白泥坑—大运区间下穿水荷立交方案比选

(3)在快速出图部分，研发车站快速出图系统，一键出图功能快速生成分层平面、剖面图；利用快速标识标注工具完善图纸细节并导入局部详图等。在五和、龙胜等站点得到广泛应用，出图效率提升90%以上，保障正向设计出图落地。

(4)在工程量校核部分，研发快速导出工程量模块，通过选定车站各层标高，快速分层导出车站建筑、结构等专业工程量，并对概算工程量进行校核，工程量导出速度提升90%以上。

(5)在绿色实践部分，动车段涉及森林公园内地面建设，需进行上盖复绿，通过将复绿方案进行BIM+GIS三维模拟，多重论证绿化与周边环境的协调性，使复绿方案地上地下互动、走向未来的理念得以实现(图7-47)。

(6)在客流模拟部分，在五和、大运等重点枢纽开展换乘仿真、防灾烟气模拟(图7-48)等BIM应用，辅助设计的站位选择、换乘形式分析、通道设计等，验证设计方案的合理性。

图 7-47　复绿方案比选(九围动车段)

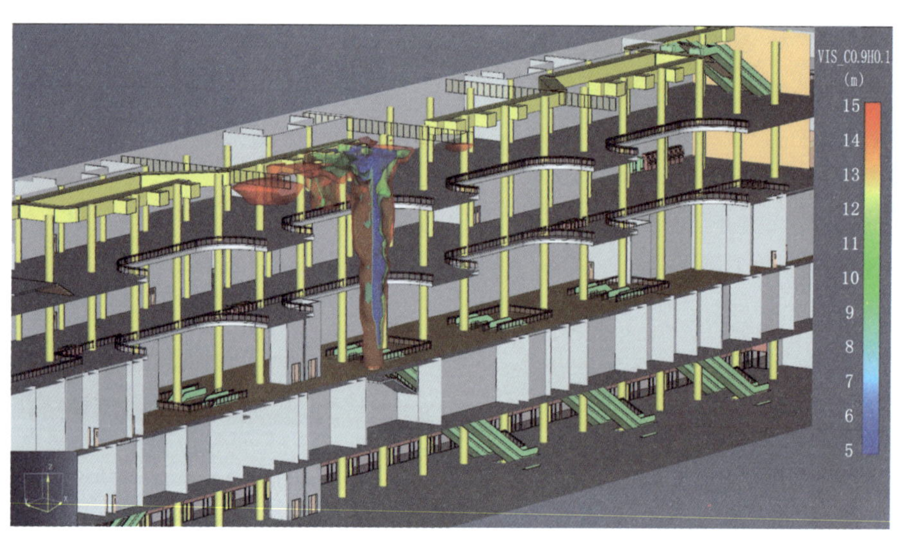

图 7-48　防灾烟气模拟(五和站)

3. BIM 应用效益与价值

经深大城际铁路项目的 BIM 应用实践,利用三维协同设计平台,最快可在 25 min 之内创建一座车站主体框架;出入口快速生成工具,将出入口的设计速度提升至每个约 15 min;工程量快速工具使工程量导出效率提高 90%以上。

利用 BIM+GIS 一体化平台,对全线 5 座车站 10 余个方案进行比选优化,辅助设计论证与决策,提高设计质量。基于三维的方案比选在技术审定会、各层级汇报会等场景中得以应用,提高各方的设计方案沟通效率,为同类项目提供技术参考。

7.2.3　深圳机场至大亚湾城际深圳机场至坪山段石岩中心站

应用单位:深圳市市政设计研究院有限公司

1. 项目概况与重难点

深大城际位于深圳市北部,呈东西走向,线路起自深圳市宝安机场,途经深圳市宝安、龙华、龙岗和坪山四区,终至惠州市大亚湾。石岩中心站为深大城际第四个车站,位于宝石东路与石岩大道交叉口,与在建地铁 13 号线、规划地铁 25 号线、规划深莞增城际形成四线换乘区域性交通枢纽站。

石岩中心站多线换乘,有两条城际线和两条地铁线换乘,其中地铁 13 号线为在建线路,地铁 25 号线为规划线路,深莞增城际线为远期预留线路,各线路建设时序不一致。站点处于繁华地段、车站上方交通繁忙,房屋拆迁和周边交通疏解、管线改迁难度大。项目处于初步设计阶段,将 BIM 技术深度应用到设计工作中。

2. BIM 技术应用与创新

(1)梳理项目特点,分专业创建 BIM 设计样板文件(图 7-49),如提资模板、出图模板和工程算量模板等,形成适用于城际铁路地下车站的 BIM 样板文件和族文件,使模型满足设计深度要求以及阶段成果交付标准。

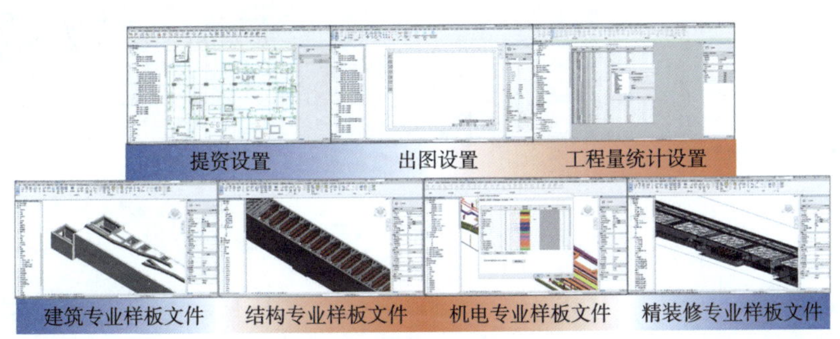

图 7-49　BIM 设计样板文件

(2)方案设计前期,利用倾斜摄影技术生成的高精度、具有真实空间的实景模型,设计师可随时查看现场周边情况,减少踏勘次数并提高设计效率。根据物探资料形成的地质、管线及桩基模型,利用 GIS 辅助选线,扩大选线区域,优化各线覆盖范围。交通疏解方案同步整合至 GIS 平台(图 7-50),将交通流量数据导入分析软件,对比前后疏解车流变化情况,优化交通疏解方案。

(3)自主开发勘察设计管理平台,能将现场钻孔、地层信息用手机快速录入,现场照片、视频同步上传。在 PC 端进行数据储存及分析,生成三维地质模型,供下游专业岩土、结构专业提取使用(图 7-51)。

图 7-50　半盖挖和明挖的交通疏解方案比选

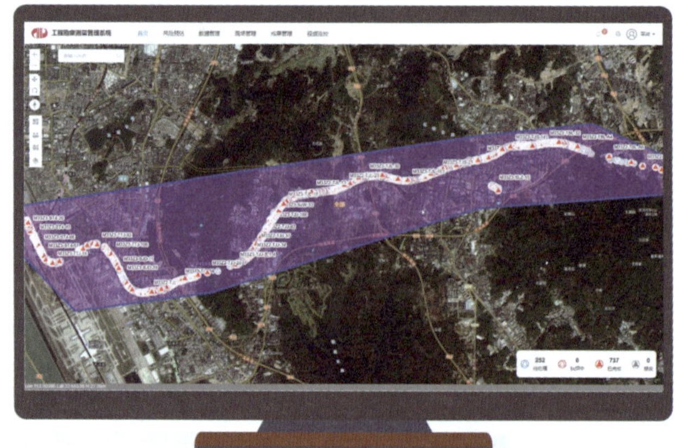

图 7-51　App 端直接录入和 PC 端数据同步存储分析

（4）利用车站 BIM 模型，提出倒 T 字换乘方案和十字换乘方案，采用 Massmotion 软件对车站换乘布置方式进行客流模拟比选分析（图 7-52），数据化的客观分析结论帮助设计师快精准地优化换乘节点。

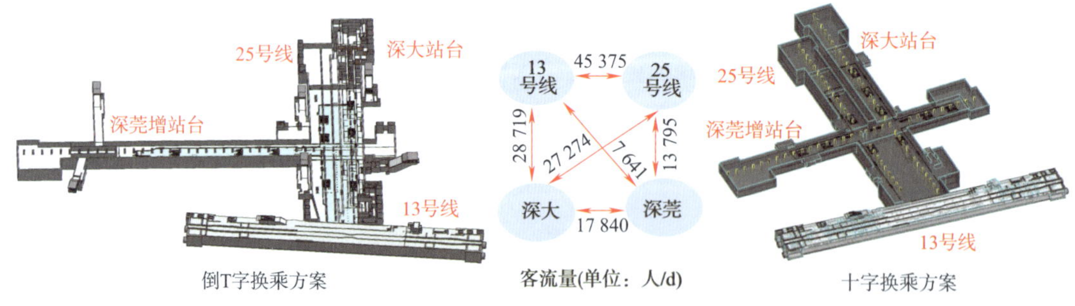

图　7-52

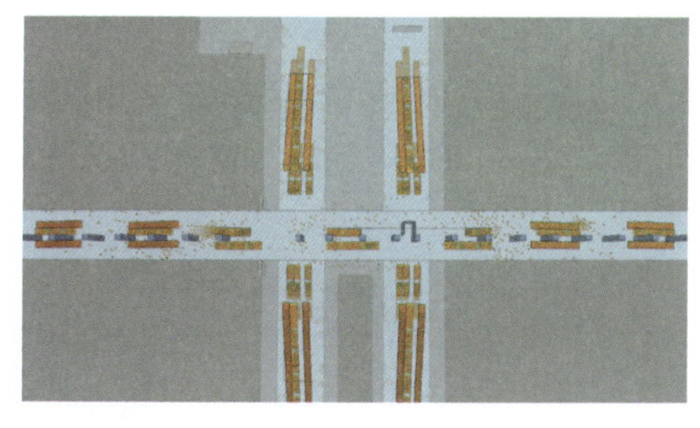

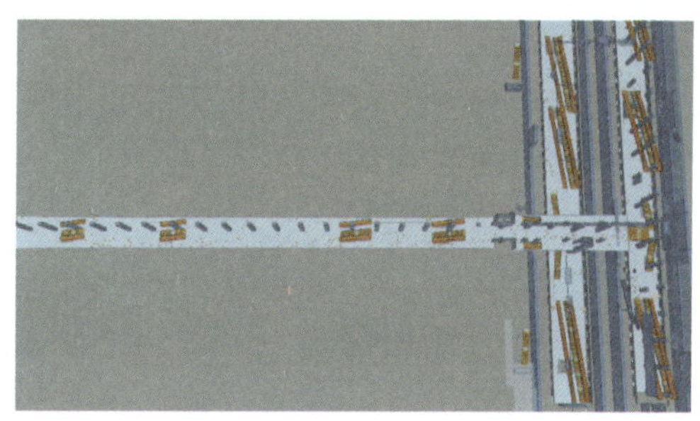

图 7-52　倒 T 字换乘和十字换乘下客流模拟

(5)利用 VR 技术对换乘关系进行虚拟模拟(图 7-53),提供沉浸式的体验。利用 AR 技术,扫描图纸自动展示车站三维模型,将虚拟模型与现实场景进行融合,辅助方案决策。

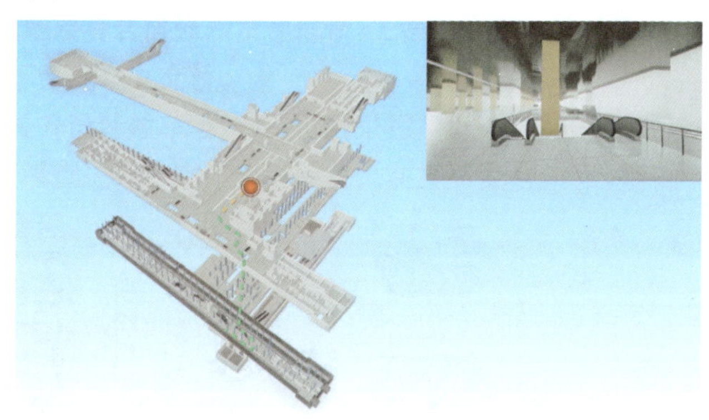

图 7-53　VR/AR 技术应用

3. BIM 应用效益与价值

项目利用 BIM 技术对石岩中心站进行设计管控,通过完善的企业 BIM 设计标准和设计样板文件,指导各阶段 BIM 设计工作开展,提升设计团队之间的设计集成和协作,经测算,节省 20%的设计时间。

通过 BIM+GIS 技术,优化交通疏解方案,减少房屋拆迁面积 6 315 m^2,优化工期 3 个月以上。在方案阶段,利用 GIS 平台扩大区域选线,降低现场踏勘的时间成本,助力方案决策。通过自主开发的勘察设计管理平台,将勘察成果进行集成化管理,基于标准的数据管理和实时数据流转,使勘察数据检查智能化,较传统勘察作业减少错误,勘察周期减少 30%。

基于 BIM 的客流模拟分析,更直观准确判断换乘效率及拥堵程度,通过对比优化,使换乘节点处拥堵范围减少 50%,乘客滞留时间约减少 2 min。

7.2.4　深惠城际铁路(前保至坪地)

应用单位:中铁工程设计咨询集团有限公司

1. 项目概况与重难点

项目起于深圳市前保站，止于深圳市坪地站，途经深圳市前海合作区、宝安区、南山区、龙华区、龙岗区，东莞市凤岗镇，正线长59.380 km(深圳市53.326 km，东莞市6.054 km)，设站11座，全线采用地下敷设方式。

项目车站全部位于城市核心区，城市景观融合难度大，存在线站位方案设计难度大，枢纽车站比例高，沿线建(构)筑物密集，下穿大量建筑物、既有及在建地铁、运营铁路、市政及高速公路(路基、桥梁和隧道)、河渠，沿线控制点及风险源多，穿越电力、给排水、燃气管线等重大管线，市政管线复杂。

2. BIM 技术应用与创新

项目按照深圳地铁 BIM 标准要求，采用"一套标准体系、一套数据、一个平台"的实施思路，建立项目协同设计平台(图 7-54)，开展 BIM 设计与应用工作。

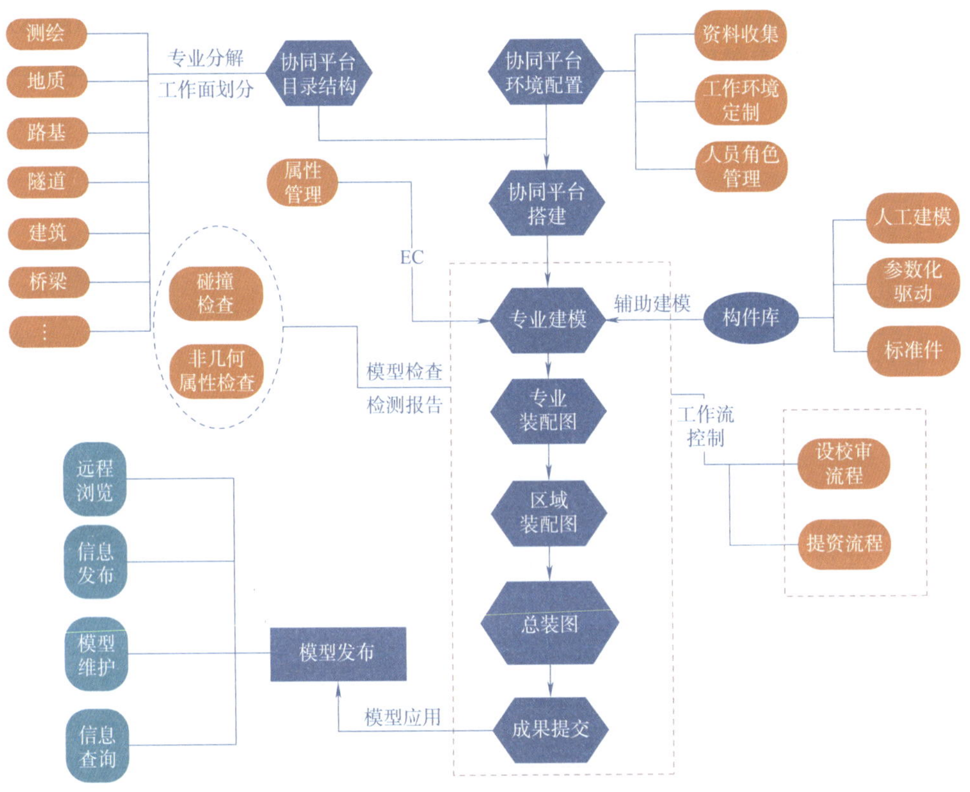

图 7-54　协同设计流程

(1)完成深惠城际铁路全线无人机航拍，将航拍成果与 GIS 相结合，综合分析沿线控制点、风险源等内容。利用 BIM+GIS 进行不同的线站位方案比选(图 7-55)，创建并整合线站位模型，并集合周边环境模型，分析设计方案线路所穿越的地层、地下水与不良地质情况，探索合理的线路走向，提高设计方案的合理性和适用性。

图 7-55　线站位比选

(2)该工程枢纽车站数量较多,交通网络结构复杂。以深圳北站为 BIM 换乘仿真工作切入点,模拟乘客换乘走向,验证新建深惠城际车站与深圳北站及既有地铁 4、5、6 号线换乘方案的可行性和便利性,为车站布局的优化、换乘方案比选提供参考依据。

(3)项目枢纽车站比例高,换乘客流较大,基于 BIM 客流模拟软件,结合收集的行人特性、客流参数、环境特征等参数,进行枢纽车站客流仿真模拟(图 7-56),三维可视化高峰时段、平峰时段下的客流状况,明确乘客走行路线,避免客流组织的交叉混乱。

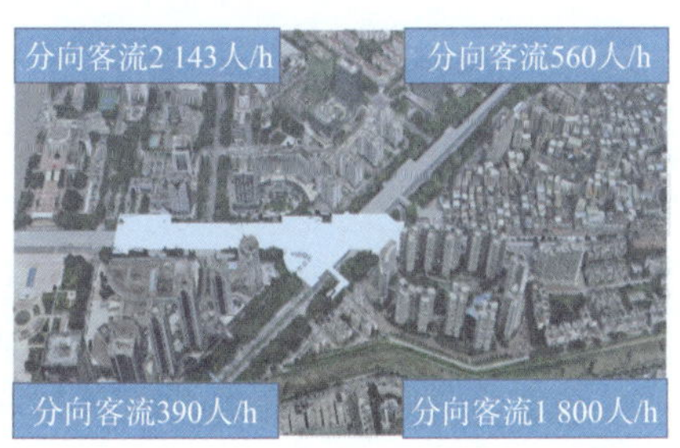

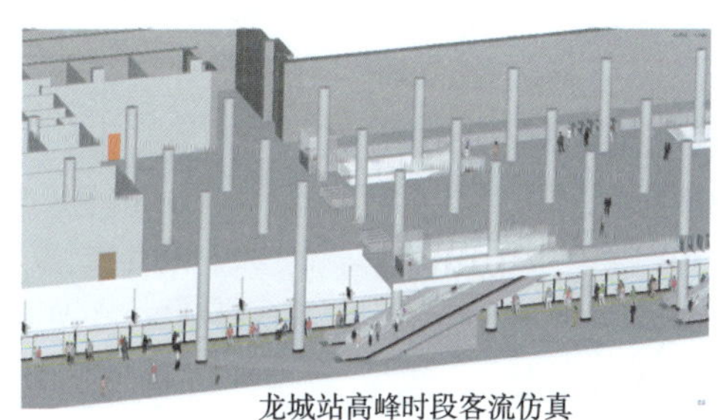

图 7-56　客流模拟

(4)在设计过程中应用自主研发的辅助工具,包括快速轴网布置、快速定位、构件属性添加等工具,大大提高设计效率。并研发车站模型审核工具,自动审核模型属性编码问题,且支持一键导出问题构件清单。按照出图标准,完成出图样板配置,实现车站建筑等专业的正向设计出图(图 7-57)。

(a)凤岗站站厅层平面图

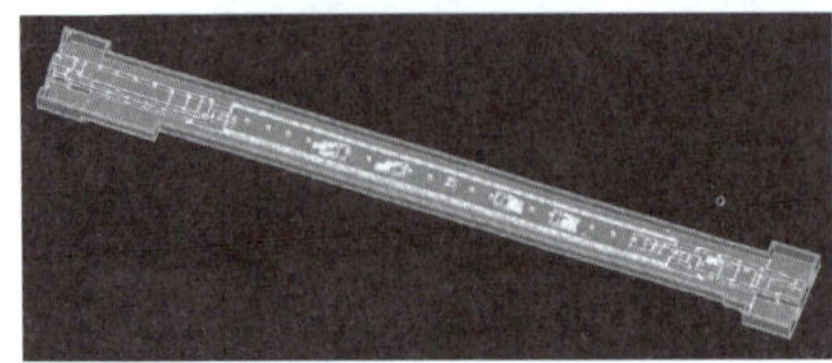

(b)建筑专业三维平面图

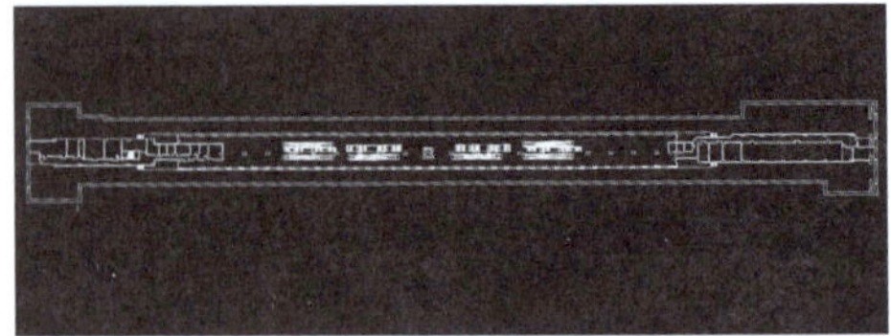

(c)正向出图配置

图 7-57　正向设计出图

3. BIM 应用效益与价值

项目通过 BIM+GIS 技术对风亭、出入口等地表构筑物与周边环境结合的景观效果进行分析与方案比选。利用车站换乘仿真与交通疏解数据，为车站布局的优化、换乘方案比选提供依据。在设计质量、效率、综合管理等多方面得到提升，减少设计问题，提高出图质量，为项目带来实际的效益。在设计过程中应用自主研发的快速设计插件，大幅提升设计效率，并通过模型审核辅助工具，提高审核效率 20%。

利用 BIM 技术开展设计应用，优化线站位关系，减少设计变更。以三维可视化的方式进行线路比选、建筑方案比选，辅助方案汇报、沟通，大幅提升设计方案决策效率。

7.2.5　深惠城际大鹏支线城际铁路工程

应用单位：中铁二院工程集团有限责任公司

1. 项目概况与重难点

深惠城际大鹏支线位于深圳市东南部，起于龙岗，经坪山至大鹏新区；近期与深大城际在坪山过轨、与深惠城际在龙城大道换乘，实现大鹏新区与中心城区间旅客快速交流；后续与莞龙城际贯通，实现与东莞快速联系。线路全长约 39.434 km，全线采用地下敷设。坪山站作为深惠城际大鹏支线中换乘最复杂的工程，需要考虑与铁路、公路、高架等其他工程之间的位置关系与其他地铁线路换乘与空间布置的难点问题，包括地下管线的碰撞问题，周边公共交通换乘关系，车站的客流、温度、光照等。

2. BIM 技术应用与创新

(1)采用 Legion 软件进行地铁站客流模拟。坪山站为地下三层双岛四线车站，该站四条线路从北往南依次为大鹏支线左线(上行)、深大城际左线(上行)、深大城际右线(下行)及大鹏支线右线(下行)。按照车站设计行人流向及扶梯设置方案，站台上行楼扶梯口部处在红色(拥挤)范围，相邻站台处在红色(拥挤)和橙色(可以接受)范围，站台密度处在0.8～2.5 人/m^2 之间，乘客能在发车间隔内疏散完毕。经模拟分析，若要满足远期高峰客流（图 7-58），建议调整进出站闸机方向，采用两端出站方式，在主进站客流方向增加安检机，提高安检能力。

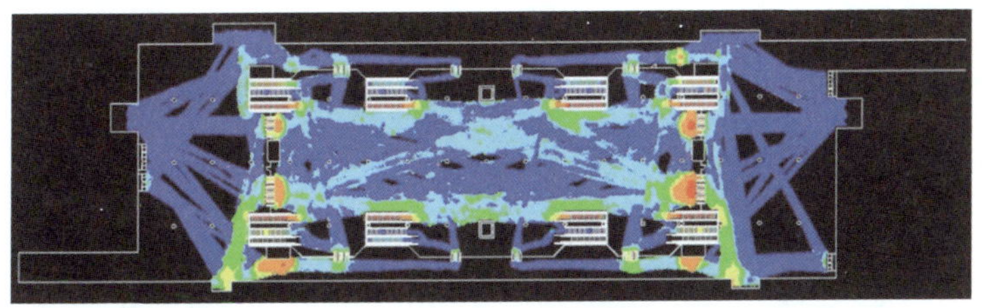

(a)站厅客流平均密度

(b)站台客流平均密度

图 7-58　客流模拟

(2)根据大鹏支线 BIM 协同设计工作方式，项目采用基于 Revit Server 的协同模式和链接协同的模式，实现基于 Web 服务器的 B/S 架构方案。协同设计平台（图 7-59）具有模型共享、数据共享、审核、轻量化模型展示等功能。

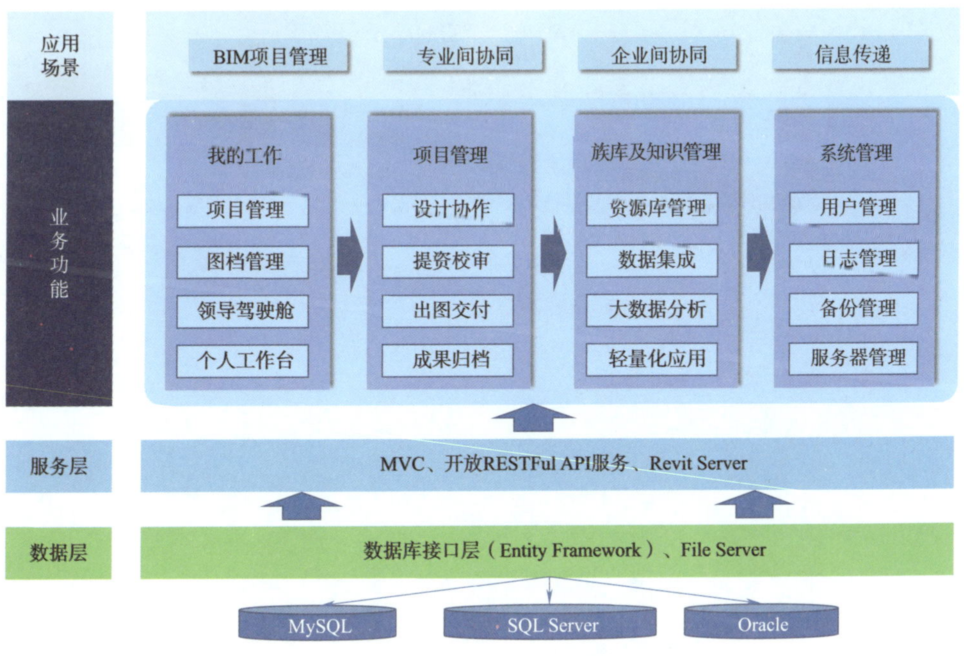

图 7-59　协同设计平台

(3)为提升设计建模效率,研发车站和区间快速建模工具。根据标准化车站特点开发 Revit 插件,辅助标准车站的参数化建模。同时,采用自行研发工具创建盾构管片模型后,经过图纸处理可快速生成线路中心线 3D 线型,并快速形成左右线盾构区间 BIM 模型(图 7-60),大幅提高了区间模型的建设速度,减少了人力的投入与复核人工可能存在细节问题的时间。

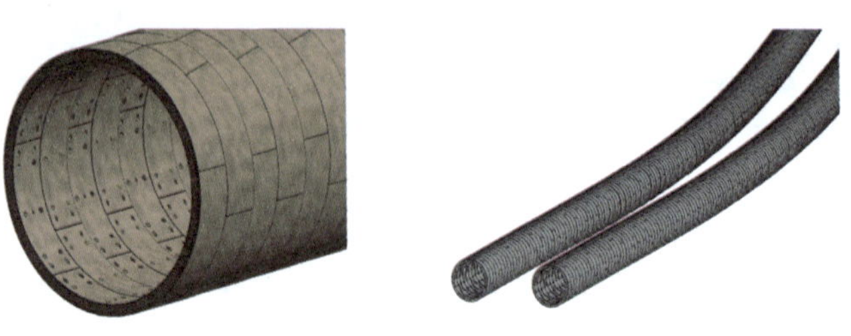

图 7-60　区间管片建模

3. BIM 应用效益与价值

项目引入 BIM 技术后,相对传统的联系单沟通与平面图展示模式,预计减少 50%沟通时间与返工时间;采用二次开发插件工具,对比直接进行建模,可节约 30%左右的时间,完善 BIM 建模与沟通流程,如图 7-61 所示。

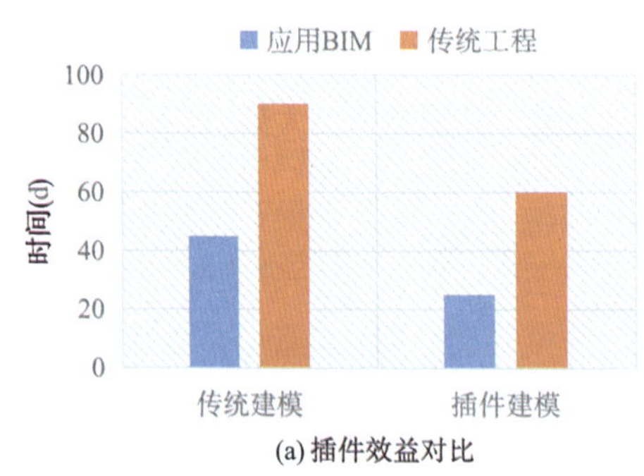

(a) 插件效益对比

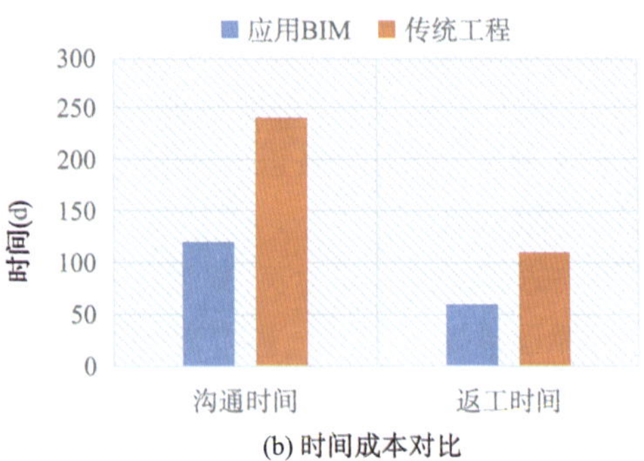

(b) 时间成本对比

图 7-61　BIM 应用效益对比分析

第8章 施工BIM应用案例

8.1 城市轨交

8.1.1 深圳地铁12号线工程场段一工区

应用单位：中国水利水电第八工程局有限公司

1. 项目概况与重难点

12号线赤湾停车场位于赤湾山南侧，地块长约1 050 m，最宽处约370 m，最窄处约90 m，场址内地形西高东低，起伏较大，地面高程约2.00～44.40 m，施工内容主要包括高边坡支护区域、运用库、咽喉区等。高边坡位于停车场北侧，主要为赤湾山人工开山采石填海等工程建设时放坡形成的台阶状岩质边坡。停车场用地范围大部分沿着现状坡脚或离开一定距离，局部有侵入既有高边坡第一级坡面，场地平整时需破坏既有高边坡坡脚和坡面。

项目在施工全过程中对深化设计、施工工艺、工程进度、施工组织及协调配合方面高质量运用BIM技术进行模拟管理，实现工程项目管理由3D向4D、5D发展，提高工程信息化管理水平以及工程管理工作效率，形成包含工程建设全过程数字化信息的竣工模型。

2. BIM技术应用与创新

(1)基于BIM模型对高边坡防护施工进行了临边超高风险源的自动检测，快速得到风险源清单与空间定位(图8-1)，进而建立安全监测模型，进行监测数据与BIM模型的集成，对安全风险进行可视化动态监控。项目的塔吊群检测系统，可以对每个塔吊运行状态进行实时监控(图8-2)。进一步地，项目通过在工人营地设置Wi-Fi安全答题系统，先答题，再上网，通过后台大数据分析，推送高频错题，逐步让工人的安全意识成为惯性思维。

图8-1 风险源检测自动形成风险源清单与空间点位

(2)基于BIM模型，生成构件二维码，实现对物料的施工全过程追踪管理。在机电安装与装修作业中，将BIM模型的数据导入放样机器人，进行精准放样，避免人工偏差，施工完进行数据采集、复核，保证模型与现场高度一致。

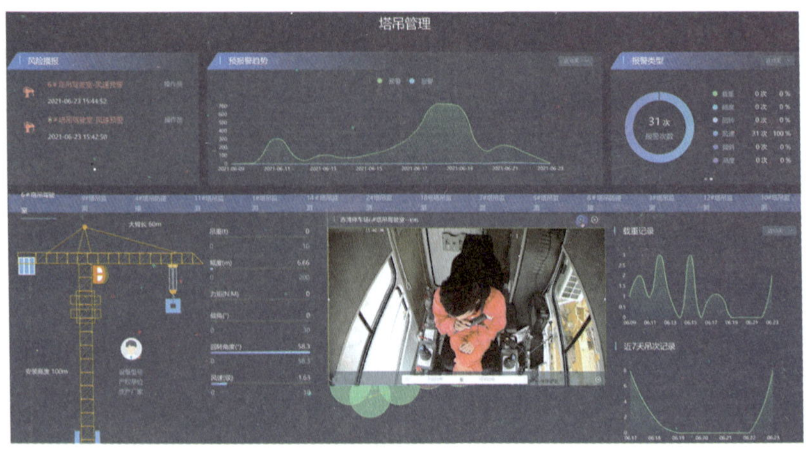

图 8-2　塔吊群监测系统

（3）利用 BIM 模型进行工程量辅助计算，建立背靠背工程结算机制，在进度款结算时，合同部与工程部分别采用传统算量与 BIM 算量，同时进行，对两套结果对比，偏差超过 3% 的清单项进行复核，提高结算准确性。

（4）根据工程特点，设计一套交互式工筹模拟解决方案（图 8-3）。基于 BIM 模型整合工艺模拟动画、技术要点、进度计划等要素，将各个重要节点做成菜单，发布成可执行 EXE 文件，让可视化交底不再是一堆零散的动画视频，管理人员和班组打开文件就能进行交底。利用 BIM 技术实现施工过程的可视化方案交底，2020 年度已累计完成 45 次可视化交底。同时，基于 BIM 技术实现进度与模型构件的映射，根据项目需求实现材料级、构件级、区段级等不同精细度的可视化进度追踪（图 8-4），进行进度对比，及时分析进度偏差并采取有效措施。

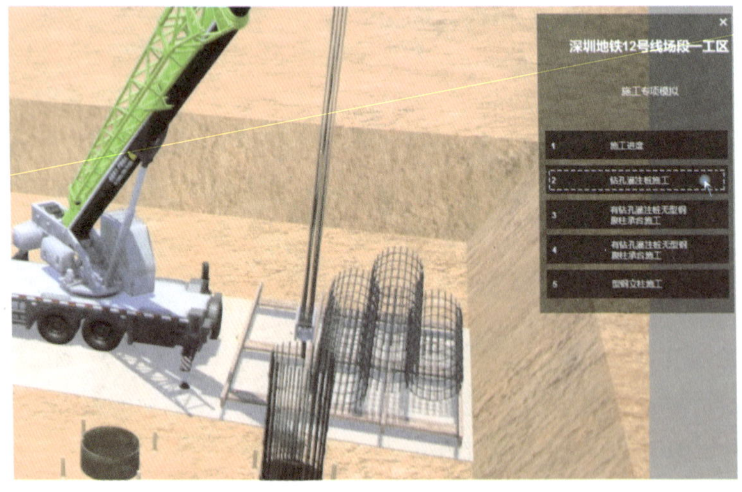

图 8-3　交互式工筹模拟

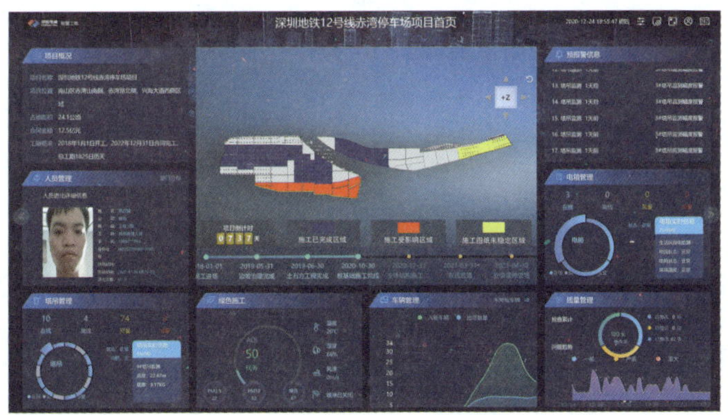

图 8-4　进度可视化追踪

(5)对综合模型中各管线碰撞问题进行检测,截至 2020 年 12 月已累计发现并优化碰撞部位 565 处。基于调整好的 BIM 管综模型建立穿墙套管 BIM 模型,并依据穿墙套管 BIM 模型中套管的位置,对现场穿墙套管进行预埋,保证现场套管尺寸及位置与模型保持一致,从而避免后期因套管预留不到位,导致建立的管综模型无法正常使用。依据调整完成后的管综模型及厂家提供的标准节长度对风管进行管段划分,划分完成后导出明细表及图纸进行风管下单(图 8-5)。同时对其电缆路径进行模拟,并辅助电缆精准下料,综合节约电缆材料 4%。利用 BIM 技术对型钢柱进行深化设计,并通过二次开发下料插件,快速准确地进行零构件下料,提高原材料的利用率。

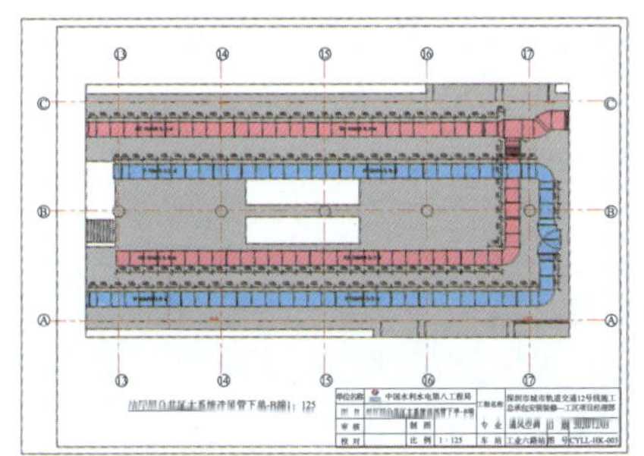

<风管明细表>

A	B	C	D	E	F
族与类型	尺寸	长度	系统类型	面积	合计
矩形风管: NT-耐火风管-法兰连接	1250x1250	367	PYF-A1	1.84 m²	1
矩形风管: NT-复合风管-插条连接	1600x1000	11	PYF-A1	0.06 m²	1
矩形风管: NT-耐火风管-法兰连接	1250x1250	596	PYF-A1	2.98 m²	1
矩形风管: NT-耐火风管-法兰连接	1250x1250	500	PYF-A1	2.50 m²	1
矩形风管: NT-耐火风管-法兰连接	1250x1250	158	PYF-A1	0.79 m²	1
矩形风管: NT-耐火风管-法兰连接	1250x1250	602	PYF-A1	3.01 m²	1
矩形风管: NT-耐火风管-法兰连接	1250x1250	741	PYF-A1	3.71 m²	1
矩形风管: NT-耐火风管-法兰连接	1250x1250	776	PYF-A1	3.88 m²	1
矩形风管: NT-耐火风管-法兰连接	1250x1250	1205	PYF-A1	6.03 m²	1
矩形风管: NT-耐火风管-法兰连接	1250x1250	1205	PYF-A1	6.03 m²	1
矩形风管: NT-耐火风管-法兰连接	1250x1250	776	PYF-A1	3.88 m²	1
矩形风管: NT-耐火风管-法兰连接	1250x1250	741	PYF-A1	3.71 m²	1
矩形风管: NT-耐火风管-法兰连接	1250x1250	1205	PYF-A1	6.03 m²	1
矩形风管: NT-耐火风管-法兰连接	1250x1250	602	PYF-A1	3.01 m²	1
矩形风管: NT-复合风管-插条连接	630x320	1225	F-B1	2.33 m²	1

图 8-5　风管排版图及下料表

(6)机房设备管线安装中,采用 BIM+装配式技术融合(图 8-6),实现管段的批量工厂预制,现场"零焊接",大大地减少施工工期。

3. BIM 应用效益与价值

项目针对深圳地铁施工相关标准和要求,编制深圳地区地铁施工工艺与安全文明施工可视化手册,包含砌体、装修、机电三大类 42 项工艺,以及上百种安全文明施工标准化模型,力求标准化成果的可复制、可推广,扩大 BIM 成果价值。通过基于 BIM 的质量、安全、进度等一系列应用,提升项目施工管理协同效率,节约材料与人工成本,提高项目施工质量。

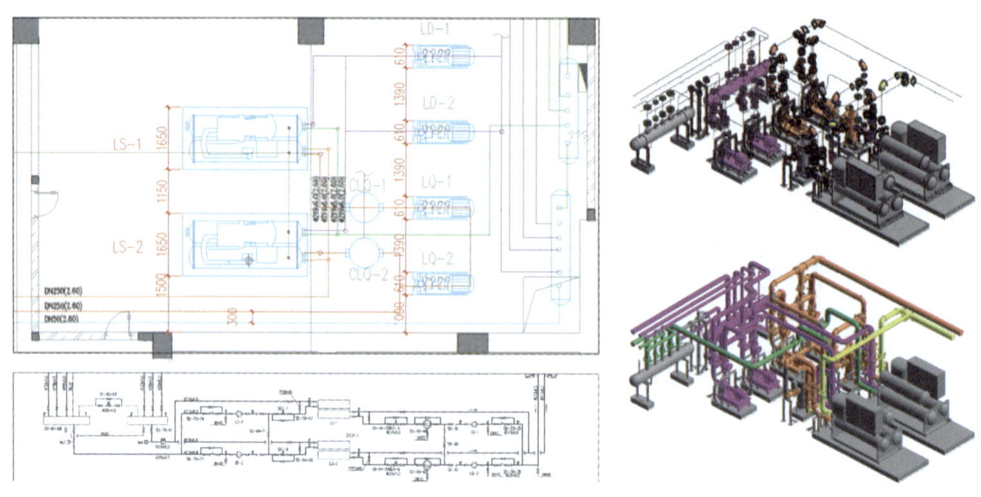

图 8-6　BIM+装配式原理图及模型

8.1.2　深圳市黄木岗综合交通枢纽工程一工区

应用单位：中铁隧道局集团有限公司

1. 项目概况与重难点

黄木岗综合交通枢纽位于深圳市福田区，为既有 7 号线、在建 14 号线和规划 24 号线三线换乘站。该工程有四个特点：一是工期最紧的立交桥拆除工程，历时 9 d 完成 1.5 万 m^3 混凝土拆除；二是深圳市枢纽工程最深基坑，基坑深 38.8 m；三是国内最大规模的既有线车站改造，需拆除结构混凝土 9 650 m^3；四是采用地下盖挖逆做法施工的大倾角 V 形柱体系，为国内首次应用，单柱采用 2 000 t 自动伺服进行受力体系转换。

项目在施工过程中充分结合 BIM 建设管理平台实现精准的数字化管控和可追溯的数字化档案，提高项目建设品质与效率。

2. BIM 技术应用与创新

(1)借助 BIM 引擎多源数据接口，定制开发 BIM 专项云服务平台。将枢纽 BIM 模型与周边 GIS 数据进行整合(图 8-7)，并实时上传施工监测数据，通过 Web 平台进行三维可视化

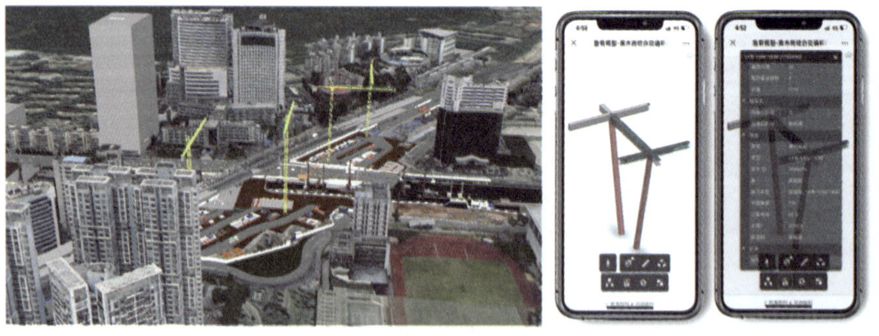

图 8-7　基于 BIM+GIS 的多源模型整合与移动端展示

展示及预警。同时，项目部自主开发了轻量化平台实现多终端互联互通。

（2）对立交桥拆除方案进行可视化仿真推演（图 8-8），合理调配人、材、机，细化计划至每日每时，确保拆除过程安全可控。同时模拟行车线路，合理分配行车路径，降低交通安全风险。

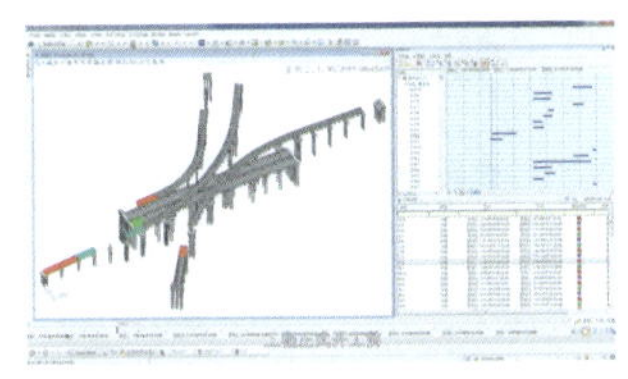
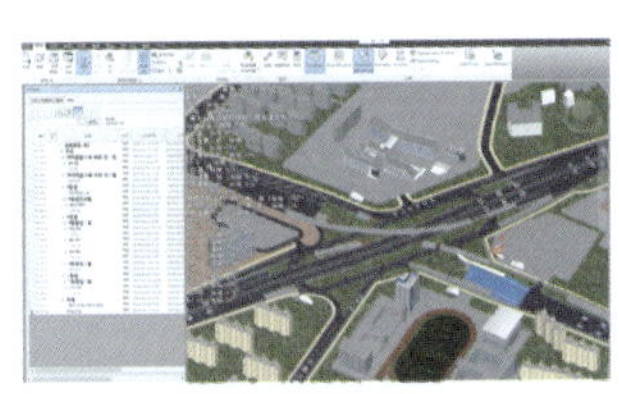

图 8-8 立交桥拆除 BIM 应用实施

（3）黄木岗枢纽工程共有 50 根 V 形柱，每根 V 形柱倾角各不相同，V 形柱节点的梁板钢筋多达 18 层[图 8-9(a)]，节点内梁板柱结构复杂，施工难度大。借助 BIM 模型对节点进行专项分析，优化节点钢筋排布[图 8-9(b)]，指导模板加工，保证了混凝土浇筑质量。现场对型钢梁、V 形柱的加工尺寸和焊接角度控制精度要求高，因此加工前运用 BIM 技术进行深化设计，通过模型直接出图，出下料清单，保障施工精度。

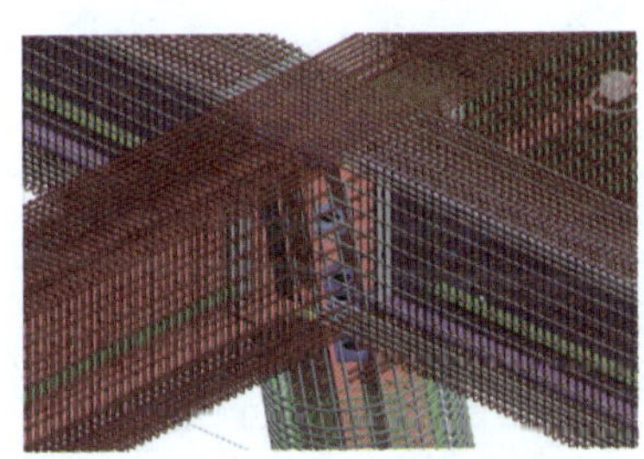
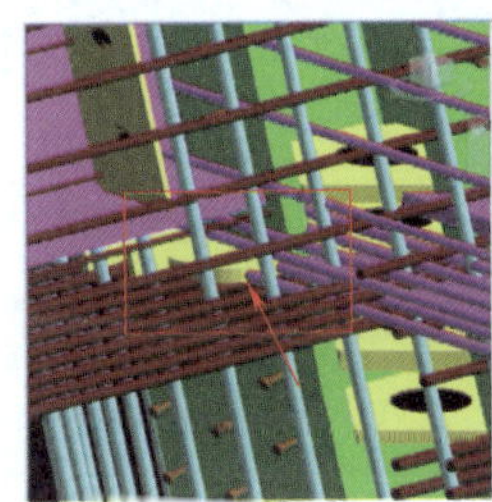

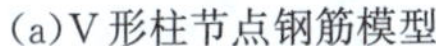
(a)V 形柱节点钢筋模型

(b)V 形柱节点优化对比

图 8-9 V 形柱节点 BIM 模型

（4）基于 V 形柱三维模型，对型钢节点吊装施工进行模拟（图 8-10），预演吊运及定位过程。使用传统二维平面定位方法确定坐标较为困难；通过 V 形柱 BIM 模型显示钢柱及钢梁的空间位置关系，直接在 BIM 模型中定点提取三维坐标，用于现场钢结构测量定位，确保安装精度。

（5）在创新应用方面，将先进的光纤光栅传感器布置在围护结构上，对基坑开挖过程的变形进行智能监测、自动预警；同时通过高精度倾角传感器，对周边建（构）筑物进行监测，确保施工安全。

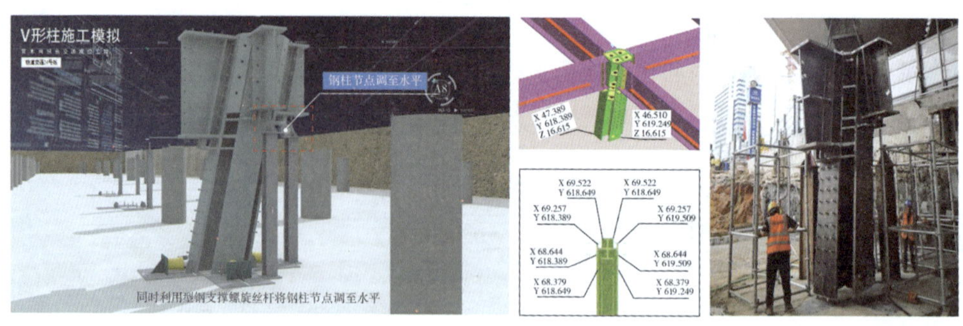

图 8-10　V 形柱施工模拟及成果落地

3. BIM 应用效益与价值

项目实施过程中，以互联网云服务为基础，使用先进的 BIM 技术，提高施工深化、生产制作、现场安装的质量和效率。例如，在 V 形柱节点优化和 V 形柱精确定位等 BIM 应用中节省成本约 560 余万元，安全隐患排查效率提升 20%。运用可视化仿真手段，进行方案的论证、分析与决策。在项目实施过程中，逐步形成竣工模型档案，为后期运营维护提供数据支撑，最终达到决策有依据、实施有协同、过程有记录、成果有档案（图 8-11）。项目的 BIM 实施应用作为行业中的成功案例，将更好地助力城市轨道交通建设发展。

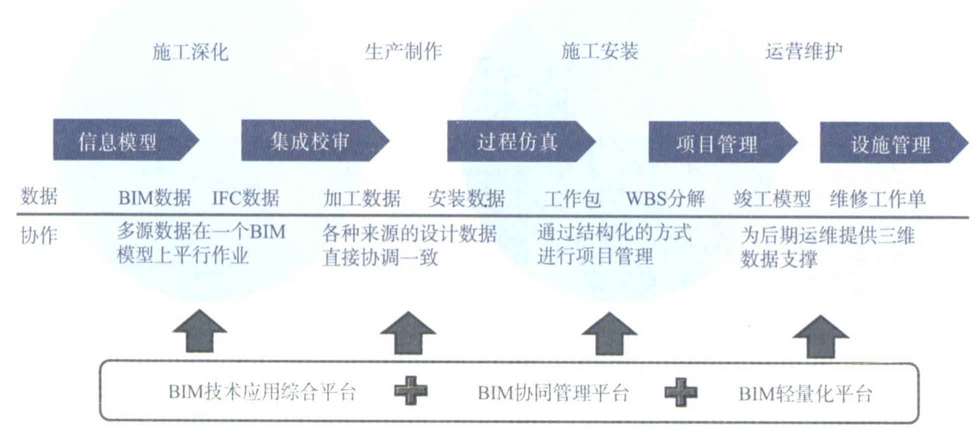

图 8-11　黄木岗综合交通枢纽施工过程 BIM 应用

8.1.3　深圳地铁 13 号线工程四工区

应用单位：中国建筑第八工程局有限公司

1. 项目概况与重难点

深圳地铁 13 号线工程线路由南至北穿过南山区、宝安区和光明新区。线路两端预留延伸条件，终点预留延伸至东莞，起点预留向南延伸条件。沿规划道路下穿机荷高速后进入黄峰岭工业大道，设罗租站后继续沿规划道路下穿罗租旧村，沿途设宝石路站并预留与规划

25 号线的换乘条件，与在建 6 号线高架站接驳，并在罗租站附近新建 1 座 110/35 kV 罗租主变电所。

该工程重难点包括：(1)项目处于旧城区，前期管线改迁工程量大，管线错综复杂，对接部门多；(2)站点场布面积小，对施工过程管控、场地布置及场地空间合理利用要求较高；(3)跨基坑悬吊管线较多，施工工艺复杂；(4)上屋北站岩层厚且硬，围护结构工期紧、进尺慢，工期压力大。

该项目 BIM 主要应用于施工准备阶段及施工阶段，利用 BIM 提高工程管理和决策效率为总体应用目标，以充分发挥 BIM 价值，有效控制和管理工程建设的质量、进度、成本和安全。

2. BIM 技术应用与创新

(1)结合自主研发的族库管理平台和智能场布软件，通过识别场地平面布置图，自动创建场地布置模型(图 8-12)。采用基于二次开发的智能场布软件进行场地自动规划，可提高前期场地布置建模效率。模型完成后，采用智能场布软件计算平面布置场地利用率，统计场地内各个功能区的占比，辅助场布优化。

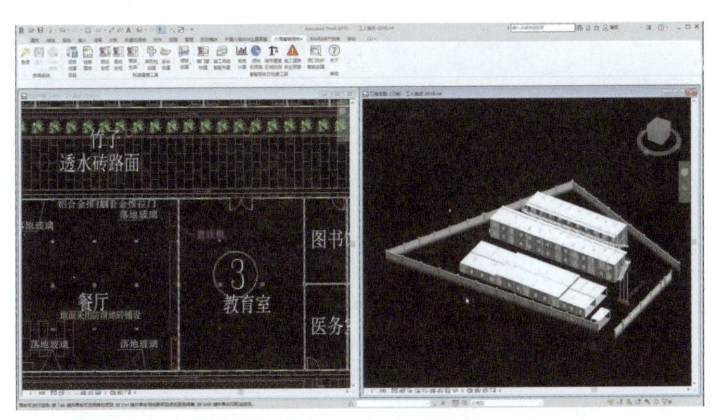

图 8-12　基于二次开发的施工场地布置

(2)通过 BIM 建模及 Lumion 等后期类软件的应用，真实还原施工区域城市模型。由于整个四工区处于工业区、村庄等地，前期对外的交涉比较多，采用 BIM 可视化的方法，有助于提升在前期与市政部门、交管部门的沟通协调效率。在管线改迁方面，采用 Navisworks 软件进行市政管网碰撞检测，反向核实物探数据的准确度，通过可视化手段辅助管线改迁方案的编制(图 8-13)。

(3)将地质模型与区间隧道结合(图 8-14)，采用 Civil 3D 软件计算盾构掘进线路上各地质含量，分析可用砂量，以此来辅助分析回收渣土的经济性，最终计算出渣土中可用砂量占比达 30%以上。

(a)雨水管线悬吊保护方案

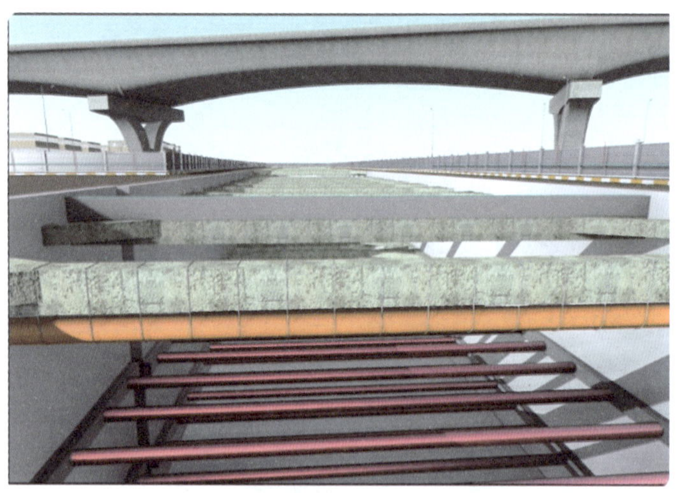

(b)通信管线悬吊保护方案

图 8-13　管线改迁方案可视化

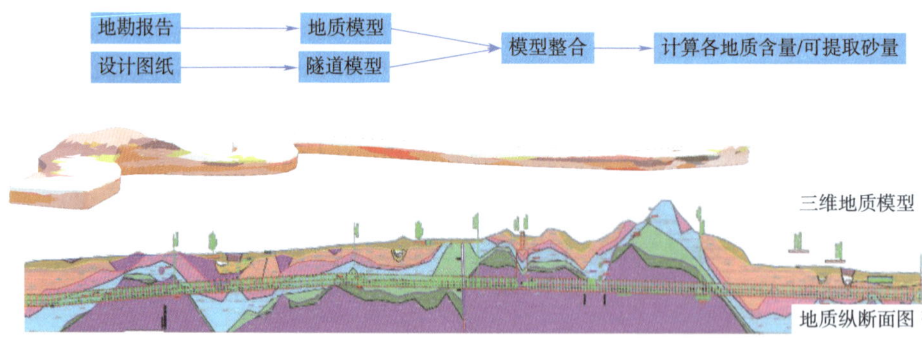

图 8-14　区间地质模型

(4)结合施工计划将施工图模型转化为施工模型,并上传至平台,在平台上根据现场的施工流程,设置物料跟踪节点。现场管理人员根据现场施工进度,通过平台手机端,对构件的物料状态发起更新,并提交上级审批人员审批,使 BIM 模型状态与现场进度一致。

(5)施工质量管理遵循事前预防、事中管控、事后检验三个步骤。事前预防方面,通过建立 BIM 虚拟样板(图 8-15)、制作施工工艺动画来辅助施工交底。事中管控方面,基于 BIM 平台的质量管理,将质量管理流程纳入 C8BIM 平台,管理人员可基于 BIM 构件发起质量管理流程,最终质量管理痕迹以图钉的方式在模型上留痕。事后检验方面,采用 Trimble TX8 三维扫描仪,对车站主体结构、区间隧道进行扫描,将点云数据与 Revit 模型进行对比,获取结构偏差数据,辅助质量复核(图 8-16)。

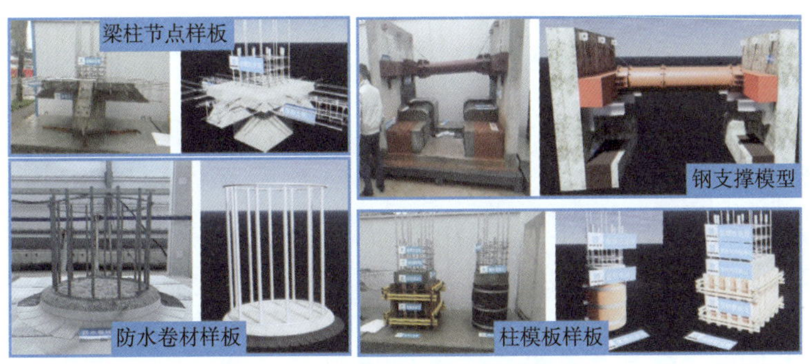

图 8-15　虚拟样板

图 8-16　点云模型

(6)在危险源判断方面,将 Revit 模型导入 Fuzor 软件中,自动识别临边洞口,辅助危险源识别。通过将 BIM 模型与 VR 设备相结合,真实模拟施工事故现场,加强人员安全意识。

3. BIM 应用效益与价值

在项目施工过程中最大效率运用 BIM 技术,减少返工浪费,保证工期,管控进度。通过二次开发的智能场布软件,优化场地布置,使场地布置更加合理,使罗租站盾构场地移交提前 90 d;应人石工人生活区,根据计算出来的场地利用率进行重新优化,提高 10%的场地利用率;通过可视化辅助方案编制及现场施工指导,在宝石路站管线改迁方案中,将基坑围护结构模型与现状管线模型整合,采用就地悬吊保护的方案,减少改迁管线长度 497 m,节省成本 46.7 万元;通过地质模型算量的辅助,对渣土进行转化,实现 100%渣土处理率,30%可回收资源转化率。

8.1.4 深圳地铁 3 号线南延线 3131 标段

应用单位:深圳市市政工程总公司

1. 项目概况与重难点

深圳地铁 3 号线三期南延工程 3131 标段,地处深港科技创新特别合作区核心区,为该区的首个地铁站。项目设一站一区间,均采用地下敷设方式。其中福保站沿红花路呈东西向敷设,总长 569.18 m,标准段宽 19.7 m,深约 17.2~19.2 m,为地下二层岛式车站,设有 6 个出入口,采用明挖法施工。

项目存在的重难点包括:①车站主体体量较大,安全、质量、进度等管理较为困难;②环控机房空间狭小,设备管线密集,提高空间利用率是关键;③管道错综复杂,各专业施工协调难度大;④站内装修无类似车站借鉴,目标效果难以控制。为解决上述问题,项目积极采用 BIM 技术,实现点对点的逐一突破。

2. BIM 技术应用与创新

(1)对项目施工中常见的安全问题、重大危险源等进行全面整理形成安全隐患库,共 654 个问题。根据海因里希法则,每 300 个隐患就会出现 29 起轻伤或故障及 1 起重伤或死亡事故。因此项目按 1∶29∶300 的比例将隐患分为红、黄、蓝三种等级,以此实现某个区域的自动预警机制(图 8-17)。

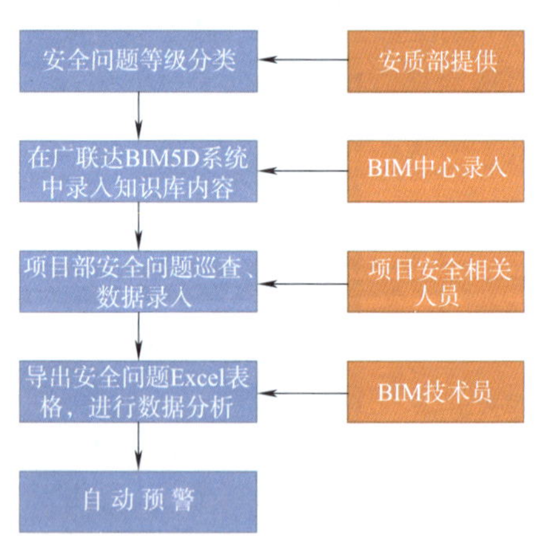

图 8-17　安全分级管控流程

(2)模型导入轻量化平台,将预留孔洞、设备位置、图纸方案等信息链接到相应点位,将项目所有复杂节点整理成一套用于技术交底的三维模型库,施工人员可随时通过手机查看某节点平剖面图,技术标准及方案等,操作方便,简单易懂(图 8-18)。

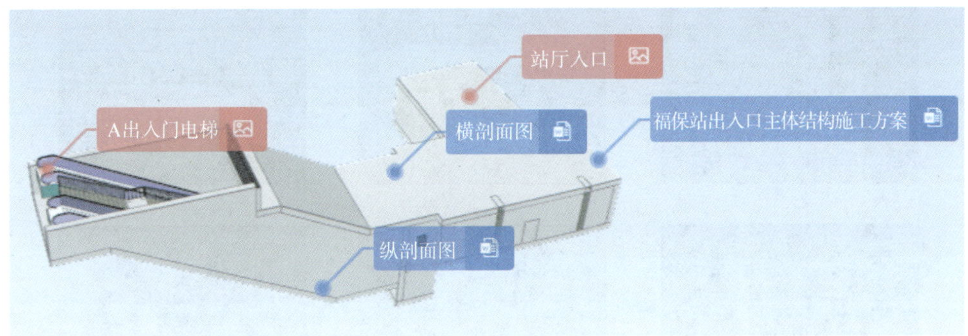

图 8-18 三维技术交底

(3)环控机房因设备密集，管线复杂，通过 BIM 深化设计，优化预留设备通道、安装路径，根据三维模型导出 CAD 图纸，实现局部正向深化设计，提前解决管道排布、设备检修空间不足等问题，形成更直观更合理的深化设计图，减少返工，充分利用有限空间(图 8-19)。

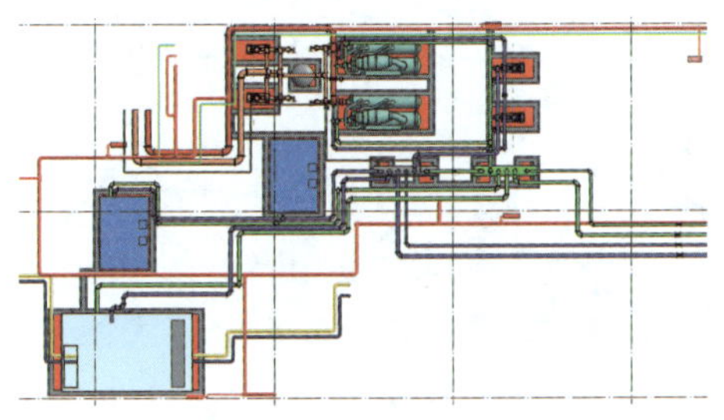

(a)深化后的三维模型

(b)深化 CAD 图纸

图 8-19 环控机房深化设计

(4)多专业模型整合后，使用橄榄山快模进行多专业碰撞检查，模型中自动定位碰撞位置、自动生成碰撞报告，及时发现各专业之间的设计冲突，通过碰撞检查减少变更与返工，提高施工质量(图 8-20)。

(5)在站内装修工程开始前，创建装修模型，结合装修方案，预先模拟装饰装修效果，将方案的设计意图转化为直观感受，以此优化装修方案，如地面选材、天花选型、灯具及背衬板安装、导流标识牌及设备布置等，合理选择装修材料，指导现场施工，控制最终的装修效果达到预期目标(图 8-21)。

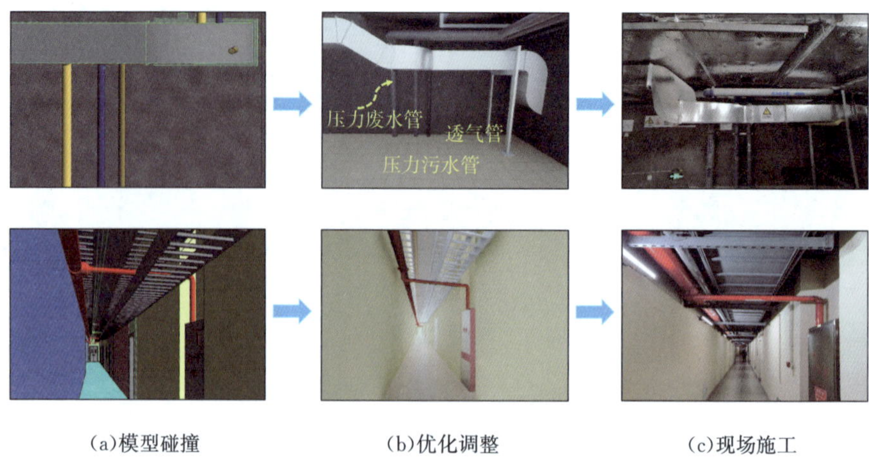

(a)模型碰撞　　(b)优化调整　　(c)现场施工

图 8-20　多专业管线综合优化

(a)满天星方案

(b)璀璨星河方案

图 8-21　装修方案对比

3. BIM 应用效益与价值

项目利用 BIM 技术有效地提升工程精细化管理水平，合理使用建筑模型、管理平台及仿真模拟等多种手段，使工程施工更具可靠性、科学性。

(1)降本增效：解决管线碰撞问题 88 个，优化环控机房布置，提高空间利用率；

(2)节约工期：创建施工样板节点 15 个，方便对工人进行交底，节约沟通协调时间约 30 d(每个按 2 d 计算)；

(3)价值提升：现场实际装修效果与设计效果图匹配度达 90%以上，材料选择合理，成功控制装修效果；

(4)管理提升：利用 BIM5D 平台记录和追踪质量安全问题，缩短问题解决的时间周期，同时管理更有针对性；

(5)人才培养：截至 2020 年 12 月，共开展 8 期 BIM 相关培训，学员覆盖整个集团内部，2020 年度共培训两百余人次，为公司及社会输送大量优质的新型技术人才。

8.1.5　深圳地铁5号线工程(黄贝岭站后至大剧院段)一工区

应用单位:中铁十四局集团有限公司

1. 项目概况与重难点

深圳地铁5号线工程(黄贝岭站后至大剧院段)地处罗湖区,全线沿深南东路由东向西敷设,起自5号线一期工程黄贝岭站站后,终至大剧院站,线路全长2.88 km;共设3座车站,分别为东门路站、建设路站、大剧院站。5号线项目位于繁华商业区内、城市主干道下方,需进行近20次交通疏解,场地转换十分频繁;沿线邻近众多建筑物,平行上穿既有2号线、下穿6座桥梁、5处过街通道;周边管线众多,需改迁燃气、电力、给排水、通信等重要管线;项目还有工序转换频繁,处于核心城区关注度高、标准高、周边环境敏感等特点。

在进场之初,项目部根据工程特点,进行BIM应用规划并根据项目进度逐步细化BIM应用方案。

2. BIM技术应用与创新

项目创建地质、地理测绘、既有建(构)筑物三大基础模型(图8-22),通过三大基础模型还原了既有周边环境,并在此基础上进行实际应用。

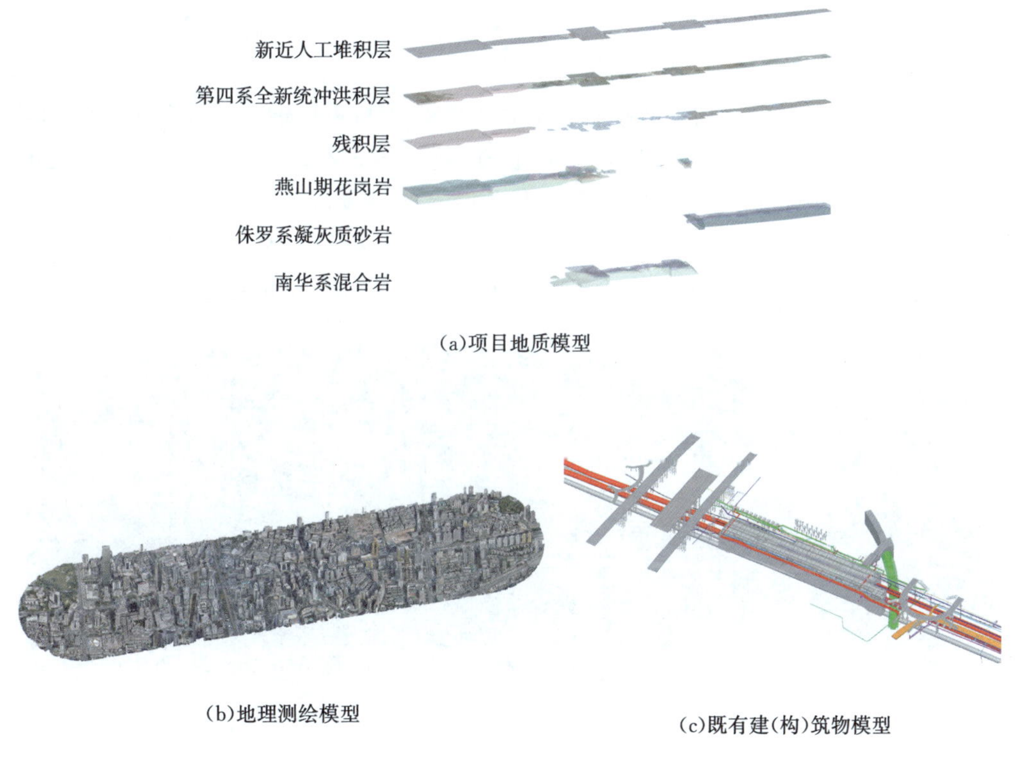

(a)项目地质模型

(b)地理测绘模型

(c)既有建(构)筑物模型

图8-22　基础模型

(1)5号线工程管线改迁工作量大、改迁频繁。仅大剧院站就需进行6期改迁,其中单独一期的管线改迁量能达到600余根，各管线改迁冲突非常严重。通过BIM技术，对各期管线统一进行碰撞测试，统筹优化管线排布方案，高效地解决了管线改迁的布置问题。

(2)项目通过BIM技术结合现场硬件，对现场施工及管理人员进行三维技术交底，交底完成后直接用模型指导下料，极大地提高了沟通效率(图8-23)。

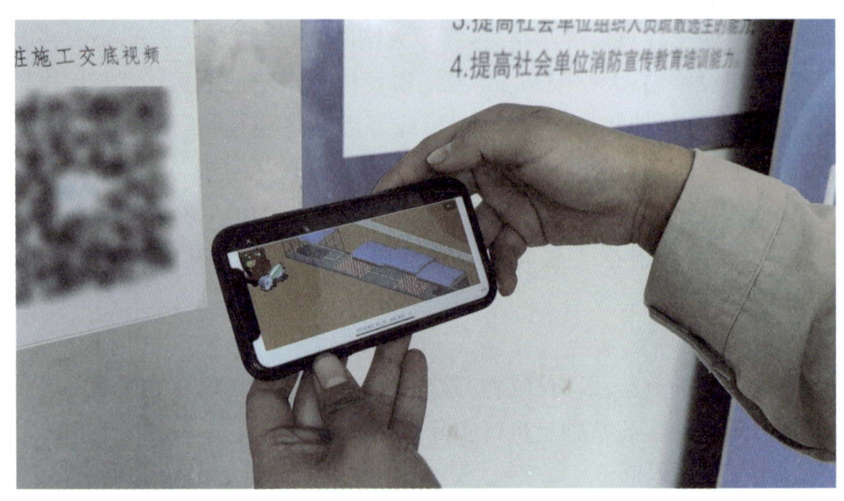

图8-23　三维模型交底视频

(3)基坑邻近既有线，对围护结构变形控制要求高，项目采用轴力伺服系统结合BIM模型对基坑变形进行补偿控制，实现智能监测、自动预警(图8-24)。另外，项目全线邻近既有2号线，风险极大。以黄贝岭站为例，新建结构与既有2号线两者最小距离只有1.4 m。项目对既有线采用自动化监测(图8-25)，并将自动化监测数据导入BIM模型中，直观展现隧道的位移趋势及数值，使管理人员快速掌握既有线情况，采取合理的施工方案。

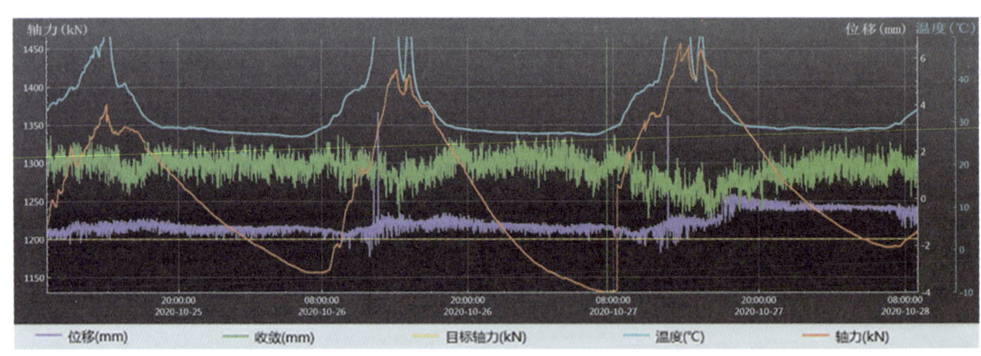

图8-24　BIM+轴力伺服系统补偿控制基坑变形

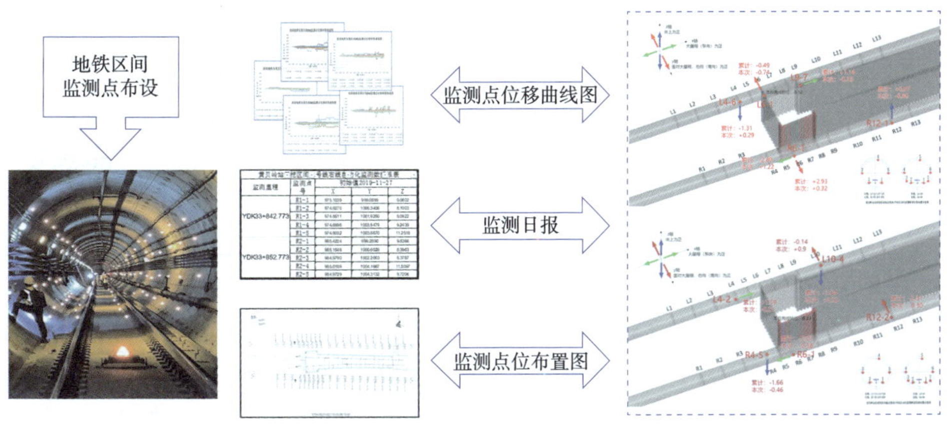

图 8-25　BIM+自动化监测技术快速判断既有线位移情况

(4)项目将 BIM 模型导入 AR 软件,现场管理人员利用 iPad 扫描地面,即可看到地下管线的位置,降低了施工风险。管线改迁的方案协调可以在现场利用平板电脑确定管线位置,并模拟改迁方案,极大提高了管线改迁协调效率(图 8-26)。

图 8-26　BIM+AR 技术确定地下管线位置

3. BIM 应用效益与价值

通过 BIM 技术应用,为项目建设提供全过程的信息支持与辅助,降低施工风险,提高施工效率,达到了提质增效的目的。项目引进 BIM 技术后,在进度、安全、质量、成本、技术等方面管理得到显著提升应用。经统计,截至 2020 年 12 月,共节约工期 135 d,节约费用 600 余万元。

8.1.6　深圳地铁 6 号线支线工程土建二工区

应用单位:中交第二公路工程局有限公司

1. 项目概况与重难点

6 号线支线工程线路位于深圳市光明新区，线路起点设置于 6 号线光明站(原名翠湖站)东侧，线路终点设置于公常路深莞边界东莞黄江镇，该工程共三站四区间，线路右线长度为 6 119 m(包含光明站主体结构 249 m)，其中高架段长 436 m，地下段长 5 294 m，过渡段总长 140 m。

在施工过程中，参建方众多、工艺复杂、施工技术难度大，而且在经济投入、成本控制、人员管理、质量监管生产环节中没有一套合理有效的运行体制，主要依靠管理者的经验，容易产生质量和安全风险。同时，在传统设计施工流转过程中，设计单位通过二维设计图纸将施工信息传达到施工单位，施工单位需要配置专业的工程师，需要花费大量的时间和精力对图纸进行审核、工程量提取等，指导现场施工时容易出现返工现象。

2. BIM 技术应用与创新

深圳地铁 6 号线支线项目启用 BIM 技术，配备专职 BIM 专员及硬件设施，以“BIM+智慧工地”平台为依托，实现项目的精细化管理。

(1)项目采用“智慧工地”的先进管理理念，对施工过程作精细化、信息化、科学化管理；针对安全、质量、劳务与物资验收等模块，定制化开发系统，实现手机端、电脑端、网页端 24 h 实时信息提交、审批、推送。在各部门指定专门的“信息专员”，明确权责，打通各环节信息壁垒，打造信息化建设示范项目。

(2)现场安全员、质检员、技术员通过“云建造”App 移动办公，对于发现的安全、质量隐患实时“推送整改”，整改完成后由隐患发起人复核，验收通过并闭合流程，并将隐患数据上传云端进行汇总分析，通过数据分析结果，找出项目安全质量管控的薄弱点，进行重点把控，达到安全质量的精细化管理，提高工程质量，降低管理成本(图 8-27)。

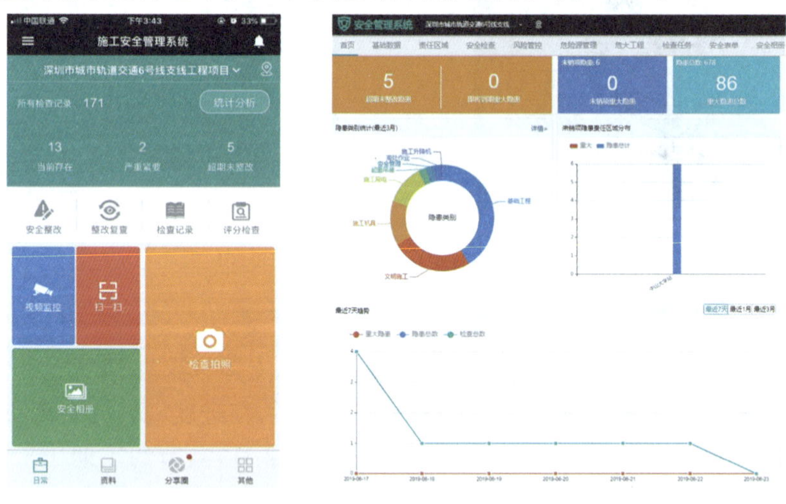

图 8-27　安全质量模块

(3)施工现场所需材料种类众多和数量多，涉及金额大，通过现场“地磅”设备与云平台的联动，对所有进出场的大宗物资的信息和数量进行汇总分析。同时，项目依据筒道云平台自主研发零星材料管控系统，对现场所需零星材料的信息和数量汇总分析，实现项目大宗物资和零星材料的精细化把控，降低施工成本；将汇总分析的数据提供给管理层，为管理层决策提供数据支持（图 8-28）。

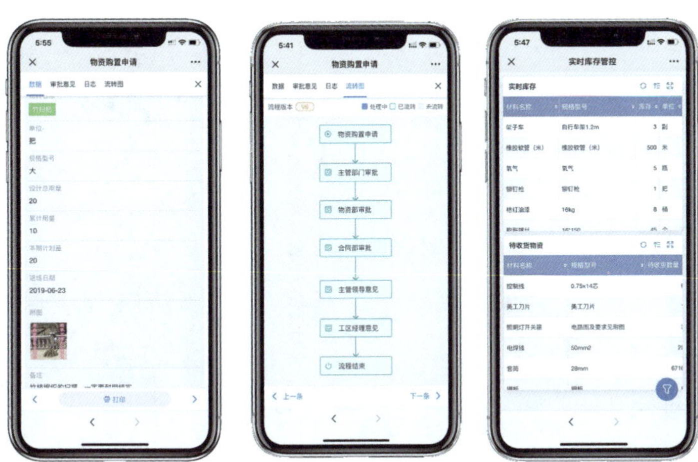

图 8-28　零星材料管控

（4）在 BIM5D，通过清单、预算文件与模型施工构件的关联，计算工程量、产值等各项数据，并交给云平台统计分析，将每月经营管理的数据汇总，可视化发布至平台“看板”，供项目领导查阅、辅助管理决策。

（5）为实现现场人员的精细化、安全化管理，实施人脸识别一体化闸机联动，对项目人员的种类及在场情况进行汇总分析，并为项目管理人员及产业工人建立一人一档，全方位管理现场人员（图 8-29）。

图 8-29　劳务管理

（6）对施工现场使用的临时构件，利用 BIM 软件，对构件的外观尺寸、适用性及安防位置和过程进行预先模拟，在三维环境中进行讨论、分析，生成形象生动的三维设计图纸及模型，提供给生产单位，指导生产单位进行精确加工。将图纸和模型下发至现场技术人员作为施工参照，避免施工过程中出现二次修改或返厂重新加工的现象，节约施工成本，加快施工进度(图 8-30)。对项目的临建方案、专项施工方案进行规划和模拟，通过预先的动态模拟，优化施工方案，如临建方案的施工场地布置(图 8-31)。

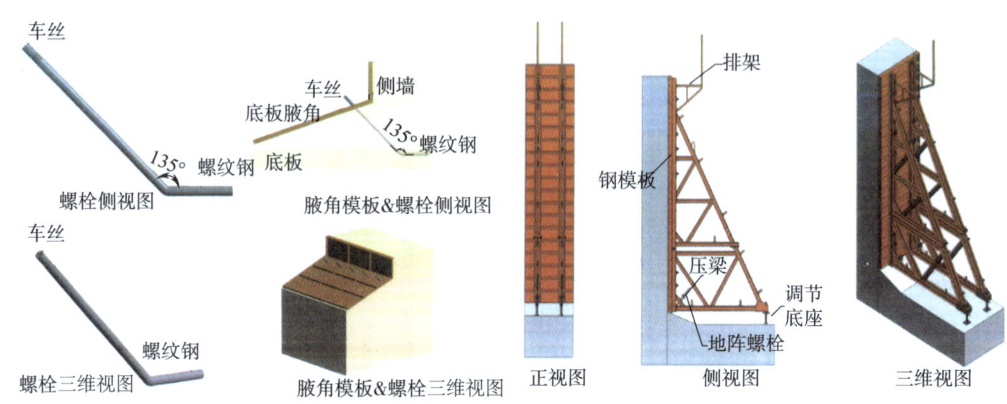

图 8-30　构件深化设计

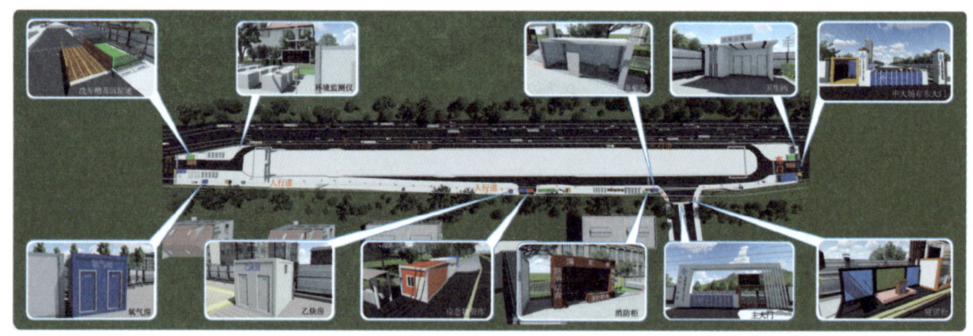

图 8-31　施工场地布置方案模拟

3. BIM 应用效益与价值

通过智慧工地平台对安全、质量、劳务、成本等模块进行精细化管理，对管理过程中的数据进行实时的收集、汇总、分析，将分析结果实时传送到电脑端和手机移动端看板，为管理层决策和部署提供数据支撑。

利用 BIM 技术对编制的临建及专项施工方案进行方案动态模拟，发现方案中存在的缺陷、漏洞及风险，及时优化方案，消除风险，大大降低施工风险，提高施工质量，节约施工成本，缩短工期，并利用 BIM 模型实现三维交底和视频交底，提高方案交底质量。

8.1.7　深圳地铁 13 号线工程土建五工区、土建七工区

应用单位：中国建筑第二工程局有限公司

1. 项目概况与重难点

深圳地铁 13 号线一期工程起于深圳湾口岸，终点设于上屋北，线路长 22.4 km，设站 16 座，串联南山及宝安石岩片区，是深圳西部偏东的一条重要交通线路。项目范围内的城市建设布局复杂多变，规划条件不稳定，且沿线地质条件复杂多变，工程难度大。

为提高工程建设水平，项目自 2018 年进场施工起即大力推行 BIM 技术正向应用，以“数字化建设”满足深圳地铁 BIM 应用要求。

2. BIM 技术应用与创新

项目通过搭建智慧工地等 BIM 应用平台，将多专业紧密联系在一起，形成“一个中心，多种专业”的 BIM+现场管理融合机制。在项目 BIM 正向应用过程中，结合不同工点的工程特点，在石留盾构区间与内湖停车场分别采取了针对性的 BIM 技术应用点。

（1）项目通过采用三维倾斜摄影与 720 全景应用，建立三维实景模型（图 8-32），解决用地协调、施工组织与周边风险源识别问题。在内湖停车场，通过 BIM 模型对工程平面布置进行优化（图 8-33），对不同阶段的平面施工区域的规划与推演，有效提高场地内的交通效率，加快了工程进展。

图 8-32　三维倾斜摄影

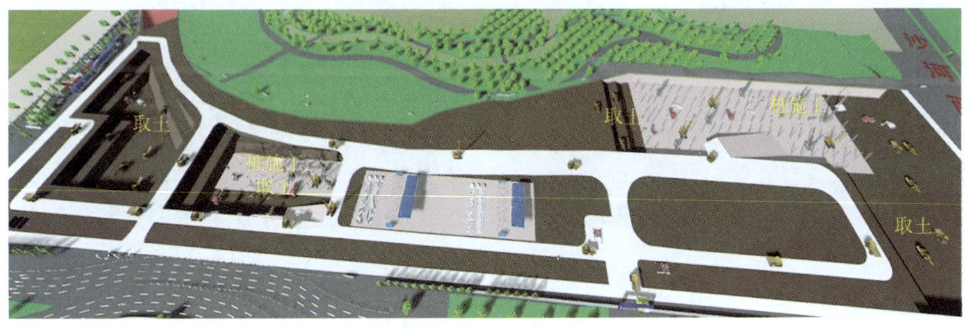

图 8-33　盖挖工法场地车流规划与施工组织

(2)利用勘探数据建立CATIA地质模型。以内湖停车场为例,工区位于填海造陆区,地质条件复杂多变。通过建立地质模型与地层曲面模型(图8-34),直观地反映现场地层分布情况,实现“工程环境→数字环境”的转化,为BIM综合应用提供坚实基础。

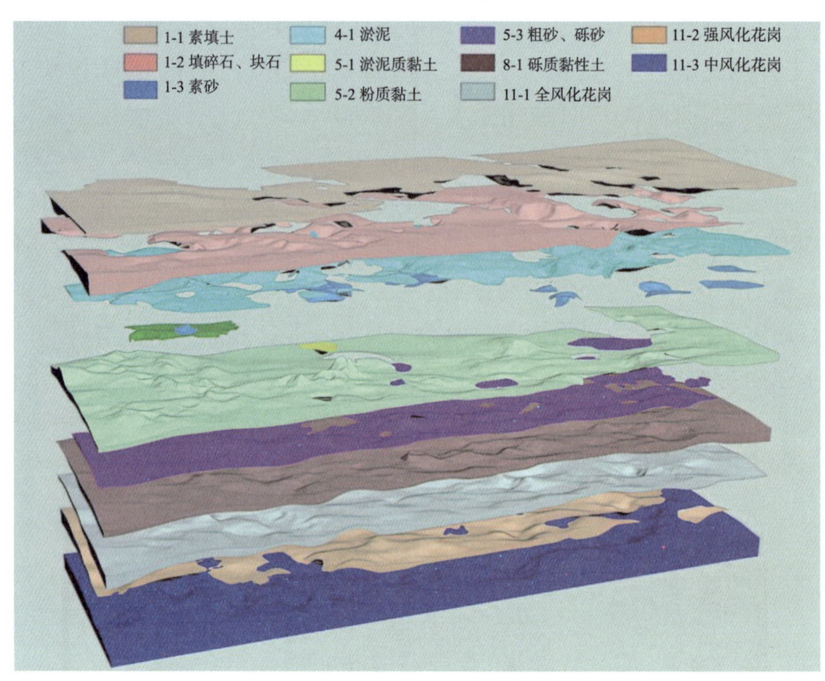

图8-34　地层曲面模型

(3)采用电子测温仪,通过测温元件,多点测量大体积混凝土内外温差,并通过上位机的分析软件实现温度的测量及分析(图8-35)。分析数据实时显示在BIM管理平台中,同时在GIS地图上显示温度变化曲线,指导现场对混凝土的养护。

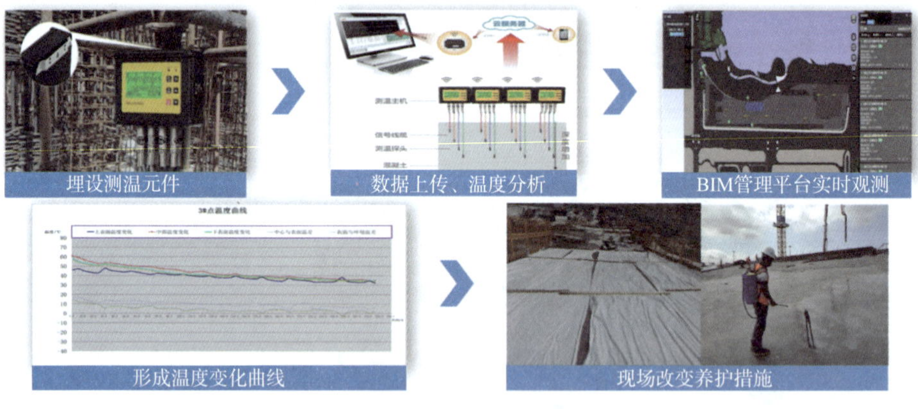

图8-35　大体积混凝土测温应用

(4)内湖停车场地下水较丰富,部分岩土体为粉土层,容易因基坑围护结构渗(漏)水导致涌沙,引发周边地面下沉。采用自动化监测设备(图8-36),实时监测水位数据,调整降水施工，为工程的安全开展保驾护航。

图 8-36　水力渗流监测流程图

(5)石留区间盾构左右线需分别下穿既有 5 号线留仙洞站围护结构钻孔桩两次。经方案模拟及优化，对不同方案进行综合分析(图 8-37)，最后确定采用磨桩方案施工。磨桩方案在采取加固和换刀措施的情况下，采用直接磨桩的方式通过围护桩，实现对留仙洞站的下穿，如图 8-38 所示。

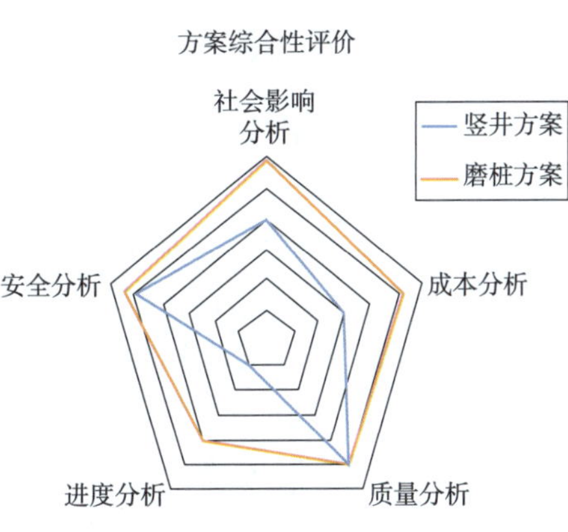

图 8-37　方案综合性评价

图 8-38　磨桩方案施工示意

3. BIM 应用效益与价值

通过在石留区间与内湖停车场的正向应用探索，总结形成了轨道交通 BIM 正向应用路线：利用三维倾斜摄影、720 全景应用与数字地质模型建立三维环境与集成信息资源，基于上述数字模型，结合 BIM 应用软件，实现施工过程的方案优化、节点深化、计量细化、质量把控与过程监控等拓展应用，在上述应用点的基础上将其整合，开创性地实现了工程施工方案的综合性比选。相关效益见表 8-1。

表 8-1 BIM 应用综合效益

应用方向	综合效益
技术管理	方案选型方面，项目降低了社会影响，缩短了施工工期约 180 d，节省管线改迁成本约 1 000 万元
质量管理	项目综合运用 BIM+IoT 技术，全力打造“无渗漏车站”
安全管理	BIM 技术为项目提供了安全可靠的施工环境，保障了项目的施工安全
工效提升	项目通过场地规划及施工模拟，节省工期约 40 d
成本管理	BIM 技术帮助商务部门准确、便捷地导出工程量，消除工程量出错的情况

8.1.8 深圳地铁 12 号线工程土建六工区

应用单位：中国水利水电第一工程局有限公司

1. 项目概况与重难点

深圳地铁 12 号线工程土建六工区位于宝安区，线路总体呈南北向。工区线路全长约6 km，总投资约 16 亿元，包含四站四区间。四座车站均为明挖车站，四个区间均采用盾构法施工。

12 号线工程土建六工区施工风险高、难度大，以危险性较大的深基坑和地下工程为主，穿越城市交通要道、人口密集区和商业繁华区，工程施工现场周边环境复杂多变，人的不确定因素众多，加上水文地质条件、天气条件、施工技术、项目管理等因素的影响，极容易引发各类安全事故，导致财产损失和人员伤害，造成不良的社会影响。

为施工组织管理提供新的研究视角及技术方法，在事前制定科学合理的施工方案和施工规划，利用 BIM 技术及相关数据采集技术，改进传统的施工安全管理模式和方法，实现数据采集、集成、分析处理、可视化显示为一体的全过程信息处理流程。

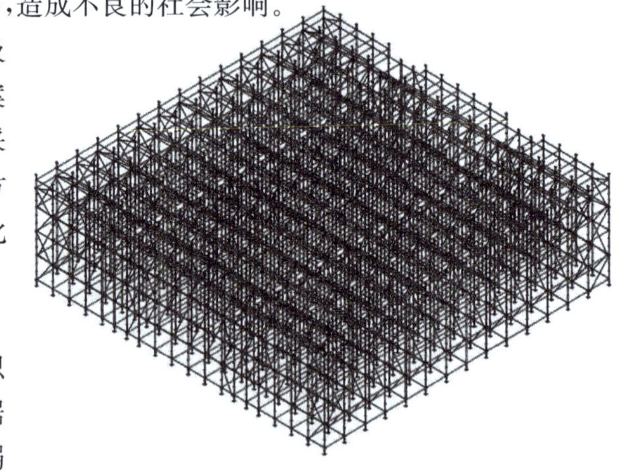

图 8-39 脚手架模型

2. BIM 技术应用与创新

自主研发基于 BIM 的风险智能识别应用程序与脚手架的对接模拟，根据受力分析能指出模型的薄弱点，对薄弱点进行重点控制后指导施工，指导脚手架规范搭设，优化脚手架施工方案（图 8-39、

图 8-40)。最大限度地降低施工风险,节约施工成本,提高施工质量。

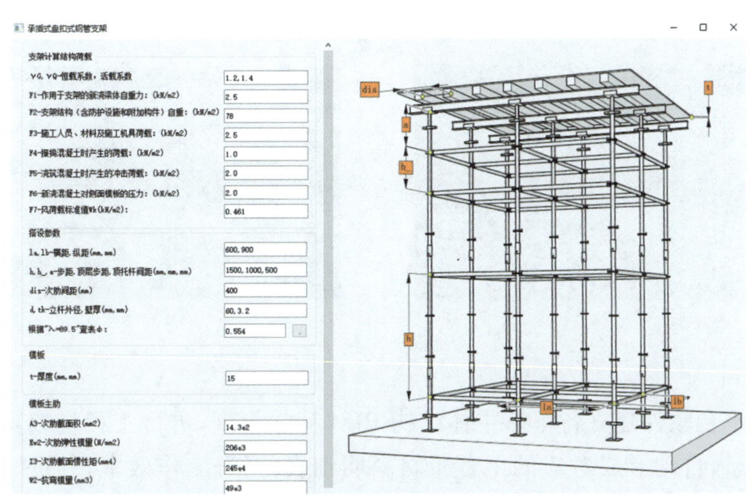

图 8-40　脚手架计算软件

通过 VR 沉浸式安全教育,可充分满足项目部普及安全教育的要求,进而提高产业工人安全意识及实操能力,减少因人的不安全行为产生的安全风险概率。项目部投入安全教育 VR 体验馆分房建、基建两大类,共 40 个体验项目,涵盖物体打击、机械伤害、高处坠落、车辆事故等模拟项目,根据施工人员的工作内容进行有针对性的安全教育,截至 2020 年 12 月已教育 68 场,受教育人数达 2 000 多人次(图 8-41)。

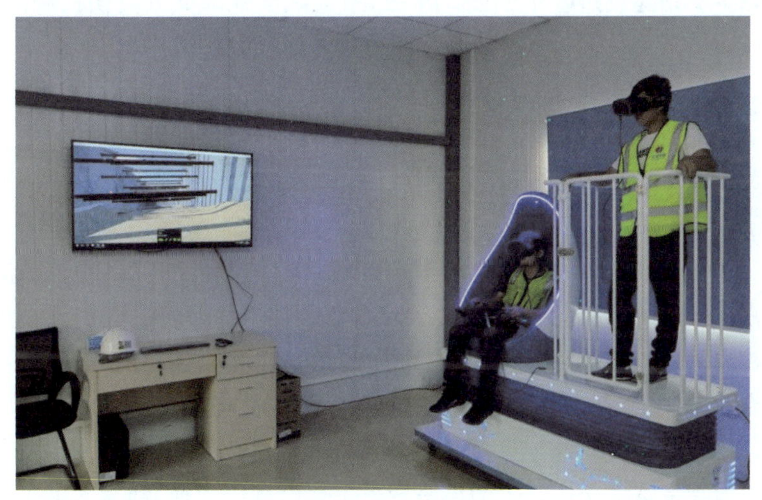

图 8-41　安全教育 VR 体验馆

在双模盾构模式转换中充分应用 BIM 的可视化、三维化和模拟化等特点,对其进行全过程模拟及可视化交底。特别针对拆装螺旋机用的吊装架、土仓内部改造、TBM 转换等困难点，进行全过程的预演和方案优化，解决皮带机在行进过程中经常损坏、中心出渣控制困难等问题（图 8-42）。

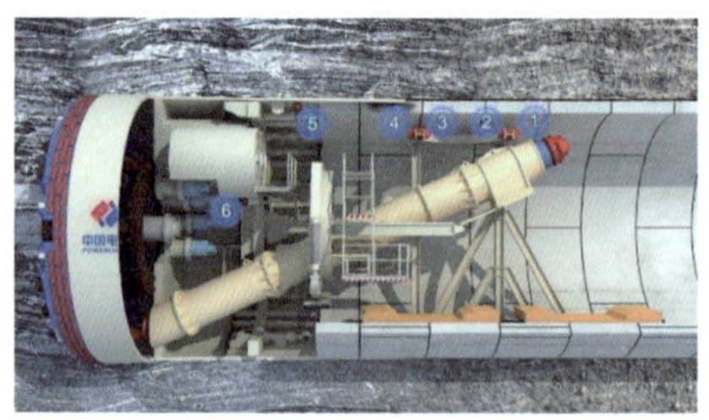

图 8-42　双模盾构施工及模拟

应用计量平台软件建立各车站主体结构 BIM 算量模型，进行工程量核算，施工过程中快速提取工程量，自动形成对应的工程量材料明细表，提升工作效率。通过已构建的模型库，安放模型位置，自动准确统计生成工程量，实时查询材料使用位置，与标价、预算、结算金额实时对比分析，准确掌握项目实际经营成本。

3. BIM 应用效益及价值

利用 BIM 技术及相关数据采集技术，改进传统的施工安全管理模式和方法；将 BIM 技术与地铁车站施工安全管理结合，构建基于 BIM 技术的地铁车站施工安全管理系统，集成安全规划、安全检查、安全监测、安全预警和教育培训五大施工安全管理内容，实现安全管理数据的采集、集成、互用和可视化，完善施工安全管理流程，从而提高地铁工程施工安全管理水平，预防和减少车站建设过程中的安全事故，最大限度地降低人员伤亡和财产损失，保证项目顺利推进。

8.1.9　深圳地铁 14 号线工程土建七工区、昂鹅车辆段

应用单位：中铁三局集团有限公司

1. 项目概况与重难点

深圳地铁 14 号线全长约 50.34 km，七工区包含两站三区间。昂鹅车辆段位于沈海高速公路以北，占地面积约为 43.73 hm^2，主要包含联合检修库、运用库、物资总库、咽喉区、综合体等 18 个盖内外建筑单体，总建筑面积约为 33.26 万 m^2。项目的重难点主要包括：项目体量大，包含专业多、复杂程度高；存在大量拆迁工作，工期控制难度较大。

2. BIM 技术应用与创新

（1）智慧工地 VR 技术交底。大力推进智慧工地信息化管理，利用智慧工地智能化优势并结合 BIM 可视化效果，对入场工人进行 VR 交底与培训（图 8-43），让作业人员直观地感受各种危险发生的过程与危害，对作业人员形成良好的教育效果。

（2）优化施工计划。将 BIM 模型与进度计划挂接，根据现场实际进度情况与施工计划进行比较，系统会自动对超过节点工期的计划进行报警，实现计划分析与优化。例如，通过

BIM 技术对混凝土柱进行施工模拟，由原方案的搭设钢管脚手架施工方案优化为装配式一体操作架施工(图 8-44)，提升混凝土浇筑质量且节约工期约 60 d。

图 8-43　智慧工地 VR 技术交底室

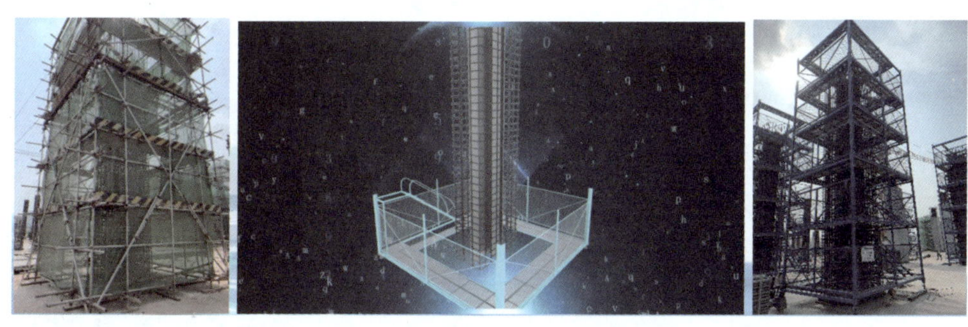

图 8-44　混凝土柱施工计划优化

(3)自动算量与计价分析。通过 BIM 精细化建模，快速提取工程量(图 8-45)，通过与现场实际消耗量进行对比后得出材料用量的偏差值，方便项目管理层进行成本分析。采用项目一体化管控平台，对工程合同、验工计价、材料调差等统一化管理，将 BIM 模型与概算进行关联，通过输入完成工程量数据，快速得出产值，提高验工结算效率。

墙明细表

族与类型	类型	厚度	结构用途	结构材质	CM-100-创建单位	CM-100-校审人员及联系方式	CM-100-校审单位	TC-400-工作环境	TC-400-设计使用年限	建筑类别或等级-主体结构设计使用年限	建筑类别或等级-建筑等级	建筑类别或等级-抗震等级	建筑类别或等级-抗震设防烈度	建筑类别或等级-防火等级	建设说明-建设地点	建设说明-建设阶段	技术经济指标-总建筑面积	项目内部定位-站点名称	合计
基本墙: JG-结构墙-100mm	JG-结构墙-100mm	500	非承重	侧墙	中铁第六勘察设计院集团有限公司	李凯键	中铁第六勘察设计院集团有限公司	干湿交替段为Ⅰ-C、其他为Ⅰ-B	100	100年	一级	三级	7度	一级	坪山大道与吉祥路交叉路口	施工图设计阶段	17709.97㎡	坑梓站	2
基本墙: JG-结构墙-700mm	JG-结构墙-700mm	700	承重	JG混凝土、现场浇注-C35	中铁第六勘察设计院集团有限公司	李凯键	中铁第六勘察设计院集团有限公司	干湿交替段为Ⅰ-C、其他为Ⅰ-B	100	100年	一级	三级	7度	一级	坪山大道与吉祥路交叉路口	施工图设计阶段	17709.97㎡	坑梓站	20
基本墙: JG-结构墙-800mm	JG-结构墙-800mm	800		JG混凝土、现场浇注-C35	中铁第六勘察设计院集团有限公司	李凯键	中铁第六勘察设计院集团有限公司	干湿交替段为Ⅰ-C、其他为Ⅰ-B	100	100年	一级	三级	7度	一级	坪山大道与吉祥路交叉路口	施工图设计阶段	17709.97㎡	坑梓站	25
基本墙: JG-侧墙-600mm	JG-侧墙-600mm	600	承重	侧墙	中铁第六勘察设计院集团有限公司	李凯键	中铁第六勘察设计院集团有限公司	干湿交替段为Ⅰ-C、其他为Ⅰ-B	100	100年	一级	三级	7度	一级	坪山大道与吉祥路交叉路口	施工图设计阶段	17709.97㎡	坑梓站	6
基本墙: JG-电梯侧墙-500mm	JG-电梯侧墙-500mm	500	承重	侧墙	中铁第六勘察设计院集团有限公司	李凯键	中铁第六勘察设计院集团有限公司	干湿交替段为Ⅰ-C、其他为Ⅰ-B	100	100年	一级	三级	7度	一级	坪山大道与吉祥路交叉路口	施工图设计阶段	17709.97㎡	坑梓站	10
基本墙: JZ-加气混凝土砌块墙-200mm	JZ-加气混凝土砌块墙-200mm	200	非承重	加气混凝土砌块墙	中铁第六勘察设计院集团有限公司	李凯键	中铁第六勘察设计院集团有限公司	干湿交替段为Ⅰ-C、其他为Ⅰ-B	100	100年	一级	三级	7度	一级	坪山大道与吉祥路交叉路口	施工图设计阶段	17709.97㎡	坑梓站	1
基本墙: JZ-加气混凝土砌块墙-200mm	JZ-加气混凝土砌块墙- 200mm	200	非承重	砌体墙	中铁第六勘察设计院集团有限公司	李凯键	中铁第六勘察设计院集团有限公司	干湿交替段为Ⅰ-C、其他为Ⅰ-B	100	100年	一级	三级	7度	一级	坪山大道与吉祥路交叉路口	施工图设计阶段	17709.97㎡	坑梓站	246
基本墙: JZ-防火墙-200mm	JZ-防火墙-200mm	200	非承重	防火墙	中铁第六勘察设计院集团有限公司	李凯键	中铁第六勘察设计院集团有限公司	干湿交替段为Ⅰ-C、其他为Ⅰ-B	100	100年	一级	三级	7度	一级	坪山大道与吉祥路交叉路口	施工图设计阶段	17709.97㎡	坑梓站	18

图 8-45　构件材料明细表(墙)

(4)二维码安全技术交底。将技术交底方案与安全技术交底方案制作成可视化交底并制作二维码,包括脚手架工程、模板工程、钢筋工程等。将二维码张贴在智慧工地门口,随时进行查阅和学习,提高现场工人的作业质量和安全(图 8-46)。

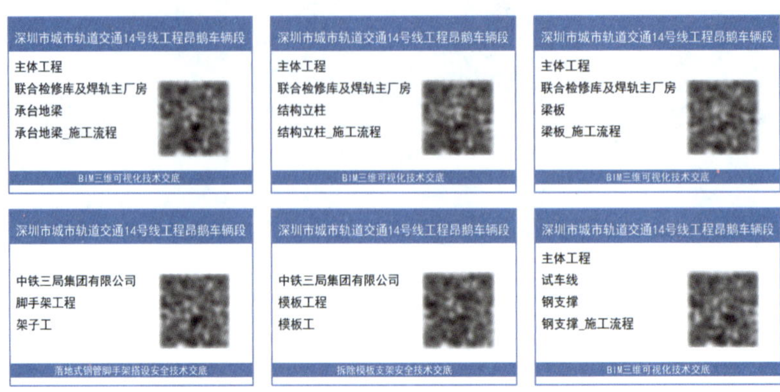

图 8-46　BIM 三维可视化交底二维码墙(部分)

(5)BIM+GIS 集成应用。通过 BIM 和 GIS 等不同维度数据的集成,协助供应链管理和时程管理,利用 GIS 宏观尺度的功能,延伸 BIM 应用范围,进而提高项目管理能力。例如,从倾斜摄影的实景模型中得到准确、真实的土方量,方便施工现场合理安排施工进度。BIM 模型整合 GIS 监控数据后,可在 BIM 模型中随时查看设计参数、工作状态、维护记录、维护路径等信息(图 8-47)。

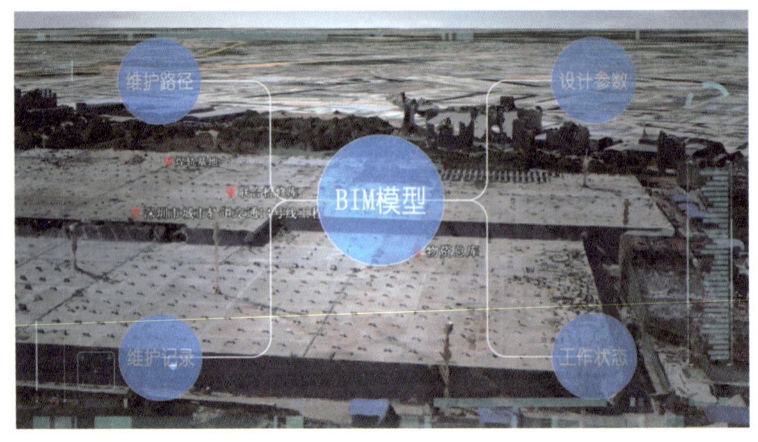

图 8-47　施工现场 BIM+GIS 集成应用

3. BIM 应用效益与价值

项目采用 BIM 技术开展施工现场管理,取得良好的经济效益和社会效益。其中,应用 BIM 提前发现图纸错误,避免返工,间接价值估算在 160 万元;通过 BIM 技术优化清水混凝土柱施工方案,间接效益约 280 万元;基于 BIM 模型进行方案比选,优化试车线深基坑开挖机具与开挖方法,效益估算约 210 万元;使用一体化平台开展信息化管理,快速提取工程量、自动生成周报和月报等报表，节省人力，提高工作效率，间接效益约 80 万元。

8.1.10　深圳地铁 8 号线二期工程土建三工区

应用单位：中交一公局集团有限公司

1. 项目概况与重难点

深圳地铁 8 号线二期工程土建三工区含一站一区间，小梅沙站主体长 377.5 m，区间为大梅沙站—小梅沙站区间，线路左线长度为 1 831.968 m，右线长度为 1 825.231 m。该工程存在复杂多变不良地质、盾构土压平衡—TBM 双模转换等施工难题；位于深圳旅游景区，周边建（构）筑物多，保护工作量大、难度高，环水保要求高。为满足施工过程管控要求，项目利用 BIM 技术进行技术管理应用，采用深层次多维度的优化传统管理模式，促进信息化与项目管理的紧密融合。

2. BIM 技术应用与创新

项目以“落地”“实用”为宗旨，通过 BIM 技术辅助项目在场地布置模拟优化、可视化技术交底、施工图优化设计等技术管理创新应用，同时运行 AI 人工智能技术对项目进行实时安全管控。

（1）BIM 模型快速浏览、分享及定位。建立模型浏览二维码及链接，无需安装任何软件，直接通过扫描二维码或者点击链接即可实现项目模型浏览，让 BIM 模型可用、好用、实用。

（2）通过 BIM 技术进行正向设计，深化设计模型，形成项目主体结构、建筑结构、维护结构、场地布置、部分节点钢筋等模型，实现从三维建模→二维出图→工程量自动统计→模型轻量化查看及分享→二三维联动查询等临时工程结构 BIM 全过程应用（图 8-48）。

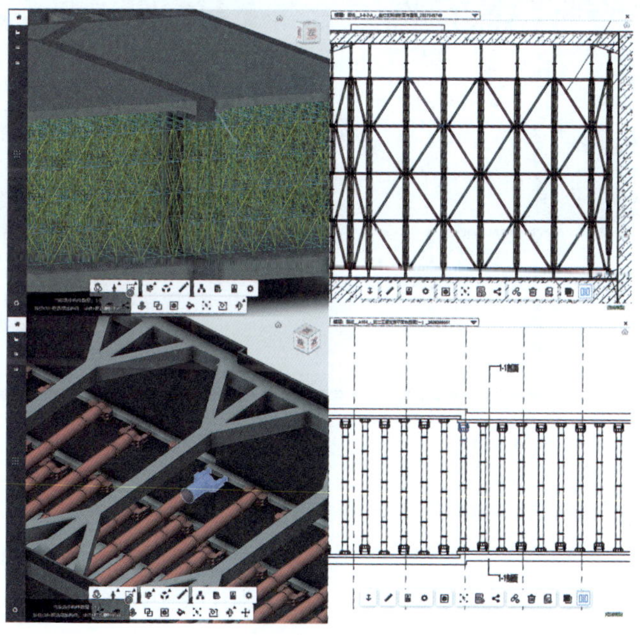

图 8-48　节点的 BIM 二三维联动

(3)实现 BIM 模型多终端同步联动—远程协同办公。以 BIM 信息模型为基础，通过 BIM 平台实现多人远程 BIM 模型协同，进行远程技术交底、方案讨论、远程协同讨论等应用(图 8-49)。通过该方式提高工作效率，也有助于疫情期间进行无接触式的讨论。

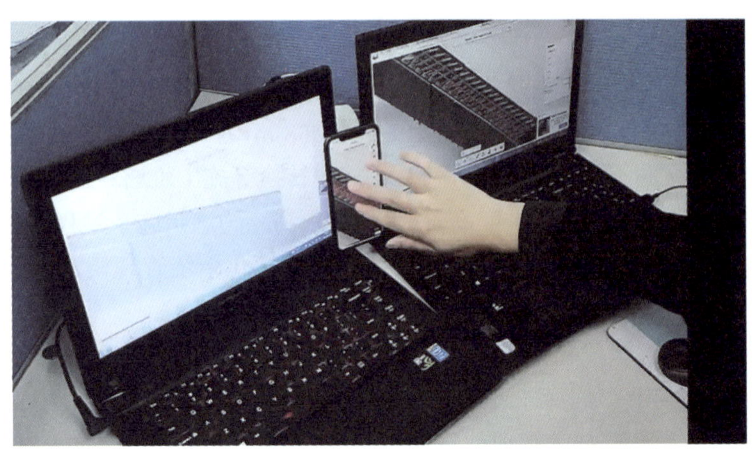

图 8-49　BIM 模型多终端联动

(4)项目采用自主研发的项目管理系统，结合 BIM 模型，开展项目的成本预测、成本计划、成本控制、成本核算、成本分析等应用，并对项目管理系统数据进行三维可视化(图 8-50)。

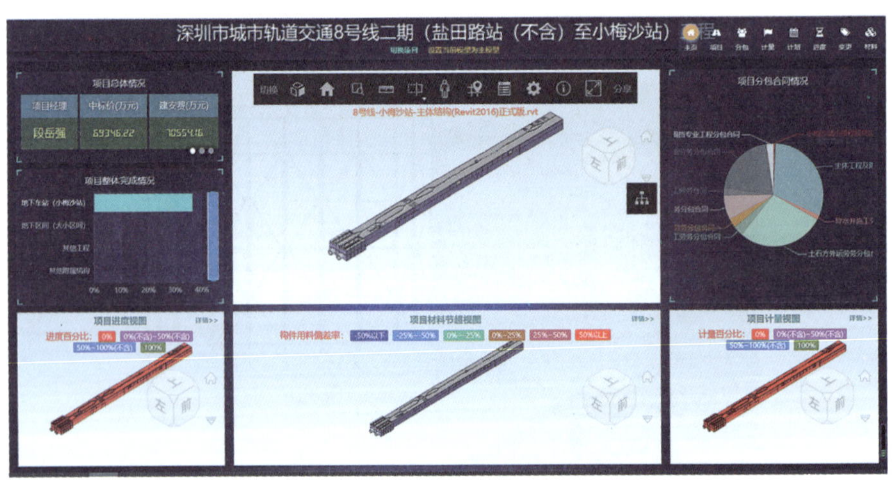

图 8-50　项目管理系统综合管控平台

(5)基于 AI 技术，全面推进集人员管理、AI 智慧天眼、车辆管理、绿色施工等多维一体的智慧工地应用。自主研发一款基于多种图像数据识别和 AI 认知功能的钢筋智能算量系统(图 8-51)，提供精准的钢筋统计，使用能效高且准确计算出钢筋数量。基于 AI 算法，自动识别施工现场安全隐患(图 8-52)，提高现场施工质量与安全。

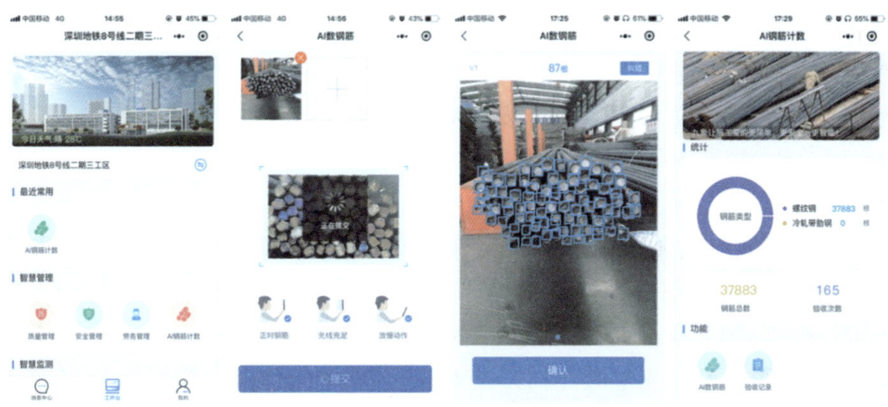

图 8-51　AI 钢筋识别

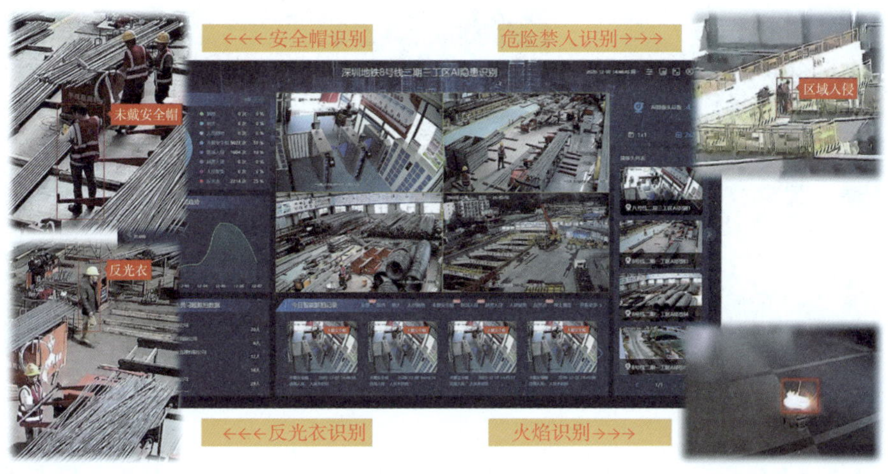

图 8-52　AI 隐患识别

3. BIM 应用效益与价值

通过 BIM 二三维联动、BIM 在临时工程结构的正向应用、BIM＋项目管理系统大数据的管控、BIM＋AI 等创新应用，初步实现设计、施工、运维环节的数据共享和数据打通，提升项目技术管理水平，提高工作效率，缩短项目工期，为地铁项目全生命周期的 BIM 技术应用提供参考。

8.1.11　深圳地铁 12 号线工程安装装修四工区

应用单位：中国水利水电第十四工程局有限公司

1. 项目概况与重难点

海上田园东站为深圳地铁 12 号线工程的地下站，位于规划丰民路和规划新沙路交叉口，其中远期 18 号线车站沿新沙路东西向敷设，12 号线车站沿丰民路敷设。项目的机电安装工程具有专业类别多、系统复杂、安装空间狭小、工期紧、要求高等特点。为贯彻落实精细化管理理念，促进项目信息化管理，依据国家、行业以及深圳地铁相关标准要求，利用 BIM 技术在模型建立、场地布置、设计深化、安全质量管理、进度及成本管理等方面开展信息化运用。

2. BIM 技术应用与创新

(1)主体结构预埋件、预留孔洞、临建结构多，机电系统专业复杂，施工空间时间交叉。首先利用 BIM 技术进行围护结构、主体结构、建筑及机电等不同专业、不同时序的碰撞检测，提前预警碰撞问题。通过 BIM 碰撞检测功能发现碰撞多达 1 250 次，优化后管线排布整齐有序，实现零碰撞。利用三维激光扫描技术，建立现场土建点云模型与 BIM 模型进行对比、转化和协调(图 8-53)，让模型与现场高度匹配，在基于实际现场数据校对后的土建模型下进行管综深化，保证机电管线综合可靠性、准确性。

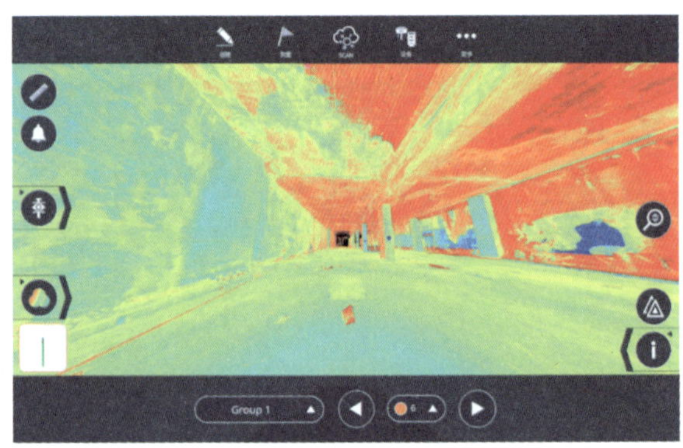

图 8-53　现场扫描与三维点云模型

(2)管线综合优化后，墙体孔洞预留成为施工安装的一大难题。基于各专业管线 BIM 模型，在模型砌筑墙体上开预留孔洞，并出图指导现场施工，避免后期开凿工作，节约材料和加快施工进度。同时，优化构造柱位置，保证构造柱不被预留孔洞截断，避免返工(图 8-54)。

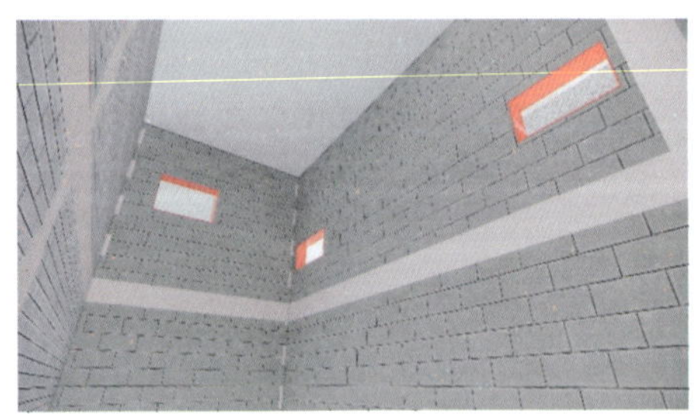

图 8-54　结构预留孔洞

(3)利用深化设计后的 BIM 模型“抽出”全专业 CAD 电子档图纸，包括风水电、砌筑、装修等深化设计图，由项目部装订成册，设计师、施工方签字确认形成一套正式施工白图(图 8-55)。

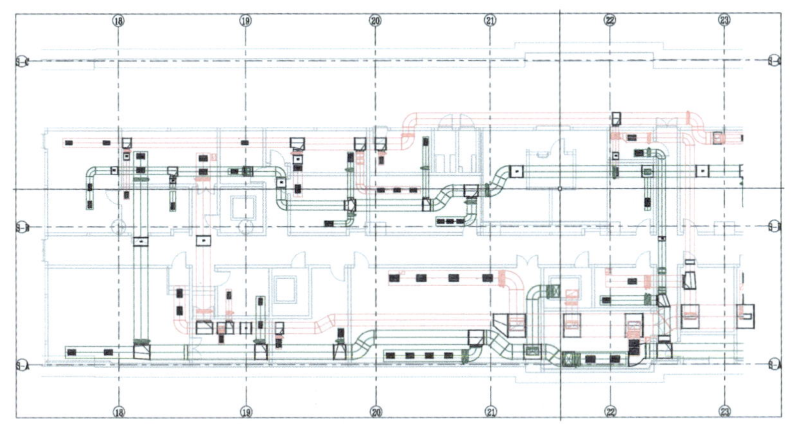

图 8-55　通风空调专业 BIM 模型出图

(4)施工场地紧邻城市主干道,现场狭窄,临时用地产权复杂、征地困难、施工场地有限。在机电安装工程开始前,利用 BIM 模型提前进行三临布置(图 8-56),合理规划施工中所需材料、机械的堆放位置,并统筹考虑三临管线的路径,避免与后期机电工程及装修工程发生碰撞,使场地利用率达到 98.5%。

图 8-56　基于 BIM 模型的三临布置模拟

(5)利用 BIM 技术实现工厂预制化装配施工。将深化后的冷水机房 BIM 模型进行模块化分段,导出管道分段加工图和下料图,在工厂生产所有管道部件物料,在场外完成拼装,实行工厂预制、现场装配(图 8-57)。在预制加工厂集中加工和拼装,减少现场加工焊接,提高安全文明施工质量,减少发生安全事故的不确定因素,现场施工垃圾减少 80%,实现场内“零焊接”的绿色环保作业,全面提高了生产效率和施工质量。

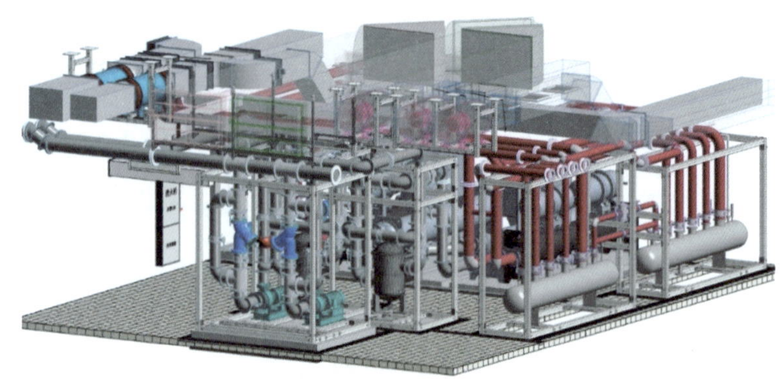

图 8-57　装配式冷水机房效果图

3. BIM 应用效益与价值

作为“样板”施工站点，项目将 BIM 技术融入施工工序、工艺工法等施工管理方面。利用 BIM 技术在机电安装过程中提升沟通效率 60%，出具施工白图 238 张、综合管线施工节约工期 30 d，节约成本 60 余万元，将工地打造为节地、节能、节材、节水的绿色工地。

8.1.12　深圳地铁 20 号线一期工程系统设备工区

应用单位：中国铁建电气化局集团有限公司

1. 项目概况与重难点

深圳地铁 20 号线一期工程线路起于宝安国际机场规划 T4 航站楼，正线全长 8.36 km，设五座车站四区间一车辆段，其中三座换乘站；地铁 20 号线一期为地铁快线，列车采用 8 列编组，设计最高运行速度 120 km/h，远期预留延伸至东莞。这是深圳首条无人驾驶全自动运行地铁线路，标志着深圳地铁将进入“无人驾驶”时代。20 号线站后工程换乘站较多、站点管线复杂、工期紧、整体施工难度较大。

2. BIM 技术应用与创新

基于深圳地铁 BIM 应用要求，项目深化形成项目级 BIM 施工应用体系，全面推进 BIM 技术在施工现场的应用。

(1)在不同的施工阶段应用 BIM 模型进行施工安全模拟，对临边、洞口、楼梯等部位做好安全防护措施，提前规划安全路线。在不同施工阶段之间通过分析危险源，进行施工安全模拟，明确安全管理工作，增加施工现场管理的可预见性，动态控制危险区域。

(2)利用三维模型组织设计、监理、厂家对管综优化方案进行审查会，形成共同认可的管综优化方案，做到施工前规避可能出现的质量问题。进一步地，以管综优化 BIM 模型为基础，输出管综及各专业深化图纸，辅助现场工人施工。施工完成后，专业工程师到现场检查复核是否按图施工，是否与 BIM 模型一致(图 8-58)，对施工质量严格把关。

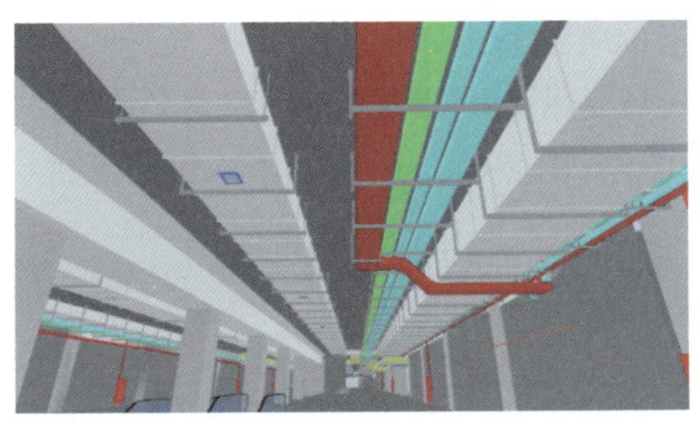

图 8-58　深化模型与现场安装成果一致性对比

(3)利用 BIM 模型辅助算量计价。例如,以管综优化 BIM 模型为基础,利用 BIM 软件的明细表功能导出各专业工程量清单,计算出现场安装实际产生的材料消耗,辅助工程成本控制。另外,应用管综优化 BIM 模型与土建模型,根据孔洞设计原则,对各专业管线通过墙体的位置开凿适合安装的孔洞大小,以此作为二次砌筑的孔洞预留施工方案。通过提前预留孔洞,避免二次开孔砸墙,减少人工成本和材料成本消耗。

(4)利用机电设备和管线 BIM 模型进行装配式施工。以管综优化 BIM 模型为基础,在 Fabrication CAMduct 软件中完成预制参数配置,进行模型拆分并编码和标注,将导出的相关图纸和数据传输至工厂进行预制加工(图 8-59)。通过重点机房的模块化预制组装(图 8-60),现场只需按照优化的安装方案简单组装,极大缩短工期,降低材料和人工成本。同时,提高安装集成度,优化设备安装、运维空间,整体提升机电安装项目效率和质量。

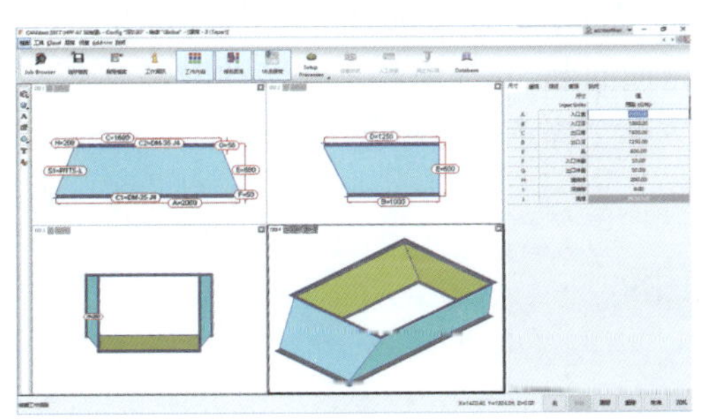

图 8-59　风管预制程序及预制成品

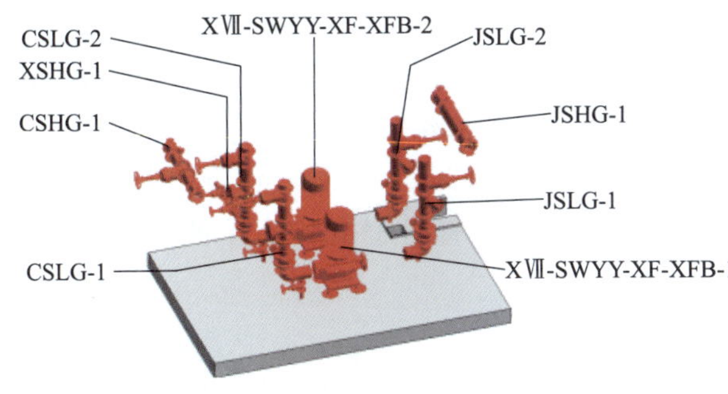

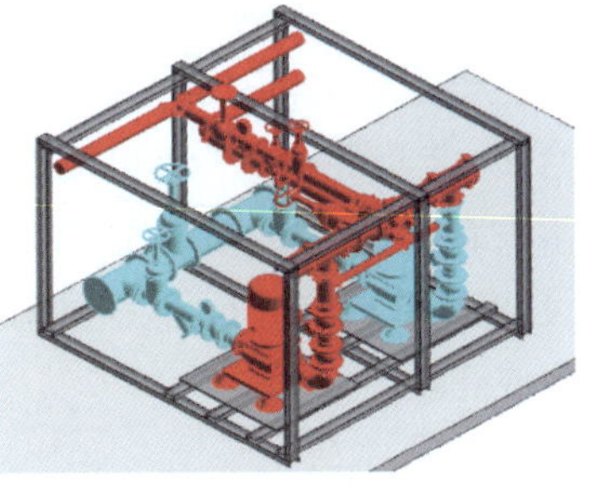

图 8-60　基于 BIM 模型的机电设备预制组装

(5)轨道交通工程各机电专业中涉及大量的管线管道,利用 BIM 技术开展综合支吊架的协同设计。通过 Revit 中心文件,项目团队与支吊架厂家共同使用 BIM 模型协同管理。根据排布完成的支吊架模型输出支吊架深化图纸(图 8-61),厂家利用深化图纸进行支吊架预制生产。

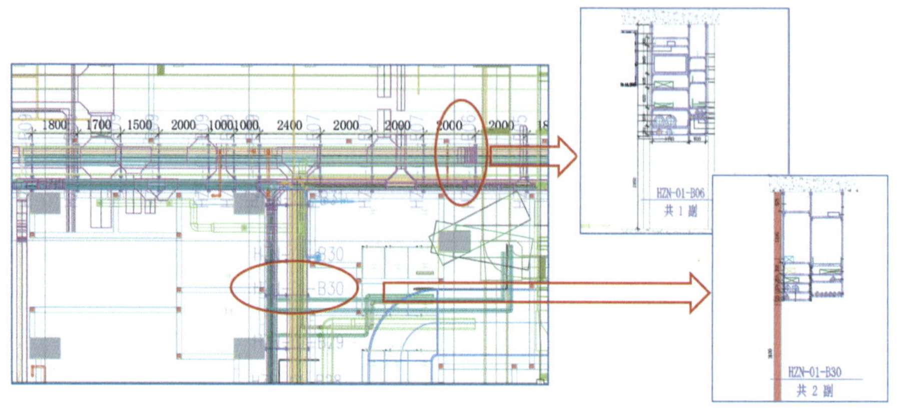

图 8-61　综合支吊架出图

3. BIM 应用效益与价值

通过将 BIM 技术应用于项目施工全过程,实现 BIM 数据共享和传递,辅助了施工现场的质量、安全、进度、成本等管理,节约建设资金,提高了工程建设效益。其中,根据管综优化结果统计,全线利用 BIM 优化解决 10 284 处碰撞问题,并提前解决安装的困难位置 87 处;与传统工艺对比分析,利用 BIM 技术后,管线安装工程总计缩短施工工期 35 d,减少人工成本 520 工日。

8.1.13　深圳地铁 14 号线工程土建三工区

应用单位:中铁六局集团有限公司

1. 项目概况与重难点

四联站是深圳地铁 14 号线的第七个站,车站主体长约 705 m,为地下双层岛式换乘车站,位于红棉路与横岗一号路、恒心路交叉口,沿红棉路东西方向布置。车站位于交通繁忙的城市主干道路上,正门处为五岔路口,交通繁忙,周边建筑物众多,可利用场地有限;周边管线众多,涉及管线相关单位范围较广,管线埋设位置及相互干扰情况复杂;项目范围内存在岩溶发育不良地质,溶洞发育地段对周边建(构)筑物的安全带来一定安全隐患。为加快项目建设,保证项目质量安全,项目采用 BIM 技术进行技术管理,优化传统管理模式,促进工程数字化集成建设。

2. BIM 技术应用与创新

(1)项目使用无人机进行航拍,采集施工现场和周围环境数据,以各种结构相关信息参数为基础建立高仿真和高精度的可视化数据模型,实时呈现施工现场的真实情况,并通过

BIM 模型模拟场地布置方案的可实施性(图 8-62)。基于 BIM 模型分析项目各个阶段危险源,制定相应的临边防护方案,并对现场实施人员进行交底,为项目安全管理提供有力支持。

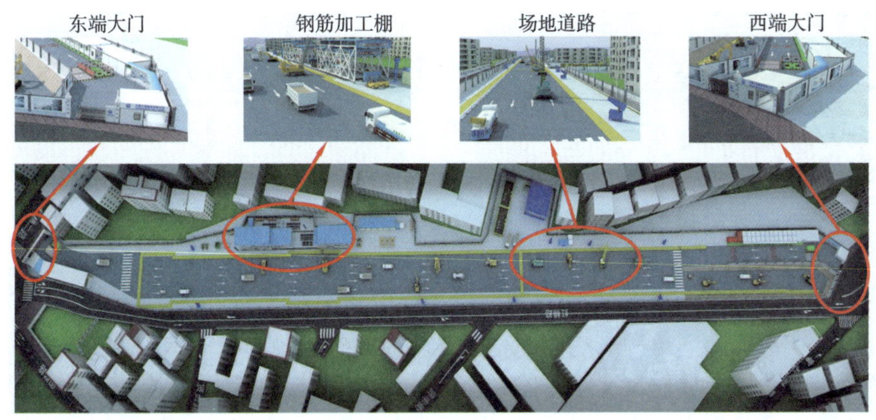

图 8-62　场地布置方案与模拟

(2)周边管线众多,管线埋设位置及相互干扰情况复杂,通过 BIM 三维可视化功能对管线间开展碰撞检查,发现 50 余处管道之间的相互碰撞,提前预警设计错误点,规避现场返工。同时按照施工顺序,可视化展示管线改迁方案的理论效果,指导改迁方案,并进行改迁前后管线位置一键对比(图 8-63),在现场机械禁挖区插旗警示。

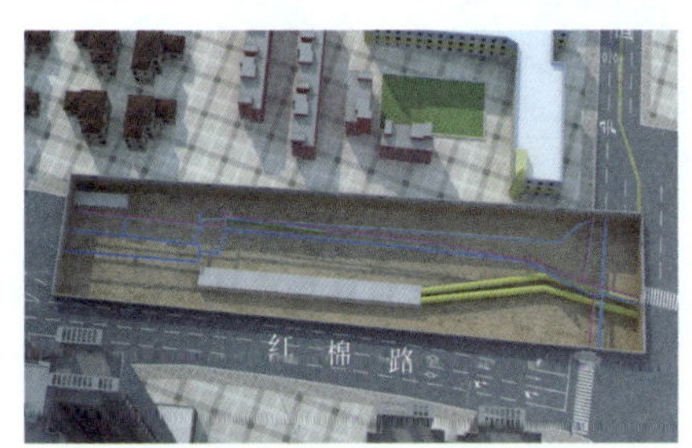

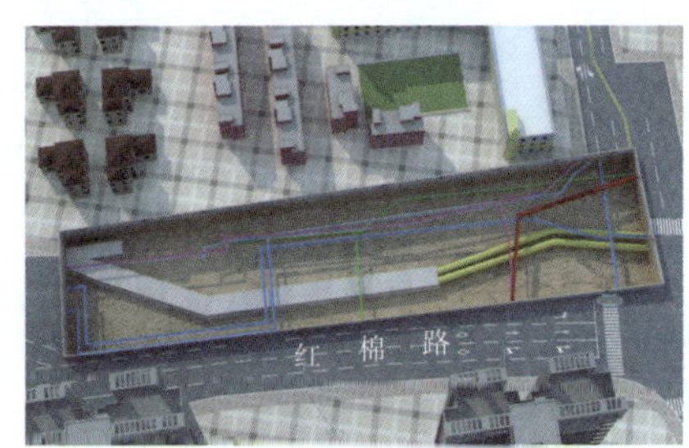

图 8-63　管线改迁模拟

(3)基坑部分底板位置存在局部的中风化岩石,采用 BIM 技术建立施工标准化模板、工序样板、CI 样板,虚拟预制、预演,可视化比选设计与施工方案,保障地连墙围护结构的施工质量。

(4)车站周边交通繁忙,车流量较大,依据设计提供的交通疏解设计图,使用 Revit 软件进行建模,设置项目基点并对应真实的世界坐标,结合施工场地布置、周边建筑物与构筑物等模型,根据车辆流速、道路设计时速等参数信息,动态模拟周边道路交通拥堵状况,逐步优化疏解方案,减少设计错漏,节省工期和成本。通过可视化展示道路修改方案效果,指导交通方案制定与施工难点交底(图 8-64)。

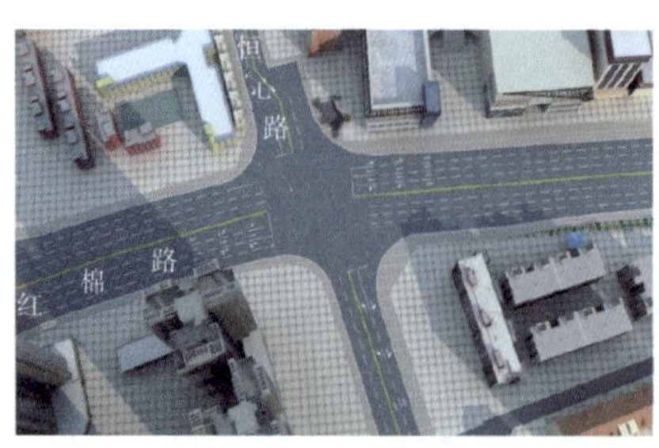

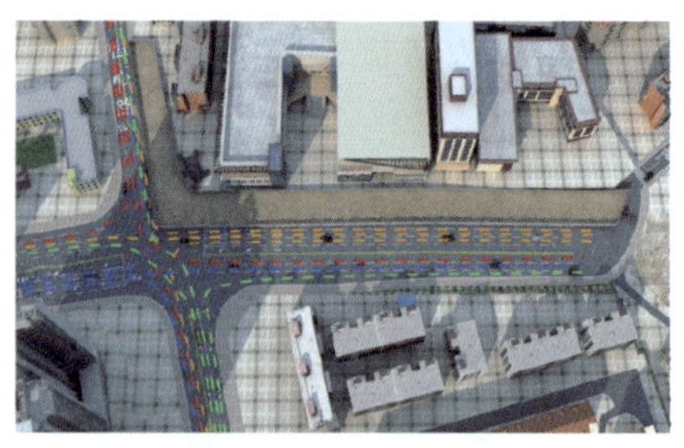

图 8-64　交通疏解示意图

(5)开发大数据平台,将项目各类地质和装备信息与施工实际相关联,通过大数据分析和处理,预警风险,辅助和指导现场施工。例如,当盾构掘进快到不良地质位置时(图 8-65),大数据平台将自动发出地质情况和风险类型的预警。另外,基于历史数据的分析,当设备关键参数发生突变或人员操作失误时,大数据平台将自动分析和预判,及时发送预警消息至相关人员,将施工风险和损失降到可控范围内。

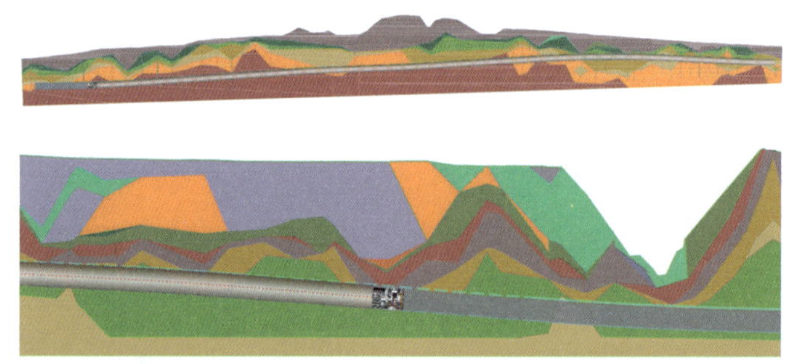

图 8-65　基于大数据中心的盾构掘进模拟

3. BIM 应用效果与价值

在四联站施工前期,利用 BIM 技术进行施工模拟演示、工程量计算,发现设计问题共计 265 处,包括主体结构、支护结构、图面等问题类型。通过提前解决,创造经济效益达到 313 万元(表 8-2)。

表 8-2　施工前创造效益明细

问题类型	简要描述	问题数量	单价(元)	总价(元)
市政改造问题	市政管线改迁优化	60	20 000	1 200 000
主体结构问题	结构链接及留洞	45	15 000	675 000
支护结构问题	支护细节调整	12	15 000	180 000
综合问题	各类专业交叉问题	67	10 000	670 000
图面问题	标注缺失,平面大样不一致	81	5 000	405 000

利用BIM进行可视化交底，通过三维真实再现施工过程，将每个施工细节通过三维模型模拟和展现，提前暴露和解决施工方案的问题，提高了工作人员的施工质量和效率，在土方工程、交通工程、结构工程、专业协调等方面创造经济效益约450万元。

8.1.14　深圳市黄木岗综合交通枢纽工程二工区

应用单位：中铁四局集团有限公司

1. 项目概况与重难点

项目位于黄木岗综合交通枢纽西区，由长度为791 m的下沉隧道、长度为382.1 m的地下空间、长度为235.2 m的地铁车站（24号线黄木岗车站）及长度为420 m的市政桥梁组成。其中24号线黄木岗站，采用鱼腹形结构设计，设计V形柱，半悬挂地下行车道，盖挖逆作法施工。市政桥梁为双索面单脊拱桥。

项目处于核心枢纽重要节点，周边环境复杂、人口密集、交通流量大、交叉干扰因素多，面临工期紧、任务重、专业多、文明施工及环境保护要求高、施工协调难度大等诸多因素影响，且项目结构设计复杂、施工难度大。项目提出利用BIM技术可视化、参数化的优势，通过三维模型对基坑施工、风险管理、质量控制等进行虚拟建造和数字化管理。

2. BIM技术应用与创新

项目从基础应用、深化应用及平台应用三个方面同步开展并推动BIM应用。

（1）基础应用

利用勘探资料，创建BIM模型还原各个专业管线现状，在每个施工阶段结合围护结构、基坑开挖、主体施工，在三维场景中提前发现空间上影响施工的问题，提前规划管线改迁方案。同时，考虑项目地处区域车流大，在交通导改中，结合三维模型，对车流方向、车道的设置、信号灯设置及车辆转角司机盲区进行模拟分析，辅助不同方案对比，并借助BIM模型对路口照明系统和效果进行模拟，保证现场交通导改前后车辆运行路径安全畅通。

对于基坑开挖，利用BIM模型模拟和对比不同开挖方案，并论证出土方式（图8-66）。项目结合现场状态和施工进度，提前模拟开挖方式，选择合适的施工方案和出土线路，设置直观合理的不同开挖区域和交通通道，加快基坑开挖和出图效率，实现节约工期的目的。

（2）深化应用

考虑项目方案的复杂性，将倾斜摄影的实景模型（图8-67）、地质模型、钢便桥模型等进行组合，搭建项目的周边建（构）筑物和环境，可直观查看25幅地下连续墙、26根型钢柱入中风化及微风化层的情况。

项目V形柱施工精度要求极高，利用BIM模型建立型钢、钢筋、混凝土等精细化三维模型（图8-68），提前模拟复杂节点的安装顺序，发现施工中存在的潜在问题，包括施工作业面是否影响型钢安装、安装工序是否合理等。

图 8-66　施工现场基坑开挖

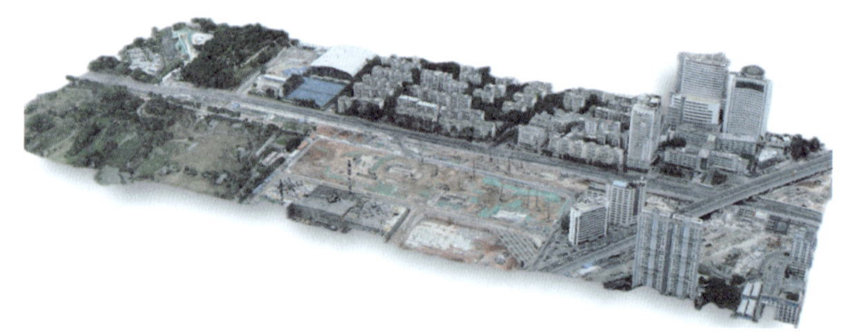

图 8-67　倾斜摄影模型

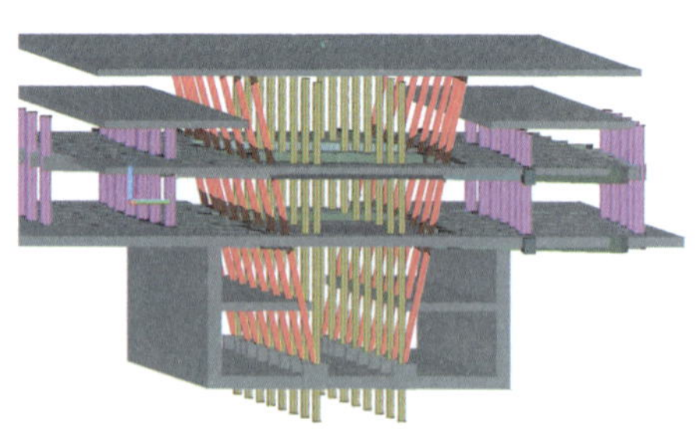

(a)施工方案

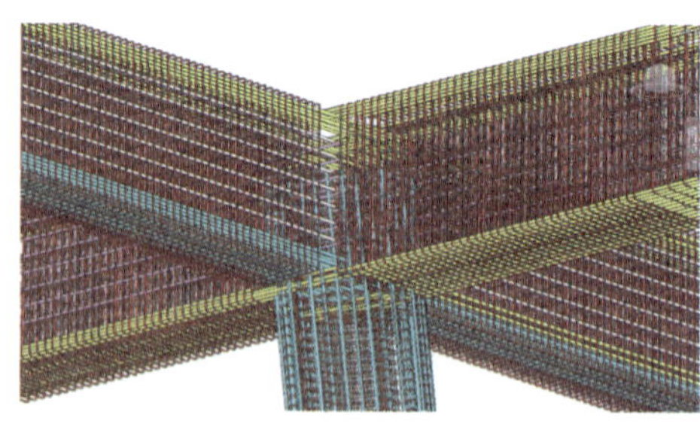

(b)节点深化模型

图 8-68　施工模型与节点模型

为保证V形柱节点精确定位，利用深化BIM模型进行关键位置定位（图8-69），提取控制点坐标，作为测量放样依据，并对现场安装测量做复核，严格控制现场安装进度，确保V形柱施工精度的精准控制。

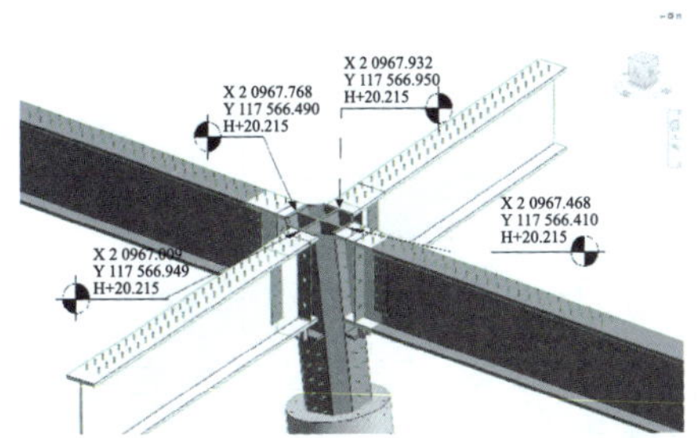

图8-69　基于BIM模型的节点坐标提取

进一步地，V形柱施工关键之一在于连接段的安装就位。项目自制安装小车（图8-70），使用五组油顶调整型钢钢柱倾斜角度以及高度，经解算满足要求后用BIM模型进行模拟，验证现场可操作性。由于不同V形柱角度都存在差异，对V形柱与梁板节点进行深化设计，合理排布钢筋，并结合现场情况对V形柱钢筒结构进行精确调整。

图8-70　基于自制安装小车的施工方案模拟

（3）平台应用

以BIM模型为基础，基于BIM模型开发BIM工程管理平台，开展枢纽项目的协同管理（图8-71），实现信息模型在各参建方之间的传递。平台可实现合同管理、进度管理、质量管理、安全管理、验收管理、资料管理等模块，全方位管理施工现场。

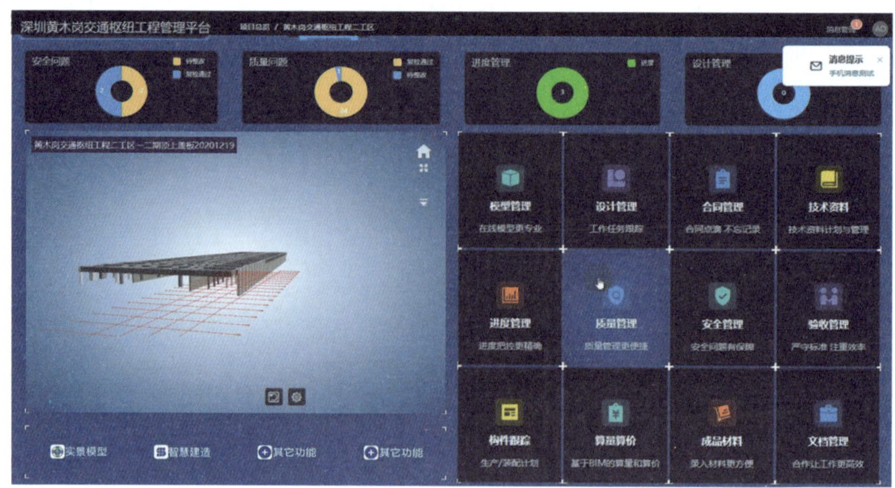

图 8-71　基于 BIM 模型的协同管理平台

3. BIM 应用效益与价值

BIM 技术在枢纽项目的施工管理中起到了关键作用，提升了项目的综合效益。在经济效益方面，通过虚拟建造发现图纸标注冲突、模型碰撞 57 处，经估算，避免了因图纸理解错误造成的返工损失 20 万元；通过 BIM＋GIS 倾斜摄影，合理规划场地布置，减少材料二次搬运造成的成本损失 15 万元；利用 BIM 技术解决大型地下空间施工技术难题，提升方案合理性，估算成本节约 25 万元；实施 BIM 进度模拟，合理优化施工进度，其中，围护结构施工节省工期 15 d，预计成本节约 50 万元。在综合效益方面，通过 BIM 管理平台，优化管控流程，提高项目与其他责任主体及各专业协同 20％的工作效率，节省 30％沟通时间。

8.1.15　深圳地铁 13 号线工程土建二工区

应用单位：中建交通建设集团有限公司

1. 项目概况与重难点

深圳地铁 13 号线一期工程线路全长 22.4 km，线路由南至北穿过南山区、宝安区和光明新区。线路两端预留延伸条件，终点预留延伸至东莞，起点预留向南延伸条件。其中，土建二工区项目施工范围为南山区内的科苑站(不含)—松坪站(含)，包含四站四区间及深大主变电所。

由于施工作业区域位于交通要道，交通紧张，分阶段交通导行实施难度大；项目施工方法复杂多样，区间隧道主要采用盾构法和矿山暗挖法施工，车站主要采用明挖顺作法、半盖挖顺作法等多种方法施工，组织难度大；环境风险多，线路四处下穿地下空间下沉段，两处近距离侧穿立交桥立柱；站点周边存在次高压燃气管线改迁，改迁周期及难度大，安全风险多；车站施工场地狭窄，对工程管理及协调工作提出巨大考验。根据上述项目工程的重难点，项目全过程应用 BIM 技术，确保项目安全、优质、高效推进。

2. BIM 技术应用与创新

项目在质量、安全、成本、进度等方面全过程深入开展 BIM 技术应用，实现项目的技术创新和提质增效。

（1）创建复杂节点和关键施工工艺的精细化模型，如钢支撑固定端节点、超前小导管节点、高大模板及支撑系统等（图 8-72），利用 720 云进行三维技术交底（图 8-73），将工程难点、技术要点、安全措施等通过三维可视化方式多方位、多角度展现，提高施工人员对施工方案的理解。

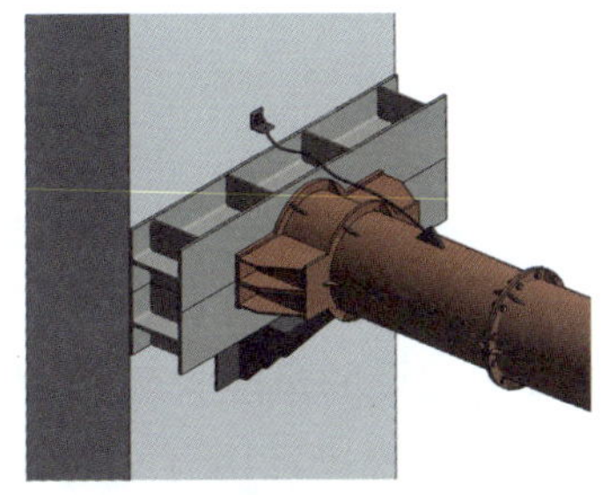

（a）钢支撑固定端节点

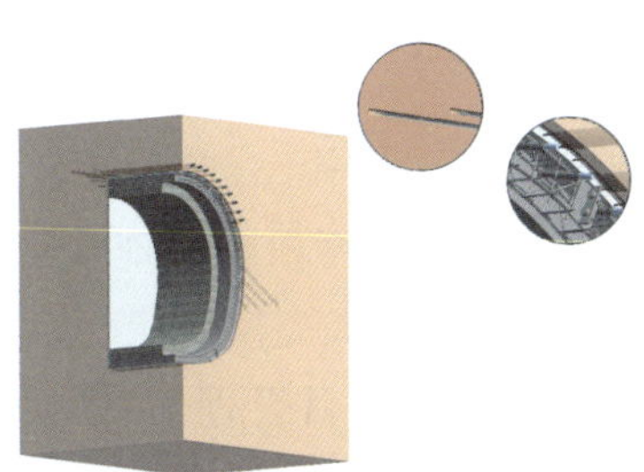

（b）超前小导管节点

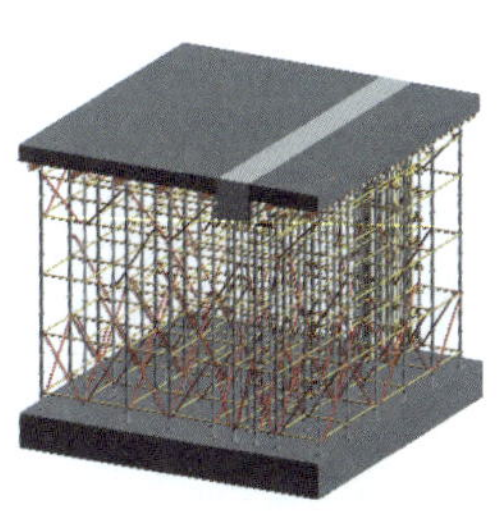

（c）高大模板及支撑系统

图 8-72　重难点施工的精细化模型

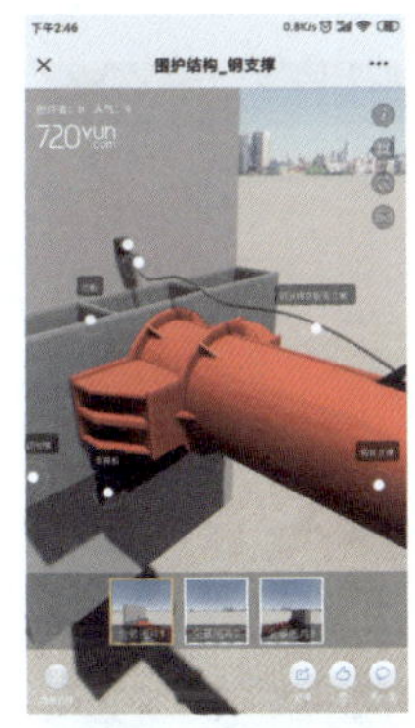

图 8-73　基于 720 云的三维交底应用

（2）创建盾构模型和管片模型，根据项目盾构始发、掘进及到达等安全专项施工方案，模拟管片从运输到场、隧道运输、拼装施工等全过程流程（图 8-74），根据模拟结果预演工艺流程的人、机、物、料，优化施工方案，实现管片的精准拼装成环。

图　8-74

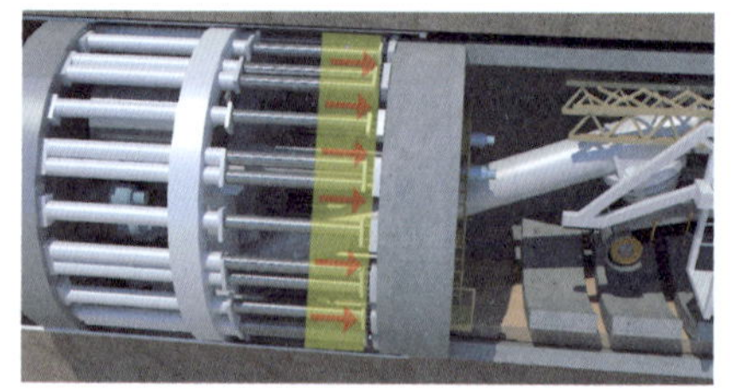

图 8-74　基于 BIM 的盾构管片拼装工艺模拟

(3)利用 Dynamo 插件辅助地下管线模型创建,通过定义管线尺寸、平面坐标、高程及埋深,创建算法(图 8-75),解决各站周边上百根密集现状管线及相关检查井、雨水箅等建模难题,节省 2～3 个星期的建模时间并显著提高模型精度,为改迁方案提供三维数据支持。

(4)项目采用 13 号线的 BIM 施工项目管理信息化平台,对施工现场的风险管理、隐患排查、视频监控、监控量测、设备管理、盾构监控等八大领域进行可视化、模块化、动态化管理(图 8-76)。管理人员可随时随地使用该平台手机端,结合 BIM 模型开展隐患排查,通过与现场监控设备连接,可实现实时监控施工现场。当发现问题时,通过平台将标记问题推送至相关责任人,完成任务的分配和跟进。

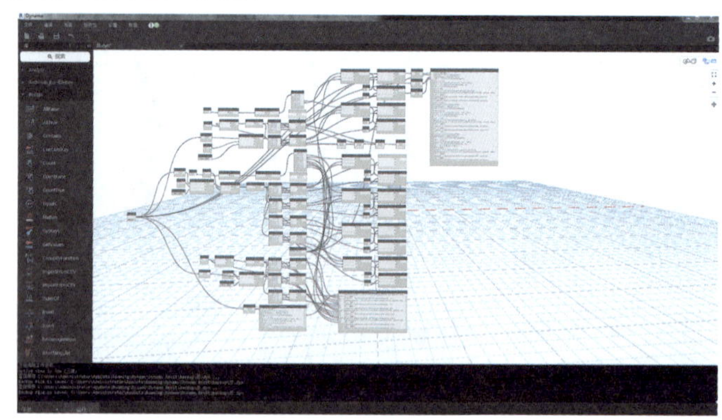

(a)Dynamo 输出管线算法

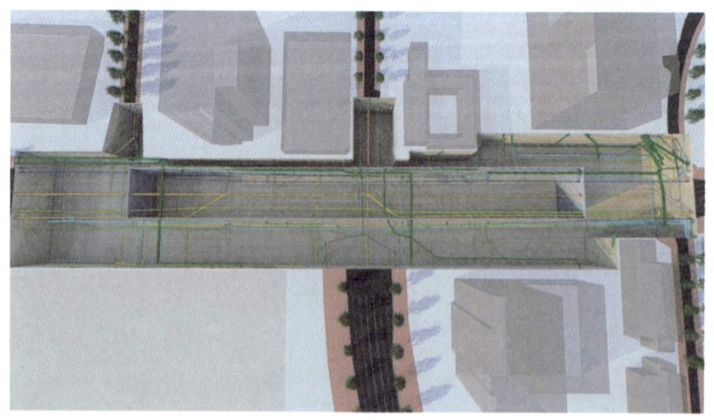

(b)管线改迁模拟

图 8-75　基于 Dynamo 的管线改迁模拟创建及施工模拟

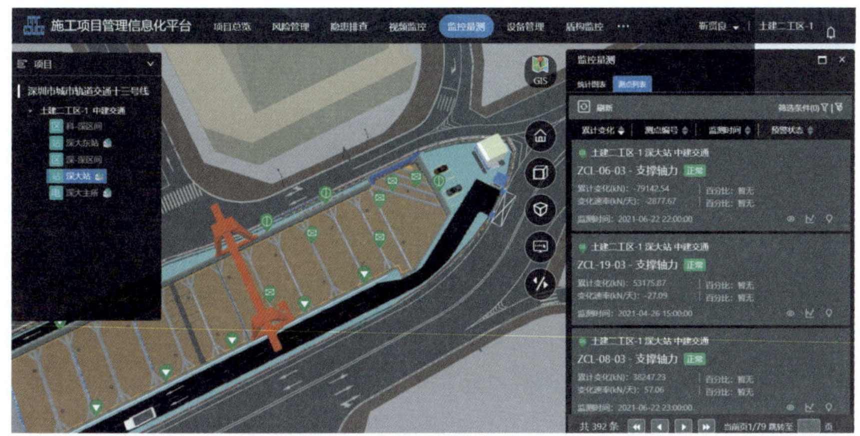

图 8-76　BIM 施工项目管理信息化平台

(5)对车站基坑施工进行数值模拟,得出随开挖进程基坑周围土体 x、y 方向扰动模拟结果,并针对基坑开挖施工时的管线位移监测任务量大且监测难的难点,模拟施工过程中各位置土体位移和管道位移的数量关系。同时,利用平台监控量测模块,对施工场地范围内各项检测项目进行实时监控和分析,包括支撑轴力、地表沉降、管线沉降等监测项目(图 8-77),监控监测累计变化及速率,发挥监控量测的预警作用,及时调整施工安排。

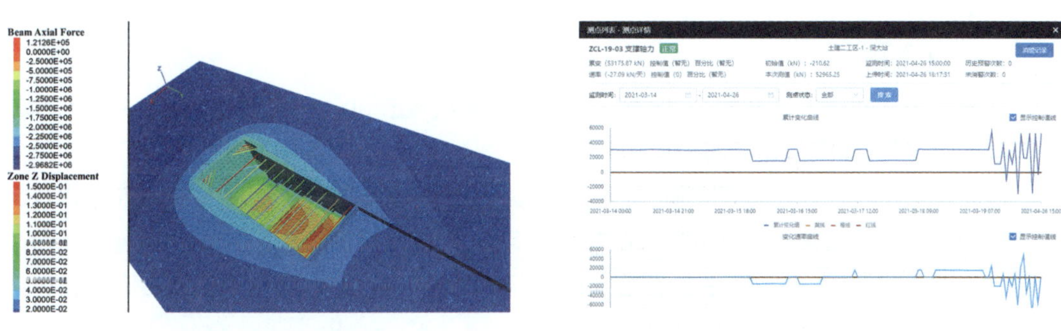

(a)车站基坑施工数值模拟　　(b)支撑轴力监测

图 8-77　车站基坑数值模拟及现场监测

3. BIM 应用效益与价值

项目采用 BIM 技术,推动完善项目的智慧工程建设管理体系,保障施工及管理安全,实现信息化的现场质量管理及安全防控。其中,通过复杂节点三维交底,以及施工工艺工序模拟,提前掌握工艺流程,确保所有管理和作业人员熟练掌握,保证施工质量;提前模拟深大东盾构始发井布置,提前 10 d 移交;探索并挖掘 BIM 数据价值,与数值模拟软件交互,明确地下管线等建(构)筑物的扰动量与周围土体扰动量之间的关系,节省开挖监测的实施成本约 25 万元,并节约工期约 20 d。

8.2 城际铁路

8.2.1 穗莞深城际铁路深圳机场至前海段工程Ⅰ标

应用单位：中铁建南方建设投资有限公司

1. 项目概况与重难点

穗莞深城际铁路深圳机场至前海段工程Ⅰ标起始机场站，终止西乡站，全长约 6.8 km，包含深圳机场站—固戍工作井区间、固戍工作井—西乡站区间及西乡站。项目采用泥水平衡盾构法和 TBM 工法由深圳机场和西乡站同时向固戍工作井掘进。深圳机场站始发井为机场预留，场地狭小，常规盾构始发方式不能满足项目需求。深圳机场至固戍工作井区间总长度 3.16 km，需下穿西湾海域，准确地获取地质状况是该标段难点；固戍工作井因用地原因取消设置，盾构采用洞内接收拆解。西乡站位于宝安大道主干道，车流密集，交通导改的组织和管线改迁顺序对项目进度影响很大。

从项目实际出发，BIM 应用分为技术应用和管理应用。技术应用主要针对项目难点，对主要施工方案进行虚拟漫游，数字化模拟，力求表达施工要点，提高施工效率，提升交底效率。管理应用以智慧平台为基础，将现场物联设备和 BIM 模型相挂接，实现基于模型的项目管理。

2. BIM 技术应用与创新

(1)技术应用

技术应用从初步设计开始介入，到场布临建、管线改迁、区间盾构全过程开展，使 BIM 工作融入施工具体环节，达到落地应用目标。

建立车站初步设计模型，将围护结构和车站模型进行协调检查(图 8-78)，多方式查看围护结构和车站主体的关系，明确围护结构拆除部位、拆除顺序，使施工方案的实施能提前考虑对主体的影响。进一步地，整合交通导改、管线改迁模型，使得各工序部署能从工程整体角度出发，减少工序之间的不利影响。

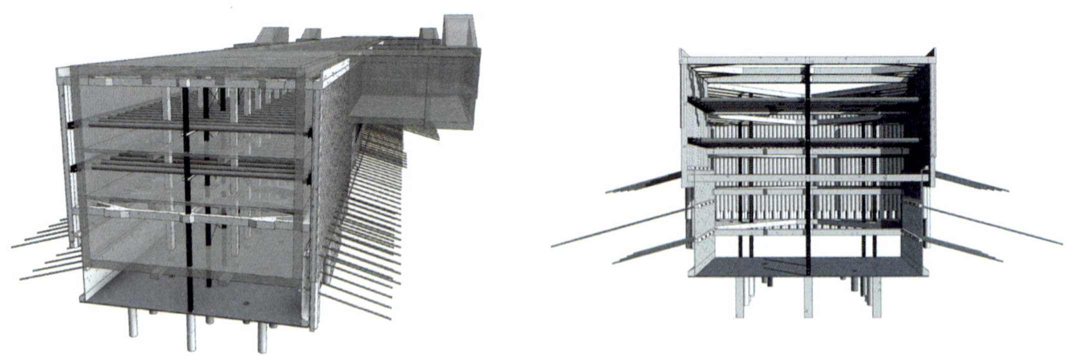

图 8-78　初步设计模型和围护结构关系

根据地勘报告，生成项目详细地质模型（图 8-79），将此模型和盾构模型进行结合，全方位了解盾构在掘进过程中所遇到的地质情况。

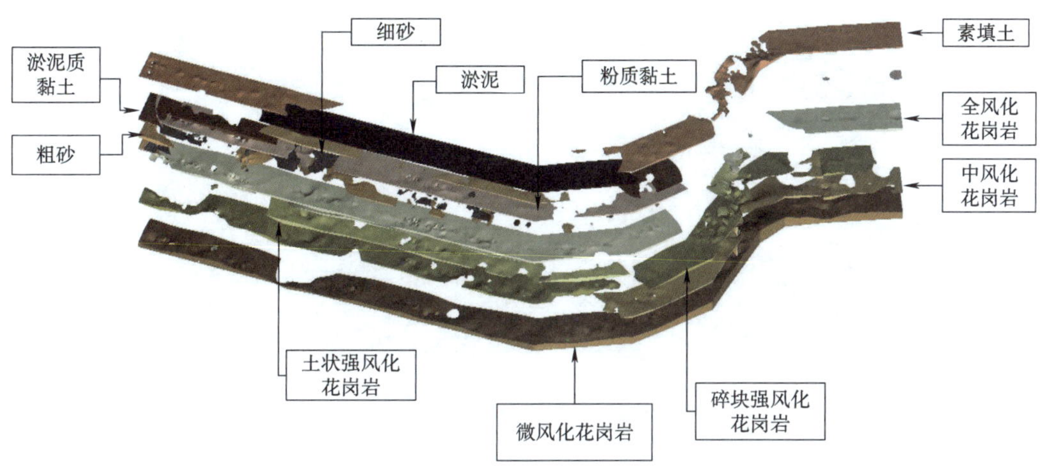

图 8-79　地质模型创建

机场始发采用泥水平衡盾构施工，工艺配套设施繁多，采用 BIM 技术，将各专业进行可视化协调设计，在有限的场地内完成各功能区域场地布置（图 8-80），有效提升空间的利用率，使施工组织更加有序。在施工场地模拟盾构分体始发，解决施工场地狭小的难点。

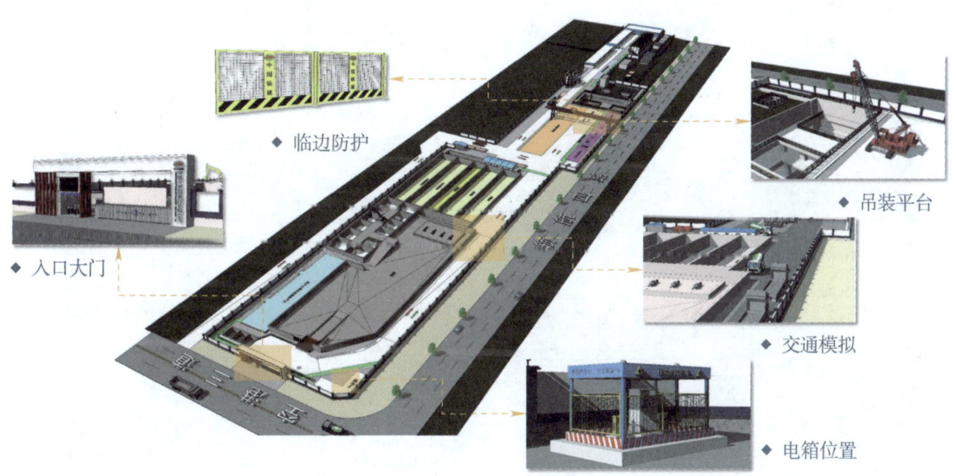

图 8-80　盾构场地标准化

对固戍工作井洞内接收盾构方案进行模拟（图 8-81），将首先到达的右线盾构进行破坏性拆解，然后在原有标准断面基础上扩挖施工，并开挖左线拆解洞室，将其余 3 台盾构洞内解体后由始发井运出。通过方案模拟，提前发现施工风险源，并配合方案优化。

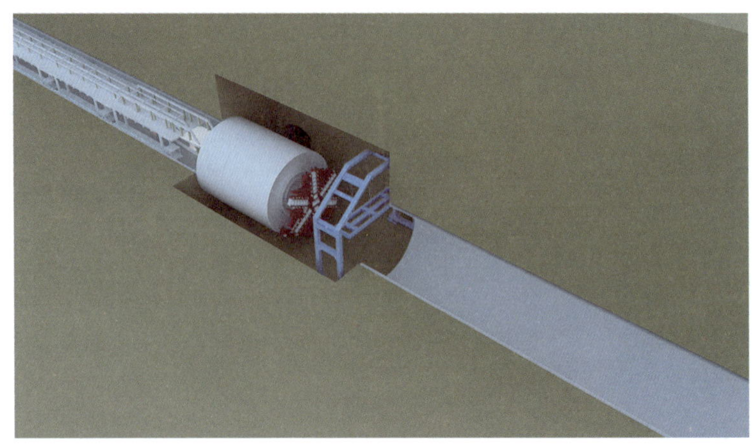

图 8-81 泥水盾构洞内拆解模拟

(2)管理应用

引入智慧工地平台(图 8-82),将模型和现场应用进行结合。该平台可对模型进行轻量化处理,可在网页端登入查看模型;同时也支持手机、平板、电脑等多种移动设备操作,可对模型进行量测、剖切、漫游等操作。现场人员查看图纸时可同时查看模型,有助于对设计意图和细节的快速理解。

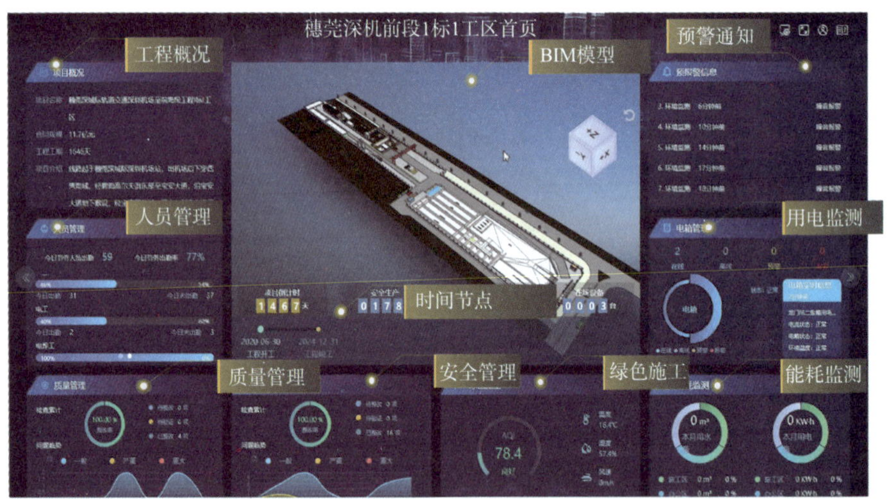

图 8-82 智慧工地管理平台

通过物联网设备收集工程数据和 BIM 模型挂接,建立人员管理、质量管理、安全监控、智能监测等系统,实现工程可视化、智能化管理;通过将摄像头位置同地图、BIM 模型进行挂接,可在 BIM 模型中快速定位(图 8-83);将日常安全管理流程线上化,在规范工作流的同时,大大提高现场安全巡检及销项的效率,保障施工安全有序开展;建立智慧工地监测系统，对故障实时报警，防范安全事件的发生。

3. BIM 应用效益与价值

项目秉承数字化施工理念，在施工过程深入应用 BIM 技术，在有限的场地内完成各功能区域场地布置，有效提升空间的利用率，使施工组织更加有序。通过模拟盾构场地内运输、装卸全过程，将盾构组装周期从以往的 45 d 缩短至 30 d。通过模拟盾构洞内解体方案，明确施工细节，减少了方案沟通协调时间 1 d。通过管理平台应用，使轻量化模型得以在施工现场推广，推动施工信息化。

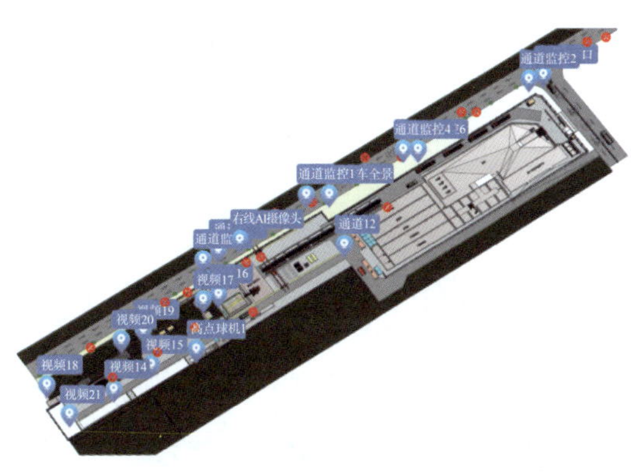

图 8-83　智慧工地视频监控系统

8.2.2　穗莞深城际铁路深圳机场至前海段工程Ⅱ标土建一工区

应用单位：中国水利水电第八工程局有限公司

1. 项目概况与重难点

穗莞深城际铁路深圳机场至前海段是粤港澳大湾区城际铁路网广深主轴的重要组成部分。项目位于宝安区主干道宝安大道上，需要尽量减少前期工程及车站工程对周边环境的影响。因为地理位置敏感，交通疏解、绿化迁移、管线改迁等占道挖掘手续办理难度大，手续需经过宝安交警大队、新安交警中队、深圳市交警支队、宝安区交通运输局等单位审核，办理时间难把控。为保证工期节点目标顺利完成，提升和各单位的沟通效率，项目实施一系列的 BIM 技术应用及创新。

2. BIM 技术应用与创新

（1）根据交通疏解方案及交管部门交付的交通流量数据，利用 BIM 软件对宝安站附近道路进行交通流量分析，模拟项目施工期间交通疏解环境（图 8-84），论证交通疏解方案的可行性，形象展示既有道路完成交通改造后的情况，协助项目与交管部门针对交通疏解方案进行协调。

（2）通过建立管线改迁模型（图 8-85），展示每个阶段的管线改迁工作内容，反映不同专业管线之间、管线与主体结构之间的三维空间位置关系，提高安全质量技术交底的效率，使管理人员易于理解，施工班组一目了然。在管线密集区域调整优化设计方案，顺利完成管线改迁工作任务。

图 8-84 交通流量分析及交通导行模拟

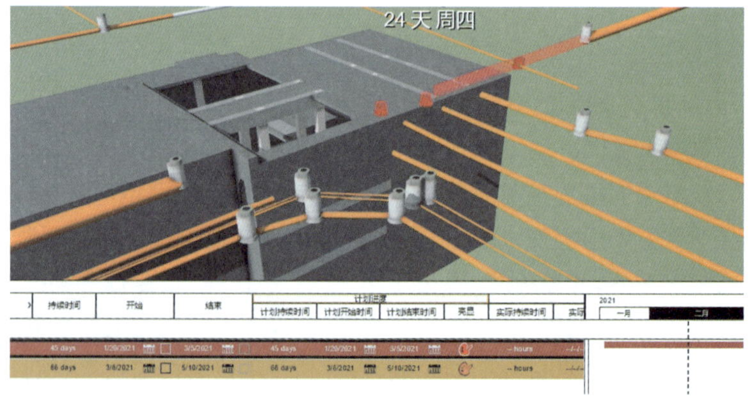

图 8-85 管线改迁模拟

(3)项目团队首先根据设计图纸利用 Civil 3D 软件绘制盾构路径和纵断面,确定平面曲线和纵向坡度,通过分解路线得到隧道区间中心线的三维空间线段。然后根据每块管片前后表面的特征点,建立含有 12 个特征点的自适应管片族。利用 Revit Dynamo 工具整合三维空间线段,根据每环推进距离,标准块、邻接块、封顶块的不同角度、弧长分别确定节点参数,按照错缝逻辑装配原则,生成整个区间的盾构隧道。以西宝区间盾构左线为例,总计 1 942 环,共生成 13 594 块管片。

(4)根据工程特点,设计一套交互式施工模拟解决方案(图 8-86)。基于按工序流程拆分好的 BIM 模型,通过施工计划与模型工序构件关联,整合施工顺序、技术要点、资源投入、工期筹划等要素,体现施工流水方向、时序安排。通过交互式施工模拟,真实再现施工过程。发布 EXE 可执行文件,无需安装专业软件施工人员即可在自己电脑上将施工细节通过点击交互式按钮的形式展现出来,提高施工人员在技术交底过程中的参与感,有效地将施工技术通过 BIM 模型进行传递。

图 8-86 交互式施工模拟

(5)水电八局 BIM 族库系统是基于 Revit 平台进行的二次开发,系统中积累了水电八局在城际铁路、轨道交通等领域超过 1 000 多个族文件,可供项目下载使用。

项目 BIM 人员完成模型创建后可一键上传至内审云平台(图 8-87);水电八局 BIM 中心专家根据深圳地铁集团下发的相关建模规则,在平台中进行模型审核,审核通过后再提交到深圳地铁 BIM 技术应用综合平台,确保模型准确性。

图 8-87 标准化内审平台

3. BIM 应用效益与价值

BIM 技术在穗莞深城际铁路深圳机场至前海段Ⅱ标土建一工区的广泛应用,确保 BIM 技术在项目施工阶段的可实施性,通过对交通疏解环境和管线改迁施工的模拟,有效解决和各单位沟通困难、施工方案不直观等问题,极大地提高了办证效率,形成在城市密集区轨道交通建设的前期工程 BIM 方案解决流程;所使用的 BIM 软件和平台具备与深圳地铁 BIM 技术应用综合平台联通和数据交换功能,提升了项目管理水平,积累了数字资产。

第9章 总结与展望

深圳地铁从最初的三期工程试点应用 BIM 技术，到四期和四期调整工程、城际铁路的全面应用，逐步实现经验积累、团队培养、技术掌握等目标，形成轨道交通工程全要素的 BIM 数字资产，打造深圳地铁 BIM 应用模式。但在全生命周期应用 BIM 技术过程中，仍然面临诸多困难和挑战。按照深圳地铁数智化转型发展战略部署，在专家智囊团的指导下，联合各参与方，通过技术攻关、试点实践、推广应用等举措，加大 BIM 应用关键技术研究，推广并深入应用 BIM 技术，助推深圳地铁数智化发展。

9.1 困难挑战

BIM 技术已广泛应用于轨道交通工程，但现阶段仍存在技术、管理、实施、市场、法律等各方面的问题，仍然制约着轨道交通工程 BIM 技术应用。总结而言，在 BIM 技术应用过程中，以下关键问题仍需进一步突破解决。

1. 业务场景 BIM 应用问题

相比于建筑工程，轨道交通工程是庞大的综合型系统工程，建设过程涉及征拆迁、勘探勘察、交通疏解、管线改迁、基坑开挖、盾构掘进、设备安装、设备联调等特殊专项作业，除设计、施工、监理、设备供应商等单位参与，地铁公司内部的工程管理、征拆管理、安全质量、成本合约、设计管理、设备管理等相关部门需针对每个业务场景进行专项管理。为实现统一化、标准化、信息化的高效管理，迫切需要运用轨道交通工程 BIM 模型实现具体业务目标。虽然 BIM 模型承载海量的数据，但每个业务应用点需要的数据内容、范围、格式、深度等均不相同。早期的 BIM 应用可能着眼于三维可视化层面，随着技术成熟、业务发展，各参与方开始关注 BIM 数据价值，关注如何挖掘 BIM 数据价值，结合 AI、5G、IoT、云计算、大数据等新技术，更好地实现业务场景的落地。因此，需要深入研究并解决各业务场景 BIM 应用问题，重点突破。

特别地，轨道交通建设过程还涉及规划、住建、交通、交警、环境、水务、铁路、高速公路等外部的相关机构，针对具体业务场景的协同管理，上述机构所需的 BIM 数据又是另外的要求，如何解决信息孤岛问题，避免多个系统之间重复作业，是业务需求和 BIM 数据融合过程中必须要解决的。

2. BIM 数据链条拉通问题

轨道交通是城市发展的重要基础设施，根据中国城市轨道交通协会《城市轨道交通 2020 年度统计和分析报告》，2020 年城轨交通客运量占公共交通客运总量出行比率为 38.7%，其中，北京(53.41%)、上海(62.34%)、广州(57.61%)、深圳(54.06%)等城市均超过 50%。轨道交通建设周期一般为4～5年，而运营时间一般为几十年，建设阶段的轨道交通工程BIM模型集成了项目各类信息，可为运营管理提供丰富完整的、三维可视化的基础数据，提高运营管理的信息化、标准化水平，实现BIM数据价值的最大化。然而，目前建设阶段的竣工BIM模型仍难以直接交付至运营，存在建设与运营BIM模型深度不同、运营BIM应用技术不成熟、运营既有系统与三维BIM模型不兼容等问题。

进一步地，在建设阶段，由于设计与施工对BIM模型的要求不同，设计单位聚焦于项目方案的表现力和合规性，从整体把握BIM模型深度和范围，而施工单位侧重于项目的可实施性，从分部分项到单位工程，极大地增加BIM模型数据量。施工单位将设计单位虚拟的项目方案落地实施，需要充分理解设计方案并进行深化，以满足现场施工的要求。因此，需要实现设计BIM模型向施工移交，打通设计与施工之间的链条。

轨道交通工程从规划开始，历经勘察设计、施工实施、运营维护等阶段，BIM模型的数据规模、数据深度在不断提高，但目前各阶段之间仍处于割裂状态。为推动设计向施工传递，施工向运营移交，非常有必要拉通BIM数据链条，并“拉长”数据链条的长度，各方基于统一BIM模型进行协同管理，实现一模多用。

3. BIM模型三维表达问题

现阶段，二维图纸仍是工程项目法定的交付物，报批依据、施工图审查和工程档案归档仅认可二维蓝图。随着轨道交通项目越来越复杂，尤其是换乘站或枢纽站，工程规模大、空间关系复杂、技术难度高，二维图纸在方案理解与沟通、信息传递与转换等方面存在不足。由于BIM模型生成的二维图纸存在图面表达深度与现行二维图纸的制图规范不符，后期人工调整工作量巨大。近年来，部分城市在试点推广三维审批工作。可以预见，二维图纸的交付要求将逐步向三维BIM模型转变。

由二维CAD图纸交付转变为三维BIM模型，不是简单地使用三维模型替代，首先要解决如何使用三维BIM模型完整、清晰地表达工程项目，即三维表达问题。根据二维图纸的表达目标，使用相应的三维视图优化原来的表达方式，使设计单位更好地表达设计意图，指导施工单位现场施工，辅助建设单位沟通决策、现场管理等。轨道交通工程包含多种专业，尤其是各类机电专业，需要保证不同专业在同一模型视图中表达清晰、定位准确、深度合规，以充分发挥三维BIM模型的三维可视化优势，实现指导现场施工的目的。

从手绘时代到CAD时代是工程行业的一次重要变革，再到BIM时代，将是一次重要飞跃，不仅是软件工具的转变，也涉及相应管理流程、实施方式等方面的转变。因此，需要从根本上解决BIM模型三维表达问题，规范表达，以支撑实现基于BIM技术的全生命周期应用，从设计源头推动工程行业数智化转型。

9.2　总结展望

9.2.1　发展规划

深圳地铁创立以“一个工程数据中心、一套BIM技术体系、N个深铁业务板块”的“1+

N”BIM 技术应用综合体系，开展全过程、全参与、全场景的轨道交通工程全生命周期 BIM 应用，加快推动了地铁数智化转型发展，为轨道交通工程 BIM 应用提供有益的探索。深圳地铁 BIM 应用实践可总结为以下几方面：

夯实基础：深圳地铁牵头组织各参编单位研究并编制轨道交通 BIM 技术标准体系，涵盖分类编码、构件库、建模、交付、数据安全等各方面，为 BIM 技术应用奠定基础。

深化应用：以 BIM 标准为准则，深圳地铁组织各设计、施工等参建单位，在各阶段工作中深入推进 BIM 应用，并由 BIM 总体单位和 BIM 监理咨询单位进行审核与监督。同时，将参建单位的 BIM 成果情况纳入工程考核中，督促质量提升。

技术研发：深圳地铁牵头组织相关参建单位开展轨道交通领域的正向设计、三维图册、WBS 分解、智能建造等关键技术研究，并在实际项目中应用。

能力提升：为保证 BIM 应用行为、成果等方面的统一性、规范性，深圳地铁为各参与单位提供了 BIM 技术培训，覆盖建设、设计、施工、运营等单位，提升各单位 BIM 技术能力，助力 BIM 技术在各业务场景的应用。

平台打造：为统一各参建单位基于 BIM 的业务应用环境，深圳地铁的 IT 开发团队自主研发“1＋*N*”BIM 技术应用综合平台，创建多维度结构化的工程数据中心，并首批开发设计、施工、运维等业务平台，将 BIM 成果与各阶段业务流程有效结合。

下一步，结合深圳地铁四期和四期调整工程，以及城际铁路等相关项目 BIM 应用进度，依据专家顾问组的指导咨询意见，同步考虑 BIM 及其他信息化技术的发展趋势，深圳地铁制定了近中远期的 BIM 应用规划，分期实施。

1. 近期：基础夯实、主业支撑

建立完备的轨道交通工程 BIM 技术标准体系，统一各方 BIM 应用行为和交付成果，并结合项目实施制定 BIM 应用管理和服务制度，协同管理多方开展 BIM 应用，以及提供培训、技术支持等服务，保障 BIM 应用的有序推进。形成“1＋*N*”BIM 技术应用综合平台的架构，并自主研发工程数据中心、BIM＋GIS 数据平台、构件产品库、设计管理平台、建设管理平台、运维服务平台。其中，根据设计、施工、运营等阶段 BIM 应用的关键问题进行技术攻关和创新探索，如正向设计、智慧工地、竣工移交、装配式车站、AI 审图等，为 BIM 应用实施提供技术支撑。

2. 中期：全面覆盖、持续提升

在完善近期项目成果的基础上，将标准、平台等扩展应用至深圳地铁其他业务板块，如物业开发、置业管理、商业管理等，实现业务全覆盖、多业态综合管控。针对深圳地铁既有线路站点、重点项目，按照深圳市相关 BIM 标准要求，完成数字资产的创建与积累，并上线至信息化平台。研究 BIM 与大数据、云计算、物联网、AI、5G 等新技术的融合集成，开展“BIM＋”创新模式的探索和试点应用，提升深圳地铁数智化水平。

3. 远期：技术创新、引领未来

在技术研究和实践应用的基础上，完成“1＋*N*”BIM 技术应用综合平台的打造，实现 BIM 在轨道交通工程全业务板块的深入应用，打造数字孪生地铁，为深圳地铁数智化转型发展赋能，并助力轨道交通领域 BIM 应用管理创新模式和相关成果的输出，为深圳市智慧城市建设与管理提供基础。

9.2.2 未来展望

深圳地铁全生命周期 BIM 技术应用仍处于发展阶段，为实现上述发展规划，未来将从以下几方面，进一步加快、加强技术攻关、平台研发、推广应用等。

1. 统一轨道交通 BIM 技术标准体系与配套指南

轨道交通工程建设涉及单位多、专业多，各参建方工作习惯和模式不尽相同，BIM 数据的归类方式、运算流程等差异程度巨大，导致交付的 BIM 成果差异较大，难以统一管理。标准规范是实施的基础。在广泛征求各参建单位意见后形成包括对象编码、模型成果、信息内容、交付成果、交付与审核流程、信息安全管理、构件创建等各方面的统一标准。通过标准，规范各参建单位的资源、行为、流程和成果。进一步地，标准主要明确通用性要求，针对不同软硬件的实现方式，使用流程、操作方法等可能有所差异，借鉴国外 BIM 软件应用手册编制的思路，需要针对性地编制配套标准使用的技术指南。

现阶段，深圳地铁已编制并发布相关 BIM 标准和配套使用的技术指南；随着 BIM 技术发展，以及项目应用需求变化，将编制专项的 BIM 技术标准和指南，进一步完善轨道交通工程 BIM 标准体系，统一应用准则。

2. 打造轨道交通 BIM 构件产品库，积累数字资产

BIM 技术提倡基于对象的设计与管理，即虚拟的数字化对象具备与实物对象一致的身份定义。创建虚拟数字化对象(即 BIM 构件模型)，形成标准化、参数化的构件库，可大幅度提高 BIM 模型的创建效率和质量。进一步地，构件产品库作为企业数字资产的重要部分，是地铁企业全过程管理设施设备的基础，提升数据治理能力。通过标准化的模型应用，有利于打通各阶段之间的产业链条。

深圳地铁目前已打造 BIM 构件产品库，并积累设计库、施工库、图例标注库、产品库等类别的 1.2 万多个构件模型，可面向设计、施工、设备采购与安装、运营等场景应用。随着工程项目的推进，将继续积累不同专业类型的 BIM 构件模型。通过不断完善 BIM 构件产品库，积累数字资产，为轨道交通行业 BIM 数字化资源使用提供基础，助力轨道交通 BIM 应用生态的发展。

3. 深入推进轨道交通正向设计，完善三维设计制度

轨道交通工程项目复杂、专业众多，采用正向设计方法可将所有设施设备落实到三维空间，实现各专业的高度协调，降低专业协调次数，提高会签率。通过三维模型直接出图，减少缺漏，提高设计质量，减少二维的设计盲区，增加设计的精准度。虽然现阶段正向设计仍存在种种限制因素，但三维正向设计必将是信息时代设计发展的必然趋势。

深圳地铁首先在四期工程通过试点的方式进行正向设计的探索，积累经验，编制完成正向设计指导手册，然后在四期调整工程中全面推广实施。针对正向设计目前存在的技术、管理、市场等问题，深圳地铁将加大力度推进正向设计工作，激励各设计单位和相关软件企业加强开发软件工具和进行管理制度变革，逐步提高轨道交通工程 BIM 正向设计普及率。现阶段，深圳地铁正组织各参建单位开展三维图册的专题研究，延伸正向设计价值，推动正向设计成果的真正落地。

4. 拉通轨道交通全过程产业链条，实现数据传递

工程项目从规划设计阶段就开始积累数据，不同阶段、不同参与方、不同专业、不同软件等多种来源的数据集中在一个项目中。尤其是轨道交通工程，处理的数据从单个车站的设施设备到整个线网的整体数据，数据量巨大。目前不同阶段对 BIM 模型的需求差异较大，BIM 模型难以有效移交至下游，各阶段之间的数据难以传递或传递的数据有限，仍然存在“信息孤岛”的问题，导致 BIM 应用主要聚焦在单个阶段单个应用点。

在组织开展各阶段自身业务应用点的 BIM 实施基础上，深圳地铁采用“以点带面”的策略，加强各阶段之间的数据传递，不断拉长全过程产业链条，以最终实现产业链条的拉通（图 9-1）。

- 前期，已制定 BIM 标准规范，规定各阶段的 BIM 模型深度，为 BIM 模型在各阶段之间的交付提供依据；同时，组织各参建单位编制全生命周期 BIM 应用图谱，细分 14 个子阶段近 200 个应用行为，明确各阶段 BIM 应用内容，规定全过程的数据流。
- 目前，深圳地铁组织各参建单位研究并试点基于 WBS 的工程实体分解，开展形象进度、工程算量等场景应用，落实面向对象级别的管理，以实现设计信息向施工移交；同时，通过制定统一编码、张贴二维码等方式，以运营需求为导向，实现建设信息向运营交付。
- 后期，将参考国际标准 IDM/MVD（Information Delivery Manual and Model View Definition），充分调研并梳理不同阶段数据需求，做好 BIM 模型数据移交模板，完善并落实 BIM 应用图谱，并制定 BIM 数据移交管理制度，实现各阶段 BIM 模型的高效传递和应用。

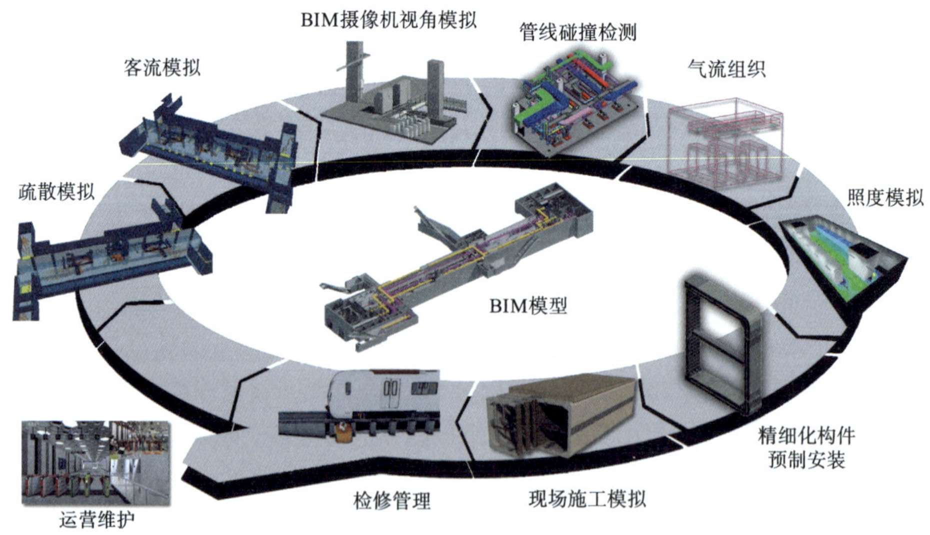

图 9-1　拉通轨道交通全过程产业链条

5. 完备“1＋N”轨道交通 BIM 技术应用综合平台的自主研发

BIM 技术应用范围广、涉及面宽，应用哪些方面、成果提交哪些内容没有明确的界定。经对国内各城市调研，各单位基于 BIM 技术开发不同的管理平台，且差异较大。采用 BIM 技术可以基于统一模型承载海量数据，但数据按照何种结构集成，集成后怎么提取和使用，海量数据的轻量化策略如何，上述问题均是多源异构数据集成管理过程中需要解决的。尤其是深圳地铁的工地汇集了上百家参建单位，每家单位产生的数据各异，对 BIM 数据管理提出极大的挑战。

为保证数据格式的统一性，减少数据壁垒，避免各单位重复开发，深圳地铁在早期就确立“1＋N”的 BIM 技术应用综合平台的总体设计理念，即“1 个工程数据中心＋N 个业务平台”（图 9-2）。工程数据中心采用统一的数据底座实现多源异构数据集成，不同业务平台针对各阶段场景定制化研发管理模块。现阶段，经过自主研发，已初步搭建工程数据中心、BIM 协同管理、BIM 设计管理、BIM 建设管理等平台。在未来，除完善既有平台的业务功能外，还将进一步扩展置业、商业、物业等业务平台的研发，打造轨道交通全覆盖的综合型平台，实现数智化管理。

图 9-2　深圳地铁“1＋N”BIM 技术应用综合管理平台架构

6. 构建轨道交通全生命周期的 BIM 数据安全生态体系

目前国内主流使用的 BIM 软件均为国外产品，且短时期内国内市场还不具备可替代的软件产品。轨道交通项目 BIM 数据绝大部分涉密，一旦被外部势力盗取及利用，将对国家及深圳安全造成重大危害。在轨道交通工程 BIM 应用过程中需充分考虑数据安全问题。

轨道交通数据安全是事关国家安全与经济社会发展的重大问题，深圳地铁一以贯之加强数据安全防护。随着 BIM 平台在深圳地铁各项目中使用，为考虑数据安全，建立企业信息化机房和数据中心，大量的轨道交通数据存储于企业本地的专用服务器，并建立高度安全性的软硬件架构及防护系统。现阶段，为保障深圳地铁 BIM 构件库资源和 BIM 模型的安全性，采用数据加密技术，绑定至个人，避免数据的泄露和盗取。互联网是全新的融合领域，数据安全问题不断出现，数据风险日益增加，深圳地铁将继续加强数据安全保护力度，通过加密传输、访问控制、数据脱敏等安全技术攻关，提升防篡改、防窃取、防泄漏能力，进一步通过技术和管理维度，构建 BIM 数据安全生态体系，实现数据在存储、共享、交付、应用、管理等全过程的安全保障。

7. 推进“BIM+”模式的创新发展，新技术融合赋能

在信息技术不断革新的背景下，AI、5G、IoT、云计算、激光成像、无人机、智能机器人、预制装配技术等新技术层出不穷。BIM 作为当前多源异构数据集成的有效载体，如何将这些技术与 BIM 融合应用，有效地收集、存储、处理和管理这些应用产生的数据，是 BIM 技术应用过程中必须解决的关键问题。

在“双区驱动”和“科技赋能”的时代要求下，深圳地铁全面践行“先行示范”理念，努力打造一流设施、一流技术、一流管理、一流服务、世界品牌。在新建项目建设过程中，以及既有线路运营管理过程中，深圳地铁积极探索 BIM 与 AI、5G、IoT、云计算、预制装配等新技术的融合模式，坚持以乘客为中心的发展思想，提高建设质量，提升服务水平。当前，深圳地铁已开展“BIM+”模式的有益探索。

• 建立线网级的视频监控管理平台，研发部署对工地安全帽未戴、反光衣未穿、烟雾明火、违法侵入、吸烟、翻越等违规行为自动识别并抓拍的 AI 算法，结合现场施工 BIM 模型，实现对建设工地更主动、更智能的监控管理。

• 装配式技术多应用于区间隧道，地铁车站装配式技术的应用尚处于起步阶段。深圳地铁选取 7 座车站作为装配式试点研究车站（装配式车站同期应用占比为 17.5%），是华南地区首批全装配式结构车站，也是全国首批内支撑体系下全装配式结构车站。项目采用 BIM 技术进行装配式设计方案优化，并通过 BIM 施工模拟提高现场施工精度，高质量、高标准地实现智能建造（图 9-3）。

图 9-3 深圳地铁装配式车站施工模拟

• 深圳地铁 6 号线和 10 号线首次采用国内领先的华为城轨云解决方案，在地铁站厅站台内采用 2G/4G/5G 多频段多制式一次性部署，在封闭狭长的隧道区间首次使用漏缆完成 4G/5G 共部署，在高速运行的列车内部引入高速移动特性一频率纠偏、虚拟专网等方法，实现 5G 信号全线覆盖，为市民带来流畅无障碍的 5G 服务体验。深圳地铁“基于 BIM 的城市轨道交通建筑全生命周期信息技术应用研究”已获批为深圳市工信局十大 5G 政务应用重点

项目之一。

后期，深圳地铁将深入挖掘“BIM＋”模式的创新发展，通过新技术不断为建设和运营赋能。

未来，深圳地铁将继续秉承“经营地铁、服务城市”的企业使命，进一步推动数智化转型升级，通过数字化转型实现流程再造，实现数字赋能，更好服务城市、服务市民。

附　录

附录 A　部分 BIM 政策汇编

序号	成文时间	政　策　文　件	内容节选
1	2021.08.25	《交通运输部 科学技术部关于科技创新驱动加快建设交通强国的意见》(交科技发〔2021〕80 号)	促进交通建筑业高质量发展。推动交通基础设施装配化、工业化、标准化和数字化发展,促进智慧工地技术研发与应用,加快建筑信息模型(BIM)技术自主创新应用,提升预制构件的标准化水平,支持工程新材料产业发展
2	2021.03.16	《住房和城乡建设部办公厅关于印发绿色建造技术导则(试行)的通知》(建办质〔2021〕9 号)	绿色建造宜结合实际需求,有效采用 BIM、物联网、大数据、云计算、移动通信、区块链、人工智能、机器人等相关技术,整体提升建造手段信息化水平
3	2020.08.28	《住房和城乡建设部等部门关于加快新型建筑工业化发展的若干意见》(建标规〔2020〕8 号)	大力推广建筑信息模型(BIM)技术。加快推进 BIM 技术在新型建筑工业化全寿命期的一体化集成应用。充分利用社会资源,共同建立、维护基于 BIM 技术的标准化部品部件库,实现设计、采购、生产、建造、交付、运行维护等阶段的信息互联互通和交互共享。试点推进 BIM 报建审批和施工图 BIM 审图模式,推进与城市信息模型(CIM)平台的融通联动,提高信息化监管能力,提高建筑行业全产业链资源配置效率
4	2020.07.03	《住房和城乡建设部等部门关于推动智能建造与建筑工业化协同发展的指导意见》(建市〔2020〕60 号)	加快推动新一代信息技术与建筑工业化技术协同发展,在建造全过程加大建筑信息模型(BIM)、互联网、物联网、大数据、云计算、移动通信、人工智能、区块链等新技术的集成与创新应用
5	2019.09.15	《国务院办公厅转发住房城乡建设部关于完善质量保障体系提升建筑工程品质指导意见的通知》(国办函〔2019〕92 号)	推进建筑信息模型(BIM)、大数据、移动互联网、云计算、物联网、人工智能等技术在设计、施工、运营维护全过程的集成应用,推广工程建设数字化成果交付与应用,提升建筑业信息化水平
6	2019.02.15	关于印发《住房和城乡建设部工程质量安全监管司 2019 年工作要点》的通知(建质综函〔2019〕4 号)	加快技术推广应用。稳步推进城市轨道交通工程 BIM 应用指南实施,加强全过程信息化建设。制定城市轨道交通工程创新技术导则,提升城市轨道交通工程质量安全保障水平
7	2018.05.30	《住房城乡建设部办公厅关于印发城市轨道交通工程 BIM 应用指南的通知》(建办质函〔2018〕274 号)	城市轨道交通工程宜在工程可行性研究、初步设计、施工图设计和施工等建设全过程应用 BIM,并实现工程的数字化交付

续表

序号	成文时间	政策文件	内容节选
8	2017.02.21	《国务院办公厅关于促进建筑业持续健康发展的意见》(国办发〔2017〕19号)	加快推进建筑信息模型(BIM)技术在规划、勘察、设计、施工和运营维护全过程的集成应用,实现工程建设项目全生命周期数据共享和信息化管理,为项目方案优化和科学决策提供依据,促进建筑业提质增效
9	2016.08.23	《住房城乡建设部关于印发2016—2020年建筑业信息化发展纲要的通知》(建质函〔2016〕183号)	加快BIM技术在城市轨道交通工程设计、施工中的应用,推动各参建方共享多维建筑信息模型进行工程管理
10	2015.06.16	《住房城乡建设部关于印发推进建筑信息模型应用指导意见的通知》(建质函〔2015〕159号)	有关单位和企业要根据实际需求制定BIM应用发展规划、分阶段目标和实施方案,合理配置BIM应用所需的软硬件。改进传统项目管理方法,建立适合BIM应用的工程管理模式。构建企业级各专业族库,逐步建立覆盖BIM创建、修改、交换、应用和交付全过程的企业BIM应用标准流程。通过科研合作、技术培训、人才引进等方式,推动相关人员掌握BIM应用技能,全面提升BIM应用能力
11	2014.07.01	《住房城乡建设部关于推进建筑业发展和改革的若干意见》(建市〔2014〕92号)	推进建筑信息模型(BIM)等信息技术在工程设计、施工和运行维护全过程的应用,提高综合效益,推广建筑工程减隔震技术,探索开展白图代替蓝图、数字化审图等工作
12	2011.05.10	关于印发《2011—2015年建筑业信息化发展纲要》的通知(建质〔2011〕67号)	加快建筑信息模型(BIM)、基于网络的协同工作等新技术在工程中的应用,推动信息化标准建设,促进具有自主知识产权软件的产业化,形成一批信息技术应用达到国际先进水平的建筑企业

附录B　标准规范与技术指南清单

序　号	标　准　名　称	类　　型
1	城市轨道交通工程信息模型表达及交付标准 SJG 101—2021	深圳市地方标准
2	城市轨道交通工程信息模型分类和编码标准 SJG 102—2021	深圳市地方标准
3	轨道交通工程信息模型分类和编码标准 QB/SZMC-10104—2021	深圳地铁企业标准
4	轨道交通工程 BIM 构件模型创建与入库标准 QB/SZMC-10105—2021	深圳地铁企业标准
5	轨道交通工程 BIM 应用协同管理标准 QB/SZMC-10106—2021	深圳地铁企业标准
6	轨道交通工程 BIM 模型建模标准 QB/SZMC-10107—2021	深圳地铁企业标准
7	轨道交通工程 BIM 模型审核标准 QB/SZMC-10108—2021	深圳地铁企业标准
8	轨道交通工程 BIM 数据移交标准 QB/SZMC-10109—2021	深圳地铁企业标准
9	轨道交通工程信息模型数据保密与安全规范 QB/SZMC-10110—2021	深圳地铁企业标准
10	轨道交通工程 BIM 模型交付标准 QB/SZMC-10111—2021	深圳地铁企业标准
11	轨道交通工程 BIM 模型应用指引 QB/SZMC-10112—2021	深圳地铁企业标准
12	城市轨道交通工程无人机使用及实景建模要求	BIM 实施手册
13	城市轨道交通 BIM 正向设计指导手册	BIM 实施手册
14	城市轨道交通工程施工场地布置 BIM 技术应用要求	BIM 实施手册
15	城市轨道交通工程三维地质模型建模技术指引	BIM 实施手册
16	城市轨道交通区间 BIM 建模手册——Bentley 软件解决方案	BIM 实施手册
17	城市轨道交通工程工艺工法库施工模拟动画制作指导手册	BIM 实施手册
18	城市轨道交通工程工程量统计 BIM 技术指导手册	BIM 实施手册
19	城市轨道交通工程站后工程 BIM 作业指导手册	BIM 实施手册
20	基于 BIM 的地铁工程设备二维码实施方案	BIM 实施手册
21	基于 BIM 模型的城市轨道交通工程三维图册实施方案	BIM 实施手册

附录C　术语说明

序号	术语	全　称	中文翻译	说　明
1	AR	Augmented Reality	增强现实	通过电脑技术，将虚拟的信息应用到真实世界，真实的环境和虚拟的物体实时地叠加到同一个画面或空间同时存在
2	BCF	BIM Collaboration Format	BIM 协同管理格式	允许项目协作方在不同的应用软件中共享模型文件来进行交流讨论。支持线下通过本地文件导入导出的形式，同时也支持跨平台跨应用的协作
3	BIM	Building Information Modeling	建筑信息模型	在建设工程及设施全生命期内，对其物理和功能特性进行数字化表达，并依此设计、施工、运营的过程和结果的总称。
4	CIM	City Information Modeling	城市信息模型	以建筑信息模型(BIM)、地理信息系统(GIS)、物联网(IoT)等技术为基础，整合城市地上地下、室内室外、历史现状未来多维多尺度空间数据和物联感知数据，构建起三维数字空间的城市信息有机综合体
5	GIS	Geographic Information System, Geo-Information System	地理信息系统/空间信息系统	采集、存储、管理、分析、显示和描述整个或部分地球表面(包括大气层在内)与空间和地理分布有关数据的计算机空间信息系统
6	IDM	Information Delivery Manual	信息交付手册	IFC 的目的是支持所有项目阶段的所有业务需求。但通常情况下要交换的信息是关于某一个特定主题的(例如结构分析、预算等)，信息的详细等级也由特定的项目阶段决定。IDM 目的是支持某一个或几个阶段的某一个业务需求，其主要任务是决定由哪些 IFC 的基本元素来满足这个业务要求
7	IFC	Industry Foundation Classes	工业基础类	IFC 数据模型是一个不受某一个或某一组供应商控制的中性和公开标准，是一个由 buildingSMART International 开发，用来帮助工程建设行业数据互用的基于数据模型面向对象的文件格式，是一个 BIM 普遍使用的格式
8	MR	Mix Reality	混合现实	包括增强现实和增强虚拟，指的是合并现实和虚拟世界而产生的新的可视化环境。在新的可视化环境里物理和数字对象共存，并实时互动
9	MVD	Model View Definition	模型视图定义	MVD 是 IFC 的子集，用于指示模型中符合特定标准或特定数据流的选定数据或目标数据。根据 IDM 的需求，从完整的 IFC 数据中实现特定阶段所需数据的提取
10	VR	Virtual Reality	虚拟现实	利用电脑模拟产生一个三维空间的虚拟世界，提供使用者关于视觉、听觉、触觉等感官的模拟，让使用者如同身历其境一般，观察三度空间内的事物

参考文献

[1] 白庆涵,邓思华,李晨光,等. BIM在参数构件库本地化中的应用[C]//中冶建筑研究总院有限公司. 2020年工业建筑学术交流会论文集(中册). 北京:工业建筑杂志社,2020:314-317,323.

[2] 北京市轨道交通设计研究院有限公司,北京市轨道交通建设管理有限公司. 城市轨道交通工程BIM应用指南[M]. 北京:中国建筑工业出版社,2018.

[3] BENSALAH M, ELOUADI A, MHARZI H. Overview: The opportunity of BIM in railway[J]. Smart and Sustainable Built Environment, 2019, 8(2):103-116.

[4] 毕湘利. BIM技术在上海轨道交通工程中的应用[J]. 交通与运输, 2014, 30(4):1-3.

[5] 覃伟中, 谢道雄, 赵劲松, 等. 石油化工智能制造[M]. 北京: 化学工业出版社,2019.

[6] 毕湘利, 陈鸿, 赖华辉, 等. 基于建筑信息模型(BIM)的城市轨道交通设施设备分类与编码研究[J]. 城市轨道交通研究, 2016, 19(1):5-9.

[7] BRADLEY A, LI H, LARK R, et al. BIM for infrastructure: An overall review and constructor perspective[J]. Automation in Construction, 2016, 71(2):139-152.

[8] 金江军, 郭英楼. 智慧城市:大数据、互联网时代的城市治理[M]. 4版. 北京: 电子工业出版社, 2017.

[9] Building and Construction Authority. Singapore BIM guide (Version 1.0)[R]. 2012.

[10] buildingSMART. buildingSMART International Standards Implementation Database[EB/OL]. (2021-08-01) [2021-08-20]https://technical.buildingsmart.org/resources/software-implementations/.

[11] 曹少卫. BIM技术在大型铁路综合交通枢纽建设中的应用[M]. 北京:机械工业出版社, 2017.

[12] 陈滨津, 姚守俨, 蒋绮琛, 等. BIM+三维激光扫描技术在工程质量管控中的应用[J]. 土木建筑工程信息技术, 2019, 11(5):55-60.

[13] 万炳才, 龚泉, 鲁飞, 等. 电网工程智慧建造理论技术及应用[M]. 南京: 东南大学出版社,2021.

[14] 陈沉, 张业星, 陈健, 等. 基于建筑信息模型的全过程设计和数字化交付[J]. 水力发电, 2014, 40(8):42-46,51.

[15] 陈继良, 丁洁民, 任力之, 等. 上海中心大厦BIM技术应用[J]. 建筑实践, 2018, 1(11):110-112.

[16] 陈健. 追梦:工程数字化技术研究及推广应用的实践与思考[M]. 北京:中国水利水电出版社, 2016.

[17] 陈珂, 丁烈云. 我国智能建造关键领域技术发展的战略思考[J]. 中国工程科学, 2021, 23(4):64-70.

[18] 陈丽娟, 骆汉宾, 辛宏妍. 基于BIM的大型博览项目全寿命周期管理平台开发与应用[J]. 土木工程与管理学报, 2015, 32(3):54-61.

[19] 陈前,邹东,陈祥祥,等. 从轨道交通BIM 1.0工程实践向BIM 2.0智能应用的探索[C]//中国图学学会建筑信息模型(BIM)专业委员会. 第三届全国BIM学术会议论文集. 北京:中国建筑工业出版社, 2017:355-365.

[20] 陈湘生. 深圳地铁5号线BT模式建设管理研究与实践[M]. 北京:人民交通出版社,2011.

[21] 陈湘生,龙宏德,蔡祥. 深圳地铁5号线明挖基坑安全监测系统应用研究[C]//中国土木工程学会城市

轨道交通技术推广委员会．2010 城市轨道交通关键技术论坛论文集．中国土木工程学会,2010:295-298,318.

[22] 陈宜，王昕，杨震卿，等．中国尊项目的 BIM 协调与数据整合[J]. 建筑技术，2016，47(8):705-707.

[23] CHENG JACK C P, LU Q Q, DENG Y C. Analytical review and evaluation of civil information modeling [J]. Automation in Construction, 2016, 67:34-47.

[24] 崔庆宏，王广斌，刘潇，等．2008—2017 年国内 BIM 技术研究热点与演进趋势[J]. 科技管理研究，2019，39(4):197-205.

[25] 丁烈云．BIM 应用·施工[M]. 上海:同济大学出版社，2015.

[26] 丁烈云．数字建造导论[M]. 北京:中国建筑工业出版社，2019.

[27] 丁烈云，吴贤国，骆汉宾，等．地铁工程施工安全评价标准研究[J]. 土木工程学报，2011，44(11):121-127.

[28] DING L Y, ZHOU Y, AKINCI B. Building Information Modeling (BIM) application framework: The process of expanding from 3D to computable nD[J]. Automation in Construction, 2014, 46:82-93.

[29] 丁树奎，金淮．基于 BIM 的数字城市轨道交通建设与总体管理[M]. 北京:清华大学出版社，2019.

[30] 段芳敏，胡鹰，宋天田．城市轨道交通建设信息化管理推广应用难点及对策[J]. 现代城市轨道交通，2021(2):70-74.

[31] EASTMAN C, FISHER D, LAFUE G, et al. An outline of the building description system[R]. Institute of Physical Planning, Carnegie-Mellon University, 1974.

[32] EASTMAN C, TEICHOLZ P, SACKS R. et al. BIM Handbook: A Guide to Building Information Modeling for Owners, Managers, Designers, Engineers, and Contractors[M]. 2nd ed. Hoboken: John Wiley & Sons, Inc., 2011.

[33] 房霆宸，龚剑．建筑工程数字化施工技术研究与探索[J]. 建筑施工，2021，43(6):1117-1120.

[34] 高乐财，王国光，曾派永，等．BIM 模型智能审查技术研究与城市轨道交通工程应用[J]. 工程技术研究，2020，5(20):33-36.

[35] 中华人民共和国住房和城乡建设部,中华人民共和国国家质量监督检验检疫总局．建筑信息模型应用统一标准:GB/T 51212—2016 [S]. 北京:中国建筑工业出版社，2017.

[36] 中华人民共和国住房和城乡建设部,中华人民共和国国家质量监督检验检疫总局．建筑信息模型施工应用标准:GB/T 51235—2017 [S]. 北京:中国建筑工业出版社，2018.

[37] 中华人民共和国住房和城乡建设部,中华人民共和国国家质量监督检验检疫总局．建筑信息模型分类和编码标准:GB/T 51269—2017 [S]. 北京:中国建筑工业出版社，2018.

[38] 中华人民共和国住房和城乡建设部,国家市场监督管理总局．建筑信息模型设计交付标准:GB/T 51301—2018 [S]. 北京:中国建筑工业出版社，2019.

[39] 龚剑．数字技术破解"上海中心"建造难题[J]. 建筑，2017 (1):10-13.

[40] 龚剑，朱毅敏．上海中心大厦数字建造技术应用[M]. 北京:中国建筑工业出版社，2019.

[41] 顾明．聚焦全国工程勘察设计行业信息化建设交流大会 行业精英的信息化实践与思考:构建中国的 BIM 标准体系[J]. 中国勘察设计，2012(12):46-47.

[42] 何波．BIM 多软件实用疑难 200 问[M]. 北京:中国建筑工业出版社，2016.

[43] 何关培．BIM 和 BIM 相关软件[J]. 土木建筑工程信息技术，2010，2(4):110-117.

[44] 何光培．BIM 应用决策指南 20 讲[M]. 北京:中国建筑工业出版社，2016.

[45] 何光培．如何让 BIM 成为生产力[M]. 北京:中国建筑工业出版社，2015.

[46] 何关培．实现 BIM 价值的三大支柱-IFC/IDM/IFD[J]. 土木建筑工程信息技术，2011，3(1):108-116.

[47] 何关培．以数据为抓手,筑实数字建造更高层次实现和提升基础[J/OL]. 土木建筑工程信息技术:1-6[2021-07-10]. http://kns. cnki. net/kcms/detail/11. 5823. TU. 20210429. 1318. 002. html.

[48] 何关培，黄锰钢．十个 BIM 常用名词和术语解释[J]. 土木建筑工程信息技术，2010，2(2):112-117.

[49] 何清华，钱丽丽，段运峰，等．BIM 在国内外应用的现状及障碍研究[J]. 工程管理学报，2012，26(1):12-16.

[50] 侯铁．我国 BIM 技术落地问题与对策探讨[J]. 住宅与房地产，2020(11):12-24.

[51] 胡鹰．地铁前期工程技术与管理实务[M]. 北京:人民交通出版社股份有限公司，2019.

[52] 胡鹰．地铁土建工程技术与管理实务[M]. 北京:人民交通出版社股份有限公司，2018.

[53] 胡鹰，段芳敏，吕明宇，等．深圳地铁安全管理平台设计与应用[J]. 现代城市轨道交通，2020(12):137-143.

[54] 胡振中，彭阳，田佩龙．基于 BIM 的运维管理研究与应用综述[J]. 图学学报，2015，36(5):802-810.

[55] 黄力平，胡鹰．地铁站后工程技术与管理实务[M]. 北京:人民交通出版社股份有限公司，2017.

[56] 黄一格,雷江松,张中安,等．城市轨道交通工程投资测算的实现技术研究——基于可变参数和递归函数[J/OL]. 华中师范大学学报(自然科学版):1-10[2021-07-15]. http://kns. cnki. net/kcms/detail/42. 1178. N. 20210619. 1411. 002. html.

[57] 贾科，李爱东，王新线．城市轨道交通智能建造技术发展趋势分析[J]. 现代城市轨道交通，2021(6):107-112.

[58] 中华人民共和国住房和城乡建设部．建筑工程设计信息模型制图标准:JGJ/T 448—2018 [S]. 北京:中国建筑工业出版社，2019.

[59] KAMEL E，MEMARI A M. Review of BIM's application in energy simulation: Tools，issues，and solutions[J]. Automation in Construction，2019，97:164-180.

[60] LAI H H，DENG X Y，CHEN H，et al. Implementation of Building Information Modelling standards for Shanghai Metro，China[J]. Proceedings of the Institution of Civil Engineers-Municipal Engineer，2019，173(3):171-184.

[61] LEE Y C，EASTMAN C M，SOLIHIN W. Logic for ensuring the data exchange integrity of building information models[J]. Automation in Construction，2018，93:388-401.

[62] 雷江松．城市轨道交通建设数字化转型实践[J]. 现代城市轨道交通，2020 (12):5-8.

[63] 李爱东，宋剑伟，袁伟．深圳市智慧城轨发展实践及趋势[J]. 现代城市轨道交通，2020(12):9-15.

[64] 李建成．BIM 应用·导论[M]. 上海:同济大学出版社，2015.

[65] 李璐，刘新根，刘树亚，等．基于 Web Service 与 BIM 集成技术的基坑安全监测系统[J]. 城市轨道交通研究，2017，20(12):62-65,69.

[66] 李云贵．BIM 软件与相关设备[M]. 北京:中国建筑工业出版社，2017.

[67] 李云贵．国内外 BIM 标准与技术政策[J]. 中国建设信息，2012 (20):14-17.

[68] 李云贵．建筑工程设计 BIM 应用指南[M]. 2 版．北京:中国建筑工业出版社，2017.

[69] 李云贵．建筑工程施工 BIM 应用指南[M]. 北京:中国建筑工业出版社，2014.

[70] 李云贵．中美英 BIM 标准与技术政策[M]. 北京:中国建筑工业出版社，2018.

[71] 李云贵，邱奎宁，刘金樱．我国 BIM 发展现状与问题探讨[J]. 江苏建筑，2018 (4):6-9.

[72] 林述涛．跨海集群工程 BIM 协同管理平台架构研究[J]. 公路交通科技，2018，35(8):80-88.

[73] LIN S S，SHEN S L，ZHOU A N，et al. Risk assessment and management of excavation system based on

fuzzy set theory and machine learning methods[J]. Automation in Construction, 2021, 122(4):1-17.

[74] 刘新根，黄力平，刘学增，等. 地铁交通枢纽 BIM 技术应用研究与实践[M]. 上海:同济大学出版社，2018.

[75] 刘占省，孙佳佳，杜修力，等. 智慧建造内涵与发展趋势及关键应用研究[J]. 施工技术，2019，48(24):1-7,15.

[76] LU C F, LIU J F, LIU Y, LIU Y H. Intelligent construction technology of railway engineering in China[J]. Frontiers of Engineering Management, 2019, 6(4):503-516.

[77] 陆扬. 上海国际旅游度假区基于 BIM 的工程竣工规划验收创新研究[J]. 土木建筑工程信息技术，2018，10(5):46-52.

[78] 娄琦，刘志辉. 基于浏览器/服务器架构的城市轨道交通智能化维保平台的构建与研究[J]. 城市轨道交通研究，2020，23(S2):146-148,152.

[79] 罗平，王辉，高银鹰，等. 北京地铁 19 号线 BIM 总体管理体系研究及在典型工点的示范应用[J]. 土木建筑工程信息技术，2018，10(5):38-45.

[80] 马智亮，蔡诗瑶. 基于 BIM 的建筑施工智能化[J]. 施工技术，2018，47(6):70-72,83.

[81] 马智亮，李松阳."互联网＋"环境下项目管理新模式[J]. 同济大学学报(自然科学版)，2018，46(7):991-995.

[82] National Institute of Building Sciences (NIBS). National Building Information Modeling Standard (Version 3)[S]. 2015.

[83] NOLAN J. Great Western railway electrification, UK:The key role of building information modelling[J]. Proceedings of the Institution of Civil Engineers - Civil Engineering, 2020, 173(4):158-170.

[84] OH M, LEE J, HONG S W, et al. Integrated system for BIM-based collaborative design[J]. Automation in Construction, 2015, 58:196-206.

[85] PAZLAR T, TURK Z. Interoperability in practice:Geometric data exchange using the IFC standard[J]. Electronic Journal of Information Technology in Construction. 2008, 13:362-380.

[86] 清华大学 BIM 课题组. 中国建筑信息模型标准框架研究[M]. 北京:中国建筑工业出版社，2011.

[87] 上海中心大厦智能化、BIM 团队. 上海中心大厦 BIM 融入智慧运维顶层设计构想及实践[J]. 智能建筑，2016 (10):44-45.

[88] 深圳市地铁集团有限公司. 深圳地铁 2 号线工程创新与实践[M]. 北京.人民交通出版社，2013.

[89] 深圳市地铁集团有限公司，中铁南方投资集团有限公司. 城市轨道交通快线关键技术创新与应用:深圳地铁 11 号线工程[M]. 北京:人民交通出版社股份有限公司，2018.

[90] 史海欧，张志良，王建，等. 城市轨道交通设计 BIM 技术应用研究与实践[M]. 成都:西南交通大学出版社，2021.

[91] 深圳市住房和建设局. 城市轨道交通工程信息模型表达及交付标准:SJG 101—2021[S]. 2021.

[92] 深圳市住房和建设局. 城市轨道交通工程信息模型分类和编码标准:SJG 102—2021 [S]. 2021.

[93] SMITH D K, TARDIFF M. Building Information Modeling: A strategic implementation guide for architects, engineers, constructors and real estate asset managers [M]. Hoboken:John Wiley & Sons, Inc., 2009.

[94] 宋天田. 盾构法隧道关键技术及典型应用[M]. 北京:中国铁道出版社有限公司，2020.

[95] 宋天田，龙宏德. 安全管理监控监测信息系统在深圳地铁的应用[J]. 都市快轨交通，2010，23(4):13-15.

[96] 孙煜．基于智慧轨道交通信息化顶层架构设计的思考[J]．隧道与轨道交通，2020 (4):1-5.

[97] TANG Y C, XIA N N, LU Y, et al. BIM-based safety design for emergency evacuation of metro stations [J]. Automation in Construction, 2021, 123:1-22.

[98] 田佩龙，胡振中，王珩玮，等．BIM在地铁项目精细化施工管理中的应用案例研究[C]//中国图学学会BIM专业委员会．第二届全国BIM学术会议论文集．北京：中国建筑工业出版社，2016:210-217.

[99] VIGNALI V, ACERRA E M, LANTIERI C, et al. Building information Modelling (BIM) application for an existing road infrastructure[J]. Automation in Construction, 2021, 128:1-10.

[100] 王广斌，张珠晶，周哲峰，等．以运营为导向的轨道交通BIM技术应用特点及方案研究[J]．土木建筑工程信息技术，2019，11(3):11-15.

[101] 王美华，高路，顾靖，等．上海迪士尼工程基于BIM的无纸化施工实践与研究[J]．建筑施工，2017，39(5):719-721.

[102] 王同军．铁路BIM建造技术与实践[M]．北京：中国铁道出版社有限公司，2020.

[103] 魏来．关于建筑信息模型(BIM)交付的几个关键问题辨析[J]．建筑技艺，2018(6):44-47.

[104] 魏立明，董天昊，刘言．基于BIM技术的建筑电气设备族库扩展研究[J].北方建筑，2020，5(2):71-73.

[105] 厦门轨道交通集团有限公司，上海城建信息科技有限公司．厦门地铁BIM技术创新与应用实践[M]．上海：同济大学出版社，2019.

[106] 解亚龙，王万齐，范志强，等．京张高铁张家口南站钢结构施工BIM应用关键技术研究[J]．北京交通大学学报，2019，43(6):75-84.

[107] 辛杰．城市轨道交通绿色生态建设探索与实践[J]．现代城市轨道交通，2019 (5):1-4.

[108] 辛杰．深圳地铁建设管理探索与创新[M]．北京：中国铁道出版社有限公司，2020.

[109] 辛佐先．城市轨道交通项目建筑信息模型(BIM)应用模式研究[J]．城市轨道交通研究，2014，17(8):23-27.

[110] 许杰峰，鲍玲玲，马恩成，等．基于BIM的预制装配建筑体系应用技术[J]．土木建筑工程信息技术，2016，8(4):17-20.

[111] XUE F, WU L P F, LU W S. Semantic enrichment of building and city information models: A ten-year review[J]. Advanced Engineering Informatics, 2021, 47:1-11.

[112] 杨秀仁．城市轨道交通工程BIM设计实施基础标准研究[M]．北京：中国铁道出版社，2016.

[113] 姚春桥，丁烈云．“互联网+”地铁工程质量安全管理平台及应用[J]．都市快轨交通，2019，32(4):30-36.

[114] 余宏亮，丁烈云，余明晖．地铁工程施工安全风险识别规则[J]．土木工程与管理学报，2011，28(2):77-81.

[115] 于淼，任传斌，李珂，等．城市轨道交通勘测大数据平台及其在正向BIM规划设计中的应用[C]//中国城市科学研究会数字城市专业委员会轨道交通学组．智慧城市与轨道交通2020．北京：中国城市出版社，2020:72-76.

[116] 张家尹，王国光，魏志云，等．基于GeoStation的城市片区地质三维建模技术研究[J]．地质与勘探，2021，57(2):413-422.

[117] 张金伟，刘志广，路清泉，等．城市轨道交通工程BIM技术应用推广实施方法研究[J]．现代隧道技术，2019，56(3):45-52,71.

[118] 张亮，于晓明．建筑企业BIM应用能力评估及提升策略研究[J]．施工技术，2018，47(9):123-128.

[119] 张吕伟．上海水利行业 BIM 技术标准体系研究[C]//中国图学学会 BIM 专业委员会．第二届全国 BIM 学术会议论文集．北京：中国建筑工业出版社，2016：6-11.

[120] ZHAO X B. A scientometric review of global BIM research：Analysis and visualization[J]. Automation in Construction，2017，80：34-47.

[121] 张育雨，蒋四礼，王进，等．BIM 技术在城市轨道交通工程计量中的应用研究[J]. 城市建设理论研究(电子版)，2020 (8)：14-16，8.

[122] 张中安，宋天田，黄际政，等．深圳地铁 BIM 应用总体规划研究和实践[J]. 现代城市轨道交通，2020(12)：124-131.

[123] 浙江杭海城际铁路有限公司．轨道交通工程建设 BIM 应用研究与实践[M]. 北京：中国铁道出版社有限公司，2021.

[124] 中国建筑学会．BIM 发展研究报告(2019)[M]. 北京：中国建筑工业出版社，2020.

[125] 《中国建筑业 BIM 应用分析报告(2020)》编委会．中国建筑业 BIM 应用分析报告(2020)[M]. 北京：中国建筑工业出版社，2020.

[126] 周向东，徐旻洋，高承勇，等．基于 Hadoop 大数据框架的 BIM 数据云平台架构设计与实现[J]. 土木建筑工程信息技术，2018，10(2)：12-16.

[127] 景凤，郭婧娟．基于 BIM 的高铁工程量清单 EBS/WBS 研究[J]. 铁道标准设计，2020，64(2)：68-74.

[128] 吴贤国，秦文威，张立茂，等．基于 BIM 的项目进度管理与控制研究[J]. 建筑经济，2018，39(10)：59-63.

[129] 何清华，韩翔宇．基于 BIM 的进度管理系统框架构建和流程设计[J]. 项目管理技术，2011，9(9)：96-99.

[130] 周一，胡绮琳，胡振中．基于 BIM 的地铁保护系统研究与开发[C]//中国图学学会建筑信息模型(BIM)专业委员会、中国中铁股份有限公司．第四届全国 BIM 学术会议论文集．北京：中国建筑工业出版社，2018：64-69.

各章节编写人员名单

章节	参编人员
第 1 章	辛 杰　黄力平
	张中安　潘明亮　刘劲松
第 2 章	雷江松　龙宏德　刘树亚　贾 科　肖世雄
	宋天田　何 莹　周 琳　王瑞军　李鹏祖
第 3 章	叶 斌　康文彬　冉 巧　黄 胜　李培昊
	周 侃　于 函　曹炎杰　王 翱
第 4 章	朱 斌　郭桃明　刘思洋
	胡 睿　杨远栋　桑书路　陶跃斌　卜 可
	吴永照　漆文年　王力冰　王 雄　邓壹萍
	刘 洋　刘春杰　胡建国　孙 立　李爱东
	杨国富　王晓刚　熊 厚
第 5 章	黄际政　蔡 翔　蔡 刚
	刘晓阳　刘建平　罗晓明　赵智强　陈友坤
	赖华辉　张鸣弦　黄鸿达　曾凡耀　温海航
	雷 振　靳 涛　詹兴家　黄嘉伟　赵东阳
	雷光嘉　邵宝奎　孙前伟　刘 栋　谢孙海　徐小劲
	张 平　左文亮　程贤红　曾天成　夏 荔　梁晓亮
第 6 章	段芳敏　田 晟
	侯 铁　王 波　吴和志　周春晖　杜 伟　钟凌云
第 7 章	黄洁怡　纪汉辉　阳文胜　毕 烨
	喻 波　余玉梅　杨 锋　黄亮亮
	俞尚宇　庞亚西　冯世杰　安 然
	王华兵　董 俊　邓 波　阙 伟
	吉 鸽　王健潇　周耀辉　廖麒凯
	晏小波　邬 泽　周 剑
	吴 刚　陈小林　丁先立　卓文海

续表

章　节	参　编　人　员
第 7 章	刘　刚　李艳颖　周勇全　李　虎
	马　弯　朱　彬　闫亚飞　张娅敏
	申荣杰　李振远　施洪乾　杨炳晔
	闫晓鸣　黄海良　王　杰　程　康
	吴　洋　刘　昭　吴天宇
	申　丹　叶　新　喻　波　张　伟
第 8 章	张朝阳　王　嫱　尹运平　谭旭峰
	王宏超　王　雄　丁加亮
	白才仁　李德波　陈涛鹏　张泽林
	于　芳　张浩华　薛　朗　龙桂华
	陈　凡　刘　涛　湛洪林　刘子玉
	王喜军　李小军　李俊杰　陈　武
	姚　俊　张　旭　杨　振　冯宝相
	郭梦梦　安　鑫　张才兴　邢嘉斌
	张国鑫　李子华　赵　飞　张国军
	吴福居　段岳强
	杨　洋　孙长凡　张晓飞　万义贵
	李正傲　安　蕾　邵晓威　樊　涛
	吕浩宇　姚　峥　方继安　王一鸣
	王明刚　艾鹏鹏　赵艳飞
	戴考红　黄俊龙　曾晓超　戴江波
	马　涛　李瑞雨　苏保柱　王晓旭
	王佐奇　罗　欣　张金辉　谢海斌
第 9 章	辛　杰　黄力平

特别鸣谢

本书在编写过程中，对给予大力支持和帮助的以下单位表示感谢（排名不分先后）：
中铁二院工程集团有限责任公司
中国铁路设计集团有限公司
中铁第四勘察设计院集团有限公司
中铁第六勘察设计院集团有限公司
中铁工程设计咨询集团有限公司
北京城建设计发展集团股份有限公司
广州地铁设计研究院股份有限公司
中国电建集团华东勘测设计研究院有限公司
深圳市前海数字城市科技有限公司
中铁南方投资集团有限公司
中铁建南方建设投资有限公司
中建南方投资有限公司
中电建南方建设投资有限公司
中国交通建设股份有限公司南方分公司
中铁三局集团有限公司
中铁四局集团有限公司
中铁六局集团有限公司
中铁隧道局集团有限公司
中铁十四局集团有限公司
中国铁建电气化局集团有限公司
中国建筑第二工程局有限公司
中国建筑第八工程局有限公司
中建交通建设集团有限公司
中国水利水电第一工程局有限公司
中国水利水电第八工程局有限公司
中国水利水电第十四工程局有限公司
中交一公局集团有限公司
中交第二公路工程局有限公司
深圳市市政工程总公司